침략전쟁기 친일 조선인의 해외활동 I

강대민·김인호·김명구·崔峰龍
민경준·황묘희·미쓰이 다카시
정영진·나승회·김용희·정혁진

景仁文化社

이 저작은 2003년도 한국학술진흥재단의 지원에 의하여 출간되었음.
(KRF - 2003 - 073 - AM1001)

목 차

여는 말

제I편 해외 친일조선인의 전쟁동반론과 민족론

제2편 해외 조선인의 친일화 구조와 양상

崔峰龍 | 日帝下 '親日派 問題'에 對한 考察
－滿洲地域을 中心으로－

민경준 | 만주국 초기의 조선인통치와 조선인 민회
－'전만조선인민회연합회'를 중심으로－

황묘회ㅣ침략전쟁기 상해의 친일조선인연구

미쓰이 다카시ㅣ아시아·태평양전쟁기 일본에서의
조선인 '친일'화 구조에 관한 예비적 고찰
-후쿠이현福井縣 지역 재주 조선인 동향의 개요-

제3편 친일 예술인의 해외활동

제4편 조선인 전범, 그리고 한간

김용희 | 침략전쟁시기 조선인 전범집단에 대한 형사법적 고찰

정혁진 | 한국 친일파와 중국 한간에 대한 일고찰
-친일파, 한간의 어원을 중심으로-

여는 말

해외 친일 조선인 연구 성과와
친일 문제의 재음미

강 대 민*

I. 서 론

<친일진상규명특별법>에 따라 친일진상규명위원회가 활동하면서 이것을 보는 일부에서는 이 법이 '역사지식을 다른 정치세력을 공격하는 수단화하는 것'이라고 비판하고,[1] 일부에서는 개인의 자발적인 의사와 관계없이 권력에 의해 강제적으로 이뤄진 것이니만큼 친일이라는 선택은 그 결과에 따르는 책임을 물을 수 없다는 비판이 나오기도 한다.[2] 또한 당시 우리 국민이 그러한 친일 행위를 저지할 수 없을 만큼 일상에 침윤되어 있었기에 가능했다는 국민적 도덕적 성찰을 주장

---

* 경성대학교 사학과 교수

1) 이주영, 「한국 국사학계의 인식론적 토대에 대한 재검토: 근현대사 연구를 중심으로」, 교과서 포럼, 2005.9.28, 1쪽.

2) 복거일, 『죽은 자들을 위한 변호—21세기의 친일문제』, 들린 아침, 2003(복거일에 대한 비평은 김민철, 「친일문제 인식, 책임, 기억」 한국민족운동사학회(미발), 2005.11.19, 6쪽 참조함).

하기도 했다.[3] 아울러 일부에서는 자민족의 긍지를 살리려 침략전쟁을 왜곡하는 새로운 역사교과서 모임의 정서처럼 한국의 친일청산도 결국은 그러한 상상의 이념인 저항적 민족주의의 정서적 산물이 아닌지 반문하기도 한다.[4] 반면정부를 비롯한 한국의 국사학계에서는 대체로 민족정기를 바로세우는 뜻있는 작업으로 평가하는데 이의가 없는 듯하다.[5]

그렇다면 개인의 자발성은 무엇이며, 일상의 침윤은 무엇이고, 민족정기는 또 무엇이며, 민족정서의 산물이란 무엇인가. 현재의 친일에 대한 논의가 지나치게 친일과 항일이라는 일도양단식의 평가가 여전히 주를 이루고 있지만 1940년대 적어도 해외친일파의 정서는 친일예속과 민족갱생의 접점에서 존재하며 거기서 일면 애매했던 친일의 실상을 면밀히 분석할 필요가 있다. 그래야 이미 왜곡되거나 묻힌 과거(진실)를 살아있는 현재의 사회적 기억으로 재생할 수 있을 것이다.

대개 친일파는 조선 내외에서 일본 침략자들과 결탁하여 조국을 식민지화하는데 기여하고 민족해방운동을 압살하는데 적극 참가한 '반민족행위자'나 민족반역자로 파악한다. 친일 연구의 선구자격인 임종국조차도 기왕의 반민족의 구도아래 이들 해외친일파를 고민했고,[6] 일제강점하 반민족행위 진상규명에 관한 특별법(2004.12.29, 본법 일제강점하친일반민족행위진상규명에관한특별법, 2004.3.22 법률 제07203호)에서도 "일본제국주의의 국권침탈 전후로부터 1945년 8월 14일까지 일본제국주의를 위하여

3) 안병직, 「과거청산과 역사서술-독일과 한국의 비교」『역사학보』 177, 2002(김민철 상동, 7쪽).

4) 조관자, 「'민족의 힘'을 욕망한 '친일내셔널리스트' 이광수」『기억과 역사의 투쟁』 2002년 당대비평 특별호, 삼인, 323쪽.

5) 친일파 문제에 평생을 바친 임종국마저도 '민족정기를 살려야 합니다'라는 간절한 호소로 친일파 청산을 촉구하기도 했다. 임종국선집, 『친일 그 과거와 현재』, 아세아문화사, 1994.

6) 임종국, 『일제침략과 친일파』, 청사, 1982.

행한 친일반민족행위의 진상을 규명하여 역사의 진실과 민족의 정통
성을 확인하고 항구적 자주민주국가의 구현에 이바지함을 목적으로
한다'고 함으로써 '친일파=반민족행위자'라는 도식이 그대로 적용되었
다.[7] 또한 다양한 친일 논의를 전개해 온 민족문제연구소 친일인명사
전팀도 '불행의 근원'이자 '오욕의 민족사의 주범'인 민족반역자로 친
일을 파악하는데 이의가 없는 듯하다.[8] 따라서 모두 민족주의를 친일
청산의 기본이념으로 본다는 것을 알 수 있다.

　기존에 나타난 친일인식의 역사적 의미는 반민족 행위에 대한 역사
적 심판은 시효가 없다는 사실을 확인하는 성과를 거둔 것도 사실이다.
하지만 친일문제를 자민족을 대상으로 한 반민족 행위에 주목함으로
써 친일문제를 복잡하게 얽히게 했다. 하지만 이러한 애국주의적 관점
만으로 친일파를 징벌하고자 한다면 분명히 한계에 달할 것이다. 예를
들어 1949년에 있었던 반민특위 활동과정에서도 특위위원 중에서는 일
제하 정총대(현재의 동장)를 한 사람도 존재했다. 친일파들은 이것을 빌
미로 자신에 대한 부당한 취급(?)에 저항하면서 역공을 펼쳤고, 마침내
반민특위가 좌초하는 빌미가 되었다.

　만약 정치한 민족주의적 논의가 결여된 채 단순한 애국주의적 민족
관 일변도로 친일파 문제를 접근하게 되면 그들의 반역사적 반민주적
죄악은 혈연주의와 인종 갈등의 틈바구니에서 속류화되고 말 것이다.
그저 단순한 민족적 감정으로 보면 일제강점기에는 큰칼을 허리에 찬
일본인들이 연약한 조선인을 두들겨 패고 쌀을 공출하고 창씨개명을

---

7) 개정안의 주요내용은 첫째 본래 법률 명칭에서 '친일'을 제외하고, 친일의
　범주를 일본제국주의 군대의 "중좌中佐" 이상의 장교를 "소위少尉" 이상의
　장교로 하고, 동양척식회사·식산은행의 "중앙" 조직 간부를 "중앙 및 지
　방" 조직 간부로 하는 등 친일반민족 행위에 해당하는 경우의 조사범위를
　확대하였다(안 제2조제10호·제18호). 대한민국국회, 입법통합지식관리시
　스템 내 법률정보시스템(http://search.assembly.go.kr/law/).
8) 민족문제연구소, 『친일파란 무엇인가』, 1997, 8~22쪽.

하면서 조선인의 민족성마저도 압살한 생각에서 친일파 문제를 설정하게 된다. 결국 이런 논법에 대한 친일파의 대응은 '어쩔 수 없는 시대, 특수한 시대, 우리 민족의 고통스런 한 때의 오류와 잘못'일 뿐이라는 동정론을 유발하고, 궁극적으로 그들의 변절도 마음은 민족적이었다는 핑계로 희석시키려는 것으로 나아갈 것이다. 많은 친일파 동정론이 퍼지는 이유도 이민족 일본인의 폭압 아래서 변절은 일정하게 민족적 포용성으로 감싸야 한다는 혈연주의적 민족관의 발로일 것이다.

특히 해외 친일 조선인의 예를 들자면 그들은 일본인과 단순히 감정적으로 친한 세력이 아니다. 그들은 만주사변 중일전쟁 태평양전쟁을 경과하면서 일제가 추진한 대동아공영권 수립 공작에 참가하면서 그들을 따라 만주 및 중국에 진출했다. 특별히 해외친일파라고 명명할 수도 있는 이들은 지금까지는 자발적으로 응모해서 동남아 각지로 흩어져 갖은 폭행을 일삼은 포로감시원 정도로 알려졌으나 실은 보다 조직적이고 광범하게 존재했다. 그들 중 일부는 군수물자 염출·흥아원[일본의 특무공작대] 조직원·대동아공작반·영화감독·점령지 사령관 등 다양한 형태로 침략전쟁에 종군했다. 이들은 조국에 있는 동포가 초근목피하며 견디기 힘든 일제 탄압과 황민화 정책에 시달리고 있을 때임에도 일제가 침략지역을 확대하면 벅찬 감격에 젖어 쾌재를 불렀고, 일본이 망하는 날까지도 일본의 승리를 기원했다. 통제경제에 빌붙어 살면서 그 덕에 밀려드는 돈을 셀 수조차 없어서 방바닥에 던져놓고 사흘가서야 비로소 그 돈이 얼마인지 알게 된 '벼락부자'도 조선인 중에 있었다.

그들 조선인들 특히 해외 친일 조선인들은 왜 그렇게 일본 침략자의 든든한(?) 후원세력이 될 수밖에 없었을까? 오늘날 우리에게 친일파는 단순한 매국노 혹은 민족반역자 이전에 일제강점기를 살았던 조선인들의 삶의 족적 중에서 중요한 하나의 이력을 제공해준다. 그들은 친일이야말로 조선이 일등국민으로 거듭나는 길이라는 이론으로 무장했었고, 그 자체로서 교묘히 민족주의를 포장하고 있었다.

그런 의미에서 우리 2003년도 한국학술진흥재단에서 실행하는 기초학문육성지원과제에 필자를 책임자로 하여 연구원 보조원 합쳐 약 30명이 "침략전쟁시기 친일조선인의 해외활동에 관한 실태조사"라는 제하의 분석을 시도했다. 이에 2년간 해외 친일에 대한 고민을 했고, 그 1차년도 분의 성과를 이렇게 단행본으로 세상에 내놓는다. 여기서는 각 연구성과의 의미와 과제를 중심으로 살펴본다.

II. 연구성과의 검토

본 저작에 실린 연구성과를 전체적으로 정리하면 다음과 같다.

(1) 김명구 교수의 「전시기 일제의 대륙침략논리와 재만 친일 조선인의 친일논리」는 침략전쟁기 재만친일조선인의 일제의 대륙침략논리에 대한 '인식' 문제를 검토한 것이다. 그동안 침략전쟁기 친일 관계 연구는 대개 국내 친일 지식인들을 중심으로 일제의 황민화정책 수용과 논리구조 그리고 구체적 활동 실상을 다루어 왔다고 보고,[9] 반면 만주국 건국 이후 만주에서 활약한 친일파 세력의 논리구조의 분석은 연구가 미흡했다고 평가한다. 이에 만주는 조선인들이 본국에서의 차별과 억압을 벗어나 생활안정과 출세를 노렸던 공간이기도 하였고 항일투쟁의 근거지가 되기도 하였다고 보았다. 뿐만 아니라 이시기의 만주에서 활동경험은 해방 이후 남북한 각각의 지도층 구성이나 국가정책에도 지대한 영향을 주었기 때문에 중시되어야 할 것이다.

그동안 만주지역에 관해선 임성모가 만주국의 협화회 활동과 노선을 분석하여 일제의 총력전 체제의 구축과정에서 대두되었던 '국민동

---

9) 대표적 성과로서 최유리, 『일제 말기 식민지 지배정책연구』, 국학자료원, 1997 ; 宮田節子 저·이영랑 역, 『조선민중과 황민화정책』, 일조각, 1997 등을 들 수 있다.

원' 노선과 '국가동원' 노선의 실상과 성격을 분석하였다.[10] 윤휘탁은 재만조선인의 구체적 실상과 현실인식을 분석하였다.[11] 신규섭은 일제의 만주국 지배와 침략전쟁확대 과정에서 재만조선인에 대한 통합논리로서 민족협화와 내선일체라는 상호모순 되는 두 논리를 중심으로 그 모순성을 분석하였다.[12] 김태국은 조선인민회의 실상과 활동을 분석하였다.[13] 그런데 이러한 연구는 일제의 침략논리를 재만조선인이 어떻게 수용하고 있었는지에 대한 연구는 다루어지지 못하였다. 이에 김명구 교수는 기왕의 연구성과를 토대로 하여 만주지역 친일조선인의 침략논리에 대한 인식구조를 개괄적으로 정리했다. 그에 따르면 당시 일제의 대륙침략은 중국과 조선 민중의 강력한 저항 속에 이루어졌으므로 항일세력에 대한 직접토벌과 함께 이데올로기적 선무공작도 중요한 과제였다고 본다. 이에 침략전쟁의 전개과정에 따라 시기를 만주사변과 만주국체제정비기, 중일전쟁으로 전쟁이 확대되는 시기, 이어 태평양전쟁으로 비화되는 시기로 나누어 시기별로 일제의 침략논리와 재만조선인에 대한 정책을 검토하고 이어서 친일조선인의 일제의 침략이데올로기에 대한 논리구조를 분석했다.

분석결과를 보면, 만주국의 초기 건국과정을 주도한 관동군은 침략이데올로기로서 '왕도주의'와 '민족협화'를 내걸었는데, 이는 만주사변을 역성혁명으로 정당화하고 만주의 여러 민족을 만주국

---

10) 임성모, 『만주국협화회의 총력전체제 구상연구-'국민운동' 노선의 모색과 그 성격』, 연세대 박사학위 논문, 1997.

11) 윤휘탁, 「만주국의 민족협화운동과 조선인」 한국민족운동사학회 편, 『한국항일민족운동과 중국』, 국학자료원, 2002.12 ; 「만주국의 2등 국(공)민, 그 실상과 허상」 『역사학보』 169집, 2001.

12) 신규섭, 『제국일본의 민족정책과 재만조선인』, 동경도립대학대학원 인문과학연구과 박사학위 논문, 2002.

13) 김태국, 『만주지역 '조선인 민회' 연구』, 국민대학교 대학원 국사학과 박사학위논문, 2001.

에 통합하려는 의도에서였다는 것이다. 그러나 만주국에 총관여체제가 정비되어 가면서 왕도는 황도주의 종속화 되어 갔다고 보았다. 실제로 만주국의 체제와 통치이념을 정비하는 가운데 일제는 만주국 통치에 복잡한 관련을 갖고 있는 재만 조선인 문제에도 대책을 마련하였다. 일단 재만조선인 사회를 효율적으로 관리하기 위해 재만조선인민회연합회를 결성하였다.

일제가 재만조선인사회를 만주국으로 통합하는데 있어 직면한 문제는 민족협화론에서와 같이 조선인이라는 정체성을 부여하여 만주국으로의 통합을 강화할 것인가 아니면 제국신민으로 조선총독부의 지배력을 중시해야 할 것인가 하는 점이었다. 그리고 중일전쟁 시기에는 민족협화론이 강조되었고 태평양전쟁으로 이행하는 과정에서는 내선일체론이 강요되었다.

구체적으로 일제의 만주에 대한 식민지배가 강화되면서 재만친일조선인 사회에도 일제의 침략이데올로기의 선무공작이 활성화되었다. 건국초기에 부분적으로 만주식민체제 내에서나마 민족적 욕구를 추구하였지만 치외법권의 철폐가 강행되면서 일제의 지배논리에 순응할 수밖에 없었다. 여기에서 만주국의 왕도정치 민족협화 이념의 정당성을 설명하여 만주사회를 일제의 식민지배에 순응시키려 하였다. 중일전쟁 이후 일제는 전쟁 초기 폭지응징론에 입각해 전쟁의 정당성을 강요하였다.

하지만 중국측의 강력한 저항에 부딪혀 수렁에 빠져들게 되자 중국의 민족주의를 어느 정도 인정하여 '동아신질서론'을 제기하여 중국과 제휴하려 하였다. 한편 동아신질서론은 전쟁의 담당자로서 국민총동원 개념을 동시에 제시한 것이었고, 이는 식민지민들에게도 일본국민으로서의 동원을 포함한 것이었다. 이리하여 재만 조선인 사회에 대하여도 협화회를 중심으로 동아연맹론과 국민총동원론이 선전되었다. 이에 대해 재만 친일 조선인들 역시 일제의 중일전쟁의 감행의 정당성, 동아신질서론으로서 동아협동론이라든가 동아연맹론 등을 만주 조선인사회에 유포하였다. 그러나 동아신질서론은 기본적으로 중국의 민족주의를 일정하게 인정하여 타협하려는 것이었지 식민지 조선문제를 고려한 것은 전혀 아니었다.

중일전쟁이 태평양전쟁으로 확대되면서 일제의 침략이데올로기는 동아신질서론에서부터 대동아공영권으로 변모하였다. 태평양전쟁은 동남아시아 등지를 지배하여 광역 블럭경제권을 확보하려 하는 것이었지만, 전쟁의 목표와 성격에 대해 팔굉일우의 황도정신을 전세계에 유포한다는 수사를 동원하였다. 재만친일조선인 역시 이에 충실히 순응하여 대동아전쟁의 이념과 성격을 선전하였다.

다만 김교수의 연구에서 좀 더 천착되어야 할 것은 이러한 변화 과정을 보면서 일정하게 일제의 침략이데올로기에 대응한 조선인의 적응성은 충분히 이해될 수 있지만 정작 그것을 어떠한 입장과 이해관계로 조선인이 응용하고 재구성 혹은 재해석하고 있는가 하는 점에 대해선 앞으로 좀 더 심도있는 연구가 진척될 필요가 있다.

(2) 김용희 교수의 침략전쟁시기 조선인 전범집단에 대한 형사법적 고찰은 기왕의 강제동원된 조선인 전범에 대한 애정적, 연민적 관심의 연구에 대하여 좀더 해외 친일이라는 적극적인 측면에서 연구를 진행하고자 한 것이다. 그동안 일제에 의해 강제 연행된 징용자와 종군위안부(일명 정신대)에 관한 연구는 국내외 학자들에 의해 상당한 진척을 보이고 있으나 전범에 관한 연구는 관심의 대상에서 제외되어 왔다. 이는 이들 집단이 일제의 침략전쟁에 가담한 무리라는 점과 전쟁범죄자라는 개념 자체가 지니는 반인륜성 내지는 반역사성 때문이 아니었다. 또한 일제로부터 수탈과 억압만을 받아 왔다고 믿어왔던 우리들에게 조선인 전범집단의 존재는 커다란 충격이며, 이러한 충격은 이들에 대한 학문적 접근을 저해하는 요인으로 작용했다고 했다.

이에 김 교수는 실체진실 여부를 떠나 전범집단 모두를 친일파로 치부해 버리며 역사의 어두운 면으로 묻어 두는 오류를 범하였다고 보고, 그렇다고 전범에 대한 문제는 묻어두어도 될 만큼 지나가 버린 과거의 문제가 아니라 오늘도 진행되고 있는 현실의 문제라고 파악했다.14)

일반적으로 전쟁범죄라 함은 전쟁 중 또는 전쟁과 관련한 시기에 군인이나 경찰, 공무원은 물론이고 민간인들에 의하여 교전 당사국 또는 중립국 영역에서 행하여진 전쟁법규에 위반한 폭력적 행위를 말하며, 전범은 A급 전범과 B·C급 전범으로 분류된다. A급 전범이란 침략전쟁에 대한 공동모의, 기습개전에 의한 살인과 잔학행위자 등 평화에 대한 범죄자로서 국제군사재판소에서 연합국 모든 정부의 공동 결정에 따라 재판을 받게 되어 있고, 전쟁법규를 위반하여 이루어진 살해, 학대, 약탈 등의 통상적인 전쟁범죄자인 B급과 민간인에 대한 살해, 학대, 약탈을 한 비인도적인 범죄자인 C급 전범은 범행지에서 개정된 법정에서 범행지의 법에 따라 재판을 받게 되어 있다.15)

B·C급 전범재판은 일본을 포함한 아시아 49개의 법정에서 열렸으며 5,700명이 전범으로 기소되었다. 이들 중에 조선인 148명(사형 23명 포함)이 포함되어 있다. 이들 중 군인은 3명에 불과하며 나머지 145명은 중국대륙에서 통역으로 징용되었던 16명(사형 8명, 유기형 8명)을

---

14) 이러한 현재성 때문인지 일본에서는 이들에 대한 기록 발굴 차원의 연구가 상당한 진척을 보이고 있다. 1967년 東潮社에서 출간된 坂邦康 編著의(「戰爭裁判南洋群島」, 「事實記錄 戰爭裁判 英領地區」, 「戰爭裁判 上海法廷」, 「比島戰とその戰爭裁判」) 자료, 1982년 內海愛子의 「朝鮮人BC級戰犯の記錄」, 茶園義男編·解説, 「日本BC級戰犯資料」 등 많은 단행본 자료들이 출간되어 있다. 그러나 우리나라에서는 이렇다 할 연구 성과물들이 나오지 않고 있는 실정이다.

15) 法務大臣官房司法法制調査部(戰爭犯罪裁判資料 第1号 戰爭犯罪裁判關係 法令集 第1券).

포함한 129명의 포로감시요원이었다. 일제침략기 포로감시요원으로
전쟁에 동원된 조선인 청년은 총 3,000명으로 그 중 129명이 전범으
로 처벌되었다.

김교수는 우선 법학적 관점에서 이들에게 내려졌던 전쟁범죄의 책
임이 과연 정당하고 적정했는가에 관하여 객관적으로 고찰해 보고자
했다. 그래서 일본군당국의 포로관리정책과 포로관리 실태에 대한 면
밀한 검토를 통해서 실체 진실에 입각한 판단을 내릴 수 있는 근거를
추적하고자 했다.

먼저 극동군사재판속기록을 통해 일본군당국의 포로관리정책과 실
태를 검토해 보았다. 일본군당국은 제네바협정을 광범위하게 위반하는
포로정책을 실시하였고 이에 대하여 연합국측은 끝없는 경고와 항의
서한을 일본정부에 제기하고 있다. 스위스 공사를 통한 포로수용소 방
문요청만도 134회에 이르는 것으로 보아 종전 후 포로학대가 전쟁범죄
로 책임을 부담하게 될 것이라는 점에 대하여 광범위한 인식이 있었던
것으로 보인다. 이에 대해 김교수는 이러한 인식은 조선인과 대만인만
으로 포로감시원을 모집하여 전장에 배치하는 교활한 모습으로 나타
나고 있다는 점을 지적한다. 이러한 일본군당국의 이러한 의도는 이미
우츠미아이코 교수에 의해서도 지적되고 있다.[16] 또한 일본군당국의
포로관리 실태를 검토해 봄으로서 포로들의 사망이 포로감시원의 구
타와 학대에 의한 사망이 아니라 부실한 급식과 강도 높은 강제노동으
로 인한 영양실조와 질병으로 사망하였음을 밝힐 수 있었다.[17]

둘째로 조선인 전범집단의 형성과정에 있어서 가장 논란이 될 수
있는 부분이 포로감시원의 모집이 포로감시원은 군인이 아니라 군속
으로서, 즉 군에 고용된 민간인을 의미하며 일본당국은 조선에서 지원
의 형태로 모집했다. 당시 일본당국이 제시한 모집요건을 살펴보면 식

---

16) 內海愛子, 朝鮮人 BC級戰犯の記錄, 勁草書房, 2003, 203~204쪽.
17) 極東國際軍事裁判 速記錄 143号.

사제공, 주거제공, 월급 50엔, 계약기간은 2년이며 나이는 20세에서 35
세라는 조건을 제시하고 있다.[18] 따라서 포로감시원으로서의 지원은
친일파로 귀결될 수 있으며, 그것도 침략전쟁에 편승한 아주 질이 나쁜
친일파로 인식될 수 있다. 이에 대해 김교수는 오늘날 후세대의 인식의
관점이 아니라 당시의 상황과 정세에서 접근해 보는 것이 타당하다고
하면서 당시 농촌경제의 몰락으로 징용과 해외이주로 내몰리고 있던
조선인들에게는 포로감시원으로의 지원이 친일을 위한 봉사가 아니라
생존을 위한 선택이었다고 보고 있다.

셋째로 연합국측의 전범재판에 관하여 살펴보았다. 이 연구를 통해
1943년 10월 23일에 연합국전범위원회가 설치되고[19] 1945년 8월에 4대
국(미영불소)이 런던에서 전범의 형사처벌에 관한 협정이 체결되었음에
도 불구하고 종전 후 각국의 이해관계에 의하여 BC급 전범이 처리되었
다. 그 결과 어느 법정에든 포로수용소의 전범관계에 있어서 조선인 군
속이 차지하는 비율이 높았다. 그 주요원인에 대하여 김교수는 일본군
이 포로수용소편성 과정에서 조선인과 대만인만으로 포로감시원을 편
성해 포로학대에 대한 전쟁책임을 회피해 보고자 하는 술책과,[20] 명령
자와 함께 명령실행자도 처벌하는 연합국측의 재판방식에 있었다고
본다. 즉, 연합군 포로 4명중 1명이 사망할 정도로 가혹했던 포로수용
소의 강제노동은 당연히 심판 받아야 하겠지만 김교수는 포로의 강제
노동에 관한 정책을 입안하고 강행했던 대본영의 관계자들은 면죄부
를 받고 최말단의 포로감시원을 속죄양으로 삼은 BC급 전범재판 공정
한 재판이 되질 못했다는 판단을 내렸다. 특히 일본의 식민지였던 조선

---

18) 김도형, 「해방전후 자바지역 한국인의 동향과 귀환활동」『한국근현대사
    연구』 24, 2003, 155쪽.
19) United Nations War Crimes Commission, History of United Nation War Crimes
    Commission and Development of the Laws of War(1948) 참조.
20) 極東國際軍事裁判 速記錄 148号.

과 대만 출신의 군인군속을 일본인으로 취급했던 연합군측의 발상은 그들이 제국주의적 사고와 발상으로 식민지 지배를 담당했던 전력과도 무관하지 않았음을 지적하였다.

적어도 김교수의 연구는 일본당국의 치밀하고도 비인간적인 식민지 정책을 인식하는 계기가 되었다. 하지만 포로감시원들의 전범 지위에 대한 법적 판단의 근거에 대한 구체적인 규명이 필요하고, 그들의 친일적 행적에 대한 과대한 관용을 말하는 근거에 대한 명확한 증거 제시가 필요하다고 본다.

(3) 나승회 교수의 조선출신 영화감독 '허영' 논문은 일제의 침략전쟁시기에 "히나츠 에이타로日夏英太郎"라는 이름으로 일본에서 활동하고 해방 후에는 인도네시아에서 닥터 휴웅으로 활동한 허영이라는 영화감독에 대한 분석이다. 즉, 일본에서 침략전쟁의 전의戰意를 고취시키는 국책영화를 찍은 허영(히나츠 에이타로)이라는 한 영화인의 친일 행적을 통하여, 격랑의 시대를 살아온 조선출신 문화인의 정체성에 대한 갈등에 초점을 맞춘 것이다.

허영, 아니 "히나츠"는 일본영화계에 뿌리를 내리기 위하여 스스로 시나리오 집필도 겸하며 열의와 성의를 다해 노력한 결과 영화감독으로 성공하게 되지만, 그가 만든 영화의 대부분은 국책영화였다. 조선총독부의 학무부장이 "될 수 있는 한 모두가 보도록" 지시를 내렸다는 『그대와 나僕と君』를 비롯하여, 일본군의 새로운 작전의 전개에 협력하는 선전모략영화 『호주를 부르는 소리豪州への呼び聲』 등을 제작했다.21) 이와 같은 "히나츠"의 일련의 국책영화 제작은 영화라는 예술장

---

21) 일제는 침략전쟁시기에 문화 선전 정책의 일환으로 조선영화령을 제정하는 등 영화 통제 체제를 구축했다. 영화령의 주요내용은 영화 사업과 종업자從業者의 등록제, 대본 사전 검열, 문화 영화 강제 상영, 외국 영화 수입 제한, 국가에서 인정한 영화 이외의 영화 상영 시에 연소자의 영화

르에 대한 열성과 예술적 감수성에 식민지출신으로서 현실적인 성공을 갈구하는 인간적인 욕망이 복잡하게 뒤엉킨 결과로 보인다.

이후 허영은 스스로의 인생과 시대적 상황에 회의를 느끼고 인도네시아로 건너가 그곳에서 히나츠 에이타로라는 일본식 이름을, 본명인 "허영"의 인도네시아식 발음인 "흉"으로 바꾸고 인도네시아 독립을 소재로 한 영화를 찍으며 인도네시아 영화계를 이끌어간다.22) 하지만 그가 침략전쟁시기 일본의 전쟁을 미화하는 영화를 만들었다는 사실과 '내선일체'라는 시대적 흐름을 탄 영화를 제작하기 위해 고군분투했다는 점으로 인해 허영은 해외에서 활동한 친일조선인의 한 사람으로 불리어지게 된 것이다.

본 논문에서 나 교수는 허영이라는 영화감독의 삶을 세 측면에서

관 입장금지 등 이었으며, 이러한 영화 통제 체제로의 전환과 동시에 일제는 선전 영화, 국책영화를 제작, 배급하는 통로를 갖추게 되었다. 즉, 영화의 대중이라는 측면을 이용하여 내선일체와 징병제 등의 전쟁 이데올로기를 담은 영화를 대중 교화에 적극적으로 활용했던 것이다.

그러한 의미에서 『그대와 나僕と君』는 일제가 정책적으로 추진한 징병 선전 영화의중심적인 작품이다. 1941년 개봉된 이 영화는 조선인의 지원병 응모와 출정 과정을 중심으로 하여, 조선인 지원병과 일본인 여성과의 결혼을 둘러싼 다양한 에피소드가 등장하지만, 궁극적으로는 조선인 청년의 전쟁 동원을 권고하는 내용이다.

22) 일제는 진주만 공격의 여세를 몰아 네덜란드의 점령지였던 인도네시아로 진출하여 인도네시아를 손에 넣는다. 당시 일본군 선전반의 일원으로 자카르타에서 생활한 허영은 선전영화 『호주를 부르는 소리豪州への呼び聲』를 제작하게 된다. 이 영화는 일본군에게 수용되어 있는 연합군 포로들이 제네바 협정에 따라 제대로 처우를 받고 자유롭게 생활하고 있다는 사실을 대외적으로 선전하기 위한 영화이며, 허영이 각본과 연출을 맡았다. 그러던 중 일본이 패망하고, 단파방송을 통해 고국에서 친일파를 처형한다는 소식을 들은 허영은 귀국을 포기하게 된다. 신생 인도네시아를 네덜란드가 재침공할 무렵, 허영은 인도네시아 독립을 위해 일한 것이 반영되어 닥터 흉으로 변신한다. 소사토 다다오, 유현목 역, 『일본 영화이야기』, 다보문화, 194~196쪽.

분석하였다. ① 조선출신 영화인 허영의 삶과 친일행적, ② 시나리오를 비롯한 작품활동-문학적 감수성과 작품성을 중심으로-, ③ 침략전쟁기의 일본의 영화산업의 양상 등이 그것이다.

이에 ①의 과제와 관련하여 일제시대에 만주에서 조선인으로 태어나서 일본인으로 변신하여 일본의 영화감독으로 성장한 친일 모략영화의 달인 "허영"의 친일행적이, 침략전쟁기라는 시대적인 상황 속에서 영화인으로 살아가기 위해 선택할 수밖에 없었던 삶이었음을 밝히고 있다. 아울러 종전 후 허영이 고국으로 돌아오지 못하고 인도네시아에 이주하여 닥터 훙으로 일생을 마감하기까지의 여정은 이전의 "히나츠"로서의 삶이 영화를 향한 열정과 현실적인 성공을 꿈꾸는 식민지 출신의 젊은 예술인의 욕망에 의한 것이라는 점을 역설하고 있다.

②의 과제와 관련해서는, 허영의 시나리오 『그대와 나僕と君』, 『호주를 부르는 소리豪州への呼び聲』, 『天と地のあいだで(하늘과 땅 사이에서)』를 분석하여, 문학적 측면에서 허영의 예술적 감수성을 살펴보았다. 『シネアスト許泳の「昭和」』(시네아스트 허영의 「소화」[23])에 의하면, 허영은 일찍이 일본의 문학자 히나츠 코노스케日夏耿之助의 작품에 감화를 받은 문학청년이었다고 하는데, 시나리오를 통해 영화인으로서의 허영이 아닌 시나리오 작가로서의 일면에 접근할 수 있었던 것이다.

③의 과제와 관련해서는 허영의 영화감독으로서의 측면에 주목하는 한편, 침략전쟁기의 일본의 영화산업의 양상을 고찰해 보았다. 무성영화에서 발성영화로 접어드는 상황은 물론, 허영이 몸을 담게 되는 마키노 영화와 쇼치쿠松竹 영화, 그리고 국책영화로 흐르게 되는 시대적 상황 등 일본영화산업의 변혁과 발전의 구조적인 특징을 살피려 했다.

사실 허영에 대한 기왕의 연구가 전무한 상태에서 이와 유사한 많은 친일 조선인 부류가 많았을 것인데, 이 방면에서 나 교수가 처음으

---

23) 內海愛子, 村井吉敬 『シネアスト許泳の「昭和」』, 凱風社, 1987.

로 연구영역을 개척한 것은 대단히 고무된다. 이후 허영의 주된 활동무대가 일본이었다는 점을 생각하면, 현지에서의 허영의 행적은 물론 시나리오와 영상 자료에 관한 수집 및 조사가 보다 더 철저하게 선행되어야 할 것이다. 아울러 그와 유사한 조선인 출신 문학·문화인들의 예술적 이력에 대한 좀 더 심도있는 분석이 요구된다.

(4) 민경준 교수의 만주국 초기의 조선인 통치와 조선인 민회는 재만한인의 대표적 친일단체인 '朝鮮人民會'의 동향을 만주국 수립 전인 1920년대 후반 일중양국의 이중통치 상황에서 재만한인의 최대 과제인 민족자치 요구에 어떻게 대응하고, 만주국 수립 이후 일제의 독점적 지배의 성립이라는 상황 하에서는 어떻게 변화해 나가는가를 검토하여 그 친일성의 시대적 특징을 파악하고, 나아가 그것이 양 시기 재만한인 사회에 갖는 의미를 규명하려는 논문으로 보인다. 이 과제를 수행하기 위해 중점을 둔 것은 '조선인 민회'와 관련한 만주지역 영사관 보고, '조선인 민회' 기관지 및 '조선인 민회'관련 제단체의 문서자료를 조사, 수집하는 것이지만, 이 밖에도 당시의 잡지, 신문에 실린 관련기사도 수집하여 '조선인 민회'의 동태를 구체적으로 파악하려 하였다. 그리하여 다음의 결과를 제시하고 있다.

첫째, 1920년대 후반 특히 1927년 이후 중국 지방당국의 재만한인 구축정책이 심화되어 한인의 피해가 속출하였다. 이에 재만 독립운동 단체들은 중국으로의 귀화·입적 운동을 통해 합법적 자치를 획득하기 위한 운동을 전개시켰다. 이에 대응하여 남만주에서는 '조선인 민회'가 '奉天住民大會'를 주도하여 귀화·입적이 아닌 한인만의 단일자치기구를 만들려는 운동을 전개하지만, 그 정치적 의도는 주민대회 내부의 귀화·입적 주장을 묵살한 점, 1928년 말 친일무장단체인 鮮民府의 설립과 1929년 초 韓僑同鄕會로의 명칭 변경과 활동에서 보아 독립운동단체 주도의 귀화·입적 운동에 대항운동을 전개하고자 한 것에 있는 것으로 보았다.

반면 간도에서는 1923년 일본국적 이탈과 朝鮮民團이라는 자치기구 설립을 주도한 경험이 있는 '조선인 민회'의 1928년 間島琿春民會聯合會 회의상에서 일부 민회장이 일본국적 이탈, 중국으로의 귀화를 강력하게 주장하고 당시 중국 지방당국에서 추진하고 한인 공산주의자들도 적극 참여하고 있던 鄕社運動과 제휴하려는 경향까지 보이고 있었음을 확인할 수 있었다.[24]

둘째, 위와 같이 '조선인 민회'의 일부 회장들에게도 잠재해 있던 일·중 양자택일적 의식은 만주사변으로 한인에 대한 중국측의 지배력이 완전히 배제되고 일본의 독점적 지배체제가 성립되면서 변하지 않을 수 없었다. 친일한인은 일본 세력을 이용, 종래 민족적 지배자로 존재하고 있던 중국인의 간도지배를 배제하는 움직임을 보였다. 그것은 奉天에서의 '자치특별행정구' 요구와 間島에서의 '壇自由國' 건설 요구, '民生團' 설립운동이다. 이 중 '조선인 민회'는 민생단의 간도한인자치운동에의 참여가 확인된다. 이에 대해 민교수는 이러한 민생단의 '간도한인자치' 주장은 만주사변의 결과 중국과 일본의 이중지배 에서 전자가 제거되고 일본('만주국' 수립)이라는 단일의 식민지적 지배상황으로의 전환이 필연시되는 상황 하에서 간도라는 특수사정을 배경으로 '민족자치'를 획득하려는 운동이었다고 평가하고 있다.

셋째, '만주국' 건국과 함께 일제는 재만한인에게 '일본신민'으로서의 권리를 부여한다. 또한 재만한인사회에 대한 통제를 강화하기 조치 중 하나로 '조선인 민회'의 통합기구인 '전만조선인민회연합회'(이하 '연합회')를 1931년 10월 20일에 설립하고, 1937년 해산까지 일본인 회장 체제로 유지된다. 민교수에 의하면 연합회 가입 민회수는 증가하여 1937년까지 재만한인의 20% 이상을 가입시켰다고 보고 있다. 특히 민교수는 만주국 및 기업 등에 재만한인 인재 채용을 강하게 요구하거나, 한

---

24) 吉林公所, 「間島琿春地方朝鮮人實況調查」 『滿蒙事情』, 1930년 2월호.

인이 다수 거주하는 지역 관청의 관리급에 한인을 다수 채용하도록 요
구하거나, 민회의 권한을 강화하는 민회규칙 통일에 관하여 요구하는
등 정치적 요구를 강화함과 함께 부분적이고 소극적인 자치적 조직을
요구하기도 한 점이다.[25] 그러나 재만한인의 '연합회'나 '조선인 민회'
의 대중운동을 동반하지 않는 '지방자치행정기관'화나 '정치적 운동'은
총회 단계에서 이미 억제당해 강하게 부정될 수밖에 없는 운명이었다
고 보았다.[26]

넷째, 그러나 일본의 재만조선인=일본신민 인정 정책, 즉 재만조선
인에 대한 치외법권의 적용과 재만조선인 안정책에 입각한 재만조선
인 단체의 활동은 중국인에게 있어서는 자신들의 정치적, 경제적 위치
를 더욱 불안정하게 만드는 것이었으므로, 전만조선인민회연합회에 의
한 조선인과 중국인의 대립 해결을 더욱 어려워졌다. 이에 일본은 1936
년과 1937년 2회에 걸친 치외법권 철폐를 계기로 '민족협화' 하에서 협
화회에 의한 민족통합정책을 강화해 간다. 치외법권 철폐의 재만조선
인 취급방침[27]은 법적으로 '일본인'이어야 할 재만조선인을 실제로는
의도적으로 일본인과 차별하고 다른 민족과 동등하게 취급하여 교육
이나 치안 등 경우에 따라서는 '특별취급'한다는 것이었다. 이러한 일

25) 『全滿朝鮮人民會聯合會會報』 창간호(1933년 3월) ; 4호(33년 6월) ; 16호
(1934년 6월) ; 28호(1935년 6월), 48~49쪽.
26) 전만조선인민회연합회 총회를 통한 재만한인들의 정치적 요구가 강해졌
지만, 연합회가 강력한 자치적 조직이 되는 것은 억제당하고 있었다. 그
점에 대하여 野口회장은 연합회 및 민회는 생활안정을 목표로 하여 설
립한 것이지, "정치결사적 기분"은 허락되지 않는 것이라고 한 다음 "만
일 이점에 대하여 不心得한 자가 있으면 단호히 배격하지 않으면 안 된
다"고 하여, 연합회와 민회의 '지방자치행정기관'화나 '정치적 운동'을 강
하게 부정하였다. 野口多內, 「개회지사」 『회보』 제4호(1933년 6월), 2쪽.
27) 「治外法權撤廢現地委員會決定要綱ノ說明ニ關スル對滿事務局關係各省事
務官及現地主任者會議議事錄」(『大野綠一郎關係文書』, 國立國會圖書館憲
政資料室 소장).

련에 조치에 대해 민교수는 재만조선인이 '일본신민'이라 것을 방기한 것이 아니라 '완전한 일본신민'이 되기 위해서는 먼저 '완전한 만주국 민'이 되지 않으면 안 된다고 하는 논리를 전제로 한 것으로 파악하고 만주국에 대한 의무를 충실히 이행할 것이 강요한 것으로 보고 있다.

넷째, 치외법권 철폐는 재만조선인이 '일본신민'으로서의 형식적 지위, 즉 '보호막'이 없어지는 것이었기 때문에 재만조선인은 강하게 반발하였다. 그러나 연합회의 본회의에서는 치외법권 철폐를 반대하는 양상을 보이지 않고 각 지역 조선인민회로부터는 치외법권 철폐에 대비하기 위한 안건들- 교육문제, 조선인민회 및 연합회의 존속, 조선인의 만주국 관리로의 채용 등- 만이 제출 토의되었다. 이에 대해 민교수는 치외법권 철폐 하에서의 제 권리 신장을 도모하는 '현실주의'적 입장만을 견지하였던 모습으로 파악하고, 조선인 민회는 사실상 일본영사관 및 조선총독부의 감독하에 두어진 일종의 '공공단체' 측, 지외법권의 보호를 받는 일본측 행정기관의 일부로 보고 있다. 만주국의 입장에서 본다면 지방행정기구와는 별도의 독립적인 활동을 하고 있어, '민족협화'와는 거리가 있는 상태였고, 일본과 만주국의 이원행정의 대립관계를 발생시키는 존재였다. 때문에 만주국은 치외법권 철폐시에 조선인 민회를 해산하여 재만조선인에 대한 지배를 강화, 확립하려고 하였다고 한다.

결국 1차 치외법권 철폐의 행정권 위양 결정에 따라 1936년 5월 18일 '조선인 민회 처리요강'이 결정되었다.[28] 이 과정에서 민회를 포함한 재만조선인 단체의 중심인물들은 만주국의 행정기관에 편입되고, 이에 따라 종래 일본이나 조선총독부에 종속되어 있던 '재만조선인 유력자'들은 만주국 권력기구에 종속됨으로 해서 새로운 국면을 맞이하게 되었던 것이다. 1940년 만주국의 조선인 관공리 수는 2,300명에 달하

---

28)   西本良雄, 「居留民會の處理槪況」 『全滿朝鮮人民會聯合會會報』 第44號, 1936年 10月, 80쪽.

였다.[29] 조선인 민회의 해산 이후 재만조선인은 협화회의 민족분회로 참가하였다.

민교수의 연구로 일제가 실질적인 오족협화를 어떤 방식으로 구현하고자 했는지 일정하게 밝혔다는 점에서 의미가 있다. 그러나 실질적인 조선인을 통한 만주국 지배논리와 오족협화라는 차원 즉, 만주국 주권의 형식적 존중이라는 이해 간의 갈등에 대한 분석이 좀 더 요구된다고 할 것이다.

(5) 최봉룡 교수의 「日帝下 '親日派 問題'에 對한 考察－滿洲地域을 中心으로－」는 일제 식민지통지시기에 있어서 해외 항일무장독립운동 (혹은 민족해방운동)의 활무대로 부상되었던 만주지역 조선인의 친일파 계보를 간추려서 살펴보면서 전형적인 친일단체와 조직구성 및 그들의 친일 행적을 고찰하려고 한다. 만주지역 조선인의 친일파 문제는 개인으로의 분리와 집단으로의 분리 원리를 이용하여 크게 세 부류－친일 민간단체, 선무단체 및 무장단체로 나뉘었다.

친일 민간단체－'조선인 민회'와 '재만보민회' 및 만주국시기의 '협화회'와 '간도협조회'를 전형으로 선택하여 서술하였다. 필자는 이러한 친일 민간단체에 포섭된 조선인들을 모두 '친일파 / 친일분자'로 취급하는 것은 그 시대에 만주지역 조선인의 법적인 지위(국적문제의 차원)에서 볼 때 그들은 '일본신민'의 일부분으로서 일본영사관의 치외법권에 종속될 수밖에 없었던 것이다. 때문에 이러한 친일 민간단체 안에서 주도자·악질분자 그리고 혈채血債가 가득 있었고, 이들은 반민족적 행위로서 본 민족이나 타민족에게 피해를 끼친 자들인 만큼 반드시 '친일파'의 범위에 들어야 한다고 본다. 친일선무조직－'협화회'와 '간도협조'는 선무조직의 성격과 함께 친일 민간단체의 성격을 겸하고 있었다. 대

---

29) 『國內に於ける鮮系國民實態』, 104~109쪽.

표적인 친일선무조직으로 '치안유지회' '특무공작반' '정치공작반' 등에
도 많은 조선인들이 포섭되고 있었다. 여기서 필자는 이러한 합법적인
친일조직의 간판을 빌어서 반일지하활동을 한 인물도 있기 때문에 집
단과 개인의 분리 원칙을 주장했다. 친일무장단체-'무장자위단'과 '간
도특설대'는 일본 관동군, 만군滿軍 및 헌병, 경찰 및 특무들과 함께 반
만항일 세력-특히 동북항일연군을 토벌하는 전선에 직접 투입되었던
가장 악질적인 친일주구의 像임을 지적하였다.

만주지역 조선인의 친일활동의 특징을 아래와 같은 몇 가지로 귀결
될 수 있는데 첫째는 일제의 대륙침략이 확장됨에 따라 조선인들의 친
일활동은 그에 정비례적인 양상을 보여주면서 증폭되었다는 것이고,
둘째는 특히 만주국시기에 특수한 시대적 상황으로 말미암아 조선인
들의 내부는 정치이념과 신앙의 차이로 인해 '반공주의 자'들은 대부분
'친일주의 자로' 전락되었던 특징을 나타내고 있었던 것, 셋째는 광복
후에 만주지역의 시국 변천에 따라 대부분 친일세력은 한국을 최적의
피서지로 선택하고 귀국하게 되었다는 것이다(물론 북한에 거쳐 월남하여 한
국에 정착한 경우도 많았을 것으로 예측됨). 그리고 국내의 '친일파'상과 만주지
역 조선인의 '친일파'상을 비교해 볼 때 국내의 '친일파'상은 개량적이
고 부일적인 양상으로 표현되었다면, 그와 반면에 만주지역 조선인의
'친일파'상은 반민족적이고 반인류적인 양상을 보여주고 있다.

(6) 미쓰이 다카시三ツ井 崇 교수의 「아시아·태평양전쟁기 일본에서
의 조선인 '친일'화 구조에 관한 예비적 고찰-후쿠이현福井縣 지역 재
주 조선인 동향의 개요-」는 일본내 협화회와 협화회를 통한 조선인
친일화의 배경을 분석한 글이다. 즉, 협화회는 일본정부가 주로 경찰
권력을 이용해 조선인을 통제하려고 만들었던 조직이었는데 그것은
협화회 활동을 통해서 조선인을 '친일'화 시키고 그들을 전쟁태세로 동
원하는 장치였다.[30] 이러한 권력관계에 주목하기 위해서도 협화회 체

제 하의 조선인 '친일'화의 구조가 어떤 것이었는지를 해명할 필요가
있다.

그러나 종래 협화회에 관한 사료 상황은 충분치 않았다. 일본 각 지
역의 협화회 동향은 사료적 한계로 인해 대부분이 공적 자료가 단편적
이라도 남아 있는 대도시 부분의 동향만 알 수가 있었고 대도시가 아
닌 지역의 동향은 거의 파악하기가 어려운 상태이다.

필자가 대상으로 하는 후쿠이현福井縣([그림 1] 참조)도 그러한 지역의
하나이다. 히구치가 편찬한『協和會關係資料集』을 비롯해 지금까지 간행
된 협화회 관계 자료집을 통해서도 이 지역의 동향을 자세히 밝히는
자료를 찾아내기가 힘들다. 많지 않은 선행연구의 하나인『福井縣史』(通
史編 6, 1996년)를 보면 조선인 융화단체에 관한 약간의 기술을 확인할 수
있다.[31] 거기서 주로 사용된 자료는 1930~40년대의『福井新聞』,『大阪
朝日新聞(福井版, 北陸版)』 등의 신문기사이지만 자치체사自治體史란
성격 때문에 그 기술은 결코 충분한 것은 아니다. 필자는 후쿠이현의
사례를 통해 일본 지방도시의 조선인 '친일'화의 구조가 어떤 식으로
성립되어 있었는지를 해명하고 싶은데 본고에서는 그 첫 단계 분석으
로서 주로 1930년대 이후 일본 후쿠이현 지역이란 지방도시의 조선인
사회 동향을 개관함으로써 그 예비적 고찰로 하고 싶다.

30년대 설립된 각 융화단체는 1940년에 일단 해산되고 그냥 후쿠이
현 협회회 하의 지회로 흡수되었다. 이것은 30년대 이루어진 융화단체

---

30) 樋口雄一,『協和會-戰時下朝鮮人統制組織の研究-』, 社會評論社, 東京,
1986년.

31) 이외에 內藤正中,『日本海地域の在日朝鮮人-在日朝鮮人の地域研究-』(多
賀出版, 東京, 1989년) 안에 단편적인 언급이 있다. 또 柳澤芙美子,「『福井
新聞』(1940~45年)の在日朝鮮人關連記事檢索」(『縣史資料』第6號, 1996년)
에는 1940~45년의『福井新聞』에 실린 재일조선인 관계 기사의 해제로서
조선인 사회에 관한 간단한 설명이 있다. 본고에서도 이들의 기술을 일
부 참조했다.

의 기반이 40년대에 이어졌다는 것을 의미한다. 이러한 견해를 기초로 하면서 앞으로는 1) 교육사업과 조선인 지도자 양성 시스템, 2) 생활 '개선' 문제, 3) 헌금, 근로봉사 등의 미담美談의 구조 등 세 가지 논점에 주목함으로써 일본 내의 조선인 '친일'화의 메커니즘을 밝히려고 한다. 사료적인 한계가 있기는 하나 대도시가 아닌 지역의 조선인 '친일'화의 실태를 가능한 한 해명해가고 싶다.

(7) 정영진 교수의 「일제침략체제에 동조한 국내외 음악계 연구」는 일제강점기 특히 1930년대 이후 일제 전시체제기를 중심으로 한국의 특정 음악인들과 만주국의 음악계 상황을 파악하여 누가 어떻게 일제의 침략활동에 동조하였는지를 살핀 것이다. 즉 학계의 1차적인 과제는 해외에서 일제침략체제에 동조한 음악인들의 조명에 우선하여 국내의 음악계 상황을 먼저 각론화 시킬 필요가 있다.

본래 문예는 심미적審美的 의미체계를 가지고 인간 본유의 감각에 작용한다. 특히 음악은 언어 이상으로 감각적 의미체계를 가지고 있다. 그러므로 음악은 때로 시대적 이데올로기의 목적 수단으로 이용되기도 하였다. 특히 일본이 대륙으로의 침략활동을 본격적으로 전개하였던 1930년대 이후 한국의 일부 음악인들은 일제의 식민정책 혹은 일제의 침략적 활동으로부터 자유롭지 못하였다.

일본제국주의의 15년간 전쟁기간은 식민지 파쇼에 의한 병참기지화 정책과 그 정치지배체제를 구축하기 위하여 동원되는 황민화정책에 당시 한국의 특정 음악인과 특정 음악단체들은 일선에서 침략지원활동을 전개하였다. 즉 그들은 잠시의 순간일지라도 식민지적 착취와 지배체제에 편승하는 친일적 음악행위로 일본제국주의 지배체제에 동조한 부류들이다. 그 가운데 유학을 통하여 외국 신진 문화를 맛본 이들은 식민지적 지배와 계몽적 힘의 매체로 일본음악과 서양음악을 이 땅에서 재생산하는 음악풍토를 조장하였다. 그들은 또한 스스로 일제 침략활동에 동조하는 음악활동을 전개하여 반민족적 성향의 음악인으로 인식되는 결과를 낳았다. 특히 전시체제기戰時體制期 일본은 전선의 확대로 말미암아 전쟁의 승패를 좌우하는 전선보급의 확보지로서 조선을 전선에 제일 가까운 후방기지 즉 총후銃後로 구축하고자 많은 노력을 기울였다. 군수자원을 개발하고자 일본의 대자본을 끌어들여 전쟁수행에 필요한 군수물자를 비롯한 생산품공장을 설립하고 이를 독점하게 된다. 이 독점자본을 형성한 바로 그 현장에서 생산독려를 촉구하는데 음악은 최선의 도구로 이용되기도 하였다.

1936년 8월부터 총독으로 부임한 육군대신 미나미 자로오南次郎는 내선일제의 기치아래 음악소통구조를 황민화정책의 노선에 주안을 두고 당시 음악계를 정비 및 조직시켜나갔다. 즉 1937에 조직된 조선문예회, 1938년에 조직된 시국대응전선사상보국연맹, 1941년에 결성된 조선음악협회, 1942년에 결성된 경성후생실내악단, 1944년에 조직된 대화악단 등이 대표적인 관제음악문화단체였다.

지금까지 기존 연구에서 일제 전시체제기를 전후한 일제강점기의 친일음악 혹은 당시의 음악연구가 구체화된 것은 1980년대를 전후한 시점이다. 80년대의 정치적 민주화는 한국민족음악운동으로 음악계에도 파장을 불러일으켰는데, 그 일선에는 노동은이 있었다. 그의 연구는 일차적으로 친일음악인에 관심이 모아졌다. 그는 1986년 "개화기음악의 연구상황"32) 그리고 "일본정신과 굴절된 음악인의 허위의식"33)을 각각 발표하면서 학계에 친일음악 연구를 화두로 제시하면서 공론화시켜 나갔다. 이후 그는 "홍난파와 현재명 연구",34) 그리고 "우리 역사 참인

---

32) 노동은, 「개화기 음악의 연구상황」『서울대학교 음악대학 작곡과 86년 춘계학술대회 자료집』, 서울: 서울대학교 음악대학, 1986, 21~61쪽. 본 연구 역시 친일음악에 대하여 선행 연구된 노동은의 연구가 길라잡이 역할을 하였다.
33) 노동은, 「일본정신과 굴절된 음악인의 허위의식」『객석』 8월호, 서울: 월간객석, 1986, 86~91쪽.

가? 거짓인가?",35) 등으로 연구를 확대시켰다. 이어서 민경찬, 김창욱, 송방송, 김수현, 권병웅 등도 단편적인 연구결과들을 발표하였다.

그런데 기존의 연구들은 몇몇의 친일음악인물에 초점을 맞추고 있고 해외 음악계 특히 만주국의 음악적 상황은 지적하지 못하고 있어 그 연구영역의 한계와 소략함을 부인할 수 없는 상황이다. 이에 정영진 교수는 지금까지의 연구는 총론도 각론도 제대로 확립된 단계라고 보기는 힘든 실정이라 파악하고 특별히 일제전시체제기를 전후하여 왕성한 활동을 폈던 관제음악단체들과 음악인들의 관계에 대한 논의와 해외36)에서 일제의 침략활동에 동조한 음악인들에 대한 연구의 필요성을 강조했다. 그래서 이 연구는 1931년 만주사변과 1937년 중일전쟁 그리고 1941년 태평양전쟁으로 이어지는 일본제국주의의 15년간 전쟁기간을 중심으로 일제 식민지배체제에 편승한 국내외 음악인들의 행적을 쫓았다.

먼저 홍난파는 이미 학계에서 친일적 성향의 음악인으로 분류되어 있었다. 그의 일제침략동조 행위는 1937수양동우회 사건으로 정점화되었다. 이 사건에서 그는 "사회와 국가의 안녕과 질서를 보호하려는 제국의 정책을 거부하는 것은 민족 전체의 불행을 초래하는 것이며, 이는 동아의 평화까지 위협하는 것이다."라는 골자의 "사상전향에 관한 논문"을 쓰고 풀려나게 되었다고 한다. 이후 스스로 군국가요를 작곡하여 황국정신과 황군을 찬양하였다고 하는데, <正義의 凱歌>(崔南善 作詞, 1939년 9월 15일 발표), <長城의 把守>(崔南善 作詞, 1939년 9월 15일 발표), <空軍의 歌>(彩本長夫 作詞, 1939년 9월 15일 발표), <希望의 아츰>(李光洙 作詞, 1937년

---

34) 노동은, 「홍난파와 현재명 연구」『친일파99인』 제3권, 서울: 반민족문제 연구소, 1993, 109~124쪽.

35) 노동은, 「우리 역사 참인가? 거짓인가?」『음악과 민족』제11호, 부산: 민족음악학회, 1996, 78~101쪽.

36) 특히 1931년 9월 18일 만주사변으로 일제가 만주를 강점한 후 세운 괴뢰정부인 만주국을 중심으로 살펴볼 것이다.

이후 작곡된 것으로 추정) 등이 그것이라 소개 했다.

한편 현재명은 홍난파와 함께 수양동우회 사건으로 1937년 6월 일경에 검거되지만 "사상전향에 관한 논문"을 쓰고 풀려난다. 이후 그는 1938년 6월 대동민우회大東民友會의 가입과 함께 공개적인 전향성명서를 발표하였다. 조선문예회, 시국대응전선사상보국연맹時局對應全鮮思想報國聯盟, 경성음악협회京城音樂協會, 조선음악협회朝鮮音樂協會, 경성후생실내악단京城厚生室內樂團 등에 가담했다고 하는데, 정교수에 따르면 그는 주로 이들 단체의 간부로서 자의에 의한 의사 결정권을 가지고 있었다고 한다. 그러므로 그의 일제 침략체제에 동조한 행위는 다분히 자의적으로 해석된다.

김성태(조선음악협회의 양악부 작곡과의 회원), 이흥렬(조선음악협회의 회원) 등도 직역職域에서 멸사봉공滅私奉公하여 국방국가 체제확립 및 신동아 건설을 목적으로 열심히 친일 음악활동을 전개했다고 한다. 그 외 광복 후 교육계의 지도급인사에 있었던 음악인은 김천애(전 숙명여대 음대 교수 및 동대학장, 목원대학 교수), 이인범(전 연세대 음대 교수 및 동대학 학장), 계정식(전 이화여대 교수), 김자경(전 이화여자대학교 음악대학 교수, 김자경오페라단 창단 단장·이사장, 피플투피플 한국본부 부총재) 등이 비슷한 경로의 친일음악활동을 했다고 정영진 교수는 밝히고 있다.

다음으로 본 저작과 직접적인 연관을 갖는 해외에서 일제 침략체제에 편승한 음악가들의 면면에 대한 분석이 독특하고 연구사적으로 의미가 있다. 정영진 교수가 밝힌 해외 친일 음악가를 살펴보면, 우선 일제가 1932년 3월 1일 괴뢰정부인 만주국 개국하였는데, 이 만주국에서 거주하면서 활동하였던 음악인은 김동진金東振(전 경희대 음대교수 및 학장), 안병소安柄珆(전 국방부 정훈 음악대장, 한국교향악단 창립 및 지휘자), 전봉초全鳳楚(전 서울대 음대 교수 및 학장, 서울 바로크합주단 상임지휘자) 등이 거명되고 있다. 이들은 일제의 괴뢰정부였던 만주국에서 활동하였다는 것 자체만으로도 충분히 일제 침략정책에 동조한 인물들로 볼 수 있다.

그밖에 전통음악계(이왕직아악부와 함화진, 김기수, 김천흥)의 침략전쟁 동조 활동에 대한 분석도 이채롭다. 특히 함화진은 1943년 만주제국 창건 10주년을 기념하여 만선학해사滿鮮學海社에서 특집으로 『반도사화半島史話와 낙토만주樂土滿洲』라는 단행본을 한글과 한자를 병용하여 단행본으로 발간하였는데, 이 책에 "반도음악소사"를 기고하여 친일어용 간행물에 우리음악사를 서술하고 있었다.

1943년 동경 신태양사로부터 조선예술상을 수상한 함화진을 비롯하여 제1회 香山光郎(문학, 이광수), 제2회 李泰俊(문학), 故韓成俊(무용), 高羲東(미술), 제3회 盧壽鉉(미술), 咸和鎭(음악), 移動劇團(연극), 제4회 李象範(미술), 松村紘一(문학, 주요한) 등이 조선예술상을 수여받았는데 이들이 전형적인 친일음악가로 평가될 수 있다.

한편 정영진 교수는 당시 예술계 혹은 음악계가 가지던 친일의식에 주목했다. 첫째, 작가의 재능론과 둘째, 부득이한 결과로 빚어진 상황론, 셋째, 전국민 친일론이다.

먼저 재능론은 분명히 일제침략정책에 동조는 하였으나 예술사적으로 훌륭한 작품을 남겼기에 용인하자는 입장이다. 그러나 이것은 재능과 업적만 있으면 어떤 과오도 저지를 수 있다는 실질주의 논리로 통할 수 있다. 당대 민족의식을 지녔던 다른 음악인에 비하여 그들이 정말로 훌륭하고 더 뛰어난 재능을 지녔다고 어떻게 정의 할 수 있는 설명되어야 한다.

둘째, 부득이한 결과에서 한 어쩔 수 없는 친일이었다는 상황론이다. 즉 일제침략정책에 동조한 작품이나 행위가 악랄했던 식민통치자들의 강압에 의한 어쩔 수 없는 행위라고 인정하는 쪽이다. 실지로 일제 통치는 잔혹했고, 고문과 회유를 겸한 사회지도급 인사들에 대한 설득음모는 다양하였다. 그러나 유감스럽게도 일제침략정책에 동조한 음악인 가운데 엄청난 압력이나 육체적인 고문 또는 기아에 허덕이는 등의 극한까지 몰린 물리적인 압박 현상은 찾기 어렵다. 당시의 독립투사

들이 당했던 고통과 비교하면 그들의 처우는 극한의 상황은 아니었음
이 분명하다. 다시 말해 상황론으로 그들을 옹호하기에는 강제성보다
는 자발성이 더 컸음을 알아야 한다. 그 예로 무대전면의 대형 일장기
아래서 국악계의 거목 김기수가 작곡한 천황을 찬미하는 <황화만년지
곡>을 연주하는 이왕직아악부의 연주행위는 그 어떠한 상황론으로도
비껴갈 수 없는 과오이다.

다음으로 전국민 친일론은 일제침략체제 아래서 세금 내고 학교 다
니고 일어를 사용한 그 자체가 친일행위이므로 당시 대다수의 국민이
그러했으므로 묵과하자는 논리이다.

전체적으로 정영진 교수의 연구는 그동안 국내에 국한되었던 친일
음악가 연구를 해외까지 연장하여 반민족적 음악활동을 넘어 침략동
조 음악활동까지 확장되는 모습을 정확히 실증적으로 분석하고 있다
는데 의미가 있다.

(8) 정혁진 선생의 「한국 친일파와 중국 한간에 대한 일고찰- 친일
파, 한간의 어원을 중심으로-」는 중국 한간이라는 이름에 대한 과학적
인 어문학적 이해방식이 무엇인가를 집중적으로 분석한 글이다. 비 역
사학 출신으로서 보는 독특한 민족과 민족문제에 대한 해석을 내 놓고
있다. 그의 연구에 따르면 하나의 민족은 그 민족을 구성하는 물리적이
고 실체적인 여러 조건과 함께 '민족의식'이라는 주관적인 측면이 맞물
려 형성된다고 보고 있다. 따라서 우리가 근대민족이라고 할 때 그것은
"시기적으로 근대에 일차적으로 언어, 지역, 문화, 정치, 경제, 역사의
공동 및 민족의식과 부차적으로 혈연의 공동을 기초로 하여 형성된 대
자적 민족"[37]이라고 말할 수 있다고 했다.

민족은 근대적 개념이라고 할 때, 스스로 근대를 이룩하지 못한 우
리 상황에서는 한국과 중국에서 제국주의와 결탁된 새로운 세력들이

---

37) 신용하, 『민족이론』, 문학과지성사, 1988, 46쪽.

등장하게 되었다. 이러한 세력들은 스스로 그들의 이익을 쫓아서 제국
주의와 결탁했는지, 아니면 그들이 가지고 있던 기존의 사고를 바꾸어
서 외형적으로 나타나는 서구의 우수함에 매료되어 전향을 했는지에
대해서 아직 알 수가 없다. 왜냐하면 한국과 중국에서 제국주의와 결탁
된 세력들을 역사의 심판으로 한국에서는 친일파, 중국에서는 한간으
로 낙인시켜 버렸기 때문이다.

　친일파는 첫째는 우리가 흔히 무의식적으로 사용하는 친일파놈
이라고 하는 경우 그것은 매국노라는 의미를 가지고 개인의 윤리
성과 결부시켜서 이야기할 수 있다. 둘째는 일제 강점기체제와 연
결시켜서 구조적인 성격으로 분석할 수 있는 부일협력자라는 정의
가 있다.[38] 세 번째는 친일의 문제가 학술적인 차원이 아니라 대중
적인 차원에서 언급되기 시작하면서 광범위하게 사용되는 정의가
있다.[39] 이러한 국내 친일의 정의에 대해 정혁진 선생은 중국에서
중국인 친일파 즉 한간을 어떻게 파악하는지 비교 분석하고자 했
다. 그는 한국의 친일파와 중국의 한간은 다소 그 차이점이 있지만,
외세와 결탁하여 민족과 국가를 배신하고 개인의 영달을 쫓아갔던
점에서는 유사한 존재들이었다고 보았다. 즉, 중국의 한간들은 한
국의 친일파보다 그 발생의 시작이 오래되었다는 점도 지적되고 있
다.[40] 그러면서 아편전쟁당시의 한간과 침략전쟁시기 일제에 부화
뇌동한 한간에 대한 중국인들의 상반된 인식을 규명한 점 그리고
중국 국민당 정부와 중국 공산당이 철저히 한간을 숙청한 것과 반
대로 한국에서의 청산이 미진한 이유 등에 대한 분석이 이채롭다.

---

38) 「부일협력자 민족반역자 전범 간상배에 대한 특별법률조례 초안」(1947년
　　3월 17일) 『남조선과도입법의원속기록』 제36호, 『남조선과도입법의원속
　　기록2』, 선인문화사, 1999.
39) 이만열, 「친일파의 개념과 범주에 대하여」 『친일인명사전 편찬위원회 제
　　1차 국민공청회 기조발제문』, 2001.12.2.
40) 林則徐, 「箚澳同知傳諭義律准駁條款」 『信及錄』, 學生書局, 1973, 118쪽.

(9) 황묘희 교수의 「상해 친일조선인연구」는 조선인 민족해방운동의 거점이었던 상하이가 30년대 이후 친일 조선인의 거점으로 탈바꿈하면서 나타난 친일 조선인들의 다양한 침략지원 행태를 분석한 글이다. 즉, 중국 관내와 만주지역은 대한민국임시정부가 수립되어 광복정책을 수행하였고, 당시 활발하고 강력하게 항일무장투쟁이 전개되었던 독립운동의 근거임에도 불구하고 이곳에서 활동하고 있던 친일조선인들이 개별적으로 또는 조직적으로 일제의 침략정책에 부응하며 친일행위를 자행하여 독립운동에 직접적인 위해를 가하였다.

특히 근대이후 국제도시로 성장한 상해지역의 친일 어용세력은 군수품을 제작, 판매하여 부를 축적하거나 일본의 특무공작원, 밀정 등으로 고용되어 친일활동을 하였고, 극단적인 경우는 군대위안소를 경영하면서 일본군에 조선여성정신대를 제공하는 일까지 일삼았다. 또한 침략전쟁을 동양평화를 위한 일제의 성전이라 선전하면서 일제의 전쟁동원체제에 전폭적 지지를 보내는 등 민족분열과 독립의지의 훼손을 조장하였다. 이러한 상해 조선인들의 친일행위는 보다 실질적이고 치명적으로 항일투쟁에 타격을 주었고, 민족세력 규합에 막대한 지장을 초래하였다. 따라서 상해내 친일조선인들은 항일독립세력의 처단대상이 되기도 하였다.[41]

황교수의 연구에 따르면 당시 상해지역은 장기적 항일투쟁을 위해 독립운동 세력을 중심으로 한 조선인이민사회가 형성, 확대되어 가자 일제는 상해지역에서의 친일권 확보를 위한 친일공작을 전개해 나갔다고 한다. 특히 상해지역으로 이주해 오는 조선인의 주요 성분은 정치적 독립운동을 목적으로 망명하거나 이주해 오는 경우가 많아짐으로 일제로서는 당국 차원의 보다 치밀한 친일공작과 민족분열정책의 추진이 필요했다는 것이다. 이에 일제는 임시정부 수립 전후 독립운동의

---

41) 『每日申報』 1911년 2월 23일 '寺內總督의 演說'

중심지이자 독립운동 세력의 연락중계지였던 상해지역에 대해 비상한 관심을 갖고 그 동향을 주목했는데,[42] 당시로서는 구미 각국의 조계지로 나뉘어져 있는 특수지역으로 항일 독립운동세력을 감시하는데 있어 곤란하였다고 한다. 따라서 관내 타지역보다 상해지역 조선인에 대한 친일공작의 필요성을 인식하고 조선총독부의 지휘에 따른 상해총영사관 등의 주도하에 밀정 등 친일세력의 육성, 이용하여 독립운동 세력을 교란시키는 등 상해지역 조선인을 친일권으로 흡수하고자 하였다는 것이다.

특히 1930년대 이봉창의사의 의거에 이어 윤봉길의사의 의거가 일제에 큰 타격을 주자 조계당국은 더 이상 조선인에 대한 배려와 보호를 할 수 없었다. 또한 중국내 일본군의 증대와 중국정세의 변화, 각국의 공산주의 탄압정책 등의 제반 요인으로[43] 종전 조선인에 대한 불간섭정책을 버리고 일제의 상해내 조선인탄압에 협력하였다. 따라서 상해를 기반으로 독립운동과 관련된 활동을 전개하고 생활하던 조선인들은 일제의 탄압을 피해 상해를 떠나 전선을 따라 좀 더 내륙지방으로 생계터전을 이동하여 갔다.

황교수는 이후 상해 사정에 주목했다. 황교수는 30년대 이후 여전히 조선인사회가 존재하였지만 일제의 침략전쟁에 협력하는 친일조선인들의 대거 상해로 진출하면서 친일화되어 갔다고 보았다. 상해내 친일조선인의 행태는 주로 일제 당국에 고용된 밀정(첩자)이거나 유산층으로 상해로 진출하여 침략전쟁과 관련된 사업을 통해 일제의 침략전쟁을 지원하며 개인적 이익을 도모하는 형태였다고 한다. 특히 일제는 상해내 조선인들의 일거수일투족을 감시하기 위해 중요한 수단으로 이용한 것이 한국인 밀정이었다고 한다. 3·1운동 이후 1920년대까지 상해

---

42) 국회도서관, 『韓國民族運動史料』 중국 편, 1976, 20쪽.
43) 孫科志, 「대한민국임시정부와 프랑스조계」 『대한민국임시정부80주년기념논문집』 하, 1999, 357~359쪽.

에서 의열단 등에게 잡혀 처형된 조선인 밀정이 200여 명이 넘었는데,[44] 해방직전까지 일제의 정보망으로 활동한 밀정의 숫자는 일제 당국도 정확히 알 수 없었다고 할 정도로 상당한 규모였음을 알 수 있다. 조선인 밀정은 일제의 끄나풀인 동시에 방탄막으로 일제는 조선인 민족분열을 위해 이러한 조선인밀정을 겹겹이 둘러쳐 이용하였다. 일제 강점시기 조선인 특무공작원이라 불리던 이들이 군내 선무, 첩보공작을 하였던 밀정의 부류인 것이다.

실제로 상해는 항일독립운동세력의 근거지로서 역할을 하고 있었으므로 이들 밀정들의 활약은 일제 당국의 조선인정책에 있어 매우 중요한 존재였다. 이에 황교수는 당시 일제는 만주국 이후 중국대륙으로의 조선자본의 진출을 유도하는 등 생리적으로 자본축척에 대한 욕구를 충족시키고자 하는 조선인 유산층의 매판화, 친일화를 촉진시키는 정책을 병행했다고 한다. 식민지지배하에서 일본인 자본가보다 자본축척을 위한 제반 조건이 열등한 구조에 놓여 있었던 조선인 유산층은 식민지구조에서의 탈출을 모색하면서 중국 본토와 만주 등지에 대해 자신도 마치 일제와 같은 침략주체인양 자본을 통한 침략의식을 드러내었고, 일부 유산층은 일제의 침략전쟁에 자발적으로 종군하면서 중국 대륙은 물론 일제의 침략이 미치는 곳이면 어디든지 동반 진출하여 일제의 침략전쟁을 지원하였고, 각종 특혜를 챙기면서 개인적 자본축척과 이익수탈을 위해 조선민족뿐만 아니라 일제가 침략한 타지역의 인민들로부터도 수탈적 이익을 착취하였다고 한다.[45]

그리고 상해의 친일조선인 단체로 상해 조선인회와 계림회를 분석했다.

우선 상해 조선인회는 중국 화남·화중지역에서 대표적인 일반 조선인대상 친일단체였다.[46] 상해조선인회는 일제의 침략전쟁에 동참하며

---

44) 『시대일보』 1926년 5월 12일.
45) 임종국, 『일제침략과 친일파』, 청사, 1982, 357쪽.

상해내 조선인의 친일화를 위해 조선인을 대상으로 한 제방면의 업무를 담당하며 친일활동을 전개한 조직이라고 했다.

그에 반해 上海鷄林會는 개인적 자본축적의 극대화를 위해 상해로 진출하여 대동아성전을 외치며 일제의 침략전쟁에 자발적으로 동참한 전형적이고 제한적인 친일조선인이 모여 조직한 보다 정치적인 친일단체라 보았다.

이와 같이 황교수의 연구는 1930년대 독립운동 세력과 그와 관련된 조선인들의 활동근거지가 되었던 상해는 일제의 침략전쟁이 확대되어 가면서 항일세력이 빠져 나가자 개인적 이익을 추구하며 침략전쟁에 동조하는 친일조선인들로 채워져 나가는 과정을 잘 살폈다. 하지만 이들의 친일활동의 구체성이 결여된 것으로 보인다.

(9) 김인호 교수의 「일제 말기 해외 친일 조선인의 침략전쟁 동반론과 친일 활동 유형」은 해외 친일파의 침략전쟁 지원 논리와 그들 해외 조선인들의 친일활동상의 유형을 분석한 글이다. 침략전쟁 동반론의 특성에 대해선 두루 공감하는 내용이기에 굳이 이 자리에서는 소개를 미루기로 하고 중요한 것은 바로 해외 친일 조선인들의 친일 활동의 유형문제이다. 이와 관련하여 김인호 교수는 해외 친일 조선인 그룹의 분류기준으로 다음과 같이 제안하고 있다.

첫째, 역사적(시기적) 접근법이다.

① 1910~20년대 식민지 지배 정당화 행위, 제국의 세계분할 지지행위
② 1930년대 만주 침략 지지 및 지원 행위, 패권주의적 세계 재분할 지지 행위
③ 1940년대 중일 태평양전쟁전쟁을 지지 및 지원, 점령지 지배 및 보조

---

46) 楊昭全 편, 앞의 책, 33쪽.

이것을 바탕으로 친일 행적의 평가에 따른 행위적 기준은 다음과 같다.

① 반민족 행위-식민지 지배 정당화 행위, 제국의 세계분할 지지행위, 독립운동 탄압
② 반인륜 행위-고문, 학살, 위안부, 이웃국가 주민에 대한 약탈과 침략
③ 침략 행위-태평양전쟁전쟁을 지지 및 지원, 점령지 지배 및 보조

둘째, 최근 경제적 연관관계를 추적하면서 제기된 지역별 분류방식이 흥미롭게 제시되고 있다. 이 방식은 특정지역의 사회적 경제적 역할과 그것에 연관된 대외관계를 설정하는 방식인데, 예를 들어 북방엔블록과 남방엔블록으로 구분하고, 각기 진출한 조선인의 신상과 활동내역에 대한 분석을 진행하는 방식이다. 대체로 기왕의 연구에서 분석된 것은 북방엔블록과의 경제적 연관을 강조하고 이들 지역에 자본을 투하한 조선들은 지역적으로도 조선서부 및 경인지역 출신이었고(<표 2> 참조), 남방엔블록과의 경제적 연관을 강조하는 조선인들은 부산, 경남, 호남지역의 조선인 자본가들이었다는 정도이다.[47] 이 같은 경제적인 분류 외에도 문화적인 측면에서 혹은 인맥이나 지역성에 따른 연관관계도 같이 고려할 필요가 있다.

셋째, 유형별 분류는 일제의 대외정책과 그에 수반한 조선인의 대응이라는 측면에서 구분한 방식이다. 대략 세 부류로 구분할 수 있다. (1) 먼저 침략전쟁에 직접 개입한 조선인들이다. 여기에는 지원병을 비롯하여 고급 군인 및 군속 그리고 점령지 행정관료 등과 함께 성장 현령, 군사령관 등을 들 수 있다. 예를 들어 宋天成은 日本軍 陸軍小將이라는 현역군인 신분으로 중국 왕정위 정권 아래서 安徽省 南陵縣長이

---

47) 김인호, 『태평양전쟁기 조선공업연구』, 신서원, 1998, 405쪽.

되어 '공영권 수립'에 혁혁한 공적을 쌓았다고 했는데[48] 이처럼 자본가들만이 아니라 직접적인 정치관료로서 침략전쟁에 참가한 조선인도 상당한 것으로 추정된다. 그리고 군부대와 계약을 통하여 위안소를 경영한 조선인집단(<표 1>에서 박일석, 김일준, 이창조, 이상우 등 상해에서 2~3만원의 자본금으로 위안소 운영)이나 각종 특공기구(카미카제, 가이텐) 자발적 참가자, 통제마을 및 집단부락의 행정책임자 등도 포함된다.

(2) 식민지배 및 대동아공영권 확대를 위한 민심공작을 위하여 이용된 조선인 범주이다. 실질적으로 알려진 이상으로 이들 밀정, 첩보, 치안공작에 참가한 조선인은 많았으며, 이러한 범주는 이미 1930년대 일제에 의해서 조직적으로 배양되고 있었다. 민생단 사건 등은 그러한 일제 측의 끄나풀 공작과 무관하지 않았다.[49] 특히 만주의 경우 만주사변 이후 만주사변이후 "각 민회 공통 사항 및 조선인의 향상발전에 관한 사항을 연구심의하고 그것의 실행을 꾀"한다는 목적아래 '전만 조선인민회 연합회'라는 '민회'의 전국적 통합기구가 설립되었는데, 일본 총영사 및 일본 외무성으로부터 각종 보조금을 받으면서 운영되었고 연합회 사무실이 총영사관내 있었다.[50] 당시 '연합회'에 가맹한 민회수는 설립 당시 13개소에서 1934년 4월에는 95개소로, 해산당시인 1937년 11월에는 125개소에 이를 정도로 해외 이민사회의 조선인에 대한 일제의 조직적인 친일화 공작이 전개되고 있었다. 이를 비롯하여 치안유지회 등의 친일선양조직, 간도특설대(1945년 만주 국무원 정부공보에서 훈장을 받은 간도 특설대 대원 정일권, 김일환, 원용덕, 이주일, 김석범 등 해방후 국군 수뇌부), 만주국군 등의 항일세력을 탄압하기 위한 무장 조직 등[51] 친일단체가 해

---

48) 『每日新報』1944년 11월 26일자.

49) 손과지, 앞의 논문, 103쪽.

50) 민경준, 「만주국 하의 '조선인민회' ─그 성격 변화를 중심으로─」 『해외친일조선인 연구 발표집』, 경성대 한국학연구소, 2004.5, 155쪽.

51) 임종국, 『일제침략과 친일파』, 청사, 1982, 324~385쪽 참조.

외 친일조직의 중추로 활동하고 있었다.

(3) 일제의 침략을 측면에서 지원하기 위한 조선인 문예그룹, 지식인 집단이다 예를 들어 허영, 최승희 등 연극 영화제작, 진중 예술가, 진중 문학가 등이 여기에 포함된다. 현재 이 방면의 연구는 지엽말단의 전쟁홍보 혹은 강제동원 지원을 위한 강연회, 미술전람회, 무용공연, 위문공연 등만이 주목되고 있으나 일제는 조선문예그룹을 동남아로 배치하여 전쟁홍보와 진중예술을 고취했다.

이에 김교수는 조선인의 내선일체는 침략지지와 인권유린 혹은 반민족과 상관없이 내선일체를 통해서 열악한 현실을 이기려는 일반 국민의 내선일체와 침략전쟁을 지지한 피의 대가로 조선인 기득권 계급의 안정을 꾀하는 침략전쟁 지지층의 내선일체가 복잡하게 얽혀서 친일과 민족 간의 경계선을 자꾸 무디게 했다고 보았다. 앞으로 친일 유형화 문제와 더불어 친일 자체의 다양한 스펙트럼에 대한 분석도 함께 병행되었으면 한다.

Ⅲ. 결 론

일제말 침략전쟁시기에는 '바람직한 민족주의=반제反帝 투쟁'이라는 당위론적인 민족주의 논리만으로는 도저히 해석할 수 없는 다양한 친일세력의 민족이론이 있었다. 그것을 오늘날의 눈으로 보면, 대단히 유감스럽고 반민족적인 것으로 해석될 수 있지만, 당시로선 일반 민중 사회 조차도 그들의 말이 설득력 있게 들렸다. 그들 친일세력의 민족주의적 관심은 반제와 민족해방이 아니고, '제2의 일본인'으로 갈 것인지 아니면 '아시아에서 일본과 어깨를 나란히 하는 일등 조선인'이 되는지에 집중되었다. 따라서 친일세력의 나름의 노력은 대부분 조선민족을 위한 것이라는 수사로 사용될 수 있었고 그 배경은 자본주의적 제 관계의 재건에서 비롯되었다. 해방 후 조직적으로 독립운동 세력을 추방한 힘도 일본에 빌붙었던 여력을 미군에 쏟은 결과였고, 그들의 국제화된 감각은 어눌한 독립운동가가 집권할 기회를 박탈하기조차 했다.

그런 역사적 경과 속에서 친일파들의 해외활동은 어떤 경우에는 더 넓은 대륙을 활개 치던 영웅 이야기로 변신하여 민족적 무용담의 경지로까지 상승하였다. 항일 빨치산이 아니라 '만주에서 개장사'하면서 친일 밀정이었던 자들이 하루아침에 영웅으로 변하고 자신을 정당화 하는 사회가 되면서, 친일청산의 길은 멀고 험하게 되었다. 그들은 미국을 등에 업고 민족해방운동 세력을 추방하면서 일제가 남긴 식민지 유산을 고스란히 계승하여 그들만의 독점적 세계를 구축하면서 오늘까지 이르렀다. 역사학자로서 솔직히 말한다면, 분명히 그들은 침략자였고, 동북아 민중에 대한 약탈자였다. 그리고 그런 침략성과 약탈성은 세계사의 보편적 가치를 무시하고 자행된 대단히 반민주적이고, 반역사적인 행각이었다. 일부 조선인은 그동안 일제가 자행했던 종군위안부 문제를 야기한 주범이기도 했다. 그들은 전쟁터에서 위안소를 차려놓고 조선 및 중국 처녀를 모아다가 일본군의 성노리개로 만들기도 했다.

해외 친일 조선인의 친일 행각은 이처럼 단순한 반민족의 영역을 넘어 민족을 위한이라는 교묘한 명분으로 위장하고 있었다. 이러한 회색지대의 친일 민족주의자들은 그 자체로 반인륜적이고, 반민주적이었음과 더불어 뚜렷이 오늘날 우리 사회의 공동체적 해악도 남기고 있다. 그중 가장 고통스러운 해악은 그러한 친일세력의 계승자와 그들의 반역사적 이념에 대한 항간의 경계에도 불구하고 그들이 당시 주장했던 다양한 주장들이 아직도 지고한 민족주의적 가치인양 받아지고 있다는 사실이다.

그 중 하나는 현재 한국 내 창궐하는 극우적 '고토회복론'이다. "만주 땅 우리 땅", "태평양도 양보 못 한다"는 등의 침략적 조어는 일제가 대륙침략에 학생을 보다 자발적으로 동원하기 위한 선전 문구였다. 아직도 그런 감성에 젖은 사람들은 마치 일제하 조선인들의 대륙진출은 거꾸로 조선인의 활약상, 영웅담으로 변신하게 된다. 정작 위대한 고구려를 외치면서 광개토대왕 등의 영웅담을 확산시킨 것은 바로 박정희 군사정권이었다는 사실은 그것을 반증한다.

그것은 친미 반공을 진정한 우익의 기치로 생각하는 집단의 민족주의가 발현된 것이다. 그들은 진정한 민족주의의 가치인 자유, 평등, 박애와는 상관없이 친미와 반공을 통하여 공산화된 만주 땅에 대한 교묘한 낭만을 되씹으며 적극적인 '고토회복론'을 주장하기도 한다. 하지만 효선이 미선이가 탱크에 깔려 죽어도 미국 성조기를 조국의 심장부인 시청 앞에서 휘날리고 있는 한국 우익의 모습은 진정한 우익의 모습이 아닌 극우 친미집단의 망동일 것이고, 그들이 말하는 '고토회복론'은 일제의 대륙침략 논리와 하등 다를 것이 없는 침략논리이다.

또 하나는 식민지 근대화론이다. 그들은 일제하 일본과 조선은 공생했기에 한국의 경제가 눈부신 발전을 했다고 자평한다. 그러나 식민지의 참상에 대한 연구 성과가 축적되고 아울러 한국의 역사학자에게서 '식민지미화론'으로 비판받자 최근에는 동북아 담론, 동아시아 담론을 들고 나오면서 한국뿐만 아니라 대만, 중국이 일본과의 관계 속에서 세계에 유래가 없는 경제발전지역이 되었다는 사실을 유포하고 있다. 이것은 명백한 일국사적 이해를 해체하고 동북아시아를 무대로 민족 간에 자행된 침략행각을 희석시키려는 이른바 일제침략의 정당화 논리이다. 그들의 연구에 의하면 일본과 협력한 사람은 오히려 민족경제의 발전을 지도한 사람으로 이해될 수밖에 없고, 따라서 친일파 문제는 오히려 일본인입장에서 애써 외면해야할 경원의 대상이 되고 있다.

마지막 하나는 '국사 철폐론'이다. 최근 중국은 동북공정이라는 것을 진행시키고 있다. 이것은 조선족 사회에 파고드는 한국의 열풍을 잠재우고, 남북이 통일된 다음 나타날 간도영유권 문제에 미리 쐐기를 박아두고자 하는 정략적이고 반역사적인 음모가 내포된 것이다. 물론 그 이유에는 무분별한 한국인이 백두산에 올라 태극기를 휘날리는 행동으로 인해 한국에 대한 경계심이 확장된 결과이기도 하다. 하지만 이번 동북공정은 명약관화한 고구려사의 중국사 편입을 강요하는 대단히 패권주의적인 망동이다. 그럼에도 일부 포스트모더니즘 계열의 연구자들은 탈민족을 외치면서 우리 국사의 애국주의를 질타하는 한편, 국사무용론을 주장하여 보편사 교육의 필요성을 제기하기도 한다. 또한 일부 친중적 지식인의 입장은 중국은 패권주의가 아니며, 고구려사는 고구려사이고, 중국사도 될 수 있다는 견해를 유포하는가 하면, 한국의 민족주의가 너무 강하다는 등의 논지로 한국사 해체를 주장하기도 한다.

결국 이 모든 극우적 행태는 친일의 오늘 모습이다. 우리가 진정한 민주주의 민족국가를 건설하고 바른 역사의 보편성을 획득하기 위하여 투쟁하는 것이 진정한 친일청산이다. 그런데 냉정하게 볼 일이 있다. 그것은 친일의 범주가 애매하다는 점이다. 예를 들어 김고金辠라는 분은 일본 특무대 베테랑 공작원이었다. 그러나 1932년 리튼조사단에게 비밀리에 독립청원서를 건네다 발각되어 특무대에 암살되었다. 그런데 지위만을 본다면 일제의 비밀경찰이었지만, 행동은 애국지사였다. 직위만으로 친일파로 규정하는 것은 대단한 문제를 낳는다. 포로감시원 모두 친일파로 매도되는 것과 같다. 일제가 모집해 간 포로감시원 중에서 자신의 문제를 자각하고 인도네시아 암바라와에서 고려청년혁명당을 만들어 일본인 포로수용소를 공격한 손양섭, 민병학 등의 의사들이 있는가 하면 양칠성은 인도네시아 독립전쟁의 영웅이 되기도 했다.

그것은 외국의 경험에서도 나타난다. 예를 들어 미얀마 아웅산 장군의 친일은 오히려 독립운동이었다. 일본을 끌어들여서 영국을 미얀마에서 몰아내고 나중에는 영국과 손잡고 일본을 몰아내었다. 따라서 이것은 분명히 친일이고 친영행적이었지만 반민족적이지 않았다. 이처럼 민족주의적 해석은 그들의 행적에 대한 과학적 비판을 어렵게 한다.

그렇다면 친일 세력을 어떻게 이해해야 할 것인가. 우선 자국사 중심 민족주의적 관점의 친일파 인식을 지양해야 한다는 점이다. 이는 보편주의적 세계사적 의미에서 친일 문제를 접근할 필요가 있다는 것이다. 그 경우 반민특위가 보였던 "자기한계"의 모순이 해결될 것이고 아웅산 장군이 친영과 친일을 오가면서 버마 해방을 위해 활약했던 그 이중적 자세가 진정 민족적이었다는 사실을 확인하게 될 것이다.

그리고 친일파는 단순한 반민족이 아니라 반인류적, 반문명적 행태를 보였다. 사실 우리에게 부끄러운 역사는 하나 더 있다. 그것은 베트남전쟁에서도 마찬가지이다. 월남전에서 미국을 대신하여 한국인들이 베트남 주민에게 자행했던 것처럼 이미 일제 말 전쟁시기에도 중국 만주 등지는 물론 동남아에 일본 침략세력의 일원이 되어 수많은 반역사적 행각을 자행했다. 우리스스로 반성하건데, 조선시대 그들은 이른바 소중화를 외치면서 제2의 중국임을 자처하며 죽은 성리학의 퇴행에 몸을 바쳤고, 일제하에는 제2의 일본인이 되어 침략의 전위대가 되었으며, 해방 후에는 제2의 미국인이 되어 냉전체제의 선봉에서 반공의 보루임을 자임했다. 그래서 늘 우리는 2등 국민으로 주체적 삶을 살기 어려웠다.

어쩌면 베트남전에서 한국인 사업가와 고급 군인들은 마치 일제하의 조선인 자본가들이 그랬던 것처럼 미국의 전쟁을 도와 돈을 벌어들였고, 굶고 피 흘려서 사병들이 번 돈은 한국 경제성장에 일정한 도움이 되기도 했다. 그런데 정작 베트남인에게 자행한 많은 잘못에 대해서는 일제하 침략종군 조선인들이 했던 것처럼 여전히 침묵한다. 그러면서도 일본의 조선침략만 성토하는 아이러니가 역사가의 마음을 착잡하게 한다.

또한 우리가 친일을 말할 때 가져야 할 역사적인 반성도 촉구해본다. 그것은 우리 근대사에서 일정하게 세계의 시민 그리고 동북아의 민중들에게 가한 행적이 대단히 반세계적이고 반인륜적이며, 반역사적인 점이 있다는 사실이다. 그리고 그것에 대한 진정한 자각이 친일파 문제

와 결부될 때 처단하려는 진영의 도덕성이 보다 역사적 의미를 가지게
될 것이다.

그것은 역으로 우리가 친일파를 심판할 때 가져야 할 중요한 도덕
적 덕목이 된다. 즉 친일파에 대한 심판에서는 반인륜적 행위에 대한
심판이 반민족적 행위보다 우선되어야 한다는 사실이며, 이것이 진정
한 선진적 친일척결의 길이라는 점이다.

제1편

해외 친일조선인의 전쟁동반론과 민족론

일제 말기 해외 친일 조선인의 침략전쟁 동반론과 친일 활동 유형

김 인 호*

I. 서 론

우리 근대사에서 저항적인 민족주의가 민족해방운동에 기여한 측면은 부정할 수 없지만 민족주의 자체가 가진 다양한 왜곡 가능성도 이해해야 한다. 이른바 파시즘의 병기가 되기도 했고, 침략전쟁을 위한 '아시아 민족주의'의 모습을 보이기도 했다. 그런데 정당한 민족주의 혹은 바른 민족주의를 늘 지고한 가치로 주입받는 문제점을 지적할 수 있다. 그런데 자세히 보면 정당한 것과 아닌 것의 기준은 결국 신념이며 종교적인 믿음의 소산일 뿐 객관성은 역사 속에서 비로소 파악될 수 있다. 이완용의 민족론, 이광수의 민족론은 민족해방을 위한 바람직한 민족주의는 아닐지라도 유사 민족주의 혹은 민족주의의 변용 중 하나임은 틀림없다. 특히 해외친일파 또한 아시아 일등국민을 겨냥하여 '제국의 반려' '북방의 중핵'을 꾀하는 등 스스로 민족주의적 시도가 두

* 한양사이버대학교 교양학부 한국사전공 부교수

드러진 그룹이었다. 그리고 일제의 아시아 민족주의와 내선일체론은 그것을 결정적으로 추동하고 있었다. 조선인의 침략동반론은 단순한 '일제에 대한 맹목적 추종론'으로만 연상할 수 없다. 오히려 아시아민족주의의 환상에 사로잡힌 채 일제측의 내선일체가 가져다 줄 구체적인 조선민족의 이익에 대한 태도와 관련된다.

그동안 내선일체 주장은 민족말살의 수단이었고,[1] 민족주의의 외피에 불과하며 민족을 빙자한 궤변일 뿐 실질적인 민족성을 포함하고 있지 않다는 입장이 지배적이었다. 실제로 일제측이 내세운 내선일체는 기본적으로 침략정당화 및 조선인의 자발적 전쟁 참가를 위한 이데올로기 공작임에 틀림없다.

반면, 조선인들이 보는 내선일체는 과연 그런지 다시금 생각할 필요가 있다. 기존의 친일 기득권 향유계급은 내선일체를 침략전쟁 아래서 자기 자본 축적과 명예 획득의 중요한 수단으로 파악했다. 일반 조선인의 내선일체도 차별의 탈피, 현실적인 삶의 장애에서 벗어나는 방편으로 이해할 개연성도 높았다.

따라서 친일 기득권 계급의 내선일체는 침략주의이고 반민족 행위이지만 일반 조선인의 내선일체는 상당부분 항일과 친일의 경계선에 존재하며, 언제든지 민족성을 회복할 가능성이 컸다. 예를 들어 11·23 부산항일학생운동(일명 노다이 사건)이 그러한데, 1940년 당시 부산지역 학생들의 요구는 조선독립이나 국권회복과 같은 항일 일변도의 추상적인 담론이 아니라 취직이나 생활보장과 같은 실질적 내선일체에 대한 진정한 희구에서 발생한 것이 보다 역사적 실상에 가깝지 않은가 하는 점이다.[2] 따라서 '내선일체=反민족'이라는 선험적인 등식은 자칫

---

1) 이러한 '민족말살=내선일체' 입장의 이해는 6종의 제7차 검인정 한국근현대사교과서를 비롯하여, 무수한 연구서들이 이러한 입장을 동어반복하고 있기에 구체적인 연구예시는 생략한다.
2) 김인호, 「부산 11·23사건과 내선일체」『근대 한국 지방사의 이해』, 신서원,

식민지의 민족운동을 협소화 시킬 가능성이 높다. 물론 친일이 진정 민족주의와 결합하여 친일민족주의를 탄생시킬 수 있는지는 논란 중이지만,[3] 침략합리화로서의 내선일체 수용과 삶의 현실적 개선을 위한 이용이라는 시대적 상황에 대한 면밀한 실증이 필요하다.

그런데 기왕의 연구에서도 해외 친일파는 그러한 민족주의적 잣대로 파악되어 '해외 친일=反민족' 이상으로 설명할 수 없었다. 일본에서도 이들의 연구가 있었으나 조선인의 '대일협력' 차원에서 설명할 뿐이었다.[4] 한국에서는 90년대 이후 조선인들의 해외진출 논리와 협력적 조선인 행태에 관한 연구가 개시되었다. 먼저 지수걸·이승렬 등은 만주사변 이후 조성된 '만주붐'과 당시 조선인 자본가의 만주진출 실태 및 논리가 언급되었고,[5] 정태헌[6] 은 친일파 양상 이면에 존재하는 총독부의 '당근'정책에 대하여 분석했다. 손과지,[7] 김인호[8] 등은 40년대

2006, 204~212쪽.

3) 김민철은 조관자가 말한 이광수식의 친일네셔널리즘에 대하여 "이완용이 합병에 동의하면서 종묘사지와 국가를 생각했다고 해서 그의 논리를 내셔널리즘이락 부르지 않듯이 이광수의 친일변호론 또한 내셔널리즘이라고 부를 수 없다"고 했다. 친일파들의 민족성을 어디까지 설명하고 인정할 수 있는지는 앞으로의 논쟁거리이다(김민철, 「친일문제 인식, 책임, 기억」, 한국민족운동사학회(미발), 2005.11.19, 15쪽). 그러나 적어도 친일파들이 일본의 내선일체론 선전에 자신의 이해를 저버리면서까지 곧바로 즉응하고 충성한 것은 아닐 것이라는 점은 공감하는 듯하다.

4) 竝木眞人, 「植民地期朝鮮民族運動の近代觀－その方法論的考察－」『朝鮮史研究會論文集』제26집, 1988, 「植民地期朝鮮人の政治參加について －解放後史との關連において－」『朝鮮史研究會論文集』제31집, 1993.

5) 池秀傑, 「1930년대 前半期 부르주아 民族主義者의 '民族經濟 建設戰略'」『國史館論叢』51, 1994.

6) 정태헌, 『1930년대 조선인 유산층의 친일 논리와 배경, 친일파란 무엇인가』, 민족문제연구소, 1997.

7) 宮田節子, 『朝鮮民衆と皇民化政策』, 未來社, 1985.

8) 손과지, 『일제시대 상해 한인사회 연구』, 고려대 사학과 박사학위논문, 1998.6. 『일제시대 북경에서의 한인 사회 연구(역사와 경계)』 51집,

대체로 중국 상해 및 주변 지역의 조선인들이 일본 군부 및 독점자본과 결탁하여 중국침략의 첨병으로 나서고 있는 실상을 밝혔다. 이상의 연구들은 반민족 행위의 역사적 심판에는 시효가 없다는 성과를 주었지만 친일문제를 '자민족을 대상으로 한 反민족 행위'에 주목함으로써 친일문제를 복잡하게 얽히게 했다.

따라서 본 연구는 친일 내셔날리즘이라는 관점에서 1940년데 일제의 침략전쟁 시기 해외 친일 조선인의 침략지지론과 친일활동유형을 분석하고자 한다. 즉, 아시아 일등국민의 꿈을 꾸면서 적극적으로 침략전쟁에 동참하고 아시아 민족주의를 변형하여 조선 민족주의를 전파했던 그들의 침략 지원활동을 활동을 유형화하고 내용을 분석하려는 것이다.

Ⅱ. 친일 민족주의적 침략전쟁 지원론

1940년 9월 잡지 『삼천리』에 「戰死及出征勇士의 書翰」이라는 제목으로 全北 金堤郡 白鷗面 출신 지원병인 李長錫의 편지글이 실렸다. 이 편지는 고위급 친일파가 아닌 그야말로 일반 조선인의 한사람의 '진심'이 어려 있다.

염려해 주시는 덕택으로 무사히 北支 OO부대에 편입하여 원기왕성히 軍務에 힘을 쓰고 있습니다. 이것이 半島의 사명이란 것을 자각하고 北支에 있어서 朝鮮半島청년의 元氣潑剌한 意氣를 유감없이 발휘하는 동시에 상관의 명령에 따라 一意專心 君國에 報할 각오입니다.

2004.9. 김인호, 『일제의 조선공업정책과 조선인자본의 동향』, 고려대 사학과 박사학위논문, 1997 및 「1940년대 조선공업의 대외적 성격과 조선인자본의 중국침략」 『한국독립운동사연구』 15, 2000.12. 「친일파에 대한 민족주의적 단죄는 가능한가」, 부산포럼, 2004년 가을호.

(중략) 노래에도 있지 않습니까. 「임군을 위해서 세상을 然해서 바치는 목숨이 무엇이 아까울소냐」 「몸은 다르나 빛나는 기빨아래 죽으려는 마음은 다 一般」 日本군인으로 敵彈에 죽는 것이 願입니다. 戰場에 발을 내려놓은 이상 고향에 돌아갈 것을 꿈꾸리까. 大佐殿, 壯行會를 마치고 최후의 訓示로써 「죽어 돌아오라」던 그 말씀 잘 기억하고 있습니다.[9]

물론 사료자체가 일본이 조선인 지원병의 모습을 선전하기 위한 수단의 가능성도 크지만, 일단 '임군(일본천황)을 위해서 바치는 목숨이 무엇이 아까우랴', '일본군인으로 적탄에 죽는 것이 원입니다', '죽어 돌아오라'라는 언술에서 보듯이 지원병 나간 조선인 장병의 비장한 각오와 강한 이데올로기적 세뇌를 볼 수 있다. 당시 식자층으로 징병과 지원병에 나설 것을 주장한 김활란, 최정희 등의 지식인도 아닌 일반 조선인의 마음에 그토록 일본 천황에게 목숨까지 초연히 버리게 하는 각오를 던져준 것은 무엇일까.

우리 근대사에서 저항적이고 애국적인 민족주의와 그 운동이 민족해방에 기여한 측면은 부정할 수 없다. 그런데 초기 부르주아의 필요에 의해 구성된 상상의 연대의식과 공동체의식인 민족주의는 다양한 현실에 따라 '국민의 원리를 다양한 정치적 목적과 용접'[10]하는 모습을 보이기도 했다. 실제 일본은 서구로부터 아시아 식민지 쟁취의 논리로 민족주의를 중시하고 대일본제국 즉 대아시아 민족의 정신적 고향으로 '퉁구스족설'을 주창하였다.

퉁구스족설은 우리나라의 민족기원을 설명하는 중요한 논거로서 오랫동안 국사교과서를 통하여 교육되었는데, 체질적 인류학적 분석에서 출발한 이 설은 본시 일제의 대륙침략이데올로기와 깊이

---

9) 李長錫, 『戰死及出征勇士의 書翰』 삼천리 제12권 제8호, 1940.9.1, 130쪽.
10) 베네딕트 앤더슨, 「상상의 공동체」, 아야베 쓰네오 저, 김인호 역, 『문화인류학의 명저 50』, 1998, 506쪽.

연관되어 있다.

　일본 조선 만주 몽고는 형제의 나라인데 이것을 퉁구스通古斯족이
라고 말한다. 만주 땅에 살고 있던 종족은 원래 肅愼이라는 종족도 있
었고, 濊貊이라는 종족도 있었으며 東胡라는 종족도 있었다. 그리고 조
선이 동쪽에 있었고, 그 동쪽에 일본이 있었다. 합해서 이들을 퉁구스
족이라고 하였는데 중국 본토의 황제가 거느리고 동쪽으로 내려왔다고
하는 漢族과는 일찍부터 분리되어 대치하고 있었던 것이다.[11]

　즉, 일본은 퉁구스=대일본민족이라는 인식 틀에서 단군을 시조로
하는 조선 민족과 일본 민족 및 만주, 몽골은 본래 퉁구스 민족에서 파
생된 하나의 민족이고, 아시아 민족 또한 알고 보면 일본 민족과 형제
라는 논리를 역사적으로 합리화한 것이다. 그래서 일본, 조선, 만주, 몽
고 등이 협력하여 아시아 민족의 공영에 나서자는 열정적 민족론 즉
'아시아 민족주의'를 창도하였다. 그 속에서 조선민족에 대한 민족주의
적 가치가 고양되었고, 이후 친일이 마치 민족성을 포함하는 듯 착각하
게 되었다.

　그러한 일제의 퉁구스족설(=대일본민족설)은 친일 조선인의 인식에도
그대로 투영되었다. 당시 중추원 참의와 총독부 학무국 편수관을 지낸
현영섭玄永燮도 1930년대 후반부터 종래의 조선인 민족주의를 '협애한
민족주의적 관념의 포로'이자 '이기적 민족감정으로서 인류평화를 파
괴하는 위험한 사상'으로 낙인찍고 조선이라는 협소한 민족주의에서
벗어나 '전인류적인 정신인 광의의 대동아 민족주의로 민족관을 전환
할 것'을 요구했다.[12] 한편 경제이론가 인정식도 그러한 민족관을 세밀

---

11) 千葉命吉, 『滿洲王道思想批判』, 大日本獨創學會, 1933, 215쪽(保坂祐二, 『일
　　본제국주의의 민족동화정책 분석』, J&C, 263쪽에서 재인용).
12) 玄永燮, 「內鮮一體에 관한 견해」<1939.12.8>(『總動員』, 1940년 1월호), 최

하게 조립했는데, 조선민족·일본민족으로 구분하는 것은 역사적으로 지리적으로 분열된 이후 형성된 '협소한 민족개념'이라 하고, '광의의 민족=대화大和민족은 역사적으로 지리적으로 분열되기 이전의 퉁구스적 의미의 자연적 민족개념으로서 내선일체는 그러한 퉁구스 민족의 재현과정'이라는 것이다. 그리고 '그것을 재연하기 위한 가장 순수한 정신이 곧 일본정신'이라는 것이었다.[13] 따라서 대동아공영권에서 일본을 맹주로 하고 그 하위에서 조선이 여타 식민지보다 우위를 차지하기 위해서는 협의의 조선중심의 민족주의에서 벗어나 일본정신을 무장해야 한다는 것이었다.

아시아민족주의와 내선일체론은 일부 조선인들에게 일본과 어깨를 나란히 하고 아시아 민족 속에서도 조선 민족이 '일등一等 민족'이 되리라는 민족주의적 희망을 주기 시작했다. 이에 적극 침략전쟁에 동반함으로써 그동안 조선인이 받았던 그동안 차별과 열등의식을 그 안에서 털어내고 싶었다. 이는 "단일민족의 자결사상은 벌써 옛날의 휴지로 되었고", "조선민족의 발전을 위해서도 내선일체를 추진하지 않으면 안 된다"고 한데서도 드러난다.[14] 이러한 상황에서 친일조선인 자본은 이와 같은 침략이데올로기를 전폭적으로 수용했고, 뿐만 아니라 식민지인이라는 열등의식마저 가미되면서 더욱 광적인 형태의 침략논리를 전개했다. 삼천리사 사장 김동환金東煥이 행한 임전보국단 개회사에서 다음과 같이 말하고 있다.

우리는(조선인) 사변 이래 5년 동안 성전에 참가하여 직접 간접으로 피도 흘리고 돈과 노력을 바쳤다. 그러나 황군(일본군) 장병 십일만 명이 죽었는데 조선사람은 겨우 세 사람이 죽었고, 구채소화의 힘도

원규 편, 앞의 책, 38쪽에서 인용.

13) 印貞植, 「民族問題의 方法論」『三千里』, 1939년 4월호, 63~64쪽.

14) 김영삼, 「내선일체와 민족협화」『재만조선인통신』, 1938, 12, 6~7쪽.

본토의 어느 일현만 같지 못하고 그밖에 무엇 무엇 모두 다 빈약하였다고 고백하지 않을 수 없다. 국민정신을 통일한 뒤 노력과 물자와 돈을 바치고 그런 뒤 할 일이 있다. 그것은 피를 바치는 일이다. 우리의 생명을 전장에 바쳐야 하겠다. 황군장사의 모양으로 우리도 전장에 나아가 우리나라 일본제국을 방위해야 할 것이다.[15]

'국채소화력이 없다', '조선사람 겨우 세 사람 죽었다' 혹은 '무엇 무엇이 모두 다 빈약하다'는 등의 언술에서 보듯이 열등을 털어내는 수단으로 조선청년의 피를 요구하기도 했다. 지원병으로 중국전선에서 최초로 전사한 조선인 이인석 상병에게 보내는 김동환의 「勸君就天命」는 그러한 '脫劣等'의 고민이 잘 반영되어 있다.

> 이인석군은 우리에게 뵈어 주지 않았던가 / 그도 兵 되어 생사를 나라에 바치지 않았던들
> 지금쯤은 충청도 두메에 이름없는 농군이 되어 / 베옷에 조밥에 한 평생 묻혀 지내었겠지
> **웬걸 지사, 군수가 그 무덤에 절하겠나 / 웬걸, 폐백과 훈장이 그 제사상에 내렸겠나**(굵은 글씨는 인용자).[16]

즉, '침략전쟁에 나가 죽지 않았으면 군수가 그 무덤에 절이라도 했겠는가'라는 말에서 김동환의 두 가지 복합적인 이해를 발견하게 되는데 하나는 내선일체론은 어쩌면 조선인들의 '脫劣等 수단'일 수 있다는 점이고, 하나는 '조선도 일본처럼(침략을 통해서) 잘 될 수 있다'는 아류 제국주의적 의식을 무장하고 있다는 점이다.

---

15) 金東煥, 「臨戰報國團結成에 際하여—開會辭를 겸하여—」『三千里』, 1941년 11월호, 16~17쪽.
16) 金東煥, 「勸君就天命」『매일신보』 1943년 11월 6일자.

실제로 이러한 의식은 김동환 이광수 같은 문인 뿐 아니라 많은 조선인들이 공감하던 부분일 가능성이 크다.[17] 즉, 지원병으로 간 경기도 수원출신의 강석주姜錫柱가 해군 대령 등에게 보낸 편지에서 그러한 일반의 인식을 읽을 수 있다.

> 지금까지 단련해 온 體國과 마음을 다 바쳐 오직 帝國국민으로써 본분을 다하고 盡忠報國의 赤誠을 다할 각오입니다. 이것이 곧 우리가 國家社會 及 여러분한태 받은 은혜를 만분의 1이래도 보답하는 것이며 교훈의 취지에 따르는 것이라고 확신합니다. 우리들 노력 여하에 따라 半島民의 행복을 좌우하게 되리라고 생각합니다. 宏大無邊한 皇恩을 갑기 위해서 한 몸을 던질 작정입니다. 安心해 주십시오. 總督府 慶會樓에서 말씀해주신 최후의 격려는 결코 잊지 않겠습니다. 반드시 뼈가 되어 돌아가겠습니다.[18]

열등에서 벗어나기 위한 노력이 진정한 내선일체로 이해되면서 이제부터 조선인들은 친일=매국이라는 꼬리표를 떼고 친일은 '민족을 위해서'라는 기묘한 관념으로 무장했다. 이제 상당수의 조선인들이 친일=매국이라는 굴레를 벗고 정치 경제 각 부분에 걸쳐서 일본과의 협력을 강화하고 침략전쟁의 전위대가 되었다. 자신의 민족을 위한 친일이라는 마음의 무장은 아시아 민족의 공영을 열광하게 하고, 식민지인으로서의 열등감을 해소하는 상당한 위안제 역할을 했다. 그리고 앞서 지원병 이장석이 '천황을 위한 절절한 적심'을 편지로 보낸 이유도 거

---

17) "조선사람은 언젠가는 완전히 일본 민족이 될 운명이다. 그것은 우리들 조선사람이 나아가야 할 길이다(현영섭, 「朝鮮人の進むべき道」, 녹기연맹, 1938년 1월, 29쪽)라는 주장으로 일관하고 있던 이 책은 겨우 1년 사이에 11판이나 찍어 1만 4천부 가까이 팔려나갔다고 한다. 宮田節子 저, 이형랑 역, 『朝鮮民衆과 皇民化政策』, 일조각, 1997, 168쪽.
18) 姜錫柱, 「戰死及出征勇士의 書翰」 『三千里』 12-8, 1940년 9월 1일, 130~131쪽.

기서 출발한 것이다.

이광수는 그런 차별과 열등에서 벗어나게 하는 내선일체가 오히려 일본이 실현해주지 않을지 우려할 지경이었다.

> 조선 사람의 식자계급에서 자주 정말 내선일체를 해줄 것인지 라는 아주 불안한 마음으로 푸념하는 소리가 들린다. 정말로 내선일체가 되면 조선 사람에 대한 내지인의 특권이 소실되기 때문에 내지인은 조선 사람이 진짜 일본 사람이 되는 것을 싫어할 것이라는 마음이다. 이것은 얼핏 바보스런 기우 같지만 실제는 상당히 뿌리 깊은 기우이다. 또한 의외로 내지인 가운데 그러한 것을 말하는 자도 있다.[19]

실제로 1944년 남방에서 미나미 지로 전총독을 만난 조선인 포로감시원이 했다는 말은 내선일체로 인해 그동안의 서구인에 대한 상대적 열등을 털고 오히려 그들을 지도할 수 있는 인격으로 거듭나게 되었다고 술회할 정도였다.

> 우리가 반도에 있을 때는 미국과 영국 사람들은 우리보다 훨씬 탁월한 인격과 부를 가지고 있는 사람들이라고 맹신하여 그것을 절대적으로 숭배한 결과 완전히 친영미적인 마음을 가지게 되었지만 지금 실제 여기서 근무해보니 나의 종래 사고방식이 잘못되었으며 우리들도 모름지기 노력과 수양에 의하여 그들을 지도할 수 있다는 자신을 얻게 됨으로써 석연히 내선일체의 진실한 의미를 알게 되었다.[20]

---

19) 香山光郎, 『內鮮一體隨想錄』, 協和叢書(5), 中央協和會, 1941년 5월 10일, 1~2쪽(宮田節子, 상동, 182쪽).

20) -조선인 포로감시원의 말-南次郎(前總督),「南方で健鬪する朝鮮同胞を見て」『白山靑樹 朝鮮同胞に告ぐ』, 大東亞社, 1944.12월경?, 307쪽(전시체제자료총서(59권), 한국학술정보, CD3).

만약 정치한 청산의 논의가 없이 애국주의적 민족주의 시각으로 친일파 문제를 접근하게 되면 그들의 반역사적 반민주적 죄악은 혈연주의와 인종 갈등의 틈바구니에서 방향을 어렵게 할 것이다. 결국 이런 논법에 대한 친일파의 대응은 '어쩔 수 없는 시대, 특수한 시대, 우리 민족의 고통스런 한 때의 오류와 잘못'일 뿐이라는 동정론을 유발하고, 궁극적으로 그들 변절도 마음은 '민족적'이었다는 핑계로 희석화하려 들 것이다.

> (김원근 진정서) 김원근은 교육 사업에 전력을 바친 "위대한 인물이요" 배움에 굶주린 우리들의 형제자매를 육영키 위하여 자기일생에 모은 재산 전부를 통틀어 교육 사업을 한 "민족이 낳은 희세의 인물"이다. 다만 "일제의 강요로 부득이 중추원참의"라는 의외의 짐을 부하게 된 것이 오직 애통한 일이다.[21]

아울러 1949년에 있었던 반민특위 활동과정에서도 특위위원 중에서는 일제하 정총대(현재의 동장)를 한 사람도 존재했다. 친일파들은 이것을 빌미로 자신에 대한 부당한 취급(?)에 저항하면서 역공을 펼쳐서 특위위원을 곤혹스럽게 했다.[22] 이처럼 "민족주의란 '반제反帝' 투쟁에서 발현된다"는 당위론적인 민족주의 논리만으로는 도저히 해석할 수 없는 다양한 친일세력의 '민족이론'이 있었던 것

---

21) 일부 친일청산 우려를 표방하는 인사 혹은 1949년 반민특위 활동 과정에서 끊임없이 친일행적자들이 자신의 행위에도 사실은 내면적으로 민족의식이 강렬했다는 주장은 자기 행적을 민족주의적 의식과 합치시키고 있던 사정을 반영한다. "외면적으로 왜정에 붙지 않을 수 없었으나 내면 민족의식이 강렬하였다"-김화준 및 김원근진정서-, 『반민특위 재판기록』 3(이강수, 반민특위연구, 나남, 2003, 185쪽, 195쪽 재인용 및 참조).
22) 허종, 『반민특위의 조직과 활동』, 선인, 2003.6, 106~107, 127쪽 ; 이강수, 상동, 105쪽.

이다. 그것을 오늘날의 눈으로 보면, 대단히 유감스럽고 반민족적
인 것으로 해석될 수 있지만, 당시로선 일반 민중사회 조차도 그들
의 말이 설득력 있게 들렸다. 그들 친일세력의 민족주의적 관심은
반제와 민족해방이 아니고, '제2의 일본인'으로 갈 것인지 아니면
'아시아에서 일본과 어깨를 나란히 하는 일등 조선인'이 되는지에
집중되었다.[23] 그것이 그들이 믿던 민족주의였다.

    따라서 친일세력의 나름의 노력은 대부분 '조선민족을 위한 것'이라
는 수사로 사용될 수 있었다. 아울러 그들의 해외활동은 '더 넓은 대륙
을 활개 치던 영웅 이야기'로 변신하여 민족적 무용담의 경지까지 상승
하고, 친일 밀정이었던 자들이 하루아침에 민족의 영웅으로 변하기도
했다.[24] 급기야 친일파들은 자신이 독립운동가인 양 둔갑할 수 있었다.

Ⅲ. 해외 친일 조선인의 침략전쟁 동참론

    이러한 아시아민족주의의 '포로'들은 이제 일본과 함께 침략전쟁으
로 종군했다. 그동안 해외 친일파는 자발적으로 응모해서 동남아 각지
로 흩어져 갖은 폭행을 일삼은 포로감시원이나 지원병정도로 알려졌
으나 실은 군수물자 염출·흥아원[일본의 특무공작대]조직원·대동아공작반·
영화감독·점령지 사령관 등 보다 조직적이고 광범하게 존재했다. 조선
인들이 해외에 관심을 가지게 된 것은 30년대 이후 만주사변이 중요한
기점이었다. 이에 조선인 자본가들은 침략전쟁에 편승한 해외투자 문

---

23) "내선일체는 조선사람을 더욱 '완전한 일본사람'으로 만들려는 지배자의
    '황민화 요구의 극한화'와 조선 사람의 황민화 정도 사이의 모순과 괴리
    속에서 탄생한 것이다. 동시에 그것은 한국병합이래 일본이 조선지배의
    기본방침으로서 일관되게 채용해 온 동화정책의 필연적 귀결이었다." 宮
    田節子, 『조선민중과 황민화정책』, 이형랑 역, 일조각, 1997, 160쪽.
24) 「친일파들의 화려한 변신」『친일 그 과거와 현재』, 반민족문제연구소,
    347~362쪽.

제에 관심을 기울이면서[25] 종래의 물산장려론에서 조선산 제품의 적극적인 수출론을 전개하였다.[26] 그리고 조선인과 일본인이 더불어 해외로 진출하자는 입장도 피력되었다. 1939년 조선생명보험 사장 한상룡은 다음과 같이 말했다.

> 이번에 화북을 시찰하고 돌아온 뒤 저는 기쁨과 미래에 대한 기대로 벅찼습니다. (중략) 저의 바람은 화북의 일본인들과 중국인들이 조선에 대한 인식을 새롭게 하도록 강력히 밀어주셨으면 하는 것입니다. 제 생각에는 또한 조선인들과 내지인들이 상당한 자본을 투자하여 화북에서 사업을 하도록 밀어주셨으면 하는 것입니다.[27]

조선인 자본가들에게 중일전쟁은 전쟁에 대한 우려가 아닌 자본축적의 희망이기도 했다. 그것은 적어도 중일전쟁이 실제로 조선인 자본가에게 자기자본의 증식에 실질적인 이익을 주는 것이라는 점을 직접 피부로 체험한 데서 온 현실인식이었다. 그것은 당시 경성방직 사장 김연수金秊洙의 회고문에서 드러나고 있다.

---

25) "일본과 만주의 중간에 있는 조선은 필연적으로 아세아로 진운할 것이 자연적인 법칙일 것이다. 이것은 조선 자신의 필요가 아니지만 그와 같이 필연적으로 움직이는 어떠한 힘으로 말미암아 그럴 것이니 東亞全局의 경륜에서 보아도 그럴 것이며 공업의 안배가 모든 시설을 조장할 것으로 보아도 그러한 것이다." 남계생, 「朝鮮工業界의 現在及 將來」『中央』, 1934년 7월호, 34~35쪽 ; 池秀傑, 앞의 글, 61쪽에서 재인용.
26) 『朝鮮日報』 1935년 4월 1일자를 보면 "조선은 自作自給하는 산업에 교착하고 멀리 나간다 함이 米·棉花 등이 일본본토로 갈 뿐이라, 이리해서는 조선의 부를 증진할 수 없다, 그러므로 中國·歐洲·美國까지 수출산업에 착수해야 한다."(「산업조선의 건설책」『朝鮮日報』 1937년 1월 4일자)는 것은 그러한 인식의 단적인 예에 속하는 것이다.
27) 韓相龍, 「北支を見て」『朝鮮實業』, 1940년 7월호.

일본군이 파죽지세로 상해와 남경 등지를 점령하자 그 곳의 중국인 경영의 방직공장들이 거의 폐문상태여서 직포난은 날로 격심해 갔다. 이 무렵부터 만주에서 인기를 끌로 있던 불로초표 광목이 이번에는 화북일대로 그 세력을 뻗쳐 경성방직은 크게 신장하게 되었다. 그것은 중국인들이 적대국가인 일본제품을 기피하는 데서 생긴 현상이다. 이 뜻하지 않은 국제무대에서 각광을 받으면서부터 경성방직은 생산에 박차를 가하여 즐거운 비명을 올리고 있었다. 이대로 전진만 한다면 경성방직은 이제 한국의 경성방직이 아니라 동양의 경성방직이 되는 날도 그리 멀지 않을 것 같았다.[28]

아울러 산업경제조사회의 답신안에서도 "중소공업의 육성과 더불어 대공업과의 조정발달이라 하여 대공업[독점자본]과 중소기업[조선인 자본] 사이의 유기적 연결"이 강조되었고, 제6회 전선 공업자 대회(1939.10)에서도 중소기업 육성과 일본공업의 유치, 조선 남부의 경공업 증강, 그리고 일본 본토기업의 지도 등 일본 독점자본과의 적극적인 협조가 강조되었다.[29] 특히 일본 본토기업의 유치는 기술수준이나 원자재가 부족한 조선기업이 그 부족을 만회하고 기술축적을 할 수단으로 인식되었다.[30] 더불어 통제경제에 빌붙어 살면서 그 덕에 밀려드는 돈을 셀 수조차 없어서 방바닥에 던져놓고 사흘이 지나서야 그 돈이 얼마인지 알게 된 '벼락부자'도 조선인 중에 있었다.[31]

---

28) 한국일보사 편, 『財界回顧』 제1권<원로기업인 편 1>(1981년), 94쪽.
29) 『殖銀調査月報』, 1939년 11월호, 138쪽.
30) 『殖銀調査月報』, 1941년 5월호, 93쪽.
31) 김성곤의 삼공비누는 군수용 세숫비누 및 물비누 등을 생산하였는데 배급통제 하에서도 너무나 많은 수요자가 몰리는 바람에 들어오는 돈을 정리할 수 없어 부엌에도 돈을 흩어 놓아야 했으며 돈을 세느라 부인이 며칠 동안 일어서지 못했고 돈 냄새를 없애기 위하여 크레졸에 뿌릴 정도로 호황이었다고 한다. 성곡교육문화재단, 『성곡 김성곤 전기』, 인하대

"거대자본을 축적한 (부산의) 김지태金智泰는 1943년 일본인이 경영
하던 조선주철공업합자회사를 인수했다. 이 회사는 주물 위주의 기계
류를 생산했는데 때마침 태평양전쟁 중이라 군수품 공업의 호경기에
편승할 수가 있었다."(성병두, 「부산경제야사-23. 인물편 김지태」 『부
산일보』 2004.5.10)

1940년대를 넘어서자 이후 일제는 중일전쟁에 이어 태평양전쟁 등
침략전쟁을 확대하면서 식민지에 전시체제를 강화하여 대규모 물적,
인적자원의 동원을 추진했다. 이에 일제는 침략전쟁은 '성전'이요, "정
의의 전쟁이며 肇國의 이상"으로 미화되었고,[32] 가혹한 경제수탈도 또
한 구미제국의 원료·상품시장에서 벗어나 대동아자주경제를 구축하는
데 필요한 "수입대체공업화정책"[33]의 역사적 원리로 선전되었다. 그러
면서 실질적인 내선일체가 조선에 실현되고 있다는 점을 끊임없이 각
인시켰다.

조선과 내지는 이미 하나가 되어 있다는 점 즉, 내지인이든 조선인
이든 모두 같이 제국의 시정방침에 익찬하고 있는 점인데, 그것도 지난
8월 1일부터 징병제가 실시되어 국민개병의 길을 걷고 있기 때문에 반
도동포 역시 국가의 간성으로서 거보를 내딛게 되었다는 사실에서 보
더라도 내선인의 구별은 추호도 있을 리 없다는 것이다.[34]

학교 출판부, 1995, 87~8쪽.

[32] -臨時中樞院會議における總督訓示(41.12.10) 『太平洋戰下の朝鮮』(1), 63
쪽. 이러한 동양인의 평화를 위한 전쟁으로 미화하는 것은 이미 1940년
이후 노골적으로 추진되어 오던 전쟁 홍보논리였다. 예를 들어 1940년 9
월 16일 臨時道知事會議 總督訓示에서도 '동양인의 평화를 위한 성스러
운 전쟁'으로 중일전쟁을 묘사했고 태평양 전쟁도 이와 같은 맥락에서
聖戰으로 규정했다. 『殖銀調査月報』, 1940년 12월호, 64쪽.

[33] 渡邊銕藏, 「統制經濟主義の再檢討」 『朝鮮及滿洲』, 1935년 10월호, 18쪽.

이제 아시아 민족주의는 침략논리인 동아신질서론에서 동아공영권
론으로 그리고 대동아공영권론[35]을 합리화하는 중요한 이론적 근거가
되었다. 이제는 보다 넓은 범위의 조선인 유산층의 입맛을 당기게 되었
고, 종래의 동반론도 이제 적극적인 병참지원론으로 확장되었다.

남방권 편입에 따른 동아공영권의 확대에 의해서 대륙전진병참기지
로서 조선의 사명은 종식을 고하는 것이 아니라 오히려 가중되고 있다.
공영권의 핵심이 종래 대륙에서 해양으로, 북방권에서 남방권으로 이
행하는 금일에 있어서도 북방대륙권 또한 건설과정인 한에는 그 부분
에 대한 조선의 경제권 관계에 대한 중요성은 종래와 하등 변화가 없
다. 오히려 대동아전쟁[태평양전쟁]하 "대륙은 조선이 인수한다"라고 하
여 일본으로 하여금 후방의 우려를 벗어버리고 그 전체의 자세를 태평
양으로 향하게 하는 것이 매우 필요한 이상, 대륙전진병참기지로서 조
선의 사명은 일층 강화되어야 한다.[36]

이러한 전면적인 전향 붐(rush) 속에서 일제는 "조선이 대륙을 인수
한다"는 수사로 마치 조선을 북방엔블록의 맹주가 되는 듯 고무하였고
그들의 친일 행위는 조선을 위한 것, 조선민족의 자존심을 위한 것인
양 선전되었다. 이에 친일 조선인 자본가들은 침략전쟁을 자신의 자본
축적을 위한 절호의 기회라 판단하면서 침략전쟁이 수행되는 일제의
전쟁기지 및 전쟁터를 자본획득의 기반으로 삼아 나가고자 하였다.

---

34) 水野錬太郎(前內務大臣), 「內鮮の區別, 秋毫Ⅱも無し」『白山靑樹 朝鮮同胞に
告ぐ』, 大東亞社, 1944.12월경?, 366쪽(전시체제자료총서(59권), 한국학술
정보, CD3).
35) 橋川文三의 경우 이미 1937년부터 일본은 대동아 공영권의 구축 작업을
시작했다고 보고 있다. 「大東亞共榮圈の理念と實態」『岩波講座 日本歷史』
(21), 1977, 267쪽.
36) 東洋經濟新報社, 『年刊朝鮮』, 1942, 18~19쪽.

대동아전쟁 완수에 필요한 경제적 수요를 완전하게 충족할 수 있도록 힘은 재계인(조선인 자본가)의 영광스러운 책무이다. 이를 위하야는 멸사봉공의 신념으로 국책에 순응해서 생산 확충에 봉사해야 한다. 이렇게 하자면 전력을 다해서 2배 3배로 능률을 향상해야 한다. 여기서 우리 황제(일왕)의 위대한 정신력을 본받아야 한다.[37]

그리고 태평양전쟁이 발발한 전후에는 국내는 물론 중국 등 해외 친일 조선인의 침략전쟁 동반이 개별적으로 이루어지는 것이 아니라 친일조선인들이 자신의 자본적 기반을 통해, 친일단체를 통하여 집단적으로 '침략전쟁에 기여하는 세력'으로 확대되었다. 이러한 조선인 자본의 침략적이고 자발적인 친일인식은 조선 내에서 그치는 것이 아니라 일제의 수탈적 경제라인의 중국대륙 및 동남아 등 점령지로의 확대에 따라 동반 진출하여 일제의 침략전쟁에 뒷돈을 대고 선전하며 개인적 이익증식과 영달추구에 몰두하여 갔다. 여기서 적극적인 남방진출론이 나오는데, 당시 연희전문 상과 과장인 金孝祿은 다음과 같이 말했다.

"우리 반도출신은 아즉 징병제가 실시되지 않은 이상 제1선에 가서 봉공할 기회는 없으나 총후의 국민으로 물적 심적으로 국책에 극력 협력하여 제1선용사로 하여금 후고의 염려가 없이하는 동시에 국책수행에 조고마한 지장도 없이 해야 될 것이고, 반도의 자본가들은 이 기회에 내지의 자본가들과 잘 제휴하여 남방진출의 일익이 되도록 힘써야 될 것이다."[38]

그 과정에서 조선인들의 친일행위는 단순한 '민족'의 범위를 넘어 '제국'의 일원으로 자행되게 되었고, 친일 문제도 단순한 반민족을 넘

---

37) 『每日新報』 1942년 1월 18일자.
38) 「남방진출의 제문제」 『조선춘추』, 1942년경 추정, 58~59쪽.

어 수많은 반역사적, 반혁명적 반인륜적 행위와 관련되게 되었다.

지난번 모 교수가 물의를 일으킨 '정신대＝성매매' 주장은 말도 안 될 궤변이지만 실제로 조선인들은 중국 만주, 상해 동남아 지역에서 조선 여성을 사서 성매매를 강요하는 '포주'가 되었고, 당시 돈 2~3만 원을 들여 큰 위안소를 건립하는 등 조직적인 활동이 드러났다. 일부 조선인들은 겉으로 상점을 빙자하면서 특무대와 흥아원과 내통하여 대동아 공작을 일삼고 중국에서 높은 관직에 올랐다.[39]

그들은 국제적 무대를 친일의 장으로 활용한 조선인들이었다. 그럼에도 일본의 침략과 함께 대륙을 오가던 국제적인 친일 조선인의 활동이 마치 무용담, 대륙활약담으로 이야기되는 현실은 '친일＝반민족 행위'라는 도식으로는 도저히 설명할 수 없다. 정일권, 최규하, 박정희 등 남한 사회에서 권력을 추구했던 많은 사람들의 해외 친일행위는 물론이고,[40] 해방 후 만주에서 내려와 서북청년단에 가담한 시라소니와 같은 깡패 이야기는 더 말할 것도 없이 바로 "제국의 끄나풀"에 대한 이야기가 대륙영웅담으로 변한 전형적인 케이스이다.[41]

1943년경 중국의 남경·상해·소주·무석에서 활동한 주요 조선인 자본가 상황을 보면, 우선 이주한 시기를 보면 주로 1935~1936년과 1938~1939년경이었다. 일본이 중국침략을 음모하거나 중일전쟁 이후 일본이 본격적인 점령정책을 시작한 시기와 일치한다. 또한 자본가들의 출신 지역은 평양·정주·태천·선천·의주 등 조선 서부지역이었다. 그것은 '시국대책조사회'에서 북중국과의 경제 연계가 강조되고, 특히 1940년대 이후 총독부가 조선 서부의 공업력과 중국의 원자재를 결합하려는 엔블록 경제 전략을 추진한 것과 관련 있다.[42] 아울러 이들의 정치적 역

---

39) 김인호, 『태평양전쟁기 조선공업 연구』, 신서원, 1998, 401~402쪽.
40) 류연산, 『일송정 푸른 솔에 선구자는 없었다』, 아이필드, 2004, 7~11쪽.
41) 이광석, 『시라소니평전』, 동아일보사, 2003.
42) 김인호, 『태평양전쟁기 조선공업 연구』, 신서원, 1998, 72~74쪽.

할로 임승업·이태현[43]·장승복·임광정 등의 움직임이 주목된다.

먼저 이태현의 경우 "실업계와도 일방 연결되면서도 동시에 일·중 합작이라는 커다란 정치적 무대에서 제공작을 활발히 전개하고 있는 이태현을 소개하고자 한다. 그는 1929년 상해에 온 이후, 대리양행 등 대회사의 중역으로 있으면서 수십만 원을 동원할 수가 있었고 그보다도 대동아건설공작에서 열혈남아인 그는 현재 ○○○과 興亞院의 지시 아래서 공작에 분주하다."고 하였다. 그들은 회사를 운영하는 자본가로서 중·일 합작 사업을 확대하고 정치적으로도 '대동아공영권 수립공작'에 적극적으로 참가하여 중국재계와 정계에 영향력을 행사하는 등전형적인 침략전쟁의 '전위대前衛隊'로 활동한 인물이었다.

특히 임승업이 경화산업을 운영하는 데 총독부 사무관 하라다原田一郎의 적극적인 지원이 뒷받침되었다는 사실에서 볼 때 조선인 자본의 중국침투는 단순한 자본가의 자본축적욕에 의해서 진행된 것이 아니라는 것을 확인할 수 있다.

> "京華産業은 오십일인의 주주로 된 자본금 10만 원의 주식회사로 1941년 8월 1일에 당국의 인가를 얻어 9월 10일 창립총회에서 완전한 성립을 보게 되었다. 도반상취인조합의 조합원을 모체로 한 조선 상공업계에 있어서 대표적 기관으로 조선 및 중남부 중국과 물자무역을 주로 한 準國策會社라 할 수 있다. (중략) 동회의 창립까지는 총독부 하라다 사무관의 힘이 컸음을 특기하지 않을 수 없다."[44]

또한 유수영柳本壽泳도 미쓰비시三菱재벌로부터 금융자본을 융통하여 복기양행 남경지점장으로서 미곡이나 식료업 등에 관여하는 등 해당지역으로 일본 재벌자본이 침투하는 데 첨병역할을 하고 있었다. 김

---

43) 「上海に於ける九千同胞の活躍を見る」『三千里』, 1943년 3월호, 100쪽.
44) 「현지산업계의 거두」1『光化』, 中國 : 上海, 光化社, 1941년 11월호, 7쪽.

인호金仁澔는 불과 5천 원의 자본으로 출발하여 일본 재벌자본과 연계하여 전당포와 인쇄업을 운영하여 막대한 자본을 축적했고, 야마다山田啓男의 남경 피복공장도 군수지정 공장으로서 노동자 1백 명, 미싱 수 5백여 대의 대규모 공장으로 팽창하는 등 침략전쟁과 연관된 산업분야에서 조선인 자본은 막대한 자본축적을 하고 있었다.

요컨대 조선인 자본가의 중국침투는 거의 일본의 중국침략과 때를 같이하였고 일본의 국책사업이나 원자재 확보, 운송업에 투신하면서 자본을 축적하는 한편, 정치적으로도 일본이 추진하던 '대동아공영권 수립공작'에 적극 가담하여 일본의 침략전쟁을 측면에서 지원하고 있었다.

Ⅳ. 해외 친일 조선인 그룹의 유형

해외친일파의 구분은 기본적으로 그들의 지위보다는 행위에 기초해서 보아야 하며, 친일 행위의 결정방식 즉 반민족행위, 반인륜행위, 침략전쟁 동반행위 등 친일의 결과적 평가를 기준으로 한 유형화는 오히려 표리부동한 친일, 다양한 형태의 친일을 행위양식별로 무차별적으로 나누게 하는 결과 그들의 반민족, 반인륜, 침략동반의 성격을 획일화할 가능성이 크다. 따라서 같은 친일 행위의 경우라도 1910년대와 1940년대는 크게 차이가 나는데 그러므로 유형별 행위양식의 유사성에 기초하기 보다는 역사적이며 실체적인 이해에 기초한 엄격한 사실의 확인 위에 해당 행위가 민족과 인류 혹은 피지배 민족에 끼친 영향을 평가하는 방식으로 전개되어야 한다.

이러한 의미에서 우선 친일의 평가에 앞서 각 '행위'의 역사적 실체를 분석할 수 있는 역사적 접근법을 통해 친일의 유형을 파악할 필요가 있다. 바꿔 말해 식민지배정책의 시기적 변화과정 속에서 발아한 친일 조선인과 그들의 행적을 살피는 방법이다.

대체로 1910~20년대는 일제의 조선 병탄 및 식민지 지배체제 확립 과정에서 일본의 병탄을 지지하고 이를 지원하고자 해외에서 활동한 고위층 친일 조선인들을 대상으로 할 수 있다. 1930년대 이후에는 일본의 민족개량주의와 일본식 제국주의적 팽창에 고무된 중간·식자층 조선인에 의해 자행된 해외 활동에 주목할 수 있다.

하지만 이런 방식은 그들의 행각을 주로 국내에서 자행한 친일활동의 연장선에서만 바라보면서 결국 체계적인 해외 친일세력의 이해와 실태분석에는 다가가지 못했다. 일제는 1920년대 이후 해외 조선인들 집단이 '독립운동의 기지화'하는 것을 차단하고자 각종 우대정책 및 근대적 기구를 통하여 민족분열을 꾀하고 조선인 이민사회의 친일화를 수행하였다. 특히 침략전쟁 단계에는 침략전쟁의 주구로 조선 사람을 앞장세우고자 했다. 이에 조선인민회, 조선인회, 보민회 단계를 넘어 협화회, 계림회로 발전하는 친일주민조직을 시간적으로 주목할 필요가 있다. 이들 친일 조직들은 해외 조선인들의 친일이 시간적으로 민족분열 단계를 넘어 침략전쟁 전위대로 발전하는 계기적 과정을 설명할 것이다. 그럼에도 기왕의 해외 조선인 연구가 '독립운동의 저변' 이상의 해석이 어려웠는데 사실 수적으로 압도적인 만주지역의 조선인들의 조직적인 친일 행적에 대한 주목이 친일 조선인의 해외활동을 이해하는 중요한 연구대상이다.

일단 역사적(시기적) 접근을 통해서 해외 친일의 유형을 살핀다면 다음과 같이 정리된다.

① 1910~20년대 식민지 지배 정당화 행위, 제국의 세계분할 지지행위
② 1930년대 만주 침략 지지 및 지원 행위, 패권주의적 세계 재분할 지지 행위
③ 1940년대 중일 태평양전쟁전쟁을 지지 및 지원, 점령지 지배 및 보조

이것을 바탕으로 친일 행적의 평가에 따른 행위적 기준은 다음과 같다.

① 반민족 행위 - 식민지 지배 정당화 행위, 제국의 세계분할 지지행위, 독립운동 탄압
② 반인륜 행위 - 고문, 학살, 위안부, 이웃국가 주민에 대한 약탈과 침략
③ 침략 행위 - 태평양전쟁전쟁을 지지 및 지원, 점령지 지배 및 보조

둘째, 최근 경제적 연관관계를 추적하면서 제기된 지역별 분류방식이 흥미롭게 제시되고 있다. 이 방식은 특정지역의 사회적 경제적 역할과 그것에 연관된 대외관계를 설정하는 방식인데, 예를 들어 북방엔블록과 남방엔블록으로 구분하고, 각기 진출한 조선인의 신상과 활동내역에 대한 분석을 진행하는 방식이다. 대체로 기왕의 연구에서 분석된 것은 북방엔블록과의 경제적 연관을 강조하고 이들 지역에 자본을 투하한 조선들은 지역적으로도 조선서부 및 경인지역 출신이었고(<표 2> 참조), 남방엔블록과의 경제적 연관을 강조하는 조선인들은 부산, 경남, 호남지역의 조선인 자본가들이었다는 정도이다.[45] 이 같은 경제적인 분류 외에도 문화적인 측면에서 혹은 인맥이나 지역성에 따른 연관관계도 같이 고려할 필요가 있다.

셋째, 유형별 분류는 일제의 대외정책과 그에 수반한 조선인의 대응이라는 측면에서 구분한 방식이다. 대략 세 부류로 구분할 수 있다. (1) 먼저 침략전쟁에 직접 개입한 조선인들이다. 여기에는 지원병을 비롯하여 고급 군인 및 군속 그리고 점령지 행정관료 등과 함께 성장 현령, 군사령관 등을 들 수 있다. 예를 들어 宋天成은 日本軍 陸軍小將이라는 현역군인 신분으로 중국 왕정위 정권 아래서 安徽省 南陵縣長이

---

45) 김인호, 『태평양전쟁기 조선공업연구』, 신서원, 1998, 405쪽.

되어 '공영권 수립'에 혁혁한 공적을 쌓았다고 했는데[46] 이처럼 자본가
들만이 아니라 직접적인 정치관료로서 침략전쟁에 참가한 조선인도
상당한 것으로 추정된다. 그리고 군부대와 계약을 통하여 위안소를 경
영한 조선인집단(<표 1>에서 박일석, 김일준, 이창조, 이상우 등 상해에서 2~3만 원
의 자본금으로 위안소 운영)이나 각종 특공기구(카미카제, 가이텐) 자발적 참가
자, 통제마을 및 집단부락의 행정책임자 등도 포함된다.

(2) 식민지배 및 대동아공영권 확대를 위한 민심공작을 위하여 이
용된 조선인 범주이다. 실질적으로 알려진 이상으로 이들 밀정, 첩보,
치안공작에 참가한 조선인은 많았으며, 이러한 범주는 이미 1930년대
일제에 의해서 조직적으로 배양되고 있었다. 민생단 사건 등은 그러한
일제 측의 끄나풀 공작과 무관하지 않았다.[47] 특히 만주의 경우 만주
사변 이후 만주사변이후 "각 민회 공통 사항 및 조선인의 향상발전에
관한 사항을 연구심의하고 그것의 실행을 꾀"한다는 목적아래 '전만 조
선인민회 연합회'라는 '민회'의 전국적 통합기구가 설립되었는데, 일본
총영사 및 일본 외무성으로부터 각종 보조금을 받으면서 운영되었고
연합회 사무실이 총영사관내 있었다.[48] 당시 '연합회'에 가맹한 민회수
는 설립 당시 13개소에서 1934년 4월에는 95개소로, 해산당시인 1937년
11월에는 125개소에 이를 정도로 해외 이민사회의 조선인에 대한 일제
의 조직적인 친일화 공작이 전개되고 있었다. 이를 비롯하여 치안유지
회 등의 친일선양조직, 간도특설대(1945년 만주 국무원 정부공보에서 훈장을 받
은 간도 특설대 대원 정일권, 김일환, 원용덕, 이주일, 김석범 등 해방후 국군 수뇌부), 만
주국군 등의 항일세력을 탄압하기 위한 무장 조직 등[49] 친일단체가 해

---

46) 『每日新報』 1944년 11월 26일자.
47) 손과지, 앞의 논문, 103쪽.
48) 민경준, 「만주국 하의 '조선인민회'-그 성격 변화를 중심으로-」 『해외친
　　일조선인 연구 발표집』, 경성대 한국학연구소, 2004.5, 155쪽.
49) 임종국, 『일제침략과 친일파』, 청사, 1982, 324~385쪽 참조.

외 친일조직의 중추로 활동하고 있었다.

(3) 일제의 침략을 측면에서 지원하기 위한 조선인 문예그룹, 지식인 집단이다 예를 들어 허영, 최승희 등 연극 영화제작, 진중 예술가, 진중 문학가 등이 여기에 포함된다. 현재 이 방면의 연구는 지엽말단의 전쟁홍보 혹은 강제동원 지원을 위한 강연회, 미술전람회, 무용공연, 위문공연 등만이 주목되고 있으나 일제는 조선문예그룹을 동남아로 배치하여 전쟁홍보와 진중예술을 고취했다.

V. 결 론

역사학에서 과연 친일행위를 어떻게 보아야 할 것인지는 다양한 이론이 있겠지만 적어도 역사적 사실과 연대기 속에서 파악할 때 생명력이 있을 것이다. 즉 현재 친일 문제는 반민족 행위를 넘어 점차 반인륜, 침략 지지, 침략 동반 행위로 파악하는 경향이 점차 두드러지는 것은 사실이다. 실제 상당수의 조선인들은 일본 침략자의 든든한(?) 후원세력이 되고, 해외로 나가 반인륜적 행위를 자행하고, 침략전쟁에 동반하기도 했다. 그들은 친일이 일등국민으로 거듭나는 길이라고 믿었고, 내선일체와 아시아 민족주의로 포장하였으며 침략전쟁에 동참하는 것을 통하여 열등에서 벗어나고자 했다. 또 일부 조선인은 아시아 일등국민이 되고 북방엔블록의 맹주가 되기 위해선 한시라도 일본 제국헌법帝國憲法의 효력이나 조선에 실시되지 않는 근대적 제 시설이 조선에도 설치되어야 한다고 믿었다. 그래서 침략전쟁 지지론이 광범위하게 인기를 얻었고, 일부 친일 조선인들은 징용과 종군위안부, 징병 등의 조선인 강제동원이나 물자 수탈은 그러한 우리 민족의 기대를 위해 지불해야 할 보험이자 투자로 보게 되었다. 물론 그들은 천황을 위해 피 흘린 대가로 조선 민족의 삶의 개선을 원하는 주장을 가졌을 수도 있다. 이렇게 놓고 볼 때 이들의 친일 논리는 바람직한 민족주의는 아닐지언정 민족주의의 외피와 민족주의적 요소를 다분히 포함하고 있었다. 특히 일제 말 침략전쟁시기에는 '바람직한 민족주의=반제反帝 투쟁'이라는 당위론적인 민족주의 논리만으로는 도저히 해석할 수 없는 다양한 친일세력의 민족이론이 있었다는 점이다.

물론 그러한 해외 친일 조선인들의 행각은 인간의 보편적 가치를 무시하고 자행된 반역사적인 행각이었다. 일부 조선인은 전쟁터에서 위안소를 차려놓고 조선 및 중국 처녀를 모아다가 일본군의 성노리개로 만드는 등 종군위안부 문제의 공범이었다. 전체적인 해외 친일의 유형을 볼 때 국내 친일파의 경우 수세적인 처지에서 벗어나려는 '차별로부터 탈피'를 위한 활동이 많았던 반면, 해외 친일과는 달리 침략전쟁에 대응하여 자신의 침략성과 대외적 성격을 적극적으로 드러내려는 모습이 강했다.

오늘날의 눈으로 보면, 그들 해외 친일파의 행위는 대단히 유감스럽고 반민족적인 것이지만 당시로선 일반 민중사회 조차도 그들의 말이 설득력 있게 들렸을 지도 모른다. 그들 친일세력의 민족주의적 관심은 반제투쟁이나 민족해방이 아니고, '제2의 일본인'으로 갈 것인지 아니면 '아시아에서 일본과 어깨를 나란히 하는 일등 조선인'이 되는지에 있었다. 그리고 내선일체를 통해서 열악한 현실을 이기려는 일반 국민의 내선일체적 관심(이는 항일성을 포함한다)과 침략전쟁을 지지한 피의 대가로 조선인 기득권 계급의 안정을 꾀하는 침략전쟁 지지층의 내선일체론(제2의 일본화론)이 복잡하게 얽혀서 친일과 민족간의 경계선을 자꾸 무디게 만들었다.

전시기 일제의 대륙침략과
재만친일조선인의 친일논리

김 명 구*

I. 머리말

본고는 대륙침략기 재만친일조선인의 친일논리를 검토하고자 한다. 침략전쟁기 친일 관계 연구는 대개 국내 친일지식인들을 중심으로 다루어져 왔는데, 주로 일제의 황민화정책 수용과 논리구조 그리고 구체적 활동 실상을 다루어 왔다.[1]

반면 만주국 건국 이후 만주에서 활약한 친일세력의 친일논리에 대한 연구는 미흡한 실정이다. 만주는 조선인들이 본국에서의 차별과 억압을 벗어나 생활안정을 위해 이주하기도 하였고, 항일투쟁의 근거지가 되기도 하였던 지역이었다. 뿐 아니라 이시기의 만주에서 활동경험은 해방 이후 남북한 각각의 지도층 구성이나 국가정책에도 지대한 영

---

* (前) 경성대학교 연구교수

1) 대표적 성과로서 최유리, 『일제 말기 식민지 지배정책연구』, 국학자료원, 1997 ; 宮田節子 저·이영랑 역, 『조선민중과 황민화정책』, 일조각, 1997 등을 들 수 있다.

향을 주었기 때문에 중시되어야 할 것이다.

최근 만주지역에 대한 연구는 왕성하게 이루어지고 있다. 지금까지 대부분의 연구는 주로 일제의 만주 침략과 그에 따른 항일운동에 맞추어져 왔지만 최근의 연구는 연구영역이 확대되고 있다. 임성모는 만주국의 협화회 활동과 노선을 분석하여 일제의 총력전 체제의 구축과정에서 대두되었던 '국민동원' 노선과 '국가동원' 노선의 실상과 성격을 분석하였다.[2] 윤휘탁은 재만조선인의 구체적 실상과 현실인식을 분석하였다.[3] 신규섭은 일제의 만주국 지배와 침략전쟁확대 과정에서 재만조선인에 대한 통합논리로서 민족협화와 내선일체라는 상호모순 되는 두 논리를 중심으로 그 모순성을 분석하였다.[4] 김태국은 조선인민회의 실상과 활동을 분석하였다.[5]

본고에서는 선행 연구성과를 토대로 하여 만주지역 친일조선인의 친일논리에 대한 인식구조를 개괄적으로 정리하려 한다. 당시 일제의 대륙침략은 중국과 조선 민중의 강력한 저항 속에 이루어졌으므로 항일세력에 대한 직접토벌과 함께 이데올로기적 선무공작도 중요한 과제여서 이에 대한 검토는 필요할 것이다. 여기서 접근방법은 침략전쟁의 전개과정에 따라 시기를 만주사변 이후 만주국체제정비기, 중일전쟁 이후 시기, 이어 태평양전쟁으로 비화되는 시기로 나누어 보고자 한다. 그리고 각 시기별로 일제의 침략논리와 재만조선인에 대한 정책을

---

2) 임성모, 『만주국협화회의 총력전체제 구상연구-'국민운동' 노선의 모색과 그 성격』, 연세대 박사학위 논문, 1997.
3) 윤휘탁, 「만주국의 민족협화운동과 조선인」 한국민족운동사학회 편, 『한국 항일민족운동과 중국』, 국학자료원, 2002.12 ; 「만주국의 2등 국(공)민, 그 실상과 허상」, 『역사학보』 169집, 2001.
4) 신규섭, 『제국일본의 민족정책과 재만조선인』, 동경도립대학대학원 인문 과학연구과 박사학위 논문, 2002.
5) 김태국, 『만주지역 '조선인 민회' 연구』, 국민대학교 대학원 국사학과 박사 학위논문, 2001.

검토하고 이어서 친일조선인의 친일논리 구조를 분석할 것이다.[6]

Ⅱ. '만주사변'-중일전쟁 이전

1. 일제의 만주침략과 재만조선인 정책

일제는 공황의 탈피, 조선 지배의 공고화, 중국의 국민혁명의 진전
에 대한 위기상황을 돌파하고자 만주침략을 감행하였다. 침략을 주도
한 관동군 세력은 1차대전 이후 다가올 세계분할 전쟁에 대비한다는
명목으로 총력전체제를 준비하고 있었는데 만주침략은 그 일환으로
제기되었던 것이라 할 수 있다.[7] 관동군 내 이시하라石原莞爾 그룹은

---

6) 본고에서는 특히 일제의 민족정책 및 재만조선인의 정체성 문제에 보다
  많은 관심을 기울이려 한다. 관계논문으로서는 김태국, 「'만주국'에서 일
  제의 식민지배 논리」『한국근현대사학회』 35, 2005.12 ; 신규섭, 「한국인
  의 만주인식-재만조선인을 중심으로」『20세기 전반기 동아시아인의 만주
  인식』, 연세대학교 인문과학연구소 학술회의 발표문, 2005 ; 田中隆一, 「
  일제의 만주국 통치와 재만한인 문제 : 오족협화와 내선일체의 상극」, 만
  주학회 2003년 국제학술대회발표문 등이 있다. 현재까지 이들 연구에서는
  만주국 이후 일제의 재만조선인의 민족정책에 대해 만주국이 강조하는
  민족협화론과 조선총독부 측이 주장하는 일본신민론이 대립적이었다는
  점을 강조하고 있다. 그러나 이러한 대립구도는 반드시 대립·길항의 관계
  에서 파악할 수 있는 것은 아닐 것이다. 왜냐하면 민족협화론이든 일본신
  민론이든 모두 재만조선인에 대해 기본적으로 만주국에의 통합과 일본신
  민의식의 주입이라는 점에서는 동일하기 때문이다. 민족협화론을 주장하
  였다 하여 조선인에 대해 조선인으로서의 정체성을 강화하려 했던 것은
  아니며, 제국신민론을 제기하였다 하여 실질적으로 일본인으로서의 국민
  적 권리를 인정하려 했던 것은 아니었다.
7) 총력전체제란 전쟁 지도체제의 일원화를 통해 국가의 총력을 쏟아 넣
  어 세계재분할 전쟁에서 승리할 것을 보장하는 체제이고 그 내용은
  단지 자원 자재 자금 노동력을 어떻게 배분하는가 하는 물자조달체제
  에 머무르는 것이 아니라 그것을 전제로 군수생산력 확충을 꾀하려는

일본 본국에서 총력전체제를 구축하는 것이 어렵다 보고, 만주에서 이를 구축하여, 일본 본국으로 '역수입'하고자 한 것이었다.[8]

관동군은 침공 이후 동삼성 요인을 수반으로 각 성의 지방치안유지위원회를 조직시키고 나아가 독립 성정부를 구성하여 이들로 하여금 상해 1·29사변을 틈타 10차례에 걸친 건국회의를 개최함과 동시에 동북행정위원회를 결성케 하여 이 위원회의 명의로 「만주국 건국선언」을 공포시켜 중화민국으로부터 독립된 국가를 건국하였다. 그러나 관동군은 「溥儀-本庄(관동군사령관-필자) 비밀협정」을 체결하여 '내면지도' 형태로 만주국에 대한 지배권을 확보했다.[9]

만주국을 실질적으로 지배하고 있었던 관동군 세력은 만주국을 건립하는 가운데 침략 이데올로기로서 '왕도주의'와 '민족협화'를 내걸었다. 만주국 초기에 일제가 왕도주의를 도입한 목적은 유교적 원리를 내세워 관동군에 의한 만주사변을 역성혁명으로 정당화하고 왕도를 통치이념으로 내세우고자 한 것이었다.[10] 만주국은 「건국선언」에서 "왕도주의를 실행하고 (중략) 동아시아에 영구한 광영을 유지하여 세계정치의 모형이 되고자 한다"[11]고 하였다. 이에 입각하여 溥儀는 1933년 신경문묘에 나아가 석전을 거행했다. 그런데 만주국 건국 이전에 관동군은 황도를 표방하였다. 따라서 왕도주의는 어디까지나 일시적인 것이었고 만주국의 체제정비와 함께 황도주의가 강화되어 갔다.[12]

　　것이었다. 小林英夫, 「총력전체제와 식민지」 최원규 편, 『일제말기 파시즘과 한국사회』, 청아출판사, 12쪽 참조.

8) 임성모, 「국방국가의 실험 : 만주국과 일본파시즘」 『중국사연구』 16집, 2001.12, 191~198쪽.

9) 임성모, 「일본제국주의와 만주국 : 지배와 저항의 틈새」 『한국민족운동사연구』 27, 2001, 158~165쪽.

10) 한석정, 「만주국의 형성과 외래거류민의 사회적 위치에 관한 연구」 『한국사회학』 31집, 겨울호, 851쪽.

11) 稻葉正夫·小林龍夫·島田俊彦 編, 『現代史資料(11) 續·滿洲事變』 みすず書房, 1965, 525쪽.

일제는 만주를 외형상 독립국으로 표방하고, 당시 만주에 거주하였던 다양한 민족을 만주국으로 통합하고자 오족협화, 민족협화를 내걸었다. 이와 관련 건국선언에서 "무릇 신국가 영토 내에 거주하고 있는 자는 모두 종족의 구별과 존비의 구별이 없다. 원유의 한족 만주족 몽골족 일본 조선족의 각 족 뿐 아니라 기타 국민으로서 장기간 거주하기를 원하는 자도 평등한 대우를 받을 수 있다"13)라 하였다.

그러나 이러한 민족협화론은 각 민족의 진정한 평등을 지향한 것이 아니라 일본 민족의 지도성 우수성을 전제로 각 민족을 위계적 역할구조로 편입하려는 것이었다.14) 그리고 일상적 통치과정에서도 관료들의 급여체계나 식량배급 등에서도 민족차별적 정책은 관행화되었던 것으로 민족협화론은 허구적이었다 할 수 있다.15)

일제는 1934년 만주국에 帝制를 도입하고, 그 지배형태로 일본정부, 관동군, 만주국 정부가 모두 관여하는 '거국일치체제'를 수립하였으며, 그 담당기구로서 대만對滿사무국을 설치하였다. 이와 같이 만주국이 점차 일본과 일체화 되어가면서 만주 지배논리에도 황도주의가 침투하기 시작했다. 황도주의는 1936년 溥儀의 첫 번째 방일을 계기로 하여 '일만일덕일심日滿一德一心', '일본천황폐하와 나는 정신일체다'라는 「회란훈민조서回鑾訓民詔書」를 강조하면서 본격화되었다. 1936년 9월 관동군사령부가 작성한 문서 「만주국의 근본이념과 협화회의 본질」에서는 만주국의 황제를 천황·황도에 종속시켰다.16)

---

12) 노기식, 「일제의 만주국 동화이데올로기 창출과 교육·문화정책」 강만길 외, 『일본과 서구의 식민통치비교』, 선인, 2004, 338~340쪽.

13) 稻葉正夫·小林龍夫·島田俊彦 編, 앞의 자료, 525쪽.

14) 임성모, 「만주국 협화회-만주국 분단지배와 국민동원의 견인차」 『민족문제연구』, 1996.3, 24쪽.

15) 임성모, 「일본-만주국」 『역사비평』, 185쪽.

16) 保坂祐二, 『일본제국주의의 민족동화정책분석』, 제이엔씨, 2002, 279~280쪽.

만주국의 체제와 통치이념을 정비하는 가운데 일제는 만주국 통치에 복잡한 관련을 갖고 있는 재만조선인 문제에도 대책을 마련하였다. 일제는 만주사변 이전까지 만주 침투공작으로 재만조선인을 제국신민이라 하여 이들을 보호한다는 명분하에 행정 경찰력을 만주에 부식해 왔었다.[17] 그리고 만주국의 「건국선언」, 「대외선언서」, 「일만의정서」 등을 통해 기존의 조약 등을 인정하여, 일본 및 일본신민이 가지고 있던 만주권익을 보장하였고, 더불어 「간도협약」과 「남만동몽조약」에서 규정된 조선인의 치외법권 지위도 보장하려 하였다.[18]

일제가 재만조선인을 만주국으로 통합함에 있어 최대의 과제는 재만조선인에 대한 치외법권을 철폐하는 것이었다. 이 과정에서 논란되었던 것은 재만조선인에 대한 조선총독부의 직접적 통치문제였다. 지금까지 조선총독부는 재만조선인의 교육과 조선인민회 등에 대해서 직접 지도·감독을 실시해 왔지만 만주국에서는 총독부의 제시설을 만주국에 차례로 이관하되 선내 통치에 영향을 미치는 시정에 관해서는 선만 연락협조를 긴밀하게 하고 조선총독부측이 직접적 지도를 하지 않는다는 방침을 굳혔다. 이에 대해 조선총독부 측에서는 사실상 대부분 동의하였고, 민회 등 재만조선인 단체도 만주국에 흡수되었다. 따라서 재만조선인 교육은 교육행정권 귀속여하에 상관없이 철저하게 황국신민교육에 초점이 있었다.[19]

일제는 1936년 재만조선인 사회의 만주국으로의 통합을 강화하고자 결국 치외법권을 철폐하였다. 치외법권은 조선인의 생활보호망으로서 상징적 역할을 지닌 것이었고, 일제 역시 이의 철폐에 따른 우려를 표

---

17) 임영서, 「1910~20년대 간도한인에 대한 중국의 정책과 민회」 『한국학보』 73, 1993.12.

18) 신규섭, 위의 박사학위 논문, 90쪽.

19) 신규섭, 「'만주국'의 치외법권 철폐와 재만조선인에 대한 인식」 『대동문화연구』 43, 81쪽.

명하지 않았던 것은 아니지만, 그것이 다른 민족으로부터의 불만과 갈등을 야기할 소지가 크다고 보아서 이를 철폐하였던 것이다. 그러나 일본인과 조선인은 실제 행정과정에서 차별되었다. 일제는 이후 조선인에 대한 통제를 더욱 강화하기 위해 전만조선인민회연합회를 해산하고 만주제국 협화회로 편입시키며 재만조선인의 권익보다도 만주제국의 통치방향에 복속시켰다.[20]

일제는 재만조선인의 치외법권 철폐와 관련해서 재만조선인을 일본인과 같이 특별 취급하는 것은 오족의 융화라는 차원에서 바람직하지 않으며 오히려 타민족과 알력을 초래할 우려가 있으므로 일본인과 구별하여 타민족과 같이 둔다는 방침을 가졌다. 따라서 일제는 재만조선인 사회에 대해 왕도주의와 민족협화론을 내세우고 만주국민으로 통합하는데 초점을 기울였다.

만주국을 내면지도하고 있었던 관동군은 1933년 12월 「만주의 조선인 지도방안」[21]을 발표하고 재만조선인의 통치이념으로 민족협화를 중시하겠다는 입장을 밝혔다. 그 구체적인 지도요령으로서 만주국에 대해서는 "재만조선인에 대해서는 조선인 통치는 민족협화 취지에 근거하여 지도하게"한다고 하였다.

그러나 여기서 제시된 민족협화론은 조선인으로서의 민족적 정체성을 토대로 만주국민으로 통합하려 한 것은 아니었다. 일제는 재만조선인에 대해 조선인으로서의 정체성보다는 일본신민 의식을 강요하려 하였다. 이 일본신민이라는 개념은 일본국민과 동일한 법적 권리의 주체로 파악한다는 것은 아니었다. 이는 일제가 식민지조선에 대하여도 일선융화 등을 내걸었지만 일본인과 동일한 헌법적 권리를 인정한 것이 아닌 것과 같다.

---

20) 신규섭, 앞의 논문, 77~81쪽.
21) 만주제국협화회중앙본부조사회, 『國內における鮮系國民實態』, 1943, 99~101쪽 참조.

이러한 일본신민의식의 강요는 특히 재만조선인에 대한 교육정책을 보면 잘 알 수 있다. 1935년 만주국의 「재만조선인교육개선안」과 간도성의 「성내조선인교육의 근본정신」 등에서는 재만조선인에 대해 만주국의 구성분자이며 오족의 일원이기에 반드시 만주국의 건국정신에 따라 충량한 국민으로 양성해야 한다고 하였다. 동시에 재만조선인은 일본신민이므로 일본제국의 국시, 교육칙어, 합병칙어, 조선통감과 총독의 유교에 따르고 일본을 국어로 하고 황도교육을 실행해야 한다고 하였다. 이러한 입장은 실제 교육과정에도 반영되어 철저한 일본신민의식을 주입하려 하였다. 즉 만주국의 5족 중 조선인은 일본신민이라는 명목 하에 다른 민족에 비하여 철두철미한 동화교육을 강요받았다. 그 구체적인 교육내용으로는 일본어 교육의 강요, 일본인 교원의 배치, 일본의 역사문화 생활양식의 주입 등이었다.[22]

이러한 교육은 1936년 12월 치외법권 철폐가 시행된 이후에도 본질적으로 변화가 없었다. 치외법권 철폐로 재만조선인에 대한 교육권은 만철부속지 14개의 학교를 제외하고는 만주국으로 이양되었지만 민족의식에 대한 교육방침은 여전히 일본신민의식의 형성에 주안점이 있었다. 일제와 만주국정부는 치외법권 철폐이후 「재만조선인자제교육행정처리요령」을 작성하여 재만조선인교육의 지침으로 삼았다. 이에 따르면, 재만조선인교육의 기본방침은 "재만조선인자제교육은 반드시 일본인의 본질 하에 만주국결성분자로서의 건국본지와 일치한 교육을 행하도록 하여야 한다"고 하였다.[23]

다시 말해 일제는 재만조선인 사회를 만주국에 통합함을 주요과제로 삼았지만, 재만조선인을 실질적으로 일제의 법역으로부터 분리시키려는 의도는 없었다. 그리하여 일본신민의식을 주입하려 했다. 그러나

---

22) 박금해, 「만주사변 후 일제의 재만조선인 교육정책 연구」『동방학지』130, 2005, 252쪽.
23) 박금해, 위의 논문, 257쪽.

이러한 일본신민론은 단지 국민적 의무와 충성만을 요구했을 뿐 실질적으로 일본국민화하여 국민적 권리를 부여하려 했던 것은 아니었다.

1936년 9월 9일 협화회 중앙본부의 연성과정 치바 유키오千葉幸雄은 민족협화 이념에 대해 '조선민족은 조선계의 민족으로 인정하지만 지도적 위치에 있는 일본인으로서는 인정하지 않는다', '만주국은 일본의 조국의 이상을 원리로 세워서 그 일본을 모국으로 하는 각 민족의 집합체이다', '일본인이 민족협화의 중핵이다'[24]라고 하였다.

2. 재만친일조선인의 친일 논리

만주국 초기 건설과정에서 일제는 만주국의 건국이념으로 왕도주의와 민족협화론을 내걸었다. 이와 같은 이념은 만주국의 치안이 어느 정도 안정화되고 일제의 만주에 대한 총관여체제가 강화되면서 적극적으로 제기되었다.

재만친일조선인 사회는 만주사변과 만주국의 성립을 크게 환영하였다. 만주국 수립 이전 재만조선인은 동북군벌과 일제와의 사이에서 어려운 삶을 이어가고 있었다. 이러한 조건에서 만주국이 수립되자 재만친일조선인들은 생존과 생활안정을 기대하면서 만주국의 수립을 환영하고 만주국의 왕도주의 민족협화론을 적극 수용하였다.

이들에 의하면 인류의 본능적 욕구는 정치적, 경제적 혹은 문화적으로 보다 향상된 생활을 추구하는 것이라 하고 현금 신흥 만주국은 과거 동북군벌과는 달리 왕도정치와 민족협화를 내걸고 있어 재만조선인은 이러한 만주국에 적극 참여하여야 한다고 하였다. 즉, '재만조선인은 고향에서 경제적 파탄을 겪고 만주에 방랑하면서 군벌의 박해와 한인의 嫉蹠에 難苦를 겪다가 만주국이 성립되어 주민권이 허락되

---

24) 保坂祐二, 앞의 책, 288쪽.

고 租地權이 허락되었다. 그러므로 재만조선인은 왕도치하에서 오족협화와 왕도낙토 건설의 선구가 되어야 할 것이다'[25]라 하였다.

이러한 입장에서 왕도정치 이념과 민족협화 이념의 내용을 적극적으로 소개하였다. 이에 의하면 왕도란 5천 년래 중국인들이 추구했던 이상적 정치질서이며 핵심내용은 덕치와 민본주의라 하였다. 즉 왕도란 "天命을 受한 人이 민심을 總攬하고 帝位에 登하여 천하를 통치함에 그 통치의 가장 善美한 方道를 칭한 것",[26] 다시 말해 왕도는 "인도주의의 정치, 환언하면 덕치주의 또는 박애주의"[27]라 할 수 있다.

그런데 이와 같은 왕도이념은 만주국이라는 특수조건에서는 특히 민족협화의 이념을 포함하는 것이 중요하다고 보았다. 만주는 봉금이 해제된 이후 한족, 만주족, 몽고족, 일본인, 조선인 등이 거주하여 종족 간에 대립과 반목이 야기되었던 바, 이를 극복하여 민족 간 융화를 이루는 것이 긴요한 과제라 할 수 있다고 하면서, "왕도에서 덕의 표현이란 원리에 照하여 오족협화가 第一義的으로 왕도의 내용으로 편입되어야 한다"고 주장했다.[28]

왕도주의는 일제의 만주에 대한 식민지배 정책이 강화되고 日滿一如論이 제기되면서 이데올로기 차원에서도 왕도주의를 황도주의의 종속개념으로 정립할 필요가 있었다. 이에 따라 황도론과 왕도론의 관계에 대한 논의가 등장하였다. 이에 따르면 만주국의 왕도라는 것은 일본의 건국정신인 황도의 외연이며 만주국에서의 황도의 발현형태가 왕도라는 것이다.

---

25) 이영성, 「왕도해설」『재만조선인통신』, 1936.5, 22쪽.
26) 이영성, 위의 논문, 16~19쪽.
27) 井上哲次郎, 「王道立國の指導原理」『재만조선인통신』, 1936.6, 14쪽. 본고에서 재만조선인의 논리 분석은 기본적으로 조선인의 글을 분석대상으로 하여야 할 것이지만, 본고의 논지 전개상 부득이한 경우, 당시 만주에서 발행되었던 출판물에 실린 일본인의 글을 참고하고자 한다.
28) 이영성, 위의 논문, 16~19쪽.

여기서 皇道란 일본의 건국정신인 천황의 威德을 四海에 미치려는 도의적 사명이라 하고, "만주건국은 일본의 황도발전, 도의세계의 건설을 목적으로 하고 발생된 것으로 그의 踏行할 道가 왕도로 규정된 것이며", "그리하여 만주건국은 일본 황도의 종국목적인 황도아세아연방, 황도세계연방 완성으로 진행할 도일 것이며", "황도연방내의 總主權은 즉 일본 천황폐하에 의할 것이며 그의 부분인 일국의 주권은 그의 일국 황제에 있다"는 것이다.[29]

이와 같이 재만조선인 사회는 만주국의 수립 이후 만주국에 적극적으로 통합하고자 하였다. 그런데 치외법권이 철폐되기 이전 재만친일조선인들은 만주국에의 통합을 지향하였지만 재만조선인의 정체성에 대한 지향에는 다른 경향이 존재하였다.

하나는 민족협화론을 명분으로 하여 조선인으로서의 정체성을 지니고, 5족의 일원으로 만주국에 참여한다는 것이었다. 즉, "만주국은 만주사람만의 만주국이 아니고 이 땅에 사는 한·만·몽·일·선 오대 민족의 합작으로 된 나라다"라고 하였다. 물론 이 경우 조선인으로서의 정체성을 견지하고자 하였다 하여 일본신민으로서의 지위를 버리고자한 것은 아니었다. 즉 "우리 재만조선인은 일본국민의 하나인 조선인인 동시에 만주국민의 하나인 조선인이다. 즉 만주국은 외국이 아니고 우리나라다"라 하였다.[30]

즉 조선인으로서의 정체성을 토대로 만주국민으로 통합하되, 일본신민으로서의 지위를 유지하고자 한 것이었다. 일본신민으로서의 지위를 영위하고자 한 것은 실질적으로는 치외법권 유지를 위해 만주국내의 법적 지위를 유지하려는 것이었다. 중요한 것은 이러한 입장은 조선인으로서의 종족적 문화적 정체성은 유지하고자 한 것이었다.

---

29) 「만주국의 국체와 정체」『재만조선인통신』, 1937.1, 2~4쪽.

30) 홍시, 「만주건국정신을 논하야 재만동포의 자각을 촉함」『재만조선인통신』, 1936.4, 13~14쪽.

당시 협화회 회원이었던 조열은 만주국에 있어 최대문제는 민족문제이고 이를 위해 민족협화 정책은 요구된다고 하고, 조선인으로서의 정체성을 지니고 만주국에 참여하고자 하였다. 그는 당면의 요구로서 정부 내 고급관리의 임용, 자치권의 부여, 국적문제의 해결, 토지소유권의 확립, 소작권의 확립, 자작농 창정 및 집단이민의 실시, 금융기관의 확충, 교육기관의 증설확충, 주택문제의 해결, 일·만·조 각족공조제 실시 등을 내걸고 정치적 위상의 제고를 주장한 것이었다. 더욱이 그는 "재만조선인의 일반적 관심은 먼저 국적문제이다. 즉 완전한 만주국인으로 되고자하는 것이 일반조선인의 희망"이라 하였다.31) 이와 같이 일부의 재만조선인은 만주국이 지배이데올로기로 내건 민족협화론에 현혹되어 조선인으로서의 정체성을 토대로 만주국에 참여하고자 하였다.

다른 한편 일부의 재만친일조선인들은 민족협화론보다는 보다 철저한 일본신민화을 추구하였다. 이 입장에서는 일본신민으로서 만주국에 통합되는 것이 더욱 바람직하다고 주장한 것이었다. 이에 따르면, '조선인은 일본국민이라는 긍지와 신념부분에서 추호도 내지인에게 뒤떨어지지 않는다 하고', '지금 조선민족은 완전한 일본제국신민으로서 내지인과 아무런 차별 없이 동일선상에서 납세는 물론 병역의무를 부담하는 동시에 모든 국민적 권리를 획득할 것을 염원하고 있다'고 일본신민으로서의 지위를 기대했다. 이것은 일본인으로서의 법적 지위를 요구하는 것으로서 만주국에서 일본인과 같은 지배민족으로서 그 지위를 상승시키려는 것이었다.32)

이러한 입장에서는 철저한 일본신민화를 추구하여 정신적으로도

---

31) 조열, 「민족협화운동의 진전과 조선민족」 『전만조선인민회연합회회보』 6호, 1933년 8월.
32) 김의용, 「조선사상계의 회고와 재만조선인의 지도문제」 『전만조선인연합회회보』, 1935년 5월.

일본에 동화하려는 것이었다. 그리하여 조선인의 전통적 신앙이 황도
정신에 유사하다고 자의적으로 해석하고 조선인의 황도정신화를 주장
했다.[33]

　이와 같이 재만친일조선인사회는 한편으로 조선인으로서의 정체성
을 지니고 만주국에 통합하고자 하는 경향과 다른 한편으로 일본신민
으로서의 지위를 통해 만주국의 지배민족으로서 통합하려는 입장을
지니고 있었다. 그러나 일제는 어떤 입장도 사실상 용납하지 않았다.
전자의 경우 조선인으로서의 정체성 강화는 비록 이러한 입장이 철저
히 일제의 법역으로부터 탈출을 시도한 것은 아니라 해도 일제의 식민
지지배체제에 영향을 줄 수 있고, 후자의 경우 이 역시 일제의 조선지
배가 법적 개념에서 일본국민화를 지향한 것은 아니었기 때문에 현실
적으로 수용되어질 수 없는 것이었다.

　앞에서도 보았듯이 일제가 의도했던 만주국에서의 재만조선인에
대한 지위는 만주국에의 통합을 추구하되 일본신민 의식을 주입하려
한 것이었다. 다만 이 경우 일본신민의식은 국민적 권리개념이 포함된
것이 아니라 만주국 혹은 일본의 국가에 충성과 봉사만이 요구된 일본
신민의식이었다. 실제 일제는 치외법권 철폐과정에서 재만조선인에 대
해 선계국민으로서 만주국내의 일본인과 같은 특권은 허용치 않았다.

Ⅲ. 중일전쟁 이후-태평양전쟁기

1. 중일전쟁 이후 재만조선인 정책

　일제는 만주국 지배가 어느 정도 안정화를 이루면서 화북의 자원을
탈취하고자 본격적으로 화북을 분리 독립시키려는 공작을 추진하였다.

---

33) 신규섭, 「한국인의 만주인식-재만조선인을 중심으로」, 앞의 논문, 15쪽.

일제는 1936년 1월 '히로다廣田 3원칙'으로서 배일정지 / 만주국 승인 /
공동방공을 내걸었다. 그러나 화북침략은 중국 국민당정권이 수행한
화폐개혁이 성공하고 국민당 정권과 공산당 세력이 통일전선을 이루
고 저항하기 시작함으로써 교착상태에 빠지게 되었다. 이리하여 일제
는 실력으로 중국을 누르기로 하고 기회를 엿보던 차, '노구교사건'을
일으키고 중일전쟁으로 나아갔다.[34]

당시 전쟁 지도부의 일원이었던 이시하라石原는 다가올 총력전에
대비해, 생산력확충을 위해 최소한 10년의 평화 상태에서 군수소재산
업 중심의 생산력 육성이 필요하다고 보았고 또한 총력전을 담당할 체
제로서 일국일당체제로의 재편을 구상하고 있었다. 이러한 입장에서
이시하라 그룹은 화북분리 공작의 실패를 인정하고 중·일의 민족적 적
대관계를 제휴관계로 전환시킬 방안으로 동아연맹론을 주장하였다.[35]

그는 동아연맹의 범위를 일·만·중으로 규정하고 이 가운데 만주국
의 위치는 동아연맹의 정신적 핵심이라 하였고, 만주국 정치의 목표로
삼았다. 이 목표를 달성하자면 만주국에서 민족협화를 달성하고 민심
을 파악해 안정화시켜야 한다고 주장했다. 그는 만주색이 농후한 행정,
교육의 혁신, 관치의 제한과 자치범위의 확대 그리고 궁극적으로 정치
의 독립의 완성을 지향했던 것이다.[36]

그러나 이시하라 그룹의 입장과는 달리 당시 일본에서 성행했던 것
은 '지나응징支那膺懲론'이었다. 이에 따라 군수소재산업의 육성보다는
직접 전쟁에 동원하기 위한 전시동원체제로 나아가게 되었다. 정부에
서는 전쟁을 조기에 종결하고자 '남경사건'을 일으키고 광주·무한 등
대부분의 중국을 장악하였다. 그러나 중국민족의 끈질긴 저항에 부딪

---

34) 遠山茂樹·藤原彰·今井清一, 박영주 옮김, 『일본현대사』, 한울, 1988,
    112~141쪽.
35) 小林英夫, 앞의 논문 참조.
36) 임성모, 앞의 박사학위 논문, 133~134쪽.

혀 전쟁은 수렁으로 빠져들게 되었다. 이에 따라 1938년 11월 코노에近
衛내각에서는 '동아신질서론'을 제기하고 중국과의 화평을 모색하였다.
이어 12월에는 일본의 입장은 영토에도 있지 않고 배상에도 있지 않으
며 일·만·중이 결합하여 '선린우호', '공동방공', '경제제휴'의 3원칙을
실현하는데 있다고 입장을 밝혔다.[37]

'동아신질서론'은 중국의 민족주의를 일정하게 인정하고 타협하려
는 것이었으며, 동시에 구미중심의 세계질서를 타파하고 맹주 일본의
주도에 의해 아시아를 부흥시키려는 코노에의 입장이 반영되어 있다.
종래의 일본외교는 일영동맹, 워싱턴체제 등 영미에 대한 협조노선에
의해 동아시아 세력권을 확보하려는 것이었다.

코노에의 두뇌집단인 소화연구회에서는 '동아신질서론'을 체계화하
여 '동아협동체론'을 제창하였다. 여기서는 동아협동체의 구축은 단순
히 당면의 전쟁 국면을 타개하기 위한 방책으로서만이 아니라, 동아시
아의 협동·통일이 갖는 의미를 세계사적 수준에서 제기하였다. 즉 동
아협동체론의 구축은 이제까지 유럽이 주도해 왔던 개인주의, 민족주
의 등을 극복하고 동양의 통일과 동양의 문화를 중심으로 하는 세계사
의 신편성이라는 의미를 강조하려 하였다. 동시에 동양문화의 정수로
서, 나아가 정치적 지도력으로서의 일본·일본문화를 강조하려 하였
다.[38] 이와 같이 중일전쟁 이후 일제는 동아시아 삼국 즉 중국 일본 만
주의 협력을 제시하였다. 여기서 만주는 독립국가의 위상을 지닌 것이
었고, 이에 따라 만주국의 독립성을 강조하고자 만주국의 통합성을 강

---

37) 遠山茂樹·藤原彰·今井淸一, 박영주 옮김, 앞의 책.
38) 동아협동체론의 요체와 의미에 대하여는 함동주, 「미키철학과 동아협
동체론」『이화사학연구』, 1999 ; 함동주, 「미키 키요시의 동아협동체
론과 민족문제」『인문과학』30, 2000 ; 이경훈, 「『근대의 초극론』-친일
문학의 한 시각」『현대문학의 연구』, 1995 ; 임성모, 「대동아공영권 구
상에서의 지역과 세계」『세계정치』26-2, 2005 ; 廣松涉·김항 옮김, 「근
대초극론』, 민음사, 2003 등을 참조.

조하였다. 그리고 이는 협화회를 통해 대중동원을 감행하여 이루고자 하였다. 한편 중일전쟁의 발발을 전후하여 만주국과 조선총독부의 관계는 보다 강화되어 갔다.

1937년 12월 치외법권 철폐에 의해 만철부속지 행정권과 재만조선인 행정권이 만주국 정부의 관할로 넘어가자 관동청·조선총독부와 만주국 정부 간의 인사교류는 급진전을 보았다.[39] 총독부 관료의 만주국 유입이 본격화되었던 것은 1936년 10월 조선총독 南次郎과 관동군사령관 植田謙吉 사이의 「제1차 만선협정」에 의해 이른바 '선만일여'라는 적극적인 역내 일체화 정책이 취해지면서부터였다. 이는 이듬해로 예정되어 있던 일본의 치외법권 철폐와 맞물려서 수립된 정책기조이기도 하였다. 치외법권 철폐 당시 만주국으로 인계된 총독부 관계직원만도 2천 명이 되었다.[40]

중일전쟁 이후 만주국은 기회의 땅으로서 부각되었고 사회적 유동성이 약한 조선을 벗어나 입신출세를 지향하는 조선인들이 만주행을 택함으로써 공식적인 관료 간 인사교류 외에도 조선인의 유입이 두드러졌다. 당시 조선인의 주요 활로로서 주목받았던 곳은 관료양성기구인 대동학원, 법정대학, 또 국책 최고학부인 건국대학 그리고 육군군관학교 육군경리학교 중앙경찰학교 헌병대 군의학교 등 군경양성기구 그 밖에 개척총국 만주국 협화회 등이었다. 1940년 현재 만주국에는 조선인 관료만 2,300명 이상이 존재하였다. 입법원이 끝내 만들어지지 않았던 만주국에서 대중조직 협화회는 전국연합협의회라는 의사국회를 통해서 下情上通의 형식을 선전하였는데 여기에도 상당수의 조선인이 활약했다.[41]

---

39) 임성모, 「일본제국주의와 만주국: 지배와 저항의 틈새」, 위의 논문, 175쪽.
40) 임성모, 앞의 논문, 167쪽. 조선총독부 조선인관료로서 만주국 고등관으로 이동한 사람들에 대하여는 178~179쪽 참여.
41) 임성모, 앞의 논문, 180쪽.

조선총독부에서는 중일전쟁 이후 식민지 조선에서 제3차 교육령을
공포하여 황국신민교육을 강화하였다. 이와 궤를 같이하여 만주국에서
도 1938년 1월부터 「신학제」를 시행하였다. 신학제의 목적은 "한마디로
충량한 국민양성을 목표로 한다. 즉 우리나라 건국의 이상과 국체특징
에 비추어 국가관념 및 국민정신을 심명선체하여 충성봉공하는 국민
을 양성하는"데 있다고 하였다.[42]

南次郞은 내선일체론의 강요와 더불어 재만조선인의 지위에 대
하여도 일본신민으로서의 지위를 강력히 요구하였다. 南次郞은 만
주의 일본인·조선인은 대일본제국의 신민임과 동시에 만주건국의
민족협화 취지에 입각해서 만주국의 인민이다. 만주인 몽고인 한족
또는 백계러시아인은 일본제국의 신민이 아니다. 그러나 일본인 조
선인은 만주국의 신민이 아니다. 만주국에 근무하고 생활하더라도
만주국의 인민인 것이라 했다.

1939년 만주국 국적법 제정위원회 간사회가 제시한 국적법 제정의
방침은 만주국내에 정주하는 일본인에 대해서는 이중국적을 인정한
것이었다. 이 방침은 끝내 제정되었던 것은 아니지만 여기서 재만조선
인은 일본인 범주에 포함되어 선계 일본인으로서 조선총독부의 관리
통제도 일정하게 받게 되었다. 이는 만주에 징병법의 채택과정에서는
더욱 큰 영향을 받게 되었다.[43]

일제는 전시총동원을 위해 만주국의 통합을 강화시켜 나갔는데, 협
화회를 통해 이러한 작업을 추진하려 하였다.[44] 1939년도에는 협화회
의 조직원리가 민족별 조직에서 지역별조직으로 변화되었다. 그러나
명칭상으로는 민족이라는 용어를 쓰지 않았어도, 계림분회, 금강분회

---

42) 박금해, 위의 논문, 259쪽.
43) 田中隆一, 「일제의 만주국 통치와 재만한인문제 : 오족협화와 내선일체
    의 상극」, 위의 논문, 5쪽.
44) 田中隆一, 앞의 논문, 6쪽.

등의 이름으로 존재하여 민족별 조직을 유지하였다. 그러나 이는 이미 재만조선인의 이익을 반영하기 위한 조직이라기보다 일제의 침략논리를 강요하고 동원하기 위한 조직으로 변질되었다. 한편 국민총동원정책이 추진되면서 전쟁동원을 위한 청소년 훈련조직, 국민의용봉공대, 國民隣保 조직 등도 강화하여 나갔다.[45]

국가총동원체제가 강조됨으로써 분회의 생활개선의 역할은 사라지게 되었다. 예를 들어 금강분회가 조선인의 생활개선을 위해 계획했던 중학교 설립, 지방농민의 농업자금을 저리로 대부하기 위한 동아상사 주식회사의 설립, 분회기관지인 회보의 발행계획은 구체화되지 못하였다.[46]

2. 재만친일조선인의 친일 논리

일제의 대륙침략이 중일전쟁으로 비화되어 가는 과정에서 일본정부는 '지나응징론'에 입각하여 전쟁의 명분을 확보하고자 했다. 그것은 중국으로 하여금 만주국 승인과 화북 기득권 인정, 배일노선의 폐기를 요구하며 이를 무력으로 관철하려는 것이었다. 이러한 '지나응징론'적 입장은 재만친일조선인들도 여과 없이 수용하여 주장하였다.

여기서는 중일전쟁의 발발원인은 구미자본을 대변하는 국민당과 코민테른의 사주를 받고 있는 공산당의 배일정책을 들고 있다. 국민당은 동아평화를 위해 일본과 연대해야 함에도 불구하고 영국, 미국, 소련 등 서양열강의 동양침략을 용인하여 민중을 도탄에 빠뜨리고 일본에 적대한다는 것이었다. 따라서 일본으로서는 동양평화를 위해 중국 민중과는 별개로 중국의 지배세력을 응징해야 한다는 것이었다.[47]

---

45) 신규섭, 위의 박사학위 논문, 136~137쪽.
46) 신규섭, 앞의 논문, 138~139쪽.
47) 박석윤, 「동아민족 결성의 신기운」『재만조선인통신』, 1937.11. 박석윤은

이와 같은 '지나응징론'은 민족적 자주성을 인정하지 않았던 것이고 국민당정권을 교섭대상으로 여기지 않았던 것이었다. 그러나 중일전쟁이 장기화되고 수렁에 빠지게 되자 중국국민당 정권을 교섭대상으로 인정하여 화평외교를 모색하였고, '동아신질서론'을 제기하였다. 이는 만주지역은 물론 국내의 지식인, 운동진영에도 광범한 영향을 미쳤다.[48] 동아신질서론에 내장된 중국을 비롯한 아시아 민족주의에 대한 일정한 용인에 현혹되어 만주에서 민족협화론, 국내에서도 일정한 자치를 기대하게 된 것이었다.[49]

재만친일조선인들은 이와 같은 동아신질서론의 입장에서 '동아협동체론' 혹은 '동아연맹론' 등을 선전하였다. 이들이 주장한 동아협동체론의 내용은 다음과 같다. 즉, 이제 세계사의 신질서는 개인주의 자유주의를 대신하여 국민주의, 민족주의가 도래하여 신질서를 형성하고 있다고 하였다. 자본주의는 독점자본 단계로 이행하면서 독점자본이 의

동경제대 법학부 출신으로 최남선의 매부이다. 그는 일찍이 총독부에 포섭되어 민생단 핵심인물이며 총무청 참사관 협화회 중앙본부 위원, 폴란드 총영사를 지냈으며 간도협조회에도 가담한 인물이다.

48) 동아신질서론은 국내에도 영향을 미쳐, 이를테면 사회주의자 인정식 등의 전향논리의 근거가 되었다. 이수일, 「일제말기 사회주자의 전향론- 인정식을 중심으로」『국사관논총』 79, 1998 ; 홍종욱, 「중일전쟁기 사회주의자들의 전향과 그 논리」, 서울대 국사학과 석사학위논문, 2000 ; 장용경, 「일제식민지기 인정식의 전향론」『한국사론』 49, 2003 등 참조.

49) 동아연맹론은 '정치의 독립', '국방의 공동', '경제의 일체화' 등을 내건 것으로 '정치의 독립'이라는 주장 때문에 총독부 당국에 의해 위험 사상으로 분류되어 조선에서의 유포는 금지되어 있었다. 당시 동아연맹론은 조선에서 시행되고 있는 내선일체화 정책을 비판하고 조선 '자치'론을 부르짖는 등 독자의 조선론을 제기하였다. 동아연맹론이 국내외 지식인에게 미친 영향에 대하여는 松田利彦, 「植民地末期 朝鮮におけるある轉向者の運動」『人文學報』 79, 1997.3 ;「東亞聯盟における朝鮮問題認識」『研究紀要』 1, 세계인권문제연구센타, 1996.3 ;「曺英柱と京都における東亞聯盟運動-東亞聯盟運動と朝鮮·朝鮮人(2)」『研究紀要』 3, 1998 등을 참조.

회를 지배하고, 대외적으로 식민지 획득과 기득권을 유지하려 하여 일본과 같은 "가지지 못한 국가"의 발전을 제약하고 있고, 공산주의는 각국의 계급투쟁에 개입하여 민족분열을 야기하고 있다는 것이다. 이러한 구질서가 식민지 반식민지 후진자본주의의 민족적 국민적 발전을 옭죄고 있다고 하였다.

특히 서방 중심의 구질서는 동양을 침략하여 중국을 반식민지로 삼아 막대한 이윤과 착취를 일삼고 중국의 민족적 발전을 억압하였다고 주장했다. 따라서 동아의 신질서는 이러한 구질서를 타파하고 "동아를 동아로서 새로운 질서 하에 통일 있는 세계로 형성하려는 것이다"라 하였다. 일본 역시 과거에 중국에 대해 서방과 같은 식민주의적 침투를 하지 않았던 것은 아니지만, 일본으로서는 중국을 반식민지상태로 두는 이상에는 동아의 평화를 유지할 수 없고 일본의 안정도 보장될 수 없다고 하였다. 따라서 중국의 안정과 독립이 중요하고, 이 점은 만주에 관해서도 동일하므로 일본은 만주의 건국과 발전을 통해 협동체제를 구축하고 있다 하였다.

이제 중국과 일본의 제휴, 동양의 신질서 건설은 "개인적 권리 계급적 이익이라는 종래의 질서를 넘어 (중략) 민족과 국민의 해방 그리고 그 협동에 의한 인류의 향상을 목적으로 하는 때문에 (중략) 개인 계급보다 국가 민족이 제일의적 실재이며 이 질서의 기본성격은 전체주의 성격이 된다"라 하였다. 나아가 이러한 신 협동체를 구성하기 위해서는 중국은 영미로부터 벗어나 민족국가의 자립성을 완수해야 하며 동아협동체 전체계획에 따라 경제를 건설하여야 한다고 하고, 일본에 대하여는 중공업을 육성하고, 동아협동체의 국방을 주도적으로 담당할 수 있어야 한다고 하였다.[50]

한편 동아신질서론의 대두와 함께 위의 「동아협동체론」이외 「동아

---

50) 「신질서의 이념-동아협동체의 성격과 역사성을 논함」 『재만조선인통신』, 1939.4, 29~41쪽.

연맹론」이 광범하게 주장되어 왔었다. 이는 만주에서 협화회를 주도했던 세력이 협화회 창설시기에서부터 그 지도노선으로 민족협화와 동아연맹을 주창해 왔거니와 코노에 내각에서 동아신질서론을 제기하자 본격적으로 주장하였던 것이다.51)

이에 따르면, 동아연맹론은 이시하라 등이 협화회 창설을 주도할 시기부터 주장하였다 하면서, 그 목표는 "정치적 성격은 일·만·지 삼국의 선린우호, 방공공동방위요 경제적으로는 경제일체화를 말한다"고 하였다. 즉 동아연맹은 내정은 독립하나 외교와 국방에는 공동대응하여 통수권이 일원화되어야 하고, 경제문제도 일본이 지도자가 되어 일·만·지 삼국 일체의 계획경제 수립을 목표로 한다는 것이다.52) 이렇게 본다면 「동아연맹론」 역시 일제의 주도로 중·일의 제휴를 지향한 것으로 정치적 요구는 비슷하지만 사상적 기조는 다르다.

이에 따르면 동아협동체론자들은 서구의 근대철학, 근대사회과학에 조예가 깊다고 하고, 동아연맹론자들은 동양의 불교 국체학 등에서 출발한 사람이 많고 왕도문화를 근간으로 하고 있으며, 그런 면에서 두 이론이 계속 협조할 수 있을지 의문이라 지적했다.53) 그리고 동아협동체론에서 조선의 민족문제는 전혀 거론되지 못하였음에 비해 동아연맹론에서는 조선의 자치문제가 일정한 관심을 받았다.54)

동아연맹론 계열의 대표적 이론가 宮崎正義의 『동아연맹론』에서는

---

51) 임성모, 위의 박사학위 논문, 129~148쪽.
52) 天野道夫, 「동아연맹론의 대두와 내선일체 운동과의 관계」 『조광』, 조선일보출판부, 1940.7, 213쪽. 天野道夫는 현영섭이다. 그는 학무국시학관과 중추원 참의를 지낸 현헌의 아들이며, 녹기연맹 이사이다. 그는 젊어서 일시 무정부주의에 경도하였지만 1936경부터 본격적으로 친일 활동을 하였다. 그가 내선일체를 부르짖은 『조선인이 나아갈 길』은 1년 사이 11판을 찍었다 한다. 『민족정기의 심판』, 1949.2 참조.
53) 앞의 논문, 214~215쪽.
54) 앞의 松田利彦의 논문들 및 윤건차, 「근대일본의 이민족 지배」 윤건차, 이지원 옮김, 『한일근대사상의 교착』, 문화과학사, 2003 참조.

"동아연맹은 왕도문화에 기초한다"고 하였다. 그런데 여기서 왕도란 동양 민족의 각성과 통합을 전제로 하는 동양적 이상사회인데 이 동양적 이상사회는 '팔굉일우의 이상의 현현'을 뜻한다고 하였다.[55] 즉 왕도는 황도와 모순하지 않고 황도와 그 덕을 일치한다 하였다. 그러나 황도주의가 횡행한 대동아전쟁기에는 이조차 허용되지 않고 황도국체를 회명케 할 우려가 있다고 하여 탄압을 받게 되었다.[56]

동아신질서론은 일본 중국 만주의 협동 내지 연맹을 추구한다고 하였지만 조선에 대해서는 철저히 내선일체론을 적용하려 하였다. 즉 "동아연맹의 결성 일만지 삼국의 연맹에는 대찬성이요 그 결성에 간접으로나 원조하려고 하지만 연맹론을 조선에 적용하여 일선융화 일선협화를 생각하는 것은 반동에 불과하다고 본다"[57]라 하였다

한편 중일전쟁 시기 침략이데올로기를 제기하는 가운데 만주국의 건국의 정당성은 동양평화의 초석이라는 관점에서 중시되었다. 만주와 일본은 고대로부터 상호 교류하여 왔다. 그런데 근대에 이르러 구미 강대국이 백인우월감으로 동양을 침공하였고 특히 러시아가 만주에 세력을 부식하려 하였다. 이는 결국 러일전쟁에서 일본이 승리하여 일단 위기를 수습하였지만 그 뒤 동북군벌군과 토비로 인해 안정을 얻지 못하였고 일본으로서는 만주를 영유하기 위해서가 아니라 만주를 백인의 침략으로부터 구해 동양평화를 위해 만주국을 건설하였다고 강변하였다.[58]

---

55) 宮崎正義 編, 『東亞聯盟論』, 改造社, 1938, 151쪽.

56) 米谷匡史, 앞의 논문, 285쪽.

57) 天野道夫, 「동아연맹론의 대두와 내선일체 운동과의 관계」『조광』, 조선일보출판부, 1940.7, 215~216쪽 ; 함동주, 「중일전쟁과 미키 키요시三木清의 동아협동체론」『동양사학연구』56, 176쪽 참조.

58) 「日滿不可分關係－역사적 고찰과 현실적 중대성」『재만조선인통신』, 1938.1.

Ⅳ. 태평양전쟁기

1. 태평양전쟁과 재만조선인 정책

중일전쟁이 교착국면을 면하지 못하고 있는 상황아래 유럽에서 독일 이태리 등이 파시즘 체제를 구축하고 대외 팽창을 기도하고 있었다. 독일은 일제와 동맹을 제의하였고 일제는 유럽 상황을 예의주시하였다. 일제는 독일이 폴란드를 침공하고 이어 1940년 초에는 유럽대륙을 일시 제패하자 이에 편승하여 남진을 강행하였고 결국 태평양전쟁으로 비화하였다. 그리고 이러한 전쟁의 수행을 위해 국가-사회체제를 전반적으로 개혁하고자 하였는데 결국 대정익찬회의 결성으로 귀결되었다. 이때 일제는 이전의 '동아신질서론'에 대신하여 '대동아공영권'을 침략전쟁의 명분으로 삼았다.

대동아공영권이 국책으로 확립된 것은 1940년 7월 제2차 코노에近衛 내각의 각의가 결정한 「基本國策要綱」부터였다. 이 요강에서는 '황국의 국책은 八紘을 一宇로 삼는 肇國의 대정신에 기초하여 세계평화의 확립을 이루는 것을 근본으로 삼고 우선 황국을 핵으로, 日滿支의 강고한 결합을 근간으로 한 대동아의 신질서를 건설하는데 있다'고 하여 대동아공영권의 기본방향을 제시하였다.[59]

1940년 8월 코노에 내각의 외상 마쓰오카松岡洋右는 "황도의 대정신에 따라 먼저 일본·만주·중국을 그 일환으로 하는 대동아공영권"의 확립을 통하여 "공정한 세계평화의 수립에 공헌"한다고 발표하였다. 여기서 대동아공영권이라는 개념은 독일파시즘의 지정학 개념인 '광역경제권', '생존권', '자급자족' 등의 개념에서 차용한 것이라 할 수 있다. 광역경제권이라는 개념은 다수의 민족국가가 각각 경제하는 시대가 끝

---

59) 임성모, 「대동아공영권 구상에서의 지역과 세계」『세계정치』 26집 2호, 2005, 107쪽.

나고 초국가시대에 들어가 세계는 몇 개의 국가로 구성된 블록의 공존을 통해 안정된 세계질서가 수립된다는 것이다.

즉 대동아공영권은 아시아의 공동번영이 아니라 일본의 국익을 위해서 철저하게 계층적인 질서로 된 지역주의로 규정할 수 있다. 그 내부구조는 일본의 군사적 진출정도에 따라 다양하게 모색되었는데 대체로 일본 중국 만주 등을 중핵으로 하고 동남아 지역을 외를 외곽 보급지역으로 규정하였다.[60]

그런데 이 같은 대동아공영권은 황도주의를 명분으로 제시되었다. 즉 "대동아 건설의 본령은 동아에 도의를 부흥하는데 있으며 경제적 결합의 원칙 또한 이 취지에 기초하지 않으면 안 된다"고 하고, "대동아전쟁은 단순히 자원을 위한 전쟁도 아니고 경제적 이익을 위한 전쟁도 아니"라 하였다. "공영권의 성격은 지리적 운명적 공동체 연대를 기초로 하면서도 새로운 도의적 원리에 의하여 결합된 특수적 세계"라 하였다.[61]

이에 따라 일제의 만주지배 이데올로기에도 황도주의가 전면적으로 도입되었다. 황도주의는 이미 1936년 부의가 1차로 일본을 방문한 뒤 발표한 「회란훈민조서」에서 도입되기 시작하였다. 溥儀는 1940년 7월 일본 건국 2천 6백 년을 기념하여 방일한 뒤 돌아와서 「國本奠定詔書」를 발표하여 만주국은 천조대신의 神光의 보우아래 건립된 것이고 溥儀와 일본천황은 한사람과 같이 친하므로 만주국의 국민도 일본 국민의 일부이고 만주국도 일본에게 통치되어야 마땅하고 그래서 맹방 일본을 친방 일본으로 개칭한다고 하였다. 나아가 일본의 건국시조를 모시는 건국신묘를 세웠다. 일본의 천조대신은 만주국의 建國元神

---

60) 김정현, 「일제의 '대동아공영권' 논리와 실체」『역사비평』 26, 1994 가을, 71쪽.
61) 김경일, 「전시기 일본의 대동아공영권 구상과 체제」『일본역사연구』 10집, 226쪽.

이 되었다. 만주국에서는 또 만주국민에게 국민훈 5개조를 외우게 하였는데 그 가운데 1조는 국민은 반드시 건국연원이 유신지도에서 나왔다는 것을 생각하여 천조대신에게 존경을 다하고 황제폐하에게 충성을 다하여야 한다는 것이었다.[62] 이는 이제까지 만주국이 독립국임을 내세웠던 정책과는 배치되는 것으로서 일제가 만주국을 직접 통제하여 총력전에 대비하려는 것이었다고 볼 수 있다.

이와 같이 대동아전쟁기에 이르러 일제는 직접 일본본국의 지휘아래 만주국 및 식민지 조선의 사회적 총동원을 추진하였다. 기구적으로도 종래의 대만사무국은 폐지되고 대동아성이 설치되었다. 재만조선인에 대하여도 전시총동원정책이 본격적으로 시행되었다. 그런데 재만조선인 사회에 대한 지배는 만주국과 조선총독부와의 긴밀한 협의아래 추진되었다.

중일전쟁 직전 부임한 미나미南次郎총독은 중일전쟁이 장기화되고 태평양전쟁으로 비화하여 가자 전쟁수행을 위한 물적 인적 자원을 확보하는 것이 급선무가 되었고, 이에 따라 내선일체론, 황민화론 등의 이데올로기를 적극 도입하였다. 나아가 재만조선인에 대하여도 전쟁에 동원하기 위한 정책을 도입하고 강요하였다.

조선총독부에서는 1938년 8월 시국대책에 관한 제 사항을 심의하고, 여기서 치외법권 철폐 후 조선총독부의 시설이 만주국으로 이관되는 등 조선총독부의 재만조선인에 대한 통치력이 약체화되었다는 것을 지적한 위에 만주국에 있어서 조선인의 지도 취급은 바로 조선통치에 영향을 줄 수 있는 것이기 때문에 종래의 제 시설을 더욱 강화하고 또한 선만 간에 존재하는 중요문제에 대해 상호 협력해야 할 것을 강조했다. 그리고 조선인 통치 이념으로서는 내선일체를 도입할 것, 이를 재만조선인에게도 적용해야 할 것이라 정리했다. 1939년 초두에는 만

---

62) 保坂祐二, 앞의 책, 280~281쪽 ; 부의가 일본을 방문한 기사는 만선일보 1940년 무렵에 대대적으로 게재되어 있다.

주국 및 관동군과 교섭하여, 「내선일체의 근본취지」를 만주국에 확립하였다.[63]

태평양전쟁으로 비화하면서 일제는 조선인의 전쟁동원을 대대적으로 추구하려 하였고 관련하여 재만조선인에 대한 교육정책에도 황국신민 교육은 강화되었다. 조선총독부는 1941년 만주국 측과 두 차례의 간담회를 통하여 재만조선인 교육방침에 대해여 다음과 같이 합의를 보았다. "재만조선인은 황국신민인 본질을 기초로 하고 선량한 만주국 인민의 교육을 하는 것을 강령으로 하며 교육방침은 조선과 내지와 같이 황국신민 연성을 주안으로 하고 만주국을 구성하는 인민의 교양을 가지게 한다"고 하였다.[64]

또한 만주국에서는 만주국민을 전쟁에 동원하고자 1940년 「만주국 국병법」을 제정하였다. 이는 만주국에 있어서의 병역의무제도를 규정한 것이었지만, 조선인 일본인은 일본 병역법의 적용대상이었기 때문에 국병법에 의한 징병제에서 제외되었다. 그러나 조선인은 아직 일본 병역법에도 적용되지 않았다. 그 때문에 재만조선인에 대한 병역부과는 재만조선인을 만주국 국민으로서 일본군으로 징병할 것인가 또는 일본제국신민으로서 일본군으로 징병할 것인가의 문제가 생겼다.[65]

그런데 조선에서는 1942년 징병제를 실시하기로 결정되면서 같은 해 8월 조선총독부와 만주국 사이에 「제2차 선만협정」이 체결되었다. 그 기본방침은 "대동아공영권을 확립하기 위해 '일만일덕일심'을 전제로 하여 그 틀의 하나로 만선일여를 정립하고, 조선에서의 징병제 등의 동원정책을 재만조선인에게도 적용하였다. 이는 이전까지 만주국의 일원으로서 민족협화의 실천을 통해 황국신민을 적용하는 방침에서부터

63) 신규섭, 앞의 박사학위 논문, 169~170쪽.
64) 박금해, 위의 논문, 263~264쪽.
65) 田中隆一, 「일제의 만주국 통치와 재만한인문제 : 오족협화와 내선일체의 상극」, 위의 논문, 6~7쪽.

황국신민으로서 내선일체를 구현하려는 입장"이었다. 그리하여 1944년 재만조선인에 대해서도 징병검사가 실시되고 일본군으로의 전시동원이 강행되었다. 조선총독부가 재만조선인에 대해 그 통치권을 확보하고 내선일체를 적용했던 것은 재만조선인도 총동원체제로 편입함으로써 조선 내 조선인에 대한 동원정책의 효과를 극대화하고 불만조선인이 만주로 도피하는 것에도 방지효과가 있었다.[66]

한편 제2차 선만협정의 체결에 따라 민족협화와 전쟁동원의 실천기관이었던 협화회도 이에 대응해야 했다. 三宅협화회 회장은 1942년 6월 국민총력조선연맹과 협화회와의 제휴강화와 「선계지도방침」을 협의하기 위하여 조선총독부와 간담회를 개최하여 재만조선인 지도방침에 국민총력조선연맹 의견을 접수하고, 이전까지 만주는 복합민족국가로서 민족협화원칙이 강조되기도 하였지만 지금부터 재만조선인에 대하여도 황국신민화 방침을 결정하였다.[67]

2. 재만친일조선인의 친일 논리

앞에서 보았듯이 중일전쟁이 심화되어감에 따라 국민총동원 노선이 일본의 국책으로 정립되어 갔다. 동아신질서론은 중국에 대하여는 일정하게 민족주의를 인정하여 제휴하려 하였으나 대내적으로는 전쟁에 일본국민을 총동원하려는 것이었고, 이 「국민」에는 식민지 조선이나 대만 민중도 포함된 개념이었다. 이리하여 대동아전쟁 시기에는 대동아전쟁의 정당성과 이념, 내선일체론, 일본국체론 등이 전쟁명분으로 제기되었다. 재만친일조선인 집단도 이러한 이데올로기적 상황에 호응하여 선무작업에 나섰다.

만주에서 대동아공영권의 이념은 1940년 7월 근위내각에서 「기본국

---

66) 신규섭, 위의 박사학위 논문, 169~170쪽.
67) 신규섭, 위의 논문, 170쪽.

책」에 관한 성명이 공포되자 즉각 유포되기 시작하였다. 만선일보 사
설에서는 「기본국책」이 공포되자, 이에 대해

> "기본국책은 근위내각이 세계신질서 창조 및 획기적 시대에 직면하
> 여 빛나는 역사적 사명을 감연히 수행하려는 결의를 표명한 것이다"하
> 고 이는 "근근 성립될 소위 신정치체제의 목표 동향을 시사하는 동시에
> 외교 기본방침이 내포되어 있다" 하고, "이 때를 당하여 저 황국을 중심
> 으로 하고 일만지의 공고한 결합을 근간으로 하는 대동아의 신질서를
> 건설하며 세계평화의 확립을 초래함에는 오직 황국 국시의 선양과 완
> 수에 있을 것이오"라고 하였다.[68]

만주에서는 대동아공영권의 이념적 기초로서 황도주의가 강화되어
갔다. 이는 부의의 2차 방문 이후 「국본존정조서」의 공포 및 「건국
신묘」의 창건으로 알 수 있다. 만선일보에서는 「국본존정조서」의 공포
와 관련하여 '황제는 이미 강덕 2년 일본을 방문하여 「회란훈민조서」를
발표하여 일만불가분관계, 일억 일심관계를 밝혔는데, 다시 이번에 2차
방문 후 「국본존정조서」를 밝혔다'하고 이는 "아국황제 폐하께옵서 아
건국의 연원과 건국이래 국운의 융성은 모두 천조대신 및 천황폐하의
보우함에 의하지 않은 것이 없다"는 것을 밝힌 것이라 하였다.[69]
또한 만주국에서는 일본 건국시조인 천조대신을 모시는 「건국신묘」
를 창건하였는데, 만선일보에서는 이와 관련하여 '황제께서 2차 일본을
방문하여 황대신궁과 명치신궁 등을 참배하고 감득하여 건국신묘를
창건하기에 이르렀다 하고', 이는 '일본과 만주의 신앙을 공통케 하는
것이고, 일만불리일체의 관계를 명백히 한 것'이라 하였다.[70]

---

68) 만선일보 사설, 「基本國策의 聲明」, 1940.8.3.
69) 만선일보 사설, 「國本尊定의 大詔 渙發」, 1940.7.23.
70) 만선일보 사설, 「建國神廟 創建」, 1940.7.17.

재만조선인 사회에도 이와 같은 황도주의에 대한 선전이 강화되었
다. 이는 특히 조선총독부의 황민화론, 내선일체론 등과 결부되어 대두
된 것이었다.

내선일체의 정당성은 크게 두 가지 차원에서 찾았다. 하나는 원
래 일본과 조선이 동조동근이라 재결합을 당연시 하는 것이다. 즉
원래 일본과 조선은 동일 통구스족으로서 역사경과 과정에서 독자
적이고 상이한 문화를 형성하였지만, 서양의 침략에 부딪히면서 한
쪽은 패망에 이르렀고 한 쪽은 팽창하게 이르러 상호결합 하는 것
은 순리라는 주장이다.71)

다른 하나는 내선일체가 당시 시대의 필연적 추세라는 것이다. 즉
서방 강대국이 중국과 만주에 대해 침략의도를 가지고 있고, 소련이 세
계적화의 야망을 지니고 있는 상황에서 조선과 일본은 최후까지 운명
을 같이 하지 않을 수 없다는 것이다. 그리고 "단일민족의 자결사상은
벌써 옛날의 휴지로 되었고", "조선민족의 발전을 위해서도 내선일체를
추진하지 않으면 안 된다"고 하였다.72) 인정식은 내선일체는 이제 피
할 수 없는 운명이라 하면서, "이 사변의 교훈을 통해 제국의 신민으로
서만 조선인의 존재는 허용되며 또 제국의 신민으로서만 미래의 행복
을 얻을 수 있다는 것을 민중은 실로 이 사변하의 일상생활을 통해서
깨닫게 되었다"라고 하였다.73)

이와 같이 전쟁에 동원하고자 내선일체론을 강요하였다. 그런데 이
들에 의하면 내선일체란 단순히 일본말을 하거나, 일본옷을 입거나 하

---

71) 김영삼, 「내선일체의 진의 구명」『재만조선인통신』, 1938.5, 28~29쪽.
72) 김영삼, 「내선일체와 민족협화」『재만조선인통신』, 1938.12, 6~7쪽.
73) 인정식, 「내선일체의 문화적 이념」『인문평론』, 1940.1, 6쪽. 한편 장용경
   은 내선일체를 수용한다고 하더라도 녹기연맹의 현영섭류의 경우 조선
   인으로서의 정체성까지 철저히 부정하는 내선일체론임에 비해, 인정식
   은 조선인의 고유한 정체성은 전제한 위해 추구한 것이라 하여 상호대
   비적으로 파악하였다. 장용경, 앞의 논문 참조.

는 외형적인 데 있는 것이 아니라, 그 본령은 "황도 일본정신을 파악하는데"있다 하고, 그렇지 못하면 "제국국민으로 논할 수 없다"고 하였다.[74] 여기서 황도주의가 전면적으로 유포되기 시작하였다.

'동아신질서론'은 비록 장기적으로 영미와 최종전쟁을 염두에 두고 있었다 해도 일단 중국문제 처리에 주안점을 둔 것이었다. 그런데 대동아전쟁은 영미를 적대시한 것으로 영미의 이념으로 개인주의 자유주의 등을 비판하고 이에 대응하는 새로운 세계의 지도원리로서 황도주의를 제시한 것이었다.

이에 의하면 대동아전쟁은 수세기동안 개인주의 자유주의 공리주의 유물주의 등의 사상으로 지배해 왔던 영미중심의 제국주의 질서를 타도하여 우리 일본의 조국이래의 대이상이며 존엄한 국체의 본의인 팔굉일우의 황도정신에 기초하여 새로운 도의적 질서를 건설하여 이에 의해 세계를 재편성하기 위한 전쟁이며 세계인류에 공통의 적인 영미에 철저히 도의적 제재를 가하고, 먼저 대동아지역에 우리 국체 본의를 기초하여 공존공영의 모범적 질서를 건설하려는 전쟁이라 규정하였다.[75]

그리고 八紘一宇에 대해서는 "八紘이란 전세계의 의미이고 一宇란 일가족이라는 뜻이다. 때문에 우리나라(일본-필자)가 목표로 하는 것은 대동아 내지 전세계를 일국으로 하는 커다란 가족사회를 건설하려는 것이다. 팔굉일우의 황도정신은 우리나라 창시 이래의 국체정신"이라 하였다. 다시 말해 팔굉일우의 정신은 가족적 정신이며 영미의 정신과 같이 약육강식이 아니라 공존공영이며 대립이 아니라 일체융합이라는 것이다. 영미는 이러한 인류의 도의를 무시하고 자기의 이익과 욕망과 물질을 만족시키기 위하여 다른 민족을 희생하고 천인이 용인할 수 없

---

74) 김영삼, 「내선일체의 진의 구명」, 앞의 논문, 31쪽.
75) 石本淸四郎, 「국체의 본의와 도의조선」『조광』, 조선일보출판부, 1942.9, 25쪽.

는 비인도적 야망을 노정하고 있다고 비난하고 일본은 단순히 일본국가나 민족만을 위해서가 아니라 인류최고의 道義를 위해 싸우는 것이라 하였다. 그리하여 조선은 대동아공영권의 모범적 지역으로서 도의조선의 확립에 힘써 나가야 할 것이라 하였다.[76)]

V. 맺음말

이상 본문을 요약하여 맺음말에 대신한다. 일제는 만주국을 건립하고 체제를 안정화하면서 재만조선인에 대하여도 만주국으로의 통합을 위한 정책을 시도하였다. 일제는 만주사변 이전까지 만주 침투공작으로 재만조선인을 제국신민이라 하여 이들을 보호한다는 명분하에 행정 경찰력을 만주에 부식해 왔었지만, 만주국의 체제가 안정화 되어감에 따라 민족협화론 등을 내걸고 만주국으로의 통합을 강화하고자 하였다.

그러나 여기서 제시된 민족협화론은 조선인으로서의 민족적 정체성을 토대로 만주국민으로 통합하려 한 것은 아니었다. 일제는 재만조선인에 대해 조선인으로서의 정체성보다는 일본신민 의식을 강요하려하였다. 이 일본신민이라는 개념은 일본국민과 동일한 법적 권리의 주체로 파악한다는 것은 아니었다.

재만 친일조선인 사회 역시 만주국 수립을 환영하고 만주국의 왕도주의 민족협화론을 적극 수용하였다. 재만 친일조선인 사회는 한편으로 조선인으로서의 정체성을 지니고 만주국에 통합하고자 하는 경향과 다른 한편으로 일본신민으로서의 지위를 통해 만주국의 지배민족으로서 통합하려는 입장을 지니고 있었다. 그러나 일제는 어떤 입장도 사실상 용납하지 않았다. 전자의 경우 조선인으로서의 정체성 강화는

---

76) 石本淸四郞, 위의 논문, 27~29쪽.

비록 이러한 입장이 철저히 일제의 법역으로부터 탈출을 시도한 것은
아니라 해도 일제의 식민지지배체제에 영향을 줄 수 있고, 후자의 경우
이 역시 일제의 조선지배가 법적 개념에서 일본국민화를 지향한 것은
아니었기 때문에 현실적으로 수용되어질 수 없는 것이었다.

중일전쟁 이후 일제는 전쟁 초기 폭지응징론에 입각해 전쟁의
정당성을 강요하였다. 하지만 중국측의 강력한 저항에 부딪혀 수렁
에 빠져들게 되자 중국의 민족주의를 어느 정도 인정하여 '동아신
질서론'을 제기하여 중국과 제휴하려 하였다. 한편 동아신질서론은
전쟁의 담당자로서 국민총동원 개념을 동시에 제시한 것이었고, 이
는 식민지민들에게도 일본국민으로서의 동원을 포함한 것이었다.
이리하여 재만조선인사회에 대하여도 협화회를 중심으로 동아연맹
론과 국민총동원론이 선전되었다.

이에 대해 재만친일조선인들 역시 일제의 중일전쟁의 감행의 정당
성, 동아신질서론으로서 동아협동론이라든가 동아연맹론 등을 만주 조
선인사회에 유포하였다. 이는 한편으로 단순히 중일전쟁 해결의 수단
으로서만 고려된 것은 아니었고, 이전 유럽 중심의 세계사 질서를 재편
하고 나아가 개인주의 민족주의 등 근대적 이념도 극복한다는 지향을
지니고 있었다. 동아신질서론은 식민지 조선은 물론 만주국의 조선인
사회에도 영향을 미쳤다. 그러나 기본적으로 중국의 민족주의를 일정
하게 인정하여 타협하려는 것이었지 식민지 조선문제를 고려한 것은
전혀 아니었다.

중일전쟁이 태평양전쟁으로 확대되면서 일제의 침략이데올로기는
동아신질서론에서부터 대동아공영권으로 변모하였다. 태평양전쟁은
동남아시아 등지를 지배하여 광역 블럭경제권을 확보하려 하는 것이
었지만, 전쟁의 목표와 성격에 대해 팔굉일우의 황도정신을 전세계에
유포한다는 수사를 동원하였다. 재만친일조선인 역시 이에 충실히 순
응하여 대동아전쟁의 이념과 성격을 선전하였다.

제2편

해외 조선인의 친일화 구조와 양상

日帝下 '親日派 問題'에 對한 考察
-滿洲地域을 中心으로-

崔 峰 龍*

I. 들어가는 말

일제식민지시대는 우리 민족사에 있어서 가장 암울한 비극의 시대로 기록되지 않을 수 없으며 그 비극 속에는 우리 민족의 榮과 辱이 동시에 포장되어 있다. 일제의 침략을 반대하여 민족 자주와 민족 국가의 보존을 위해 국권의 '호위'와 '회복', 그리고 국가의 '독립'을 이룩하는 과정에 수많은 애국애족 선열들이 목숨을 바친 자랑의 역사가 있었고, 또한 그와 반면에 국가와 민족의 이익을 팔아먹었던 반민족적 매국노인 '친일파' 혹은 '친일 분자'가 득세하던 오욕의 역사도 역시 민족사에 포함되는 것은 주지하는 사실이다.

榮者는 영광의 역사로, 辱者은 汚辱의 역사로 기록되어야 한다. 그러나 해방 후에 한국은 일제식민지 시대의 잔존세력인 친일파들을 척결할 수 있는 절호의 기회가 있었음에도 불구하고 아쉽게도 한국의 특

---

* 중국 대련대학 교수

수한 국정, 즉 미군정시기에 특수한 정치적 수요에 의해 한국을 반공적인 이념에 기초한 반공국가로 만들기 위해 일제의 통치구조를 부활시켜 국내·해외 의 친일파들을 주목하여 대거 등용시켰으며 또한 미군정의 전통을 이어받은 이승만 정부는 '반민특위'의 활동을 방해하고 무력화시킴으로써 결국 '반민특위'는 실패로 끝났고 '친일파 청산'문제는 오늘에 이르기까지 한국 현대사의 큰 懸案으로 남게 되었다.

올해 2월에 필자는 한국학술진흥재단에 등록된 프로젝트ー'일제침략전쟁시기 해외 한인들의 친일행적 연구'ー를 위해 부산경성대학교 김인호 교수와 함께 중국 관내와 만주지역을 답사하는 기회를 갖게 되었다. 한민족독립운동사를 공부하는 필자의 입장에서 이번 답사는 느낄 수 있었던 것은 사학도로서 갖추어야 할 민족적 사명감을 다시 한 번 터득할 수 있는 계기로 되었지만, 그 보다 더욱 중요한 것은 답사를 통해 또 다른 한 가지 중요한 사실을 확인할 수 있었다는 점이다. 그것은 다름이 아니라 '친일파 문제'에 대한 중국학자들이 시각과 이런 문제에 대해 그들은 별로 한국처럼 필요성을 절감하지 않고 있는 이유를 재확인 할 수 있었다. 왜냐하면 중국과 같은 경우에 현실적으로 민족 관계에 있어서 만약 '친일문제'(중국 관내와 만주에서의 친일 조선인을 지칭함)를 지나치게 강조할 때 파생되는 민족 간의 감정을 상하게 하는 악영향을 考慮하는 이유도 있었지만 가장 기본적이고 핵심적인 이유가 있었다. 그것은 바로 중국에서는 이미 반세기전에 '친일파 문제'를 깨끗하게 '청산'(어떤 의미에서는 그 '청산'은 확대될 정도까지 이르렀음)하고 종지부를 지었기 때문이었다.

그러나 한국은 왜 아직도 '친일파 문제'가 대두되고 있는가? 역사적인 기회를 놓치고 오늘날 과연 '친일청산'이란 숙제를 어떻게 풀 것인가? 하는 물음을 던져보게 된다. 모든 역사는 진실한 역사로 기록되는 것만이 아니다. 왜냐하면 그것은 과거의 事實를 史實로 만들고 해석함에 있어서 시대적 한계, 그리고 정치적인 요소 및 인위성으로 인하여

史實이 事實과 다르게 '위조'되거나 혹은 '은폐'되기 때문이다. 그러나 역사는 시간의 흐름에 따라 진실한 史實-'위조' 혹은 '은폐'된 그 事實를 밝힐 수 있을 때만이 진정한 역사이다. 그렇지 않으면 그것은 역사가 아니라 僞史이다. 오늘날 우리가 '친일 문제'를 논의하는 궁극적인 목적은 바로 올바른 역사를 만들기 위해서라고 해야 할 것이다.

일제식민시대의 우리 민족사를 정립함에 있어서 영광의 역사도 역사이요, 오욕의 역사도 역사이기 때문에 비틀어진 역사, 즉 '친일파 청산'을 통해 역사를 바로잡는 일은 일제식민지시대의 종언을 상징하는 의미를 갖기 때문에, 진정 민족의 정기를 올바르게 살리고 민족의 역사를 올바르게 정립하는데 있어서 매우 절실히 요망될 뿐만 아니라, 오늘과 내일에 있어서 과거에 좌절·절단되었던 한국 민주주의의 발전·전진에 있어서도 극히 필요한 디딤돌이 될 수 있다. 요즘 한국 사회에서 '친일파 문제'에 대한 논의는 날로 확산되면서 전 국민적인 관심사로 부상되고 있는 실정인데, 이것은 과거에 특정된 시대적 상황에서 '은폐의 대상'으로 되었던 '친일파 문제'를 해결함에 민중의 힘이 과시되었기 때문에, 그러한 논의가 과거에는 일부 양심적인 역사학자들의 목소리로만 들리던 것이 오늘에 이르러 마침내 국회에서 '친일진상규명특별법'도 통과되어 기꺼운 한 보를 내딛게 되어 참으로 '불행 중 다행'이 아닐 수 없다. 그러나 '친일파 문제'에 있어서 아직도 '친일파'란 개념의 정의를 어떻게 규정할 것이며 또한 그 범위를 어떻게 확정할 것이며 그 친일 대상을 어떤 기준에 의해 선택할 것인가 하는 여러 학문적인 연구 과제들이 남아있는 것 같다.

이 글에서 필자는 이러한 과제-'친일파'란 개념의 정의, 그리고 그 기준과 범위에 대해 나름대로 미숙한 소견을 피력함과 동시에 특히 일제 식민지통지시기에 있어서 해외 항일무장독립운동(혹은 민족해방운동)의 활무대로 부상되었던 만주지역 조선인의 친일파 계보를 간추려서 살펴보면서 전형적인 친일단체와 조직구성 및 그들의 친일 행적을 고찰하려고 한다. 일제시대의 우리 민족의 '친일파 문제'를 해결하는데 일조가 되기를 간절히 기대해 본다.

Ⅱ. '親日派' 槪念과 그 基準

일제식민지시대의 '친일파' 혹은 '친일분자'의 개념을 어떻게 규정할 것인가? 그리고 그 기준은 무엇으로 하며 그 범위는 어떻게 정해야 하는가? 하는 논의는 많았지만 아직도 그 개념은 체계적이고 종합적으로 개념 정의는 일목요연하게 규정되지 못한 것으로 보여진다. 우선 선행되어야 할 것은 '친일파' 혹은 '친일분자'란 개념 규정이 있어야만 친일 대상자를 선정할 수 있기 때문에, 이것은 친일파 문제를 해결하는데 있어서 극히 중요한 과제 중의 하나이다.

한국 근대사는 거시적인 시각에서 본다면 크게 두 단계, 즉 일제의 식민화 전략시기(1876년 開港期로부터 1910년 韓日合邦될 때까지)와 일제의 식민통치시기(1910년 한일합방으로부터 1945년 광복될 때까지)로 나뉠 수 있다. 그 첫 단계의 과정은 '빼앗으려는 자'와 '빼앗기지 않으려는 자'의 민족적 대립 구도에서 한민족의 국익을 팔아먹고 '빼앗으려는 자'(일본제국주의)를 협조하거나 또는 그 힘을 빌려 득세한 매국민족반역자, 부일협력자는 모두 친일파(그들의 목적 여하를 불문하고)에 속할 수 있다. 그리고 두 번째 단계의 과정은 '지배자'(침략자)와 '피지배자'(반침략자)의 통치구도 속에서 개인적 차원이나 혹은 집단적 차원에서, 또는 직접적이나 혹은 간접적으로 '지배자'를 위한 행위를 향한 민족반역자, 부일협력자 및 '지배자'집단에 끼인 '제2의 지배자', 그리고 그러한 일제의 '지배와 침략'을 합리화시키는 언론에 주도적으로 앞장에 서서 선량한 민중들(혹은 타민족)에게 피해를 주었던 자들은 모두 친일파로 규정될 수 있을 것이다.

여기서 주목되는 것은 '친일'적인 행각을 남긴 인물들은 그 활동 범위가 조선 / 한국의 정치, 경제, 문화, 교육, 종교, 예술 등 모든 분야에 매우 폭넓게 복잡하게 분포되었다. 특히 두 번째 단계에 있어서 일제의 대륙침략정책이 확장(예컨대 만주침략, 중일전쟁, 태평양전쟁)됨에 따라 반민족적 친일세력의 행적은 만주, 중국 관내, 일본을 포함하는 동남아지역으로 크게 확산되었기 때문에, 그러한 친일·반민족적인 행위는 점차 반인류·반평화적인 성격으로 변질되었던 점을 똑똑히 알아야 한다. 이런 점을 감안할 때 '친일파 문제'는 단순하게 '반민족의 행위'뿐만 아니라 민족이나 국가를 넘어선 국제적인 문제로 지목될 수 있기 때문에 '친일파 청산'은 한민족의 국제적 이미지와 직결될 수 있다고 해도 과언이 아니다.

예컨대 독일의 지배 속에 있던 프랑스, 덴마크, 노르웨이 등 나라에서는 세계대전이 끝난 후에 모두 친나치스파들을 청산했으며 또한 중국의 경우 좌우 정당(공산당과 국민당)은 모두 친일 漢奸을 처벌하는 조치를 취했던 사실은 우리 민족에게 많은 계시를 주고 있다.

그리고 다음으로 주목되는 것은 일제의 식민지통치 속에서 개인의 친일 행위와 친일 단체의 성격 구분의 필요성 문제이다. 친일파 문제를 다루면서 흔히 일제식민지라는 시대적 상황을 이유로 친일적 행위를 '범친일파'란 용어를 사용하면서 친일적 행위를 축소하거나 일반화하려는 경향이 있는데, 이러한 논리는 결국 반민족적 친일 행위에 대한 변명으로 해석될 수밖에 없다. 물론 일제의 식민통치시기에 있어서 침략정책의 희생물로 강제적으로 병역에 동원되었거나 또는 군 위안부(혹은 기업 위안부)로 전락될 수밖에 없었던 그들에게 '친일 행위'라는 이름을 붙일 수 없는 것처럼 모든 조선 / 한국인을 '범친일파'로 몰아가는 시대적 착오는 없어야 한다. 다만 여기서 분별되어야 할 점은 친일·부일 세력들의 친일 행위의 특징은 타자(일제)로부터의 强制的인 것이 아니라 그 어떤 개인적 이익 혹은 집단적 목적을 위해 자기 스스로 自願的인 입장을 갖고 있었고 또한 그러한 친일 행위로 인해 한민족과 함께 타민족에게 피해를 주는 결과를 낳았을 때, 그러한 친일 행위를 한 자는 곧 '친일파 / 친일분자'의 범위에 넣을 수 있을 것이다.

그런데 여기서 친일파를 구분하는 문제에 있어서 우리는 또 다른 한 가지 문제에 봉착하게 된다. 그것은 바로 이데올로기적 경향성 문제, 즉 냉전시대의 신념과 신앙에 의해 표출된 이념적인 갈등과 대립으로 빚어진 것은 민족 내부모순이라고 할 수 있지만, 그 과정 속에서 친일세력들이 일제에 협력하여 이른바 '반공'이란 슬로건으로 내걸고 직접적으로 항일세력을 토벌하는 행위를 취했을 때, 그러한 '친일·반공' 행위가 한국의 시대적 국정 상황에 의해 '애국자'로 자부하고 추앙되었던 것은 민족의 羞恥가 아닐 수 없다. 이것은 '친일파' / '친일분자'를 획분함에 있어서 순수한 반공주의는 '죄'가 되지 않을 수 있지만, '친일·반공'은 '죄'가 성립될 수 있는 것이다.

예컨대 만주지역 조선인 사회는 20년대 들어서면서 민족주의론, 무정부주의론, 사회주의론 등 이념과 사상은 한민족의 내부 분열을 낳게 된다. 그 중에서도 사회주의 진영과 민족주의 진영은 민족을 넘어선 적대적 관계(비록 어떤 시기에 통일전선을 이룰 때도 있었지만)에 놓이게 되었는데, 특히 '만주국'시기에 경찰, 헌병대, 관료기관 및 친일단체('협화회', '협조회', '선무반', '자위단', '간도특설부대' 등)에 몸담았던 많은 친일주구들은 직접적으로 '공비 토벌'에 나선 것이 '반공 업적'으로 변명하거나 왜곡하는 경우가 있는데, 이런 현상은 그 역사적 상황에서 볼 때 냉전시대의 산물이라고 할 수 있겠으나, 만약 그러한 '반공 행위'가 일제의 간접적인 추종이거나 혹은 일제의 직접적인 지휘에서 이루어졌다면 그것은 응당 '친일 행위' 범주에 속한다고 볼 수 있다. 한마디로 사상과 주의의 대립에서 '반공'은 이해·용납될 수 있는 일이라고 할 수 있으나 가령 그러한 '반공' 행위가 일제와 합세·부응하는 '친일·반공'의 형태로 이루어졌을 경우에는 그러한 '친일·반공' 노선에 가담한 자는 응당 '친일파'로 규정되어야 할 것이다. 즉 '반공'과 '친일'은 완전히 성격이 다른 문제이기 때문에 반드시 분별되어야 하다는 점을 특별히 지적하고 싶다.

주지하다 시피 광복 이후 시국의 변천에 따라 만주에서 한국에 귀국한 한인들 중에는 친일반공의 행적을 남긴 많은 친일분자(혹은 다른 모습으로 일변하여)들이 한국을 최적 피신처로 선택하게 된 것은 결코 우연한 일이 아니었다. 왜냐하면 만주지역은 30년대에 들어서면서 항일세력(민족주의 계열의 '朝鮮革命軍', '大韓獨立軍', 그리고 사회주의 계열에서 중한연합군의 성격으로 조직된 '東北抗日聯軍'에는 많은 조선인 공산주의자들이 포함됨)이 지속적으로 활발한 항일무장투쟁을 벌렸던 지역이었고 또한 이러한 항일세력을 일제는 '조선인으로 조선인을 탄압'하는 이른바 '以韓制韓' 政策으로 말미암아 이 지역에서 친일분자들은 '반공'이란 슬로건을 내걸고 수많은 항일투사들과 민중들을 토벌·학살·체포·검거·귀순시키는데 맨앞장에 섰던 것이다. 그럼 아래 만주지역에 있어서 한인들의 친일 행적에 대해 간단히 살펴보기로 하자.

Ⅲ. 만주지역 조선인의 친일파 단체와 그 계보

친일파 문제에 남다른 관심을 지니고 평생을 친일파 연구를 하시면서 우리 민족의 양심을 대변하였던 사학자 林鐘國先生은 친일행위에 대해 언급할 때 "친일행위는 우리 민족에게 개인의 죄상이 아니라 식민지 지배의 참담한 실체로서 인식되어야 하는 것이다"라고 지적한 바가 있다. 이 한마디 말은 실로 시간이 흘러갈수록 우리들의 담담하고 조용하던 가슴을 짜릿하게 당기는 명언이 아닐 수 없고 또한 우리들의 감정적인 狂氣에 젖은 두뇌가 합리적이고 냉철한 사고를 할 수 있도록 하는 충고가 아닐 수 없다. 특히 해외 한인들의 친일 행적을 살펴봄에 있어서 이러한 '충고'는 더욱더 깊은 의미가 담겨져 있음을 새삼스럽게 느끼지 않을 수 없다.

해방 후에 중국 관내와 만주지역에서 친일 행적을 남겼던 인물들-

'친일파'들에게 있어서 최적의 피서지로 선택된 것이 곧 한국(물론 다른 해외까지 포함됨)이었고, 뿐만 아니라 그들은 한국현대사의 정치무대에서 큰 획을 그었기 때문에 만주지역 조선인 친일행적을 밝히는 것은 한국의 친일파 문제와 직결된다. 그럼 만주지역에 있어서 '친일파'들의 實像은 과연 어떠했는가? 그리고 만주지역에서의 '親日派'像과 국내 '親日派'像은 어떤 다른 양상으로 표현되었던가? 필자는 위에서 제출된 이런 물음에 대한 해답을 찾기 위해 아래와 같은 몇 가지 전제가 설정한다. 첫째는 친일 단체와 '친일 분자'는 개인적인 친일 행위와 집단적인 친일 행위를 분별해야 한다. 둘째는 친일단체(특히 친일적인 민간단체) 내에서 친일 행위를 분별함에 血債가 有無함에 기준을 두어야 한다. 셋째는 직업 친일주구, 관리계급, 만주국군, 경찰, 및 '간도특설부대'에 참가한 조선인은 친일파의 汚名에서 소외될 수 없다. 넷째는 비록 친일단체에 몸을 담으면서 그러한 '합법적인 신분'을 통해 비밀리에 항일투쟁에 협조한 사람들은 친일분자에서 제외될 수 있다는 것이다.

만주지역 조선인의 친일단체들의 계보를 살펴보면 '친일파' / '친일분자'의 본격적인 등장은 러일전쟁(1904~1905) 이후 '일진회' / '시천교'의 계통에서부터 시작되었다. 다시 말하면 일제의 침략세력이 만주지역에 들어오면서부터 이곳에서 친일파들이 기생할 수 있었다. 일진회의 이용구·송병준은 1905년에 합방 청원서를 낸 후에 밀정의 형식으로 간도를 탐방한 齋藤의 권유를 받고 사람을 파견하여 서간도와 북간도에 제 1착의 이주를 시도했다.

1905년 을사조약을 통해 한국의 외교권을 빼앗은 일제는 곧 대륙에로 침략의 마수를 뻗치게 된다. 1907년 8월 23일에 '한인 보호'와 '간도 귀속문제 미정'이란 구실로 북간도 용정촌에 '통감부 임시간도파출소'를 설치하게 된다. 이때로부터 재만 한인사회는 크게 '親日'과 '親中' 혹은 '親日'과 '反日'로 나뉘게 되었다. 하지만 일반적으로 독립운동 단체들이 '친중·반일'의 입장을 갖고 있었던 것은 중국 지방당국의 비호를 받을 필요성을 절감했기 때문이었다. '통감부 임시간도파출소'가 설치될 때 그 조선인 서기관인 崔其南은 서간도와 북간도에서 일진회 잔당들의 힘을 모아서 일제의 대륙 침략의 묘략-'간도 이주'에서 일진회원은 주구부대로 투입하는 전략에 동원되었다. 그러나 북간도 한인들은 '演義會'와 같은 반일단체를 세우고 중국 지방당국의 암묵적인 지지를 받으면서 친일주구들을 처단하기도 했지만 결국 일제의 탄압을 받게 된다.

1909년 9월 '간도협약'이 체결된 후 '통감부 간도파출소'는 폐쇄, 그 대신으로 용정촌에 일본총영사관이 개설되고 연길, 두도구, 백초구, 훈춘 네 곳에 분관을 설치함으로써 북간도 한인사회에서 친일주구들이 기생하게 된다. 여기서 지적하고 싶은 것은 일제는 대륙 침략정책에서 경우에 따라 중국 정부와 마찰이 있을 때면 '韓人으로 漢人을 제압以韓制夷'하고 또한 독립군을 진압할 때면 '한인으로 한인을 제압以韓制韓'하는 術策을 사용했다는 것이다.

1910년 8월 '한일합방' 이후, 만주지역에서 항일독립운동은 본격적인 준비기에 들어섰다. 그리하여 남만의 '耕學社'(후에 '扶民團'→'韓族會'로 개편됨)와 북간도의 '墾民會'(후에 '간민교육회'→'간도국민회')를 효시로 독립운동 기지건설의 기틀을 마련되었고, 수많은 독립군 단체들이 우후죽순처럼 조직되었다. 이러한 항일무장단체는 일제의 식민통치에 큰 위협으로 되었기 때문에, 또한 대륙 침략정책의 일환으로 일제는 '以韓制韓' 혹은 '以韓制夷'의 목적으로 이민사회의 친일화공작을 추진하게 된다. 특히 1919년 3·1운동을 계기로 만주지역에서 독립군 단체들의 무장투쟁이 行動期에 맞이하면서 더욱 노골화되었다. 대체로 친일 단체로 창설된 조직은 아래와 같은 세 범주-민간조직, 선무조직 및 무장조직으로 분류할 수 있다.

1. 조선인의 친일 민간단체-조선인 민회와 보민회

'조선인 민회'-재만 조선인 친일 민간단체 중 가장 오래된 것이 '조선인 민회'이다. 이 단체는 1911년에 북간도 용정촌에서 최초로 조직되었고 1920년 10월 일제가 '훈춘사건'을 구실로 '간도출병'을 할 때 크게 확대되었는데, 그 이듬해 통계에 의하면 연길, 화룡, 왕청, 훈춘 4현에 도합 18개, 가입호수는 58,618호에 달하였다. 이 단체의 임원은 모두 간도일본영사관의 인가를 받고 任免되었으며 모든 사무는 일본관헌의 감독 밑에서 사무를 집행하는 '친일반중親日反中'적인 어용집단으로 활동하였다. 1921년 용정촌의 민회장은 이희덕李熙德, 두도구 민회장은 김명여金鳴汝, 훈춘 민회장은 이양근李陽根이었다.

그리고 '조선인 민회'와 성격이 비슷한 친일 민간단체로는 1913년 11월 남만의 안동현에 설치된 '조선인조합'(그 지부는 집안, 환인, 관전 등 현까지 확대됨), 봉천의 '조선인회', 장춘에 '조선인 거류민회' 등이 있었다. 이런 단체들은 그 명칭이 조금씩 다르기는 했지만 그 성격은 모두 친일 주민단체로써 일본영사관의 직접적인 감독을 받으면서 친일·부일세력으로 활동하면서 독립군 단체의 진압에서 앞잡이 노릇을 했기 때문에 흔히 독립군의 射殺對象으로 지목되었다.

20년대 후반에 들어오면서 북간도의 '조선인 민회'는 20개 민회의 연합기관으로 '간도조선인 민회연합회'가 국자가(연길)에 설립되었고, 남만에서는 조선인조합·조선인회·조선인거류민회 등이 연합된 '전만조선인 민회연합회'가 봉천거류민회 안에 사무소를 두고 설립되었다. 이러한 친일 민간단체는 비록 그 조직형태가 일제의 어용기관으로 활동했고 그 성격이 친일 경향성이 농후했다고 할지라도 그 조직에 포섭된 모든 조선인을 획일적으로 친일파·친일주구로 취급하는 데는 좀 무리가 있을 것으로 보인다. 왜냐하면 그 당시 재만 조선인들의 법적 지위로부터 볼 때 그들의 국적 문제가 해결되지 않은 상황에서 일부 중국 국적을 취득한 ‘귀화인’을 제외한 대부분 조선인들은 ‘일본신민’으로서 일본영사재판권의 ‘보호’를 받을 수밖에 없었기 때문이었다. 때문에 이러한 친일 민간단체의 主導者, 惡質分子 및 반민족적 血債가 있는 자들과 친일 민간단체에 포함된 일반적인 조선인들을 구분할 필요성이 있다고 본다.

‘**在滿保民會**’ - 그리고 친일 민간단체에는 ‘보민회’(‘在滿保民會’의 약칭)와 같이 단순한 친일 민간단체가 아닌 무장된 첩보밀정조직도 있었다. 남만에서 1920년 7월에 봉천 일본영사관의 지시에 의해 濟愚教徒(일진회 잔당)를 중심으로 흥경현에서 조직된 ‘보민회’는 일제의 懷柔政策에 의해 완전히 ‘不逞輩’(독립군 단체에 대한 일제의 지칭)를 대비한 무장단체인 ‘자위단’을 조직하여 독립군에 대한 탄압, 첩보·선무공작에 나섰다. 보민회의 초대 회장 崔晶圭, 제 2대 화장 이인수李寅秀를 비롯한 김택현金澤鉉, 이해수李海秀는 1920년 일본군이 ‘간도출병’할 때 서간도지역의 흥경, 관전, 집안, 통화, 장백, 임강 등 곳에서 일군의 선봉에서 직접 ‘토벌’에 참가했는데 그들의 첩보에 의해 체포된 ‘불령배不逞輩’는 모두 500여 명, 그 중에서 80여 명이 살해되었다. 당시 조선총독부와 외무성의 촉탁으로 남만지역의 독립군 단체에 대한 토벌에 통역관으로 담당했던 오이케류타로小池勇太郎, 상장청相場清은 『西間島方面出張復命書』에서 ‘보민회’에 대한 이용 방침을 다음과 같이 언급하고 있다.

보민회를 확장하여 西間島一帶의 치안유지에 편리하게 하는 것은 既定方針으로서 특히 안동영사관 내에 既設한 朝鮮人組合의 각 지부는 종래 多大한 좋은 성적을 收함에도 불구하고 작년 봄의 騷擾以來 불령단자의 박해를 입고 많이 파괴되어 그 役員 중에 도리어 불령단에 投하고 있다. 今日에 있어서 오히려 바꿔서 보민회로 하여금 통일적인 친일단으로 확대하여 鮮人으로서 鮮人을 탄압시키는 것이 最良策이

될 것으로 생각한다.

때문에 '보민회'의 친일 분자는 독립군 단체에 의해 수시로 징계를 받았다. 예컨대 1921년 1월에 환인현 동구 횡도천橫道川에서 보민회 지회장 이달현李達賢이 독립군에게 피살되었고 1923년 1월에 민회·보민회 간부 10여 명이 '시베리아 특별결사대'('적기단(赤旗團)'으로 추정됨)에 의해 피살되기도 했다. 여기서 주목되는 것은 '보민회'에는 음성국陰聖國과 같은 반일지사도 있었던 것은 친일 민간단체 내에 있는 모든 조선인을 친일주구로 판정할 수 없음을 시사해주고 있다.

상술한 재만 조선인의 친일 민간단체 외에도 1920년대에 만주지역에는 '선민부鮮民府'(후에 '한교동향회韓僑同鄕會'로 개칭), '동아권업회사' '조선인금융회', '동아보민회', '농업회', '농무農務' 등 경제적 수탈에 참여한 친일 민간단체들이 있었다. 이러한 여러 친일 민간단체의 골수들은 만주국이 건립된 후에 그 대부분이 가장 큰 정치적 친일주구단체인 '협화회'에 편입된 것으로 추정된다.

2. '만주국' 하 조선인 친일단체
─ 협화회와 간도협조회

1931년 9월 18일, 일제는 무력으로 만주를 침략하는 이른바 '만주사변'을 일으킴과 동시에 그 이듬해 3월 1일에는 괴뢰정부─'만주국'을 건립하고 만주지역을 완전히 식민지화시켰다. 만주국은 국내 조선인과 더불어 재만 조선인들에게 있어서 특별한 의미를 갖는데, 그것은 바로 '建國綱領'에서 표방한 '五族協和'와 '王道樂土'에서 나타난다. 즉 재만 조선인은 '만주국'의 일원─'국민'이 될 뿐만 아니라 또한 '일본신민'이란 이중성(1936년 12월 치외법권을 철폐할 때까지)을 띠게 되었다.

만주국 초기에 중국인들의 반만·항일세력(동변도의 '동북민중자위군'을 비롯한 장학량이 이끌던 일부 동북군의 부대와 민중단체)과 재만 조선인들의 독립군 단체-'조선혁명군'과 '대한독립군' 그리고 중공 계열의 조선인 항일세력은 반만·항일무장투쟁을 활발하게 벌렸는데, 그 중에서 30년대 중반에 이르러 중공 계열의 '동북항일연군'(이 무장단체는 반만·항일민족연합군의 성격을 지니고 있었음)의 무장투쟁은 일제의 식민통치에 가장 큰 위협을 주는 존재로 부상되었다. 일제는 이러한 항일세력을 진압하기 위해, 또한 식민통치를 강화하기 위한 수단으로 많은 친일 단체를 조직하는데 그 대표적인 친일단체가 바로 '만주국 협화회'와 '간도협조회'였다.

  '만주국협화회' -1932년 7월 25일에 만주국의 국무원 회의실에서 발회식을 올린 '만주국 협화회'(1934년 3월 1일 만주국이 '만주제국'으로 바뀐 다음 '만주제국 협화회'로 개칭함)는 곧 만주국의 정신적 모체로서 국가적 기관인 동시에 민간단체의 성격-'관민일도官民—途의 독창적 왕도정치王道政治를 실현'하는 것을 목적으로 함을 겸하고 있었다. 1940년 6월말 만주제국 협화회에 참가한 조선인 수는 81,650명에 달하였고 최고 중앙본부에는 윤상필尹相弼(中央本部理事), 박팔양朴八陽(동 弘報科), 백석白石(동 經濟府) 등 인물들이 있었다. 그리고 협화회는 선무공작에 반만·항일 세력에 대한 토벌작전에 직접 참가하기도 했는데 그 형식은 독자적으로, 혹은 토벌군 선무활동의 보조로, 혹은 종군선무반의 형식을 취하기도 했다.

  '간도협조회' -1934년 9월 6일 간도지역에서 민족·공산주의운동에서 변절 투항한 자들은 일본관동군 연길헌병대 대장 가토오加藤의 직접적인 조종 밑에서 '간도협조회'를 조직하였는데 이 친일단체는 '아세아민족의 대동단결'과 '공산주의 격멸'을 강령으로 삼았다. '간도협조회'의 조직구성을 보면 고문에 박두일, 최윤주, 장원준, 회장에 김동한金東漢, 부회장에 손지환, 그리고 그 안에 서무, 재무, 선전, 조직, 산업 등 11개 부서가 있었는데 이런 부서 중에서 '특별공작대'(대장에 김송열, 부대장에 김하성, 유중희)와 '의용자위단'(단장에 원치상, 이응범, 지도관에 김동훈)은 간도지역의 왕청, 안도, 훈춘 돈화 및 북만의 녕안 등 곳에서 항일유격대에 대한 와해와 파괴 및 토벌에 직접 나섰다.

간도협조회는 각 지역에 분회를 두었는데 선후하여 5개 지부, 25개 구회를 설치하였으며 1939년에 이르러 그 회원이 7천 명에 달하였다고 한다. 1936년 3월말의 통계에 의하면 간도협조회가 존재한 2년 동안에 많은 이 지역에서 체포되어 투항한 자가 2,284명(그 가운데 공산당원 196명, 항일무장인원 158명, 아동단원과 소년대원 183명, 반일회·농민협회 회원 1,041명, 공회·학생회·부녀회 회원 487명)에 달하였고 살해된 항일투사는 몇 백 명에 달하였다. 이러한 '공적'에 의해 1936년 7월에 회장 김동한은 '훈공'과 함께 매달 120원의 수당금과 훈병하사관 즉 군조급 대우를 받았다.

1936년 3월 간도지역에서 활동하던 동북인민혁명군 제2군은 동북항일연군 제1로군 제2군으로 개편되어 남, 북만으로 항일근거지를 옮기게 됨으로써 '간도협조회'의 성원들은 대부분 '협화회'에 귀속되었지만, 일본관동군 헌병사령부의 지시에 따라 그 중에서 가장 악질적인 친일주구 38명을 선발하여 '협화회 동변도특별공부'를 조직하여 통화지구에서 첩보활동을 하다가 1937년 12월에 '협화회 3강성특별공작부'에 편입된 후 북만으로 파견되었는데, 김동한은 흑룡강성 의란현에서 항일연군 제8군 1사의 김근金根 부대에 의해 끝내 격살되었다.

상술한 조선인의 친일 단체 외에도 '치안유지회' '특무공작반'과 같은 선무조직에 많은 조선인들이 들어있었고 그들에 의해 수많은 항일투사들이 피살, 귀순하게 되었다. 예컨대 1934~1936년간에 간도성의 '치안공작반'에 참가한 인수는 276명에 달하며 그들은 일제의 토벌대에 종군하여 안도현 차창자車廠子, 왕청현 나자구羅子溝 등 곳을 중점으로 치안공작을 진행할 때 38명을 검거, 197명을 귀순시키고 많은 무기를 압수하였다. 그리고 '특무공작반'은 조선군과 조선총독부 경무국, 그리고 관동군과 일제의 특무기관에 의해 임무를 수행했는데, 일제가 조선인에 대한 이용은 아래와 같은 인용문에서 볼 수 있다.

간도지구의 조선계 이용의 정도는 소화 10~11년경(1935~1936) 이래
급격히 감소했으나, 그럼에 불구하고 관내(간도성을 말함-필자주)에는 조
선계가 많았기 때문에, 첩보·모략 등의 공작요원에는 타지방에서 볼 수
없을 만큼 조선인이 많았다.

그리고 1940년 10월에 설립된 '동남지구 특별공작 후원회 본부'
는 신경 계림회에 설치되었는데 그 역원의 구성을 보면 고문에 李
範益, 崔南善, 劉鴻洵, 총무에 朴錫胤, 尹相弼, 金應斗 등이 있었다. 소
위 '동남지구 특별공작'이란 것은 백두산에 인접한 장백, 돈화, 임
강, 통화 등 지역에 대한 일·만군의 토벌·선무공작을 말하는 것이
다. 그리고 개인적 친일분자(친일 특무)도 있을 수 있다는 사실도 간
과해서는 안 된다.

예컨대, 1930년 여름에 만주에 와서 일본헌병의 앞잡이로 돈화,
동만 일대에서 '共匪'토벌에 참여하여 애국지사 50여 명을 체포(그
중에 17명을 학살)했고 또한 애국지사 김이삼, 승진을 길림에서 암살했
을 뿐만 아니라 여성 독립운동가 남자현을 밀고하여 옥사시키고
1940년에 귀국하여 조선총독부의 특무기관에 있는 일인과 접선하
여 많은 애국지사를 투옥시켰던 이종형은 해방 후에 한국에서 반
민특위의 재판정에서 '반민법'은 '망국법'이라고 '규탄'하면서 검찰
관이 "묻는 말에만 순서대로 답변하라"고 할 때, 그는 "순서대로라
니? 공산당을 토벌하였다고 재판하는 이 법정에서는 나는 재판을
못 받겠다. 공산당을 타도하였다고 재판을 받는다면 여기 앉아 있
는 재판장 자신이 재판을 받아야 될 것이다. … 나 같은 애국자를 심
판할 수 있는가? 대한민국에서는 반공주의자를 처단할 수 없다"라
고 대답했다. 이 기록은 해방 후 한국에서 냉전시대의 이데올로기
에 의해 '반공'은 '친일'의 면죄부로 될 수 있었고 혹은 '친일반공'은
스스로 '애국자'로 자칭할 수 있었고 또한 '반공'의 정당성으로 '친

일'을 합법화시켰던 단면을 여실히 보여준다. 하지만, 이러한 괴이한 親日像은 우리 민족의 비극이 아닐 수 없었다. 바로 이런 이유로 말미암아 반민특위는 와해·실패될 수밖에 없었던 것으로 보인다.

Ⅳ. 친일 무장조직 – '자위단'·'간도특설대'

만주국이 건립된 후에 친일 무장조직이라고 하면 우선 '만주국군'(滿軍이라고 약칭함), 친일 민간무장단체인 '자위단', 그리고 만주경찰을 꼽을 수 있다. 만군滿軍은 1932년 9월 『일만수세군사협정日滿守勢軍事協定』에 의해 조직되었지만 실제상에서 일본관동군의 절대적 지휘에 있었다. 만군에는 원용덕元容德(中校), 정일권丁一權(상위), 이한림李韓林(중위)과 같은 조선인 장교와 사병이 1천 명 이상으로 섞여 있었다. 그 외에도 조선인들은 만주경찰(조선인은 주로 하위급), 국경감시대(1935~1939년), 자위단 등 무장조직에서 조선인들은 친일행적을 남겼는데 이 글에서는 주요하게 '자위단'과 '간도특설부대'에 대해 간단히 서술하고자 한다.

무장자위단 – 흔히 '자위단'으로 약칭되는 '무장자위단'은 만주국이 건립된 후에 보갑제가 실시됨에 따라 전만주에 확대된 친일적인 민병대조직으로서 자위단원은 첩보·밀고의 의무가 과해지고 있었을 뿐만 아니라, 단독으로 혹은 일·만군경과 협동하여 반만·항일세력의 토벌작전에 참가하여 수많은 항일투사와 무고한 민중(타민족을 포함)을 살해, 체포, 검거, 귀순시켰다. 그 중에서 가장 대표적인 사건은 1931년 10월부터 1932년 12월까지 사이에 최남순은 단장으로 하는 하동의 무장자위단은 일본군·괴뢰군경과 함께 화련리를 중심으로 한 해란유격구에 대해 94차례나 되는 '토벌'을 감행하여 '共匪'와 항일군중 1,700여 명을 살해하는 '해란강대참안'이었다. 광복 후에 '해란강참안청산대회'(1946년 10월)에서 이 '참안'에 직접 참여한 무장자위단의 최남순 단장을 비롯한 8명의 친일주구는 모두 청산되었다.

'**간도특설대**' – 1937년 7월 중일전쟁의 발발은 만주지역 조선인들의 친일 정서를 증폭시켰는데 간도의 조선인들은 비행기 헌납을 위한 모금, 목단강지방의 조선인은 고사포 헌납을 벌리면서 조선인 의용군의 편성을 계획하기까지 했다. 이러한 사실은 일제의 '일만동체日滿同體' '만선일치滿鮮一致'의 논리가 낳은 결실로서 만주지역 조선인들의 친일 감정을 실감하게 할 수 있다. 이처럼 만주국 안에서 친일·반중의 분위기가 고조되고 있을 때, 연길특무기관장 겸 간도지구 고문인 오고에 오부오小越信雄는 '조선인 국경감시대'의 폐지에 대신할 특수부대의 설치를 계획하였다. 1938년 12월 1일에 안도현 명월구에서 창설되고 1939년 3월에 최초의 열대식이 거행됨으로써 악명이 높았던 '간도특설대'가 조직되었는데 그 구성원을 보면 간부급이 일인이고 기타는 모두 조선인으로만 구성되었고 창설 당시의 대원수는 대장 染川一男(조선인, 후에 사사 키고로[佐佐木五郎], 후지이 요시마사[藤井義正] 등 일본인이 담임함) 이하 360명에 달했다. 이들은 남만과 동만(간도)지역에서 활동하던 양정우楊靖宇(漢族), 진한장陳翰章(滿族), 김일성金日成, 최현崔賢 등이 이끄는 반만항일세력인 동북항일연군 제1로군에 대한 '토벌'에 나섰다. 1939년 8월 24~28일, 안도현성 명월구에서 북쪽으로 36킬로 떨어진 대사하大沙河 전투에서 '간도특설대'는 미야모토宮本의 '토벌대'와 함께 모두 110여 명이 참전하여 위증민魏拯民(漢族), 진한장, 안길安吉, 최현이 인솔하는 동북항일연군 제1로군 제3방면군과 싸웠지만 백여 명이 격살되었다. 그러나 이 전투에서 간도특설대의 현학춘玄鶴春 상병은 만주국 치안부 대신으로부터 무공장을 수령하였다. 간도특설대는 1943년 1월까지 18명의 전사자가 발생하였다고 한다. 1945년 8월 26일, 즉 일본천황이 무조건투항을 선포한 지 12일이 지난 뒤에야 대장 후지이 요시마사少校의 지휘하에 열차로 요녕성 금주錦洲에 도착한 간도특설대 3백 명은 교외에서 해산식까지 거행한 후 새로 조선인 지휘자에 인계되어서 귀국–한국 길에 올랐는데, 일제 36년 최후의 오욕의 장은 그들에 의해 장식된 것은 신화가 아닌 역사의 비화悲話로 남을 것이다.

V. 맺음말

필자가 이미 앞에서 간단히 언급한 듯이 해방 후에 한국의 특수한 국정으로 인해 혹은 권력자의 정치적 수요에 의해 '친일파' / '친일분자'에 대한 청산문제가 제대로 해결되지 않을 수밖에 없었던 이유도 있을 수 있다. 그러나 이러한 문제가 오늘에 이르기까지 한국사회에서 민감한 화두話頭로 떠오르고 있다는 것은 결국 일제식민지시대의 오욕이 계속적으로 잔존하고 있음을 의미한다. 이런 의미에서 볼 때, 한국에서 '반민특위'의 와해와 실패는 한국현대사에 있어서 역사적 현안懸案이고 민족의 비극이라고 말하지 않을 수 없다.

역사적으로 일제식민지시대의 친일잔존세력을 청산하지 못한 탓으로 그 시대의 잔영殘影이 후대들의 유산으로 넘어간다는 것은 한민족의 비틀어진 역사를 바로 잡고 한민족의 정기를 바로 살리고 한민족이 인류의 평화와 발전에 기여할 수 없게 만들 수 있는 걸림돌이 될 수 있다. 과거에 친일파 문제는 '은폐의 대상'으로 여겨진 역사의 신화로 되었지만 오늘날에 이르러 '역사는 말할 수 있다'면 이제 남은 것은 '말한 것을 행동에 옮기는 것'-즉 '실천'이다.

지금 이러한 '실천'의 움직임은 한국에서 시작되고 있다. 그리고 바야흐로 나아가고 있다. 필자는 이 글이 이러한 '실천'의 움직임에 조그마한 도움이라도 되기를 간절히 소망하면서 '친일파 / 친일분자'에 대한 개념 규정과 그 기준문제 및 만주지역 조선인의 친일단체와 친일행적을 시기를 나뉘어서 간략하게 살펴보았다. 만주지역 조선인의 친일파 문제는 개인으로의 분리와 집단으로의 분리 원리를 이용하여 크게 세 부류-친일 민간단체, 선무단체 및 무장단체로 나뉘었다.

친일 민간단체-'조선인 민회'와 '재만보민회' 및 만주국시기의 '협

화회'와 '간도협조회'를 전형으로 선택하여 서술하였다. 필자는 이러한
친일 민간단체에 포섭된 조선인들을 모두 '친일파 / 친일분자'로 취급
하는 것은 그 시대에 만주지역 조선인의 법적인 지위(국적문제의 차원)에
서 볼 때 그들은 '일본신민'의 일부분으로서 일본영사관의 치외법권에
종속될 수밖에 없었던 것이다. 때문에 이러한 친일 민간단체 안에서 주
도자·악질분자 그리고 혈채血債가 가득 있었고, 이들은 반민족적 행위
로서 본 민족이나 타민족에게 피해를 끼친 자들인 만큼 반드시 '친일
파'의 범위에 들어야 한다고 본다. 친일선무조직-'협화회'와 '간도협조'
는 선무조직의 성격과 함께 친일 민간단체의 성격을 겸하고 있었다. 대
표적인 친일선무조직으로 '치안유지회', '특무공작반', '정치공작반' 등
에도 많은 조선인들이 포섭되고 있었다. 여기서 필자는 이러한 합법적
인 친일조직의 간판을 빌어서 반일지하활동을 한 인물도 있기 때문에
집단과 개인의 분리 원칙을 주장했다. 친일무장단체-'무장자위단'과
'간도특설대'는 일본 관동군, 만군滿軍 및 헌병, 경찰 및 특무들과 함께
반만항일 세력-특히 동북항일연군을 토벌하는 전선에 직접 투입되었
던 가장 악질적인 친일주구의 像임을 지적하였다.

　　만주지역 조선인의 친일활동의 특징을 아래와 같은 몇 가지로 귀결
될 수 있는데 첫째는 일제의 대륙침략이 확장됨에 따라 조선인들의 친
일활동은 그에 정비례적인 양상을 보여주면서 증폭되었다는 것이고,
둘째는 특히 만주국시기에 특수한 시대적 상황으로 말미암아 조선인
들의 내부는 정치이념과 신앙의 차이로 인해 '반공주의 자'들은 대부분
'친일주의 자'로 전락되었던 특징을 나타내고 있었던 것, 셋째는 광복
후에 만주지역의 시국 변천에 따라 대부분 친일세력은 한국을 최적의
피서지로 선택하고 귀국하게 되었다는 것이다(물론 북한에 거쳐 월남하여 한
국에 정착한 경우도 많았을 것으로 예측됨). 그리고 국내의 '친일파'상과 만주지
역 조선인의 '친일파'상을 비교해 볼 때 국내의 '친일파'상은 개량적이
고 부일적인 양상으로 표현되었다면, 그와 반면에 만주지역 조선인의

'친일파'상은 반민족적이고 반인류적인 양상을 보여주고 있다.

총체적으로 말하면 만주지역에서 활동했던 수많은 조선인들이 광복 후에 한민족의 분단시대를 맞으면서 각기 남과 북에서 서로 다른 이념과 신앙으로 한국 / 조선현대사를 만들어감에 있어서 크나큰 역할을 담당했기 때문에 만주지역 조선인의 역사는 한국 / 조선사에 직결된다. 특히 만주지역에서 친일 행적을 남겼던 '친일파 / 친일분자'들은 해방 이후 한국을 최적 피난처로 삼았기 때문에 만주지역 조선인의 '친일파 문제' 연구는 다른 재외 한인지역보다 더욱 중요한 의미를 지닐 것으로 본다.

만주국 초기의 조선인통치와 조선인 민회
-'전만조선인민회연합회'를 중심으로-

민 경 준*

I. 머리말

본고는 「만주국滿洲國」 수립 이후 재만 친일 조선인 단체인 '조선인 민회朝鮮人民會'의 연합단체로 등장한 '전만조선인민회연합회全滿朝鮮人民 會聯合會'의 설립에서 해산까지의 과정과 활동 양상에 대한 정리를 과제로 한다.

'조선인 민회'(이하 민회)는 남만주南滿洲에서는 1913년 안동安東을 시작으로, 간도에서는 용정龍井을 시작으로 설립되었다. 20년대에 들어서는 조선총독부가 만주 지역의 민족해방운동을 탄압하는 보조기관으로, 그리고 재만 조선인을 민족해방운동에서 유리시킬 목적으로 친일조선인 조직을 대거 결성하였고, 민회의 수도 급격히 증가하였다.

민회는 조선인의 보호와 생활 안정을 명분으로 내세운 조선총독부와 일본 영사관(일본 외무성)의 자금 지원을 보조받으면서 재만 조선인

* 경성대 한국학연구소 연구원

사회의 대표적 친일단체로 성장하였다. 민회는 그 조직의 설립, 운영에서 임원의 선출까지 모두 영사관의 승인 아래 이루어지고, 친일무장단체(보민회保民會, 선민부鮮民府) 등과 연계하여 민족해방운동 탄압을 지원하는 한편, 총독부와 영사관 행정의 말단기관으로서의 역할도 수행하였다.

이와 같이 친일성을 강화시켜 가던 민회는 일본의 만주 침공에 이은 「만주국」 수립 이후, 그 수가 대폭 증가하여 1936년이면 총 123개소가 되었고, 가입회원만 해도 18만여 명으로 재만 조선인 총인구의 20%에 달했다.

민회에 관한 그간의 연구로는, 오세창이 먼저 일본 침략세력 보조기관으로서의 대략적인 윤곽을 파악하였다.[1] 임영서는 1910~20년대 간도 지역 조선인거류민회를 검토하여, 20년대 전반까지와 후반의 성격변화를 살펴보았다.[2] 김주용은 조선인 '민회 금융부金融部'를 단독 주제로 다루어 금융부의 설치와 운영, 대출금 사용내역에 대한 분석을 통하여 '경신참변庚申慘變' 후 일본이 한인사회를 지배해 가는 과정을 살펴보았다.[3] 이상의 연구가 민회의 특정 시기나 활동의 일부를 다룬 것인 반면 신규섭은 1900년대 초부터 「만주국」 이전까지와 「만주국」 이후로 나누어 만주에서의 일본의 민족통합정책과 그 모순을 파악하는 가운데 민회를 집중적으로 다루었다.[4] 또한 김태국은 1910~20년대와 30년대의 간도 지역과 남북만주 지역 민회의 설립 배경과 상황, 조직체계와 구성원, 경비, 활동, 성격 등 전반에 대한 분석을 통해 재만 조선인에 대한 일본 지배정책의 실체를 구명하였다.[5]

---

1) 吳世昌, 「在滿朝鮮人民會硏究」『白山學報』 25, 1979.
2) 林永西, 「1910~20년대 間島漢人에 대한 중국의 政策과 民會」『韓國學報』 73, 1993.
3) 金周溶, 「1920년대 간도지역 朝鮮人民會 金融部 연구—한인사회에 대한 통제를 중심으로」『史學硏究』 62, 2001.
4) 申奎燮, 『帝國日本の民族政策と在滿朝鮮人』, 京都都立大學人文科學硏究科 박사논문, 2002.

이글에서는 시기를 일본의 만주침공에 이은 「만주국」 수립 이후로 옮기고, 만주에 분포한 민회의 입장을 대변하는 연합단체로 등장한 '전만조선인민회연합회'(이하 연합회)를 대상으로 하여 그 설립 배경, 활동, 그리고 「만주국」에서 일본인의 치외법권이 폐지된 이후 연합회의 해산까지의 과정을 재만 조선인이 처한 상황의 변화와 관련지으면서 정리하고자 한다. 이글의 작성에 있어 앞서 살펴본 민회에 관한 연구는 물론, 「만주국」과 재만 조선인 사회에 관한 다수의 연구로부터 많은 시사점을 얻었음은 물론이다.

Ⅱ. 「만주국」 건국과 조선인 통치방침

1. 일본의 만주침공과 재만 조선인

1931년 9월 18일 일본은 만주를 무력 침공하고, 관동주關東州의 일본군은 중국 국민당 쟝제스蔣介石의 무저항정책으로 불과 4개월여 만에 만주의 주요 도시와 교통로를 거의 장악하였다. 나아가 1932년 3월 1일에는 장춘長春에서 「만주국」이라는 괴뢰정부를 수립하게 된다. 일본은 만주에서 완전한 지배권을 확립하고, 만주는 일본의 식민지로 전락하였다.

일본의 만주침공과 「만주국」의 건국은 재만 조선인 사회에 큰 혼란을 초래하고 분열을 심화시켰다. 중국인은 만주침공 전부터 재만 조선인을 일본과 동일시하거나 만주 침략의 앞잡이로 간주하고 있었지만, 만주침공을 계기로 그 감정은 더욱 격해졌다. 그들은 소작료를 인상하고, 소작권을 박탈하고 경지를 수전으로 전환하는 것을 방해하는 것은 물론 군경을 동원하여 조선인을 추방하기도 하였다. 재만 조선인의 생활기반은 송두리째 흔들렸다. 더욱이 항일전에 나선 중국 군인들로부

---

5) 金泰國, 『滿洲地域 '朝鮮人 民會' 研究』, 국민대학교 대학원 박사논문, 2001.

터는 물론 비적들의 공격대상이 되어 다수의 사상자가 나왔고, 특히 오
지에 있던 조선인 농민들은 거의 무방비 상태로 당할 수밖에 없었다.
이러한 피해는 만주침공 직후까지 이어져 그 피난민이 통계상으로는
약 3만 명이라고 하나 실제로는 7, 8만에 달했다고 한다. 이들 피난민은
일본군이 만철 연선의 군사적 점령지에 설치한 '안전지대' 또는 조선으
로 피난하지 않을 수 없었다.[6]

일본군과 재만 일본영사관은 대도시로 밀려드는 조선인 피난민에
대한 대책을 서둘러 세워야만 했다. 보호받지 못한 피난민들이 항일운
동에 가담할 가능성을 차단해야 했고, 또한 만주침공 전부터 일본이 세
력 확장의 빌미로 이용한 조선인 보호라는 명분도 계속 유지할 필요가
있었기 때문이다.

한편 재만 조선인에 대한 지배는 종래 중국과 일본 양국의 힘의 균
형 위에 놓인 이중지배의 상태였지만, 중국의 지배력은 점차 배제되어
간 반면 일본의 독점적 지배력은 강화되고 있었다.

이와 같은 정치 지형의 변동 속에서 재만 조선인의 정치적 모색도
극단의 분열로 치닫게 된다. 조선혁명군朝鮮革命軍과 한국독립군韓國獨立
軍을 비롯한 민족주의 독립운동 단체들은 중국의 항일의용군抗日義勇軍
또는 항일구국군抗日救國軍 등과 연합전선을 형성하여 각지에서 무장투
쟁을 전개하지만, 한국독립군은 1933년 후반부터, 조선혁명군은 1934년
후반부터 만주에서의 세력 약화로 중국 관내로 근거지를 옮겨 가지 않
을 수 없었다. 또한 1930년부터 중국공산당에 합류하기 시작한 조선인
공산주의자들은 만주침공 직후부터 만주성위원회滿洲省委員會의 지휘
아래 항일유격대를 설립하여 동만, 북만주 일대에서 무장투쟁을 전개
하였다. 이들은 보다 강력한 항일무장투쟁을 전개하여 중국 대신 만주
의 지배자로 등장한 일본의 만주 지배를 저지하고자 하였다. 이들 유격

---

6) 奉天居留民會, 「第二回避難朝鮮人救護狀況(一)」, 『全滿朝鮮人民會聯合會
會報』(이하 『민회회보』) 제2호, 1933, 48쪽.

대는 1933년부터는 조선과 중국 공동항일의 통일전선을 표방한 동북인
민혁명군으로 발전해 간다.[7]

반면 조선인 민회(이하 민회)를 비롯한 친일단체 들은 만주침공의 결
과 중국과 일본의 이중통치 에서 전자가 제거되고 일본 단독의 식민지
통치상황으로의 전환(「만주국」 수립)이 이루어지는 상황 아래 일본의 힘
을 이용, 민회의 통합조직을 결성하였다(후술). 또한 일본의 지배를 전제
로 조선인의 정치적 권리와 자치권, 자치행정구 설립을 요구하면서 사
실은 간도間島에 대한 중국의 지배력을 배제하는 행동을 전개하였다. 그
것은 간도에서의 단자유국壇自由國 건설 요구,[8] 민생단民生團 설립 운동[9]

---

7) 趙東杰, 「滿洲에서 전개된 한국 독립운동의 의의: 청산리전쟁 80주년의
   회고와 반성」, 『한국사연구』 111, 2000, 368~369쪽 ; 李鴻文 지음, 양필승
   옮김, 『만주현대사-항일 무장 투쟁기(1931~1945)』, 대륙연구소출판부, 1992,
   46~223쪽.

8) 1932년 1월 2일 '간도자립동맹間島自立東盟'이 발표한 「間島自立新政體建
   設」이란 선언서(小川平吉文書研究會 編, 『小川平吉關係文書2』, みすず書
   房, 1973, 327~331쪽)에 구체화된 '단자유국'은 정체는 "입헌민주국(대통
   령제)"으로 규정되어 있다. 선언서의 내용을 분석한 이성환은 "이처럼 선
   언서가 신 국가의 건설을 주장하면서도 일본으로의 '합체'만이 간도에 '영
   원히 평화를 비는 길'이라고 상반된 내용을 품고 있는 것은 그들의 진정
   한 목적이 독립된 '신 국가'의 수립에 있지 않고, 간도를 만주=중국에서
   분리하는 데 있었음을 의미 한다", "구체적으로 말하면 일본의 만주 점령
   을 배경으로 '단자유국'을 수립하고, 형식적으로 간도를 만주에서 분리하
   고, 실질적으로는 간도를 일본=조선에 편입시키려 한 것이었다"고 하여,
   조선군 및 관동군이 간도의 치안 확보 및 만주침공 수행의 일환으로서 구
   상하고 있던 간도의 '조선편입론' 또는 '간도독립론'과 합치하는 것으로
   보고 있다. 李盛煥, 『近代東アジアの政治力學-間島をめぐる日中朝關係の
   史的展開』, 錦正社, 1991, 292~295쪽.

9) 민생단은 만주침공 직후인 10월 초 경성의 甲子俱樂部의 曺秉相과 『경성
   매일신보』 부사장인 朴錫胤 등이 '沿邊四縣自治促進會'(친중국 귀화자치
   주장)의 全盛鎬, 민회 회장인 李慶在崔允周 등과 합작하여 12월 28일 일
   본총영사관의 허가를 얻어 설립하였다. 「민생단취지급강령」에서 설립취
   지는 "우리 40만 동포의 현실에 입각한 생존권을 확보하며 확충할 시기에

와 봉천奉天에서의 자치특별행정구自治特別行政區의 요구10)로 나타났다.

이들 운동의 배경에는 만주침공 직후 일본군이 만주에서 독립국을 수립한다는 방침에 따라 만주청년연맹滿洲靑年聯盟이나 만철滿鐵에서 검토하기 시작한 신 국가 건국구상에 민족협화의 국가이념이나 민족자치의 원칙이 포함되어 있다.11)

당면"하여, "산업인으로서의 생존권 확보를 기약"하고 "법률까지 별정할 수 있는 자치기관의 조직을 확신"한다고 하였다. 그 실시정강의 (갑)정치에 관한 건에서는 "① 만몽신국가가 건설되는 경우에는 이에 대한 공민권 획득. ② 특별자치구의 설정" 등을 정했다. 그러나 공민권 획득과 특별자치구 설정을 요구하는 청원운동을 계획한 것과는 달리 「만주국」이 건국된 직후인 1932년 3월 29일 「만주국에 제출할 요망」의 결의문에서는 "특별자치구"가 아닌 "특별행정구"를 설정하여 "省 정부의 관할 밖에" "만주국 執政이 직할하는 間島廳을 설치"하고, "간도청장 및 본청 내의 관리는 간도 거주 민족별로 그 인구비례에 의해 임명"해 줄 것을 청원하였다. 그러나 어느 것 하나 제대로 진행하지 못하고 7월 14일 민생단은 갑자기 해체된다. 민생단의 설립과정, 활동, 해체에 대해서는 金成鎬, 『1930年代 延邊 '民生團'事件 硏究』, 백산자료원, 1999, 26~80쪽.

10) 만주침공 직후인 1932년 1월 봉천의 "자치특별행정구에 관한 운동"은 재만 조선인은 "만주개발의 공로자"이기 때문에 신국가의 "정치에 관하여 발언권을 가져야" 한다고 전제한 다음, ①신국가의 정부기구에 조선인을 기용하고 조선인의 "자치특별행정구" 및 "자치단체"를 설립할 것, ②만주의 "제 민족력의 통합체"로서 신 국가를 건설할 경우 조선인은 민족의 한 단위로서 그 "최고 정권"에 참여하고 또 입법 및 행정기관에도 한족 만주족과 평등한 지위에서 참여해야 할 것, ③만약 신 국가가 "만주사변" 이전과 같이 한족 중심 또는 한족만주족 중심의 정부가 된다면 조선인이 그 "정권을 감독 또는 지도하는 기관"에 참가하여 "고문顧問, 자의諮議" 등의 지위를 가지고 "직접 중국 관민을 충분히 감시"하게 할 것, ④지방행정에서는 "탐관오리"가 조선인을 "불법 감금·강요·주구"하는 것을 방지하기 위하여 縣 관공서의 각 기관에 조선인이 "감시원"으로서 참가해야 할 것, ⑤재만 조선인은 만주에서의 "생존권" 확립을 위해 각 현을 단위로 "자치단체"를 조직, 스스로 산업, 교육, 위생 등을 결정, 시정해야 할 것 등을 주장했다. 신규섭, 앞의 논문, 87~89쪽.

11) 만주청년연맹은 민족협화를 국가이데올로기로 채용할 것을 강조했고, 만

이들 건국구상에 포함된 조선인의 자치란 일본의 주도 아래 신 국 가로의 정치 통합을 꾀함과 함께 민족자결을 구실로 실은 만주의 다른 민족으로 하여금 한족漢族을 견제하게 하는 것이기도 하고 또 한편으 로는 조선인으로 하여금 만주침공을 계기로 활동이 증대할 가능성이 있 는 공산주의 운동과 대항하게 하기 위해 그들의 요구를 일본이 수용하 는 차원에서 조작해 낸 것이었지만, 조선인들은 신 국가의 건국을 기회 로 정치세력으로서 참가하고 또 지위 향상을 꾀하려고 하였던 것이다.

더욱이 제1차 세계대전 이후 민족자결주의의 영향을 받아 조선에서 전개된 민족자치 운동이 만주침공 이후 총독부의 탄압으로 침체되 자,[12] 일본은 조선인의 민족의식을 「만주국」으로 배출하도록 전가하였 던 것이다.

그러나 이들 정치적 권리 요구나 자치권 획득 요구에는 일본과 중 국 사이에서 불안했던 생활기반을 보다 확실하게 만들기 위해 조선인 스스로 나선 부분도 있다고 보아야 할 것이다.

때문에 이들 운동은 표면으로는 독립단체들이 주장해 오던 합법자 치론 또는 만주침공 전 간도·훈춘민회연합회間島琿春民會聯合會에서 논란 이 있던 일부 조선인 민회 회장들의 탈적귀화脫籍歸化 주장과 유사한 듯 보이지만, 전적으로 일본의 지배에 순응하고자 한 친일적 민족자치

철 정보부의 타치바나 시라끼橘撲는 「滿洲新國家建國大綱事案」이란 글 에서 자치국가의 최고기관인 國民會議의 대표자 할당비율에서 한인 7, 만주인 3, 조선인 2, 회족 2, 몽골인 2, 일본인7, 백계러시아인 1의 구성으 로 할 것, 지방 제 민족의 자유를 보장할 것을 제안하였다. 鈴木隆史, 『日 本帝國主義と滿洲 1900-1945(下)』, 塙書房, 1992. 75쪽 ; 平野健一郎, 「中國 における統一國家の形成と少數民族-滿洲族を例として」(平野健一郎, 山影 進, 岡部達味, 土屋健治 編, 『アジアにおける國民統合歷史·文化·國際關係』, 東京大學出版會, 1988), 61~66쪽.

12) 조선의 자치운동은 劉孝鐘, 「일제하 자치운동의 사회학적 고찰」(『연세사 회학』 제3호, 1978)과 박찬승, 『한국근대정치사상사연구』 역사비평사, 1992 를 참조.

를 추구한 점에서 국내의 민족개량주의 노선의 타협적 자치론과도 같
은 것이었다.

그러나 이와 같은 재만 친일 조선인의 자치운동도 일본의 반대로
서둘러 봉쇄당하고 말았다. 일본으로서는 다민족 구성에다 항일운동이
격하게 전개되고 있는 가운데 급조된 신 국가의 정치적 안정을 꾀할
필요가 있었고, 더욱이 식민지 지배 이후 줄곧 동화정책을 실시해 온
조선에서 「만주국」 각 민족의 평등·공영공존이라는 민족협화 이데올로
기와 조선인 자치운동의 영향으로 자칫하면 조선인의 독립선언으로
이어질 수도 있다고 하는 정치적 파급력을 우려하였기 때문이다. 그래
서 일본은 식민지 조선의 통치를 위태로운 상황으로 몰고 갈 수도 있
는 영향력을 방지하기 위해서라도 위로부터의 통제·통합이 가능한 조
선인 자치단체를 결성할 필요가 있었다.

2. 「만주국」의 조선인 통치방침

일본은 점령지 만주를 간접통치 하기 위해 1932년 3월 1일 독립국의
형식을 취한 「만주국」을 건국하고, 「만주국」 내의 모든 민족에게 평등
한 지위를 표방하는 건국선언을 발표하고, 민족협화民族協和와 왕도낙
토王道樂土를 국가 이데올로기로 채택하였다.

이렇게 하여 재만 조선인은 「만주국」의 국민이 되지만, 그렇다고 해
서 그들이 일본과 식민지 조선에서 벗어난 것은 아니었다. 일본은 「만
주국」과 1932년 9월 15일 기만적인 「일만의정서日滿議定書」를 체결,[13] 러
일전쟁 이래 일본이 추구해 온 소위 만몽권익滿蒙權益과 함께 「간도협
약間島協約」(1909), 「남만동몽조약南滿東蒙條約」(1915)에서 규정한 조선인
에 대한 권한도 보장받았다. 사실 일본과 조선총독부는 자신이 재만 조

---

13) 外務省編纂, 『日本外交年表并主要文書』 下, 原書房, 1966, 215쪽.

선인을 직접 장악하기 위해 「만주국」의 국적법도 제정하지 않았는
데,[14] 1933년 12월 14일에는 「미쯔야 협정三矢協定」을 철폐함으로써 결
국 재만 조선인에게도 치외법권을 부여하여 일본신민日本臣民의 범주에
포함시켰다.[15] 1933년 6월 14일에는 조선인 농민의 생활 안정을 명분으
로 삼아 토지상조권土地商租權을 조선인에게도 적용시켰다.[16]

그런데 1933년 5월 일본군은 재만 조선인을 「만주국」의 민족협화로
통합한다는 방침을 정하고,[17] 이를 토대로 같은 해 12월 재만 조선인
통치방안을 작성하였다.[18] 그 방안이란 재만 조선인을 「만주국」의 민
족협화로 합류시키기 위해 우선 조선인의 생활 안정을 꾀한다는 방침
아래 다음과 같은 방안을 제시하였다. 먼저 통치기관으로는 재만 일본
최고 통제기관이 관련기관(「만주국」을 포함)과 제휴하여 조선인 지도를
통제하기로 하였다. 여기서 관련기관은 관동청關東廳, 재만 일본대사관,
영사관, 총독부 및 만철 등이다.

다음은 우선 관리대상으로 신규 이주민보다는 기존 거주 조선인을

---

14) 東京商科大學 大平善梧, 「滿洲國の國籍問題」 1933년 3월(南滿洲鐵道株式
會社 經濟調査會, 『滿洲國國籍竝會社國籍及資本方策』 立案調査書類 第26
編 第1卷, 1935년 9월).
15) 「聯合會重要事項日誌」 『민회회보』 제6호, 1933년 8월, 104쪽 참조. 또한 당
시 「만주국」은 거주자들을 만주국인, 일본인, 외국인 등으로 구분하였는
데, 재만 조선인은 일본인 속에 포함시켰다. 『滿洲國政府公報』 1936년 1
월 29일 참조.
16) 「暫行商租權登記法」 『민회회보』 제12호, 1934년 2월, 98쪽. 나아가 「만주국
」은 1934년 4월에 무국적 조선인은 土地商租의 취득등기를 할 수 없다고
발표하여 재만 조선인으로 하여금 조선에 호적등록을 하도록 강요하였
다(權泰山, 「滿洲における無籍朝鮮人の悲哀」, 『민회회보』 제27호, 1935년 5
월, 8쪽). 여기서 무적자란 1909년 4월 1일 조선에서 民籍法을 제정, 실시
하기 이전에 만주로 이주한 자 및 그 후에 만주에서 태어난 자로, 호적이
없는 자를 말한다.
17) 關東軍參謀部, 『建設途上の滿洲國』 第2輯, 1933년 6월.
18) 關東軍, 「滿洲における朝鮮人指導方案」 1933년 12월.

택하였는데, 이는 전란에 의한 피난 조선인을 염두에 둔 것이기도 하지만 「만주국」 초기 일본군이 구상한 이민정책에서 일본인 무장이민을 중시하였기 때문에 조선인의 이민을 제약하고자 한 것과도 관련이 있을 것이다.

또한 조선인을 용이하게 통제하기 위해 조선인을 '집단화' 시키되, 접경 지역이면서 동시에 조선인의 집단화도 상당히 진행된 간도를 최우선으로 하고, 그에 준하여 순차적으로 동변도東邊道, 남북만주 순으로 진행시키고자 하였다.

조선인의 집단거주지에서는 재만 조선인을 보호통제하기 위해 말단조직으로서 조선인 민회를 이용하고, 그 조선인 민회를 연결시키고 통제하는 조직으로서 "연합민회"를 세우는 것이다. 후술하는 것처럼 이미 1931년 10월 20일에 주로 피난민구제를 목적으로 전만조선인민회연합회가 설치되고 있다. 이 시점에서 관동군은 연합회를 재만 조선인의 통제기관으로 이용하려고 생각한 것이다.

또한 위와 관련하여, 조선인의 이민과 정착을 위해서 토지 주선, 자금 대출, 생산물 판매, 고리채무의 정리, 농경자금의 융통 등을 위해 필요한 기관을 설립한다는 방침인데, "(조선인)노동자는 가능한 한 농업으로 돌리고" 정착시키는 기관으로 민회의 조직화를 강조하고 있다. 여기서도 조선인을 농업노동력으로 이용하고자 하는 일본의 의도가 드러나지만, 교육에서도 식민지 조선의 교육제도에 준하되 중등교육 이상은 "실업교육" 위주로 한다는 방침이 보인다.

그리고 재만 조선인의 지도는 "자력갱생의 정신"을 함양하고 또한 "사상선도" 특히 "유식자"의 지도와 배일·공산주의 사상의 단속에 노력하는 것 등이 방침으로 결정되었다.

지도방침으로서 "자력갱생의 정신" 함양과 "사상 선도"를 내세운 것은 재만 조선인의 지위 변화와 생활안정 정책으로 조선인과 중국인과 대립이 악화될 것이라는 염려와 함께 재만 조선인이 "강력한 자치적

조직" 혹은 정치적 결사를 요구하고 설립하려는 움직임이 일본의 「만
주국」 통치는 물론 조선에 대한 통치마저 위태롭게 만들 수도 있다고
염려하였기 때문이다.

Ⅲ. 친일 조선인 통합단체의 출현과 활동

1. 전만조선인민회연합회의 설립

만주침공으로 초래된 일본군의 만주점령은 친일 조선인에게는 그
세력을 확대할 수 있는 절호의 기회였다. 조선인 민회의 간부들은 만주
침공을 "재만 조선인의 지반을 구축"할 기회로 인식하고,[19] 재만 조선
인에게 일본의 "지위와 위력"을 알리고 "국민적 신념"을 심어 "사상 동
요을 미연에 방지"하기 위해 각 지역에 분산되어 있던 조선인 민회를
통합하여 관리하고 운영할 필요가 있었다. 그 결과 그들은 1931년 10월
20일 봉천에서 "각 민회의 공통 사항 및 재만 조선인의 향상발전에 관
한 사항을 연구심의하고 그것의 실행을 꾀하는"[20] 것을 목적으로, 13개
의 조선인 민회 대표가 모여 일본인 노구치 타나이野口多內를 회장으로
추대하고, 전만조선인민회연합회全滿朝鮮人民會聯合會(이하 연합회)를 설립
하였다.[21]

연합회의 창립 때부터 해산 직전까지 회장을 맡았던 노구치는 그
설립 동기를 다음과 같이 회고한다.[22] 첫째-피난민 구호를 통하여 반

---

19) 「全滿朝鮮人民會聯合會沿革」 『민회회보』 창간호, 1933년 3월호 16쪽.
20) 「全滿朝鮮人民會聯合會規則」 『민회회보』 창간호, 1933년 3월, 22쪽.
21) 전만조선인민회연합회 창립대회에 참가한 각 민회는 奉天, 安東, 撫順, 鐵
嶺, 四平街, 長春, 吉林, 鞍山, 海龍, 拘鹿, 哈爾濱, 齊齊哈爾, 一面坡였다. 「全
滿朝鮮人民會聯合會沿革」, 『민회회보』 제1호, 1933년 3월, 19~20쪽.
22) 野口多內, 「全滿朝鮮人民會聯合會或問」 『민회회보』 제7호, 1933년 9월, 2~
6쪽.

일감정을 희석시킬 필요성, 둘째-일본영사관의 통제를 벗어나 사분오
열되어 있는 "민회파"를 통제할 수 있는 기구의 필요성, 셋째-독립단체
에게는 일본의 스파이로 간주되던 "거류민회파"를 중심으로 재만 조선
인을 통합할 필요성, 넷째-재만 조선인의 불평불만을 발산할 수 있는
언론집회의 기회를 제공할 필요성.

원래 연합회는 일본의 만주침공에 의해 발생한 재만 조선인 피난민
을 구제하기 위해 급하게 설립되어 조선총독부와 일본영사관의 통제
아래 피난민 구호를 맡고 있었다. 반면 관동군은 위에서 언급한 것처럼
조선인이 자치권 등을 요구하였기 때문에 재만 조선인 단체를 설립하
자는 움직임에는 소극적이었다. 그러나 관동군은 「만주국」이 점차 안
정됨에 따라 「만주국」의 건설에 이들 조선인을 동원하기 위해 연합회
를 본격 이용하는 방향으로 방침을 전환하였다. 특히 "거류민회파"든
"민회파"든 막론하고 그들에게 "언론집회의 기회를 주어 품고 있는 불
평불만의 기운을 발산하게 한다고" 하는 것에서 엿볼 수 있듯이 재만
조선인 유식자의 결속과 회유를 주요 목적으로 하고 있었음을 알 수
있다.

연합회 조직은 만주 각지에 설치되었던 '조선인 민회', '조선인회',
'조선인거류민회' 및 조선인이 가맹한 '일본인거류민회'로 조직되었다.
그렇지만 연합회 본부는 재만 조선인 대다수가 거주하는 간도가 아니
라 봉천에 두었다(1934년 다시 신경으로 이전). 또한 연합회의 회장과 부회
장도 본부 소재지(봉천) 민회의 회장과 조선인 부회장이 맡기로 한다는
연합회 규칙(제5조)에 따라 회장과 부회장은 봉천거류민회 회장과 부회
장인 노구치와 임한룡林漢龍이 각각 임명되었다.

또한 연합회는 본부의 설치 뿐 아니라 활동도 봉천을 중심으로 전
개하였는데, 그 이유는 연합회 창립 시 간도 지역 조선인 민회는 연합
회에 참가하지 않았기 때문이다. 간도에서는 이미 1929년에 간도훈춘
조선인민회연합회間島琿春朝鮮人民會聯合會를 설립하여 운영하고 있었으

며, 앞서 보았듯이 일본의 만주침공 직후에는 '간도의 독립' 내지 '간도
자치운동'에 이어 '간도특별행정지역화'를 요구하는 운동을 전개하고
있었다.23) 더욱이 간도는 1934년 10월에 간도성間島省으로서 분리된다.
때문에 연합회는 우선 통일적 체제를 갖추지 못한 채 남북만주 지역의
민회를 중심으로 조직할 수밖에 없었다.

일본도 위와 같은 성향을 가진 간도의 다수 민회가 연합회에 가입
하게 되면 재만 조선인의 통제에 부담이 될 수 있다고 판단하였을 것이
다. 일본인 회장을 취임시키고 장기간 독점하여 일본의 의도대로 연
합회의 활동을 통제하려고 하는 마당에 설립 당초부터 조선인 회장을
중심으로 운영해 온 간도 지역 민회와 그 연합회가 봉천의 연합회에
참가한다는 것은 상당한 부담으로 작용했을 것이다.

또한 조선인 단체인 민회 연합회 회장에 일본인이 취임하고 장기간
독임한 것은 당연히 연합회를 통해 조선인 민회와 회원들의 활동을 통
제하기 위한 것이지만 간도훈춘조선인민회연합회의 회장이 설립 당초
부터 조선인이었던 점을 상기한다면 그 의도는 더욱 분명해 진다. 연합
회가 출발부터 조선인들의 의지대로 운영되지 않을 것이란 것을 예상
케 한다.

또한 같은 맥락에서 본다면 당초 봉천거류민회에 있던 연합회 본부
를 1934년 11월 신경新京의 일본총영사관 내로 이전한 것도 활동의 중
심지를 「만주국」의 수도로 옮긴 자연스러운 것으로 이해할 수도 있지
만, 남만주 지역에서는 그대로 조선인의 기반이 제법 강하였던 봉천의
지역 연고를 약화시키는 결과를 초래하였을 것이라고 생각한다.

1934년 일본은 3월 푸이溥儀를 황제로 등극시키고 국호를 「만주제국
滿洲帝國」으로 개칭하였다. 행정관할도 기존 4개 성을 14개 성으로 세분
화시켰다. 일본은 「만주제국」이라는 형식 변화를 통해 대내외에 '독립

---

23) 李盛煥, 『近代東アジアの政治力學─間島をめぐる日中朝關係の史的展開』, 291
~313쪽 ; 金成鎬, 『1930年代, 延邊'民生團'事件 研究』, 63~67쪽.

국가'의 위상을 수립하고자 하였지만 기존의 '총무청總務廳 중심주의'와 관동군의 '내면지도內面指導 체제'는 계속 유지하였다.

일본의 식민지배 정책이 강화되는 가운데 조선인민회연합회도 조선인 사회에 대한 통제를 강화하기 위해 간도 지역 조선인민회에 대한 통합을 시도하였고, 결국 1934년 5월 제4회 정기총회에서 간도지역 22개 민회가 연합회 산하로 통합되었다.[24] 이렇게 하여 연합회는 명실상부한 전 만주 지역 조선인 민회의 연합체로 발전하게 되었다.

연합회의 설립과 간도 지역 조선인 민회의 통합은 조선인 민회에 대한 통제권을 불완전하지만 조선인이 일부 갖고 있던 것에서 일본인이 전체를 장악하는 것으로 넘어가게 하는 계기가 되었다. 요컨대 일본은 영사관과 밀접한 관계를 가진 일본인 회장을 중심으로 연합회의 지도체제를 완비한 것이다. 여기서 연합회는 민회의 자발적 의사에 따라 조직된 것처럼 보이지만 실제로는 일본영사관의 주도 아래 일본인 회장체제를 통해 조선인 민회를 사실상 완전히 장악해 가고 있었음을 알 수 있다.

연합회의 경비는 규칙에 따르면 소속 각 민회가 부담하기로 하였지만(규칙 제11조, 각 민회당 30엔) 당시 각 지역 민회의 경비도 일본 영사관의 보조금에 의존하던 상황이었기 때문에 연합회의 경비도 마찬가지로 주로 외무성의 보조금에 의존할 수밖에 없었다.[25]

---

24) 『민회회보』 16, 1934년 6월호, 157~160쪽.
25) 1934년부터 37년까지 조선인 민회 연합회와 각 민회에 배부된 보조금의 추이는 아래 표와 같다. 34년에 비해 35년, 36년이 보조금액이 대폭 늘어난 것은 간도훈춘의 조선인 민회가 연합회에 참여한 영향으로 보이며, 37년 보조금액이 대폭 줄어든 이유는 후술하듯이 치외법권 철폐에 따른 조선인 민회의 해산 결정으로 이미 상당수의 민회가 해산되었기 때문으로 보인다.

2. 민회의 증설과 연합회의 확충

「만주국」 건국 이후 연합회 산하 민회는 급격하게 증가해 갔다. 먼저 1934년 5월 간도훈춘민회연합회가 전만조선인민회연합회로 통합되기 직전까지 민회의 증설 상황을 보면, 남만주 지역에서는 모두 14개의 민회가 증설되고,[26] 북만주 지역은 자그마치 43개에 달하는 민회가 증설되었다.[27]

〈조선인 민회 보조금 배부액 추이(1934~1937)〉 (단위 : 圓)

년 도	연합회 보조액	각 민회 보조액	합 계
1934	10,000	128,710	138,710
1935	25,157	156,260	181,417
1936	28,000	154,717	182,717
1937	15,000	119,917	134,917

(日本)外務省東亞局第二課, 『最近支那及滿洲關係諸問題摘要』, 1934.12, 353~360쪽 ; 日本外務省東亞局, 『執務報告 第二册(第二課及第三課關係)』, 1936, 1937, 352~360쪽, 267~27쪽6, 「朝鮮人民會補助金配付一覽表」를 토대로 작성.

26) 새로 증설된 14개 민회를 재만 일본영사관 관할별로 정리하면 다음과 같다. ( )안은 설립연월.
奉天총영사관-本溪湖(1933.3)·遼陽(1933.7)·開元(1933.9)
通化영사분관-興京(1932.12)·桓仁(1933.10)
營口영사관-大石橋(1932.1)
吉林총영사관-吉林민회小城子지부(1934.3)·磐石(1932.1)·磐石민회煙山지부(1934.3)·樺甸(1933.4)
敦化영사분관-敦化(1932.7)·蛟河(1931.11)
新京총영사관-孤楡樹지부(1934.4)·公主嶺(1934.4)
이상은 在滿日本大使館 編, 『在滿朝鮮人槪況』, 1936, 735~742쪽을 참조.
27) 43개의 민회 증설 상황은 다음과 같다. ( )안은 설립연월.
哈爾濱총영사관-陶賴昭(1932.7)·佳木斯(1934.2)·依蘭(1933.10)·阿城(1933.10)·延壽(1934.3)·賓縣(1933.10)·珠河(1934.5)·方正(1934.2)·富錦(1934.2)·五常(1934.4)·饒河(1934.6)·東安鎭(1934.8)·小佳氣(1934.8)·寶淸(1934.10)·帽兒山(1934.10)
綏芬河영사관-綏芬河(1921?)·寧安(1932.7)·東京城(1933.11)·牡丹江

그런데 민회가 증설된 지역을 보면 항일무장운동의 중심지, 영사관 신설지 또는 소련과의 접경지역이라는 특징이 있다. 가령 남만주의 흥경興京, 환인桓仁, 고유수孤楡樹, 화전樺甸, 반석磐石 등은 조선혁명군의 또는 항일유격대의 주요 활동 근거지였다.

북만주의 경우 1920년대 말 중국 지방당국의 개발정책에 따른 조선인 이민의 증대와도 관련이 있지만, 수분하綏芬河 영사관 관할구역은 1933년 한국독립군과 중국항일의용군이 연합하여 일련의 전투를 전개한 곳으로,[28] 바로 그 해 민회가 급격히 증가하였다. 특히 밀산密山은 항일운동의 중심지이자 소련과 인접한 교통의 요충지이기도 하다. 또한 하얼빈 총영사관 관할에서 증설된 민회 가운데 주하珠河, 부금富錦, 연수延壽, 방정方正, 오상五常, 동안진東安鎭 등 역시 항일유격대의 활동지역이다. 치치하얼齊齊哈爾 영사관 관할 만주침공 직후부터 항일의용군의 주요 활동무대였고 소련과의 접경지역이다.

이렇게 본다면 남북만주 지역에 증설된 민회는 만주침공 이후 일본이 항일무장세력을 토벌하면서 한 곳의 도시를 점령하면 친일 조선인을 앞세워 설립하였던 것으로 볼 수 있다. 더욱이 소련과의 접경지역에 설립된 민회는 위의 목적 외에 소련에 대한 군사적 견제와 함께 이 지역을 통해 유입되던 사회주의 사상의 확산을 차단하려는 의도 아래 이

(1933.9)·穆陵站(1934.2)·梨樹鎭(1933.1)·密山(1933.8)·平陽鎭(1933.1)·東寧 (1934.2)·小綏芬(1934.2)·海林(1932.6)·新安鎭(1933.8)·虎林(1934.8)

齊齊哈爾영사관－泰來(1933.5)·克山(1933.8)·海北鎭(1933.8)·綏化(1933.8)· 烏雲(1933.11)·通河(1933.12)·黑河(1933.12)·北安鎭(1933.12)·東興(1934.2)· 海倫(1934.3)·木蘭(1934.3)

鄭家屯영사관－通遼(1934.7)·洮南(1934.7)

海拉爾영사관－海拉爾(1934.4)

滿州里영사관－滿州里(1934.9)

이상 在滿日本大使館 編, 『在滿朝鮮人槪況』, 1936, 735~742쪽.

28) 한국독립유공자협회 엮음, 『중국동북지역 한국독립운동사』, 집문당, 1997, 535~647쪽.

루어진 것으로도 보아야 할 것이다. 요컨대 조선인 민회의 증설은 일본이 남북만주 지역을 침략, 점령하고 식민 지배를 구축하는 과정에서 조선인을 이용하여 지역 사회를 잠식해 들어가는 첨병 역할을 하게 한 것과 밀접한 관련이 있다는 것이다.

한편 간도 지역은 전만조선인민회연합회에 참가하지는 않았지만 민회의 수는 꾸준히 증가하였다. 만주침공 전 18개였던 민회는 1934년 4월 현재 총 25개로 증가하였다.[29]

한편 1934년 5월 이후 민회 증설의 가장 큰 계기는 그동안 연합회에는 참여하지 않고 독자로 활동을 해 오던 간도훈춘민회연합회와 산하 22개 민회가 전만조선인민회연합회에 참여하기로 한 것이다.[30] 그동안 연합회와의 통합을 꺼려했고, 일본도 적극적인 통합을 회피하던 간도 지역 민회가 제6회 정기총회에서 협의 형식으로 연합회에 참여하기로 하였다.[31] 이렇게 하여 전 「만주국」의 조선인 민회는 통합 지휘체계를 갖추게 되었다.

1934년 5월 이후 민회 조직은 연합회의 활동을 통해 다시 급격히 증가해 갔다. 전만조선인민회연합회에 공식 가입한 민회 가운데 조선인

---

29) 증설된 민회는 다음과 같다.
　　간도총영사관−明月溝·朝陽川
　　頭道溝영사분관−三道溝
　　延吉(局子街)영사분관−葦子溝
　　百草溝영사분관−大肚川·小三岔溝
　　이상은 在滿日本大使館,『在滿朝鮮人槪況』1936. 731~733쪽.
30) 제6회 총회(1934년 5월)에서 「간도 각 민회연합회 가입에 관한 건」을 협의하여, 대표 외 유지의원으로서 참가하고 있는 간도 국자가 민회 회장 崔允周에게 간도 지방 각 민회의 연합회 가입을 요청하였다. 요청을 받은 최윤주는 간도지방의 민회와 협의하여 연합회로의 가입을 결정하였지만, 그 활동은 적극적이지는 않았다.
31)「全滿朝鮮人民會聯合會加入民會名簿」『민회회보』제16호, 1934년 6월호, 157~160쪽.

과 일본인의 공동민회, 미인가민회, 지부민회를 제외하고도 1934년 75 개에서, 1935년에는 104개로, 1936년에는 123개로 증가하였다.[32] 48개나 되는 민회가 2년 사이에 증설된 것이다.

1936년 조선인 연합회의 회원 수는 176, 299명으로, 당시 재만 조선 인 총인구수 875,908명의 약 20%가 민회에 가입한 셈이다.[33] 같은 시기 「만주국」 총인구수 3천만 명 가운데 협화회에 가입한 회원 수는 19만 명에 불과하였다. 더욱이 민회 회원 대부분이 도시에 거주했다고 본다 면 민회와 연합회가 조선인 사회 전체에 끼친 영향력은 결코 작지 않 을 것이며, 이를 통해 재만 조선인 사회가 급속한 친일화를 엿볼 수 있 을 것이다.

그러나 일본은 1937년 중국 본토를 침공하는 중일전쟁을 일으키면 서 전시체제로 돌입하자, 「만주국」 내 일본인과 조선인에 대한 치외법 권을 철폐해 버리고 연합회와 민회를 만주국의 협화회로 통합시켜 버 렸다. 이는 민회 조직의 급격한 발달은 조선인 사회의 성장을 보여주기 도 하지만, 조선인 사회의 발전과 이익을 대변하는 독립된 사회단체가 아니라 일본의 만주침략과 식민지배의 수요에 따른 침략도구로 설립 되고 이용되었음을 여실히 보여 주기도 하는 것이다.

Ⅳ. 전만조선인민회연합회의 주요 활동

1. 총회 개최와 주요 안건

연합회는 1931년 10월 20일 창립대회를 시작으로 1937년 해산할 때

---

32) 1934년 5월말, 1935년 5월말, 1936년 6월말 현재 조선인 민회의 상황은 「全 滿朝鮮人民會聯合會加入民會名簿」『민회회보』16, 1934년 6월호, 157~160 쪽 ; 「在滿朝鮮人民會名及所在地一覽表」『민회회보』28, 1935년 6월호, 181~ 191쪽 ; 전만조선인민회연합회, 『在滿朝鮮人現勢要覽』, 1937, 15쪽 참조.
33) 앞의 자료, 『在滿朝鮮人現勢要覽』1937, 1쪽.

까지 정기총회와 임시총회를 합쳐 모두 7회의 총회를 개최하였다.[34] 총회에서는 연합회나 각 민회에서 제기한 안건을 심의하고, 결정한 안건은 일본 관련기관에 건의하고 실행하였다.

총회에서의 주요 안건(부록 참조)을 살펴보면, 먼저 일본의 만주침공으로 발생한 피난민과 원거주지에 잔존한 조선인 농민에 대한 대책을 들 수 있다. 먼저 봉천을 비롯한 20개 수용소에 수용된 13,000명의 조선인 피난민[35]을 비롯하여 유랑 조선인에 대한 대책으로 창립총회[36]와 제2회 총회(임시)에서 30만원에 달하는 피난민 보조금을 외무성에 긴급 요청하기로 하였다. 또한 2, 3회 총회에서는 원거주지 잔존해 있는 조선인 농민을 포함한 응급조치와 구제계획을 제안하고 결의하였다.[37]

그러나 2회 이후부터의 총회에서는 조선인의 생활 안정책을 요구하는 것을 주요 의안으로 채택하였는데, 제1회부터 제7회까지 지속적으

---

34) 연합회 총회 개최 시기와 장소는 다음과 같다. 제1회-1931.10.20~21(봉천), 제2회(임시)-1932.1.25~27(봉천), 제3회-1932.5.25~26(봉천), 제4회(임시)-1932.11.26(봉천), 제5회-1933.5.30~6.1(봉천), 제6회-1934.5.21~23(신경), 제7회-1935.5.30~6.3(신경).

35) 朴準秉, 「解消刹那に偲ばる過擧の業績」, 『민회회보』 56, 1937년 11월호, 9쪽.

36) 창립총회에 제출된 안건은 직접 확인할 수는 없지만 연합회가 조선총독부에 진정하기로 한 결의안은 다음과 같다. 1. 현지보호에 관한 건 2. 구제에 관한 사항, 3. 商租에 관한 건, 4. 內地雜居에 관한 사항, 5. 자금에 관한 사항, 6. 暴令惡稅 철폐 건, 7. 三矢協定 철폐 건, 8. 집단통제 건, 9. 자위단조직 건, 10. 米價 조절 건, 11. 무료수용소를 상설하는 건, 12. 교육의료 확장 건, 13. 동청철도東支鐵道 무임수송 건. 이 가운데 결의안 1과 2가 피난민보호 대책과 직접 관련이 있는 것으로 보인다. 全滿朝鮮人民會聯合會, 「報告事項」 『민회회보』 창간호, 1933년 3월, 74~76쪽.

37) 가령 제2회 총회(임시) 결의안 제2호 결의안은 「避難鮮農 응급조치 및 원주지 잔존 선농 구제계획 실행에 관한 건」이고 세부내용은 ①피난 선농 구제에 관한 건, ②경찰관 출장소 배치 및 자위단 조직에 관한 건, ③원주지 잔존 선농 구제에 관한 건, ④선농과 지방 중국인과의 관계개선에 관한 건이다. 「全滿朝鮮人民會聯合會沿革 第二回臨時聯合會」 『민회회보』 창간호, 26~30쪽.

로 제기되었다. 가령 만주침공 직후에 열린 제1회 대회에서는 피난 조
선인의 구제보호와 장래 조선인의 발전을 위해 상조商租에 관한 문제,
내지잡거內地雜居에 관한 사항, 자금에 관한 사항, 악세 철폐건, 자위단
조직 건 등 13건을 결의하고, 이 결의사항의 청원을 위해 연합회 회장
노구치와 안동 조선인 민회 회장 김호찬金虎贊을 조선총독부에 파견할
것을 결정하였다.[38] 또한 재만 조선인의 생활안정책과 관련하여 조선
인과 중국인과의 관계개선에 관한 안도 결의하였다.

다시 제7회에는 재만 일본대사관의 지시사항으로서 중국인과의 융
화에 관한 건, 수로의 굴착 및 수전 개발에 관한 건, 수리와 관련 있는
분쟁의 방지에 관한 건 등이 제출되었다.[39]

한편 「만주국」의 건국과 「만주국」의 조선인 정책을 정당화하는 대
외선언도 하였다. 일본의 만주침공과 관련하여 국제연맹에서 리튼 조
사단을 파견하였고, 조사단이 작성한 보고서를 심의하는 국제연맹 이
사회가 열리는 가운데 11월 26일 연합회는 제4회 임시총회를 통해 리튼
보고서를 비판하는 선언과 결의를 채택하였다.[40]

총회의 성격을 엿볼 수 있게 하는 것으로, 제5회 이후의 총회에서는

---

38) 제2회 총회의 결의안 가운데 회칙개정의 제1호, 피난민대책의 제2호를
제외한 나머지는 다음과 같다. 제3호-부당과세 철폐 요청 건, 제4호-만
몽신국가에 대한 요망의 건(①재만선인에 대하여 특히 우월대우를 받게
할 것 ②만몽신국가의 정치부문에 조선인을 참여하게 해 줄 것), 제5호-
재만선인 無籍者의 就籍에 관한 건, 제6호-재만선인 실업자 구제에 관한
건, 제7호-재만선농 보호를 위해 조선인 경찰관 채용 방법 청원 건, 제8
호-재만 조선인 구호와 장래의 이주장려통제계획 실행에 관한 건, 제9
호-금융조합 개선에 관한 건. 「全滿朝鮮人民會聯合會沿革 第二回臨時聯
合會」『민회회보』창간호, 1933년 3월, 30~40쪽.

39) 「第七回全滿朝鮮人民會聯合會定期總會議事錄」『민회회보』제28호, 1935년
6월, 48~49쪽.

40) 「全滿朝鮮人民會聯合會沿革 第四回臨時聯合會」『민회회보』창간호, 1933
년 3월, 45~51쪽.

재만 조선인을 「만주국」의 각 기구에 채용해 주기를 강력하게 요구하는 안건도 다수 제출하였다. 가령 대사관과 만철滿鐵 및 소화제강소昭和製鋼所의 조선인 채용 안건(제5회 제11호 의안), 만주국의 조선인 관리 채용에 관한 안건(제5회 제12호 의안), 외무성과 관동청 경찰관의 간부급에 조선인을 채용하도록 당국에 요망하는 안건(제5회 제17호 의안), 조선인이 다수 거주하는 지방의 「만주국」관청에 조선인 관리를 채용하는 안건(제 6회 총회에서 교하柳河지부, 흥경, 북안진, 해룡 각 민회가 제안한 제22호 의안) 등을 들 수 있다.

또한 제5회 총회(제4호 의안)와 제6회 총회(제4호 의안)에서는 민회의 권한을 강화하기 위해 민회규칙을 통일시켜 줄 것과 조선인에 의한 자치조직을 요구하는 안건도 제출하는 등 점점 정치적 성격을 강화시켜 나갔다.

그러나 노구치 회장은 제6회 총회 준비회의에서 민회에서 제기하는 이상과 같은 제안 및 불만은 연합회에서는 논의하고 받아들이기 힘든 점이 많다고 강조하여, 총회에서는 사실상 실현 불가능하다는 것을 표명하고 있다.

이상과 같은 연합회의 방침에 대하여 재만 조선인 쪽에서는 다음과 같이 격하게 반응하였다. 먼저 하얼빈 조선인 민회 회장인 탁춘봉卓春奉(전 조선일보 하얼빈시 지국장)은 재만 조선인 사회에는 "강력한 단체"도 "중심사상"도 존재하지 않기 때문에 재만 조선인사회에 "단결력"이 있을 수 없고, 결국 "공산주의의 침윤을 방지하고 또는 집단농장을 질서화하거나 비적의 격멸을 기약"하는 것이 불가능하고, 재만 조선인의 지도문제는 결국 실패로 돌아갈 것이 틀림없다고 전제한 다음, "재만 조선인의 발전을 합리화하고 국내민족의 공존공영의 대大 이상 하에서 일선日鮮협동정신의 중심사상을 수립하여, 이 중심사상의 용체로서 강력한 대조직을 결성하지 않으면 안 된다"고 하여 재만 조선인의 "강력한 자치기관"의 필요성을 주장하였다.[41]

또 연합회의 부이사인 박준병도 "대사관(과 조선총독부 파견원) 및 영사
관만으로 수많은 재만 조선인을 통제하는 것은 곤란"하다고 지적하고,
각 영사관 산하에 "조선의 부, 군, 면에 필적"할만한 "지방자치행정세포
기관"으로서 민회를 이용할 필요가 있다고 주장하였다.[42]

연합회는 강력한 자치조직을 원하였지만 그 실현은 억제되었다. 노
구치 회장은 연합회 및 민회는 조선인의 생활안정을 목표로 설립한 것
이므로 "정치결사적 분위기"을 허락할 수는 없다고 한 후 "만약 이점을
이해하지 못하는 자가 있으면 단호히 배격하지 않으면 안 된다"고 하
여, 연합회와 민회를 조선인의 '지방자치행정기관'으로 변화시키려 하

---

41) 卓春奉,「在滿朝鮮人指導論」『민회회보』제4호, 1933년 6월, 94~99쪽. 참고
   로 탁춘봉이 강력한 자치단체의 내부 조직방법으로 제시한 10가지 요소
   는 다음과 같다. ① 유력한 기관으로 새롭게 조직체계를 만들 필요 없이
   종래의 민회를 확장하고 내용성질을 개혁하여 조선의 府와 같이 지역적
   구별을 만들어 재만 조선인의 '자치기관'으로 하고, 내지(일본)의 市町村
   제, 조선의 道府邑制와 같이 朝鮮人居留民會制를 정할 것. ② 민회에는
   호적, 교육, 위생, 농, 상, 공, 금융, 사상선전 기타 필요한 각 부를 설치하
   고 부분적 연구 지도를 하게 함과 함께 그 훈련을 하게 할 것. ③ 민회에
   는 회장 및 이사평의원의 반수를 관선으로 할 것. ④ 각지의 조선인거류
   민회를 통제하기 위한 중앙사무국 혹은 현재의 연합회 그대로 이를 조
   직, 설치하게 할 것. ⑤ 대사관 및 만주국 정부 기타 각 기관과의 연락을
   원활하게 할 필요상 현재 봉천에 사무소를 둔 전만조선인민회연합회를
   만주국 주도로서 대사관이 소재하는 신경으로 옮겨 각지민회를 지도 통
   제할 것. ⑥ 연합회는 대사관의 지도감독 하에 두고 회장에는 조선인중
   재만 조선인의 사정에 정통한 인물로 하고 또 전 민중의 신망 있는 인물
   을 대사관에서 임명할 것. ⑦ 연합회 내부에는 각 부서를 정하고, 각 부
   서에는 전임이사를 두고 전문적으로 연구 지도하게 할 것. ⑧ 농촌에 있
   는 민회에 합법적 자위권을 주고 적당한 무기탄약을 소지하게 하고 討
   匪權을 부여할 것. ⑨ 외무성 및 조선총독부에서 해마다 일정한 금액을
   민회의 사무비로 연합회를 거쳐 보조할 것. ⑩ 연합회의 관할 하에 신문
   잡지기관을 설치하여 전 민중의 사상적 지도를 하게 할 것.
42) 朴準秉,「在滿朝鮮人統制問題に就いて」『민회회보』창간호, 1933년 3월, 16
   쪽.

는 '정치적 운동'을 강하게 부정하였다.[43]

연합회는 총회를 통하여 조선인들의 제안이나 불만을 실행하거나 해소하려고 하였지만, 조선인들이 정치적 요구가 강해지면서 완충 역할을 수행하는 것이 점점 어려워 졌다. 노구치는 조선인의 요구가 심해지자 연합회를 통해 조선인을 '통솔'하기 어렵다고 판단하여 조선에서 신뢰받는 원로 박영효朴泳孝를 연합회 회장에 추대하려고 철령鐵嶺 민회 회장 장우근張宇根을 조선에 파견하기도 하지만 결국 실현에까지는 이르지 못하였다.

2. 금융대출과 부업 장려

일본은 「만주국」 건립 전부터 생활·경영자금이 부족한 조선인을 대상으로 금융기관을 설치하고 토지 소유권과 상조권 등을 담보로 대출을 하면서 조선인 사회에 대한 영향력을 확대해 왔다. 간도에서는 19911년 용정촌구제회龍井村救濟會, 1918년 동양척식주식회사東洋拓植株式會社가 용정촌구제회를 인수하여 명칭을 변경한 간도구제회間島救濟會, 일본의 간도침공으로 생활기반을 상실한 조선인을 대상으로 1922년 각 거류민회 내에 설치한 금융부金融部가 그것이다.[44] 남북만주는 총독부 및 동아권업회사의 보조금을 받거나 민회 회원들의 자금으로 금융회金融會나 농무계農務契를 조직하고 대출업무를 진행하였다. 그러나 이들 금융부, 금융회, 농무계 등은 민회의 독자적 금융기관이 아니라 영사관의 집적 감독을 받는 특수한 금융기관이며, 조선인의 생활을 '구제'한

---

43) 野口多內, 「開會之辭」『민회회보』 제4호, 1933년 6월, 2쪽.

44) 金周溶, 「日帝의 間島金融政策에 관한 연구-1910년대 間島救濟會를 중심으로」『한국민족운동사연구』 24, 2000, 221~229쪽 ; 같은 저자, 「1920년대 간도지역 朝鮮人民會 金融部 硏究-한인사회에 대한 통제를 중심으로」『史學硏究』 62, 2001, 241~245쪽.

다는 명분에도 실제 대출혜택을 받은 자는 극소수의 지주를 포함한 거류민회 임원들이었다.[45]

한편「만주국」건립 이후 피난 조선인들의 원거주지 귀환, 치외법권에 따른 조선인의 토지소유권과 상조권 인정 등을 배경으로 농경자금과 토지구입자금에 대한 수요가 증가하였다.[46] 그렇지만 조선인 농민들은 대부분 소작농이기 때문에 중국인 지주로부터 고리대로 농경자금을 융통할 수밖에 없으며, 심지어 소작계약 시에 중개인에게 소작료의 약 1할에 해당하는 수수료를 떼이는 경우도 적지 않았다. 더욱이 일본의 만주침공 이후는 중국인들 사이에 조선인은 일본의 앞잡이, 침략의 선봉대라는 인식이 확산되면서 중국인 지주들이 계약기간 만료 전에 소작권을 환수해 버려 자금 융통의 길을 차단해 버리는 경우도 적지 않았다. 그러나 민회의 능력만으로는 위와 같은 수요에 대응하기 어려웠으며, 중국인과의 소작계약을 둘러싼 마찰도 해결하기는 어려웠다.

위와 같은 수요 증가에 대응하여 간도 지역은「만주국」수립 전부터 대출을 하던 금융부가 계속 운영된 반면 남북만주는 조선인 민회의 농무계 혹은 금융회의 형식으로 자금을 조달하고 대출업무를 하거나, 아울러「만주국」성립이라는 상황 변화에 따라 이제는 가능한 일이 되었지만, 조선인 농민과 중국인 지주 사이에 민회 또는 농무계가 개입하여 소작계약을 대행함으로써 조선인 소작권을 안정시키는 역할을 하기도 하였다.

신경에서는 기존에 있던 농무계와 더불어 1930년 10월 조선인 민회가 신경금융회를 설립, 동북권업공사로부터 받은 원금과 조선총독부로부터 받은 보조금으로 조선인 농민에게 농경자금을 대출하기 시작하

---

45) 吉林公所,「間琿18個處鮮人民會長聯合會議」『滿蒙』제11년 6호, 1930, 316~
   317쪽.
46) 曹秉相,「在滿朝鮮仁の實情(2)」『민회회보』제11호, 1934년 1월, 60쪽.

였다.[47] 남만주에서 조선인이 다수 거주하는 봉천奉天 역시 중국인 지주의 고리대를 감수해야만 했는데,[48] 1933년 봉천거류민회는 협제공사協濟公司를 설립하고 농무계를 통하여 조선인 농민들에게 대출을 제공하였다. 그리고 같은 해 봉천 시내 조선인 소상공업자를 대상으로 해서는 봉천조선인금융회奉天朝鮮人金融會도 설립하여 대출업무를 시작하였다.[49] 영구營口는 매년 4만 석 이상의 벼를 생산하는 논농사 중심지의 하나인데, 영구 조선인 민회는 1932년 조선총독부의 원조로 영구농사금융회營口農事金融會를 설립하여 1934년 한해에만 4만 6천 원 이상을 농경자금으로 대부하였다. 또한 1935년에는 조선인농사조정위원회朝鮮人農事調停委員會를 조직하여 소작관행, 지가, 소작중개수수료 등을 조사하고, 토지매매나 소작계약은 조선인 민회를 경유하여 교섭하도록 하였다.[50]

농무계의 경우, 길림吉林에서는 중국인 지주의 조선인 농민 소작권 조기 환수라는 사태에 직면, 일본영사관이 조선인 농무계의 조직을 종용하고 자금 대부를 알선하여 중국인의 고리대보다 싼 이자의 자금을 대출해 주었다.[51] 통화通化 역시 1933년부터 민회 관할 아래 7곳의 농무계를 조직하고 일본영사관의 알선으로 동아권업공사東亞勸業公司로부터 농경자금 1만원을 차입하여 조선인 농민에게 대출하기 시작하였다.[52] 또한 도록掏鹿조선인 민회가 1933년 설립한 농무계의 경우는 동아권업

---

47) 「民會地方狀況 : 新京朝鮮人民會」『민회회보』 제31호, 1935년 9월호, 35~38쪽.
48) 「各地情報 : 奉天近況(二)」『민회회보』 제3호, 1933년 5월호, 121쪽.
49) 「各地情報 : 奉天近況(二)」『민회회보』 제3호, 1933년 5월, 122쪽.
50) 「民會地方狀況 : 營口朝鮮人民會」『민회회보』 제29호, 1935년 7월, 23~29쪽.
51) 「各地情報 : 吉林近況」『민회회보』 제3호, 1933년 5월, 133~134쪽.
52) 「各地狀況報告 : 通化朝鮮人民會」『민회회보』 제21호, 1934년 10월, 14~18쪽.

공사로부터의 차입금 12,000원으로 대출을 하기 시작한 것은 물론[53] 1934년부터는 민회가 중국인 지주와 조선인 농민 간의 소작계약에 개입 단체교섭권을 이용하여 중개인을 배제하고 소작관계를 조정하였다.

금융회와 농무계는 연합회와 민회가 해산되기 전까지 지속적으로 증가하였다. 일본 외무성의 보고와 조선총독부의 보고에 실린 1936년 6월 말 현재 재만조선인 금융기관 일람에 보이는 총 60개의 금융기관 가운데 주식회사, 저축계 등을 제외하면 총 40개의 금융회(9개의 지소 포함)가 「만주국」 전역에 걸쳐 설립되어 있으며, 현재 대출금이 총 4백 88만여 원이고, 주식회사와 저축계 등을 포함하면 대출금이 5백 90만여 원에 달하고 있음을 보고하고 있다.[54] 또한 농무계 설치인가 수를 보면, 만주국 성립 당시 1932년에 210개였던 것이 1936년 6월 말 현재는 무려 918개나 되어 4배 이상 증가했음을 알 수 있다.[55]

중개인의 고율 수수료와 중국인 지주의 고리대에 시달리던 조선인 농민이나 도시의 소상공업자의 처지에서는 금융회 또는 농무계의 상대적으로 저리의 융자를 마다할 리 없었다. 그러나 조선인들이 이들 금융기관의 융자를 신청하거나 중국인 지주와 소작계약 시 민회를 중개 대리인으로 내세우고자 하려면 반드시 자신이 민회의 회원으로 가입해야만 했다. 이와 같이 금융회와 농무계의 저리 대출은 조선인 농민이나 소상공인의 경제적 피해나 위기를 줄여 주기도 했지만, 그 이면에는 융자와 교섭의 대가로 조선인을 민회의 회원으로 포섭하여 재만 조선인 사회에서 영향력과 지배력을 확대하고자 하는 또 다른 움직임이 작동하고 있었던 것이다.

다음은 부업 장려를 토한 전시산업인력동원에서 연합회와 민회의

---

53) 「各地狀況報告 : 掏鹿朝鮮人會」『민회회보』 제17호, 1934년 7월, 61~62쪽.

54) (日本外務省) 東亞局, 『執務報告(1936년도)』 第2冊, 391~396쪽 ; 朝鮮總督府, 『在滿朝鮮總督府施設記念帖』, 1940, 66~67쪽.

55) (日本外務省) 東亞局, 『執務報告(1936년도)』 第2冊, 396쪽.

역할을 보기로 하자. 한편 연합회의 총회에서는 산업정책이 제창되기도 하였는데, 이들은 대개는 "조선총독부 및 권업공사 등의 실력에 의해" 실행되는 일이 많았다.[56] 연합회가 직접 관계한 것의 하나가 조선인 농민의 농한기 부업으로 장려된 가마니 짜기이다. 가마니 짜기는 일본의 만주침공으로 발생한 조선인 피난민을 구제하고 조선인 농민의 생활을 안정시키기 위해 신경의 일본대사관에 파견된 조선총독부 직원이 영사관, 경찰서, 금융회, 민회와 협의한 후 시작하게 된 것이다. 가마니 짜기를 권장한 지역은 먼저 철도를 따라 거주하는 농민 가운데 가마니 원료인 짚을 쉽게 얻을 수 있는 지역을 대상으로 하고, 점차 그 지역을 확대하려고 하였다.

조선인 농민의 대부분이 벼농사를 경영하고, 기후 조건상 경작기간이 짧고 농한기가 길다는 것, 짚은 쉽게 얻을 수 있고 제작도 쉬워 남녀노소를 묻지 않고 생산에 참여할 수 있는 등 소액자본으로도 참여할 수 있기 때문에[57] 민회를 통해 조선인 농민에게 가마니 제작을 장려하여 부업 수입을 올리도록 유도한 것은 매우 자연스러워 보인다. 그러나 가마니는 군사적 용도로도 많이 쓰인다는 점, 조선총독부에서 장려하는 점 등에서 볼 때 가마니 짜기의 장려에는 관동군의 수요를 염두에 둔 군수품 생산이란 측면도 있었다고 보아야 할 것이다.

연합회는 1933년 3월 총독부로부터 농업장려금을 보조 받고 제승기製繩機 28대와 가마니 직기 232대를 구입하여 안동민회를 비롯하여 14개 민회에 대여하는 것을 시작으로 다음 해에도 800대를 구입하여 각 민회에 대여하였다.[58] 그러나 조선인 농민의 부업으로 장려한 가마니 이

56) 野口多內, 「聯合會創立五周年の辭」 『민회회보』 제44호, 1936년 10월, 6쪽.

57) 全滿朝鮮人民會聯合會, 「在滿鮮農藁細工獎勵計劃」 『민회회보』 제12호, 1934년 2월, 56쪽.

58) 全滿朝鮮人民會聯合會, 「在滿鮮農藁細工獎勵計劃」 『민회회보』 제12호, 1934년 2월, 57쪽 ; 「錄事 製繩機及以織機無償貸與」 『민회회보』 제7호, 1933년 9월, 95쪽. 1934년 말 현재 만주의 가마니 직기 대수는 2,632대이다.

사업에서도 자금과 제작기의 대여는 금융회나 민회에서 "신용"을 부여한 자-대부분 민회 임원이나 금융회 회원으로 추정되지만-에게만 이루어졌다.[59] 조선인 사회에 대한 또 다른 통제수단으로 이용하였음을 알 수 있다.

또 연합회는 생산 증가 및 품질의 향상을 명분으로 전만미곡동업조합全滿米穀同業組合과 동아권업공사의 후원과 총독부의 원조를 받아 매년 1~2회, 개원開元, 철령, 무순撫順, 봉천 등에서 개량가마니 짜기 시합改良叺織競技會를 개최하였다.

그럼에도 1934년에는 그해의 수요량 200만 장에 훨씬 못 미치는 80만 장밖에 생산하지 못하였는데, 그나마 일부 지역에서는 부정확한 지역별 수요 예측에다 집하와 수송의 미비로 국지적 공급과잉을 초래한 상태에서 전체 부족분을 조선과 일본에서 수입하는 바람에 조선인에게 경제적 피해를 안기는 일도 발생하였다.

위와 같은 수급 불균형을 시정하고 가마니 매수 가격의 합리화를 위해 1935년 12월 일본대사관, 총영사관, 연합회, 전만미곡동업조합, 금융회 등이 봉천총영사관에서 협의를 하여 가마니 제도를 장려하고 판매를 통제하기 위한 기관으로서 연합회에 만주가마니통제부滿洲叺統制部를 설치하기로 하였다.[60] 통제부의 본부는 연합회에 두고, 통제구역은 주요 생산지 봉천, 무순, 철령, 개원, 영구로 제한하고, 각 지역 금융부에 지부를 두었다.

이리하여 가마니통제부는 통제구역 내 가마니의 수급을 조절, 통제하고, 각 구역의 금융회는 관할 내의 가마니를 공정가격으로 매입, 판매하고, 생산검사는 총독부의 보조금을 받는 전만미곡동업조합全滿米穀

---

59) 在新京帝國大使館朝鮮總督府派遣員, 「農耕適地調査及藁細工獎勵」 『민회회보』 창간호, 1933년 3월, 96쪽.

60) 「本聯合會に設置される滿洲叺統制部の實施計劃」 『민회회보』 제36호, 1936년 2월, 77쪽.

同業組合에 위촉하는 방식으로 가마니제도를 유지시켜 나갔다.

연합회를 통한 가마니짜기 부업의 장려는 재만 조선인의 생활 안정을 꾀한다는 취지를 내세우고 시작하였지만, 제작기와 직기 대여 및 자금원조 대상을 민회나 금융회의 신임을 얻는 자로 제한한 점, 가마니통제부를 설치하여 수급을 통합관리한 점 등에서 알 수 있듯이, 가마니제도는 재만 조선인 사회에서 연합회나 민회의 영향력을 확대하면서 동시에 군수품을 확보겠다는 이중의 효과를 노린 것이었다고 할 수 있을 것이다.

3. 조선인 아동 교육기관의 확보와 운영

재만 조선인 아동을 위한 교육기관의 확보와 운영에 관한 요구는 연합회 총회에서 끊임없이 개선을 요구한 의안 가운데 하나이다. 제5회 총회에서는 연합회 본부에서 재만 조선인의 교육에 관한 건으로 초등교육기관 증설 건과 중등교육기관 설치 건(제6호 의안)을 제출하였고,[61] 제6회 총회에서도 재만 조선인 교육문제에 관하여 「전만조선인 초등교육통제에 관한 건」(제2호 의안), 「중등교육기관 설치건」(제3호 의안), 「졸업생지도학교 및 산업지도부락 설정 건」(제4호 의안)을 제출하였다.[62]

총회에서 드러난 조선인의 불만 사항을 간단히 정리하면 첫째-농촌과 오지는 말할 것도 없고 도시에도 조선인 아동을 위한 초등교육기관은 그 수량과 시설에서 일본인 아동을 위한 기관에 비하여 턱없이 부족하다는 점, 둘째-간도를 제외하면 조선인의 중등학교가 없기 때문에 보통학교普通學校를 졸업하는 수많은 조선인 아동이 중등교육 기관으로 진학할 길이 막혀 있다는 것, 셋째-중등교육 진학을 위해 만철이

---

61) 「錄事 : 第五回聯合會定期總會」『민회회보』제4호, 1933년 6월, 35~41쪽.
62) 「第六回全滿朝鮮人民會聯合會定期總會議事錄」『민회회보』제16호, 1934년 6월, 53~89쪽, 131~139쪽.

경영하는 중학교에 조선인 아동을 다수 입학할 수 있게 해줄 것 등이
었다. 각 민회의 대표들은 재만 조선인을 위한 학교의 부족과 입학 차
별은 "일본인과 조선인의 차별대우"라며 강하게 불만을 제기하였다.

제6회 총회에서는 문제 제기에 이어 학교 시설 확보를 위한 구체적
인 방법도 결의하였는데, 연합회 측에서는 재정 부족을 해소하고 각
학교의 교육방침을 통제하겠다는 의도를 밝힌 다음, "초등교육을
통일하여 개선진보"할 수 있는 방법을 제시했다. 그 방법이란 조선
총독부나 일본 외무성의 원조가 소극적이기 때문에 "자력갱생"으로
나아갈 수밖에 없으며, 결국 조선인학교조합을 설립하고, 조선인의
조합비 부담으로 학교를 운영하겠다는 것이었다.[63]

이와 같은 총회의 결의에 기초하여 봉천에서는 거류민회 회의실에
서 봉천조선인학교조합奉天朝鮮人學校組合 창립에 관한 협의회를 열고,
창립발기인으로서 노구치 봉천거류민회 회장을 선출하고,[64] 또 학교조
합규칙을 제정하여 봉천총영사관으로부터 허가를 받았다.[65]

학교조합규칙에 따르면 학교조합의 활동은 봉천총영사 및 봉천거
류민회 회장의 지도감독을 받게 되어 있다(제3조). 조합원은 조합구역
내에 거주하는 모든 조선인(제4조)으로 규정하고, 조선인은 호별戶別로
자산소득에 따라 조합비를 부담해야만 했다(제66조). 결국 학교조합을
설립하는 일은 조합원인 조선인 부모가 학교 개정을 부담함으로써 조
선인 아동을 취학시키기 위한 것이기도 하지만, 재만 조선인의 교육을
일본 권력기구의 통제 아래 두어 "일본신민" 교육으로 통일하려는 것
이기도 하였다.

---

63) 「第六回全滿朝鮮人民會聯合會定期總會議事錄」『민회회보』 제16호, 1934년
   6월, 80쪽.
64) 봉천건류민회는 봉천에 거주하는 조선인도 가입해 있는 일본인, 조선인
   의 공동거류민회이다.
65) 「奉天朝鮮人學校組合發起人會」『민회회보』 제20회, 1934년 10월, 66~67쪽.

연합회는 조선인 중등교육기관 설립 문제에 관해서도 관련기관에 원조를 요청했지만 긍정적 회신이 없자 "자력갱생"을 내세우며[66] 전만조선인중등학교창립기성회全滿朝鮮人中等學校創立期成會를 설립하였다. 기성회는 만주는 물론 조선에서도 기부금을 모집한다는 방침 아래 각 지역 민회 회장, 각 학교의 후원회, 각 학교의 교장 및 지역 유지로 조직하고, 사무소는 연합회 내에, 가 지역에는 지방위원회를 설치하였다.[67] 기부금 모집은 대사관과 조선총독부의 허가를 받아 지방위원회가 모집하기로 하였는데, 가령 봉천지방위원회에서는 1934년 말 위원회를 통해 각 위원 및 유지들로부터 약 2만 원을 모았다.[68] 이후 기성회의 활동에 의한 결실인지는 분명치 않지만 치외법권 철폐를 전후한 1937년에 가서야 봉천에 조선인 중등학교로서 사립 동광학교東光學敎가 설립된다.[69]

한편 일본은 「만주국」을 통해 1935년 9월 「재만조선인교육개선안」을 마련하여 "재만조선인의 교육은 조선인에 대한 일본의 국책에 따라" 교육칙어, 일한합병조서, 통감 및 총독의 유고諭告를 근본으로 삼고, 조선교육령, 보통학교규정에 따라 진행한다고 규정하였는데,[70] 이는 조선인 아동에 대하여 초등교육기관 즉 보통학교에서의 교육을 보장하는 것처럼 보이기도 하지만, 재만 조선인의 민족교육기관을 회유 또는 억압하여 조선에서와 같은 식민교육체제로 재편하는 조치이기도 하였다.

일본은 「만주국」 건립 이후 재만 조선인의 민족교육기관을 철저히 단속한다는 전제 아래 보통학교를 증설하거나 기존의 사립학교에 보

---

66) 「第六回全滿朝鮮人民會聯合會定期總會議事錄」『민회회보』제16호, 1934년 6월, 82쪽.
67) 위와 같은 자료, 132쪽.
68) 「奉天居留民會商工會調査」『민회회보』제23호, 1935년 1월, 41쪽.
69) 倉島至, 「滿洲國における朝鮮人敎育に就きて」『朝鮮』1941년 10월호, 8쪽.
70) 박규찬 주편, 『중국조선족교육사』, 114쪽.

조금을 지불하는 형식으로 재만 조선인 교육을 회유해 나갔다.[71] 특히 만철과 조선총독부에서 직접 경영하거나 보조하는 학교 수가 「만주국」 건립 직후의 16개소에서 1936년에는 188개소로 대폭 증가하였는데, 민회가 설립한 보통학교(사립학교에서 보통학교로의 승격을 포함)가 128개로 전체의 68%를 차지하고, 그중에서도 조선총독부나 만철, 일본영사관의 보조를 받는 보통학교가 87개였다.[72] 보통학교뿐 아니라 사립학교에도 경영비 보조, 교과서 배급, 교원 파견 등의 보조를 통해 회유하였고 그 범위는 서당에까지 미쳤다.[73] 반면 재만 조선인의 중등교육에 대한 요구는 줄곧 기피하였기 때문에, 중등교육기관은 1920년대에 조선인과 외국종교단체에서 세운 4개의 중학교와 일본인이 세운 3개의 중등교육기관 총 7개에 불과하였고 그나마 간도의 용정에 집중 설립되었다.[74] 기타 지역 특히 남만과 북만 일대의 조선인들에게는 중등교육을 받을 기회가 거의 단절되어 있었다.

---

71) 「만주국」 시기 재만조선인 대상의 교육정책 전반에 대하여는 朴今海, 「滿洲事變 後 日帝의 在滿朝鮮人教育政策 연구」『東方學志』 130 (2005) 참조.

72) 일제가 식민지교육을 진행하기 위한 초등교육기관으로, 조선교육령 및 보통학교규칙에 따라 주로 만철과 조선총독부에서 재만 조선인 자제를 상대로 설립한 학교를 말한다. 학제는 보통 4~6년이며 보통교육과 실업교육에 치중했다. 또한 보통학교 가운데 만철 부속지 내에서는 만철 및 조선총독부가 보조금을 교부하여 민회가 경영하였고, 또 만철 부속지 외에서는 조선총독부 및 일본 외무성이 보조하고 민회가 경영하는 형태로 이루어지고 있었다.

73) 치외법권 철폐를 전후한 재만조선인 초·중등교육기관 상황은 (日本 外務省)東亞局, 『執務報告(1936년도)』第二冊, 1936, 226~227쪽 참조.

74) 1936년 6월말까지의 조선인중등학교는 다음과 같다. ( )안은 경영주체, 소재지와 수업년한이다. 光明中學校(광명학원 용정 5), 光明女子中學校(광명학원 용정 5), 光明師範2部(광명학원 용정 1), 大成中學校(당학교이사회 용정 4), 恩眞中學校(캐나다선교사용정 4), 明信高等女學校(캐나다선교사 용정 4), 東興中學校(당학교이사회 용정 4). 滿洲國文教部, 『在滿朝鮮人教育宗教一覽表』(1936), 52쪽.

재만 조선인의 거듭된 불만과 요구에도 조선총독부와 일본 영사관은 조선인 중등학교의 설립에 투자나 지원을 하지 않았음은 물론, 조선인 아동의 일본인 중등학교로의 진학에 대한 지원도 거의 하지 않았다.

4. 항일세력 구축 연계 활동

전만조선인민회연합회와 각 지역 민회의 주요 활동 가운데 하나는 일본의 만주침공과 「만주국」 건립 이후 항일세력 구축을 통한 식민체제 확립하는 사업에 직접간접으로 동조하고 참여한 일일 것이다. 여기서는 간도지역을 중심으로 전개된 집단부락 건설과 간도협조회의 항일무장세력 근거지 파괴 활동에 대한 민회의 참여를 중심으로 살펴 보기로 하겠다.

먼저 일본은 「만주국」 건립 이후 재만 조선인 '농민의 생활을 제고' 하기 위해 조선총독부와 동아권업주식회사의 주도로 남북 만주 일원에는 안전농장을 세우고, 간도에서는 조선총독부와 동양척식추식회사의 계획으로 집단부락을 건립하였다.

조선총독부는 1933년부터 시작하여 간도에 총 28개소의 집단부락을 건설하였다.[75] 집단부락 설치는 전란으로 인한 피난민과 이재민을 수

---

75) 간도 지역 집단부락 건립 상황은 尹輝鐸, 『日帝下 '滿洲國' 硏究』, 一潮閣, 1996, p.281의 도표 참조. 집단부락의 명칭과 입주년월을 현별로 대략하면 다음과 같다.

延吉縣-北蛤蟆塘(1933.4), 春興村(1933. 4), 細鱗河(1933.4), 長仁江(1933.4), 仲坪(1933.4), 太陽村(1933.4), 金佛寺(1934.4), 上明月溝(1934.4), 倒木溝(1934.4), 石門內(1934.4), 長興洞(1935.4), 鳳岩洞(1935.4), 南蛤蟆塘(1935.4) 합계 14곳.

和龍縣-靑山里(1933. 4), 土山子(1933. 4), 臥龍湖(1934. 4), 龍興洞(1934. 4), 牛心山(1934. 4) 합계 5곳.

汪淸縣-小百草溝(1934. 4), 牧丹川(1934. 4), 石頭河(1934. 4), 轉角樓(1934. 4), 五站(1934. 4), 龍岩坪(1935. 5) 합계 6곳.

용하여 농업에 정착시킨다는 것을 일차적 목적이라 하지만, 일본의 만
주침공 이후 각 지역에서 활동하던 항일무장단체와 농민 간의 연계를
차단하고자 하는 것도 주요 목적의 하나였다. 이는 집단부락이 설치된
지역과 시기를 확인하면 알 수 있는데, 설치지역은 대부분 1910년대 이
후부터 민족주의자들이 건설한 독립군 기지이거나 중국공산당 산하의
유격대 혹은 소비에트 근거지가 있던 곳으로,[76] 간도 지역 항일운동의
중심지였음을 알 수 있다. 또한 집단부락이 설치된 시기를 보아도 항일
근거지에 대한 무력토벌과 동시에 설치되거나 아니면 토벌 직후에 설
치되었던 것으로 보인다.

집단부락의 규모는 대체로 100호 좌우가 대부분이며 큰 것은 200호
의 규모였다. 중요한 것은 집단부락 건설과 관련된 요강을 보면 조선인
민회가 집단부락의 운영 주체로 규정되어 있다는 점이다.[77] 뿐만 아니
라 민회는 수용대상자를 선별할 수 있는 권한이 있고,[78] 민회의 기술
자가 집단부락을 건설 예정지를 선정할 수 있는 권한도 가졌다.[79] 나

珲春縣-駱駝河子(1933. 4), 太平溝(1934. 4), 雪帶山(1934. 4), 塔子溝(1934.
4) 합계 4곳.

76) 만주의 항일무력투쟁 근거지의 확인은 김창국, 『동북항일유격근거지사
연구』, 연변인민출판사, 1992, 34쪽에 의거하였다.

77) 朝鮮總督府 編, 『間島集團部落』, 1936, 1~2쪽의 「第1次集團部落建設要綱」
에 따르면 "①조선총독부와 영사관의 지도, 감독 아래 '조선인민회'가 주
체가 되어 집단부락을 경영하고, ②집단부락의 건설지점은 일만군경의
주둔지나 그 위력이 미치는 지방 혹은 부근에 경작할 수 있는 경지를 지
닌 곳을 선정하며, ③집단부락에 수용할 대상자는 피난민으로서 부락을
구성하는데 적합한 소질과 노동력을 지닌 가족을 지닌 자여야 하고, ④
집단부락 건설비는 총독부 보조금과 '동양척식주식회사'의 차입금으로
충당한다"("는 필자)고 규정하고 있다.

78) 朝鮮總督府外事課, 「間島に於ける集團部落の狀況」 『朝鮮總督府調査月報』
7-4, 1936년 4월, 10쪽.

79) 中村給治, 「間琿地方に於ける鮮農集團部落」, 朝鮮總督府編, 『朝鮮』 30-1,
1934년 1월, 179쪽.

아가 각 집단부락마다 적게는 20명 많게는 50명 정도의 총기로 무장한 자위단이 조직되어 있었다.

위의 내용만으로 본다면 민회는 조선총독부로부터 집단부락과 관련한 주요 권한을 부여받은 것처럼 보인다. 하지만 일본과 조선총독부의 집단부락 건설은 치안제일주의의 원칙에 입각하여 추진되었기 때문에 일본군이나 경찰을 배제하고 민회 독자적으로 지역과 입주호를 선정, 선별하기는 무리였을 것이다.[80] 그 이유는 집단부락의 대부분은 일만군경의 군사적 통제가 미치는 경계지대 요컨대 안전지대와 위험지대의 경계지역 즉 항일유격구와의 접경지역에 건설되어 항일무장세력에 대항하기 위한 전초기지 역할[81]을 하였기 때문이다. 때문에 집단부락에 수용할 농가를 지정할 때도 간도영사관 경찰관의 협조를 받아 민회 회장이 선정하였는데, 구제를 받지 않으면 원래의 거주지나 생업인 농업에 복귀할 수 없을 만큼 피해를 입었지만 2명분 이상의 노동력을 가진 농가일 것과 사상이 견실한 농가일 것이 주요 선별 기준이었다.[82] 즉 반만항일적이지 않는 노동력 보유 농가가 집단부락에 수용될 수 있었다.

이상과 같이 간도에 건설된 집단부락은 항일무장세력에 대항하면서 조선인과 중국인 민중과의 연계를 차단하는 전초기지 역할을 함으로써 「만주국」의 지배체제를 공고히 하는 역할을 담당했다. 간도의 조선인 민회는 조선총독부(일본)의 능력으로는 감당할 수 없는, 집단부락에 수용될 대상 농가의 선정과 그들의 사상을 검증하는 역할을 수행하였던 것이다.

80) 金靜美, 『中國東北部における抗日朝鮮·中國民衆史序說』, 東京, 現代企劃社, 1992, 335쪽.
81) 尹輝鐸, 『日帝下「滿洲國」 硏究 - 抗日武裝鬪爭과 治安肅正工作』, 서울, 一潮閣, 1996, 283쪽.
82) 中村給治, 「間琿地方に於ける鮮農集團部落」, 朝鮮總督府編, 『朝鮮』 30-1, 1934년 1월, 176쪽.

다음으로 민회는 관동군이나 만주국군과 협력하여 항일근거지 파괴에 주력하던 간도협조회間島協助會와도 밀접한 관련을 맺고 있었다. 간도협조회는 1934년 9월 '아세아주의'로 무장한 친일 조선인들이 중심이 되어 공산주의, 반만항일군, 조선인 불량분자를 소멸시켜 만주에서 '일만일체日滿一體'를 완성하겠다는 목표를 가진, 일본관동군 헌병사령부 연길헌병대의 외곽조직의 무장단체로 설립되었다.[83]

일본은 만주침공에 조직적으로 저항하는 중국공산당 동만특위東滿特委 주도의 항일유격대[84]를 토벌하기 위해 1933년 겨울부터 '치안숙정공작'이라 불리는 대규모 토벌을 전개하였는데,[85] 그 과정에서 이루어진 집단부락의 건설에 조선인 민회가 첨병으로 기능한 것은 앞서 보았던 대로이다. 그렇지만 군사작전에 민간인 조직인 민회를 동원하는 데는 한계가 있기 때문에 일본은 항일유격대 토벌만을 전담하는 친일무장단체의 설립을 시도하였고, 간도협조회는 그렇게 창설되었다.

간도협조회는 본부를 연길헌병대에 있었고, 회장은 김동한金東漢, 부회장은 손지환孫枝煥, 고문은 박두영朴斗榮, 최윤주崔允周, 장원준 등이었다. 간도협조회는 간도 지역은 물론이고 길림과 하얼빈 등에도 지부를 설치하였으며, 1936년 말까지 간도에만 5개 지부, 25개 구회區會에 회원만 만여 명을 둘 정도로 급속히 성장하였다.[86]

그런데 우리가 여기서 주목할 것은 간도협조회와 민회와의 관계이

---

83) 간도협조회의 설립, 조직, 활동에 대해 별 다른 주기 없는 것은 손춘일, 「간도조선인 친일단체 간도협조회에 관한 연구」『정신문화연구』20, 2002 ; 김주용, 「만주지역 間島協助會의 조직과 활동」『한국민족운동사연구』55, 2008을 참조하였음다.

84) 李鴻文 지음, 양필승 옮김, 『만주현대사-항일무장투쟁기(1931-1945)』, 서울, 대륙연구소출판부, 1992, 52~55쪽.

85) 신주백, 『만주 지역 한인의 민족운동사』, 서울, 아세아문화사, 1999, 351~352쪽.

86) 권립·김춘선, 「간도협조회」『연변문사자료』6, 연길, 연변자치주정치협상위원회, 1983, 175~178쪽.

다. 먼저 간도협조회의 지부가 설치된 지역을 보면 조선인 민회 소재지
와 겹치는 경우가 많다. 명월구明月溝, 백초구百草溝, 팔도구八道溝, 조양
천朝陽川, 노두구老頭溝, 동불사銅佛寺, 이도구二道溝, 삼도구三道溝, 연길,
용정, 도문圖們, 양수천자涼水泉子 등 12개 지역은 협조회 지부와 조선인
민회가 함께 있으며, 이는 당시 간도 지역 25개 조선인 민회의 거의 반
에 육박한다. 그 가운데 동불사 구회는 동불사 조선인 민회 회장 박순
朴淳이 간도협조회 본부로부터 위임받아 설립하였다. 또한 간도협조회
본부의 임원진을 보면 고문에 간도훈춘민회연합회 회장이며 국자가局
子街 조선인 거류민회 회장인 최윤주가 있다. 이처럼 간도협조회와 조
선인 민회는 매우 밀접한 관계를 유지하고 있었다.

간도협조회는 창립 초기부터 관동군, 만주국군과 협력하여 항일근
거지의 파괴에 주력하였는데, 10개월 만에 190여 곳의 지하 당, 지부,
연락소를 파괴하고, 1800여 명의 혁명가를 체포하였다. 또 2년 만에 동
만특위와 동북인민혁명군 지도자, 당원, 장병과 반일군중 2,509명을 체
포하거나 투항시키고, 수많은 무기류를 탈취하였다. 이때 협조회의 활
동은 유격대나 지하당을 직접 습격하기도 하지만, 요원을 파견하여 항
일세력 조직의 비밀정보를 수집하여 일만군경에 제공하고, 일반 민중
과 항일근거지와의 연계를 차단하고 내왕하는 군중을 체포하였고, 특
히 체포하거나 투항한 항일세력의 동지관계 등을 이용하여 투항, 귀순
을 유도하거나 항일세력 조직에 침투시켜 내분을 유발하는 등의 공작
에 위력을 발휘하였다. '민생단 단원들이 이미 공산당 내부에 잠입하였
다'는 유언비어를 날조하여 '반민생단투쟁'을 더욱 험악한 상황으로 몰
고 간 것은 유명한 일이다.[87] 이와 같은 정보공작에 기반을 둔 항일세
력 근거지 파괴 활동은 정보의 수집과 활용이 중요한 바, 기층 조선인
이 참여하는 민회와의 긴밀한 협조관계 없이는 성과를 올리기 어려웠

---

87) 金成鎬, 『1930年代 延邊 民生團事件 硏究』, 백산자료원, 1999, 270~271쪽.

을 것이다.

간도협조회는 1936년 3월 일본군의 토벌로 간도의 항일유격근거지가 파괴되고, 동북인민혁명군이 활동무대를 남북만주 지역으로 옮긴 후에도 '협조회 동변도 특별공작대'를 조직하여 통화지구의 항일세력 근거지의 파괴활동에 가담하였다. 또 그해 12월 만주제국협화회에 합병된 후에는 협화회 중앙본부로부터 '협화회 간도특별공작대'를 조직하였고, 1937년 5월에는 '협화회 3강성특별공작대'에 편입하여 '협화회 3강성특별공작부'를 구성하여 특수공작에 투입되었다.

이상과 같이 간도협조회의 항일무장세력 근거지 파괴 활동은 조선인 민회와의 밀접한 관계 속에서 상호보완적인 역할을 하였다. 민회는 조선인 사회를 통제하는 행정말단 조직으로 기능하고 간도협조회는 민회와의 연계 속에서 확보한 정보망을 활용 항일유격 근거지를 파괴하는 선봉에 나설 수 있었다고 보아야 할 것이다.

Ⅳ. 치외법권 철폐와 조선인 민회의 해체
-맺음말을 겸하여

일본은 「만주국」의 통치체제가 차츰 안정을 찾아가자 1934년 「만주국」을 「만주제국」으로 개칭하고, 집정을 황제로 바꾸는 등 국가 위상을 제고하는 작업을 추진하였다. 아울러 대내외적으로도 「만주국」이 독립국임을 인정받기 위하여 각종 수단과 방법을 동원하였다. 즉 국가형식을 갖추고, 군대와 경찰을 조직하고,[88] 만주국민도 창출하고, 건국이념

---

88) 만주침공 당시 1만 명에 불과하던 관동군은 1936년에는 20만 명으로 증가했고, '만주국군'도 10만 명이나 육성했다. '만주국군'은 관동군의 절대적인 지휘체계에 따라 움직였지만 「만주국」이 독립국가임을 대외에 알리는 홍보 효과가 있었다. 한석정, 『만주국 건국의 재해석-괴뢰국의 국가효과, 1932~1936』, 동아대학교 출판부, 1999, 52~53쪽.

으로 민족협화를 내걸었다. 그렇지만 「만주국」에서 '일본신민'의 치외
법권이 그대로 유지되는 상황에서는 대내외에 민족협화와 독립국가를
천명하기에는 설득력이 부족하였다.

이에 「만주국」 건립 당시부터 '독립국', '민족협화'의 복합민족국가
실현을 위해 구상하던 치외법권 철폐를 1935년부터 기본 방침으로 확
립하고 단계적으로 철폐하기로 결정하였다.[89] 「만주국」은 먼저 법률을
정비하는 작업을 서둘러 1936년부터 2년 동안 일본법을 바탕으로 30여
개에 달하는 법률을 제정, 공포하였다.[90] 그리고는 일본과 「만주국」은
'일본신민'의 치외법권을 철폐하기 시작하였다.

1936년 6월 일본정부와 「만주국」정부는 「만주국에서 일본신민의
거주와 만주국 과세 등에 관한 일본국과 만주국 사이의 조약」을 체결
하여 일본신민이 「만주국」에서 행사하던 치외법권을 철폐하였다.[91]
1936년 7월에는 과세권, 산업행정권을 철폐하여 「만주국」에 이양하였
고, 1937년 12월에는 영사재판권, 영사경찰권, 금융행정권, 관세행정권,
우정권, 통신행정권 등을 철폐, 이양하였다. 그러나 일본은 치외법권을
철폐하는 대신 특별 규정을 마련하여 「만주국」에서 일본인의 특별 지
위를 그대로 유지하였기 때문에,[92] 결과적으로 「만주국」 건립 이후 형

---

89) 滿洲國史編纂刊行會,『滿洲國史 總論』, 第一法規出版株式會社, 1970, 481~
482쪽.
90) 이 시기 「만주국」에서 공포한 법령은 아래와 같은 것들이 있다. 土地審定
法, 拍賣法, 司法警察職務規範, 商租權整理法, 律士法, 형법, 형사송법, 手
形法, 小切手法, 상인법, 회사법, 운송법, 창고법, 海商法, 민법, 민사송법,
강제집행법, 違警罪卽決法, 부동사등록법, 외국법인법, 유실물법, 사법대
서인법, 중재수속법, 공시최고수속법, 증서확정일자에 관한 건, 비송사건
법, 조정법, 공증법, 부동산등기법, 상업등기법, 법인등기법, 선박등기법,
이식제한법. 滿洲國史編纂刊行會,『滿洲國史 各論』, 滿蒙同胞援護会, 1971,
380~381쪽.
91) 日本外務省,『日本外交年表竝主要文書』下, 341쪽 참조.
92) 일본과 「만주국」은 '인본신민'의 치외법권 철폐에도 불구하고, 치외법권

식적이나마 '일본신민'의 지위를 누려왔던 조선인의 치외법권만 박탈
하는 꼴이 되고 말았다.

한편 재만 조선인은 이미 1933년 일본과 「만주국」 사이에 치외법권
을 철폐한다는 방침이 정해지고,[93] 1934년 7, 8월에는 조만간 철폐를 실
시할 것이라는 소식과 함께 「만주국」에서 철폐 준비에 착수하자[94] 이
에 민감하게 반응하여 대책회의와 시민대회를 열어 반대의사를 표명
했다. 그러나 반대의사의 내용과 표현은 지역마다 달랐다. 가령 1934년
8, 9월에 걸쳐 봉천에서는 조선인 유지의 대책회의가, 영구와 개원에서
는 조선인 시민대회가 개최되었다. 그러나 영구, 개원의 시민대회에서
는 "철폐반대 권리보호" "치외법권 철폐를 극력 반대" "만철부속지 반
환 문제 등 절대 반대"의 입장을 분명히 했지만, 봉천의 조선인 유지 30
명이 야마도 호텔에서 가진 대책회의에서는 치외법권 철폐에 대하여
"원칙적으로 찬성"하지만 만전을 기해 주고, 치외법권 철폐 수속 시 입
법, 사법, 행정 각 기관에 조선인을 상당수 배치할 것, 치외법권 철폐를
준비할 훈련기간을 둘 것 등을 요구하는 소극적 대응에 그치고 있다.[95]

가운데 핵심내용인 일본인에 대한 재판권에 다음과 같이 특별규정을 마
련하여 사실상의 치외법권을 그대로 유지하였다. 1.외국인과 관련한 사
건은 涉外事件으로 처리한다. 2.섭외사건을 처리하기 위하여 당분간 사
법부대신이 지정한 법원에 涉外廳과 담당시판관(일본인)을 둔다. 3.섭외
청을 둔 법원은 섭외사건과 관련한 토지 관할에 대하여 별도로 규칙을
제정한다. 4.형사사건에 대한 검찰사무는 검찰관 외에 검찰사무를 처리
하는 점담요원을 두고 일본인 경무지도관이 담당한다. 또 검찰관 사무처
리요원을 두고 일본인 서기관이 담당한다. 副島昭一, 「滿洲國統治と治外
法權撤廢」(山本有造 編, 『滿洲國の硏究』, 京都大學人文科學硏究所, 1993),
152쪽.
93) 가령 「治外法權撤廢로 日滿 兩國聲明」, 「九月로부터 二年後에 治外法權을
撤廢 / 滿鐵附屬地에는 特殊便法施行 / 具體的大綱을 決定」 『東亞日報』
1933년 8월 6일자.
94) 「司法官二百名 滿洲서 招聘, 治外法權撤廢準備」 『東亞日報』 1934년 8월 12
일자 ; 「治外法權撤廢 滿洲國準備着手」 『東亞日報』 1934년 8월 17일자.

한편 조선인의 의사를 집결할 수 있는 민회나 연합회에서도 적극적인 반대의사를 표명하였다.[96] 다만 그 수위는 총회석상에서 치외법권철폐에 따라 민회와 연합회를 해산하고 난 이후의 요구사항만 의결하는 선에서 그치고 있다.

가령 1935년 5월에 개최한 제7회 총회에서는 치외법권 철폐를 중요한 문제로 검토하였다. 이 총회에서 노구치 회장은 개회사를 통해 치외법권 철폐 방침을 수용하여 민족협화 하에서 국책 수행에 공헌하자고 강조하였다.[97] 노구치 회장의 이와 같은 강조에 대하여 본회의에 참가한 민회 회장들로부터는 치외법권 철폐를 반대하는 어떠한 모습도 보이지 않고 대신 각 지역 민회로부터 치외법권 철폐에 대비하기 위한 안건만이 제출, 논의되었다. 그 의안은 대체로 다음과 같은 내용이다. 첫째, 치외법권 철폐 후 조선인 자녀의 교육문제에 관한 건(용정 민회, 안동거류민회),[98] 둘째, 민회와 연합회를 치외법권 철폐 후에도 유지, 확대

95) 도시별 대책회의와 시민대회의 개최 사실은 「治外法權撤廢와 在奉人士 決議(奉天)」 『東亞日報』 1934년 8월 29일자; 「在營口五千朝鮮人 治法撤廢反對, 卄七일 권익 확보 등을 결의, 朝鮮人市民大會開催」 『東亞日報』 1934년 8월 31일자; 「開原居留朝鮮人 治外法權撤廢反對 관계 요로 당국에 타전하기로 市民大會에서 決議」 『東亞日報』 1934년 9월 12일자 기사에서 확인된다.

96) 1935년 12월 일본 東京中央協議會에서 재만조선인의 교육기관을 만주국에 이양하기로 합의를 보았다는 보도에 "전만조선인민회연합회는 반대의사"를 표명했다. 「在滿同胞 敎育機關 移管 現地에서 反對烽火 東京中央協議會의 決議에 對하야 要路當局에 電報發送」, 『東亞日報』 1935년 12월 19일자. 이에 앞서 8월에는 각 민회장이 총회를 개최하여 당시 연합회 회장 野口多內를 배척하는 운동이 전개되었고, 이 일은 관동군, 조선총독부에서도 주목하였다고 한다. 다만 이 일이 치외법권 철폐에 대한 대응 문제에서 촉발된 것인지는 자세하지 않다. 「在滿朝鮮人民會總會 聯合會長을 排斥」 『朝鮮中央日報』 1935년 8월 25일자.

97) 野口多內 「開會之辭」 『민회회보』 제28호, 1935년 6월, 11쪽.

98) 「總會議事錄」 『민회회보』 제28호, 45·78쪽.

해 달라는 건(용정 민회, 하얼빈 민회),[99] 셋째, 조선인을 「만주국」 중앙정부 기관뿐 아니라 지방관청의 관리로 다수 채용하기를 요청하는 건(신경 민회, 봉천거류민회 등 20여 곳 민회)[100] 등이다.

그러나 재만 조선인 교육 문제는 조선총독부와 「만주국」 간에 진행 중인 협의에 맡기기로 정리하고, 민회와 연합회 유지 건은 아무런 설명 없이 연합회에서 '적당한 조치를 취한다'고만 하고, 조선인 관리 채용 건은 위원회를 세워 관동군사령관, 전권대사, 헌병사령관, 총무청장관 에게 진정만 하기로 결정하였다.[101] 이는 결국 민회와 연합회의 존속 은 불가능하다는 것을 전제로 한 상태에서 치외법권 철폐 후 조선인의 권리 신장을 꾀한다고 하는 '현실주의'적 자세로 돌아섰음을 보여준다.

1936년 6월 18일 '치외법권철폐 현지간사회'는 조선인 민회를 협화 회로 흡수 통합하는 「처리요강」을 제정하였다. 이는 1936년 7월 1일까 지 민회에서 관리하던 일반행정을 「만주국」에 이양처리한다는 것을 골 자로 한다.[102] 이 요강에 따라 종래 조선인 민회에서 처리하던 일반 사

---

99) 위와 같은 자료, 45·119쪽.
100) 위와 같은 자료, 111~124쪽.
101) 위와 같은 자료, 120~123쪽.
102) 「처리요강」은 다음과 같다. 1.조선인민회의 사무 또는 사무 중 교육 및 의례 등에 관한 것을 제외한 일반행정에 관한 사무는 만주국에 인계한 다. 2. 전항의 사무처리에 필요한 시설 및 직원이 필요하다고 인정되는 경우 이를 만주국에 인계한다. 3. 시설 및 직원은 원칙적으로 당해 街村 또는 이에 준하는 기관에 인계하고 가촌에 인계하기가 적당치 않는 것 은 해당 縣市에 인계한다. 4. 인계 직원의 員數 및 소속은 별표에 의한다 (별표 생략). 5. 인계 시설에 따르는 채무는 만주국에서 이를 인수한다. 6. 인계 직원의 俸薪은 康德 3년 3월 말일 현재의 給額에 따른다. 위 기 간 이후에 채용된 자는 채용 당일의 급액에 준한다. 주택수당, 기타 수당 이 있을 때는 이를 고려한다. 7. 인계 직원이 사용할 비품류는 무상으로 인계한다. 8. 민회 사무소는 가급적 해당 단체의 청사 내로 이전시킬 것. 9. 기타 사항에 대해서는 필요에 따라 현지에서 관계 日滿機關 협의 하에 적당한 조치를 강구하기로 한다. 이상은 西林良雄(民政部地方司), 「居留

무행정은 「만주국」에 인계하게 되었고, 이러한 인계작업은 신경 조선인 민회의 조직개편부터 시작하여 전 만주 지역에 적용되었다. 이리하여 재만 조선인에 대한 사무행정은 「만주국」 사무행정으로 재편되어 일원화되었다. 또한 민회 사무의 「만주국」 행정기관으로의 편입과 함께 민회직원의 인계되어, 그해 9월까지 민회 직원 395명중 54명이 「만주국」의 지방행정기관에 인계되었다.103) 또한 민회의 해산에 따라 민회가 경영하던 금융부도 「만주국」 금융합작법의 적용을 받는 등 재만 조선인 단체는 「만주국」의 관련 조직으로 재편되고, 재만 조선인은 「만주국」의 행정 및 조직으로 편입되어 갔다.

1936년 9월 5일 '만주제국협화회 신경조선인민회분회'의 설립104)을 계기로 각지 조선인 민회는 「만주국」 건국 당시부터 대중동원조직으로 기능을 담당하여 오던 만주제국협화회의 분회로 통합되어 갔다.

일본은 만주침공과 「만주국」의 건립 과정에서 항일무장세력의 조직적 저항에 직면하였다. 또 재만 조선인에 의한 봉천의 "자치운동"과 같은 신국가로의 정치참가와 자치를 요구하는 움직임도 나타났다. 특히 후자는 일본의 「만주국」의 통치 및 조선 통치를 약화시키고 나아가 조선독립운동으로 이어질 가능성도 있었다. 따라서 항일무장세력의 구축을 위한 선봉으로, 또 재만 조선인을 회유하고 통제하기 위해 대표적 조선인 단체인 조선인 민회의 연합조직인 전만조선인민회연합회를 조직하였다. 연합회는 한편으로는 무장 항일세력의 구축에 민회를 직간접으로 이용하면서, 다른 한편으로는 농경자금 등의 금융대출과 부업 장려, 교육기관의 확충 등의 생활안정책으로 재만 조선인을 회유하면

民會の處理槪況」『민회회보』 44호, 1936년 10월호, 69~70쪽.
103) 滿洲國史編纂刊行會, 『滿洲國史 總論』, p.488; 「編輯後感」『민회회보』 제 51호, 1937년 5월, 151쪽.
104) 全滿朝鮮人民會聯合會, 「協和會民會分會各地に生る」『민회회보』 44호, 1936년 10월호, 89~90쪽.

서, 총회와 회보를 통해 민회와 재만 조선인을 통합하여 그들의 자치요
구를 억제하려 하였다.

그러나 독립국을 표방하면서 민족협화를 이데올로기로 하는 「만주
국」의 통치체제를 안정시키려는 일본에게 있어 조선인에 대하여 치외
법권을 적용하고 조선인 단체의 활동을 조장하는 것은 대내외적으로
설득력이 부족하였다. 더욱이 재만 조선인은 그들 나름대로 조선총독
부와 일본영사관의 강력한 통제 하에서 "조선인의 자치기관" 설립이
좌절되어 연합회에 대한 불만이 커졌기 때문에 민회와 연합회를 통한
조선인의 통제와 통합도 점점 난항을 보이게 되었다. 결국 「만주국」 건
립 초부터 구상하고 있던 치외법권 철폐 구상을 실행에 옮겨 1936년과
1937년의 2회에 걸친 그 철폐를 단행하고, 이를 기회로 협화회를 통한
민족통합정책 즉 '민족협화'를 강화하려고 하였다. 치외법권의 철폐에
따라 민회와 연합회는 해산되고, 민회의 기능은 「만주국」의 행정기관
으로 통합되었다. 동시에 조선인은 협화회 산하의 민족분회로서 협화
운동으로 편입할 수밖에 없었다. 그러나 이후 일본이 재만 조선인을 통
합하려는 정책은 재만 조선인의 동향, 국가총동원정책과 맞물려 복잡
하게 전개되어 갔다.

<부록>

전만조선인민회연합회 총회의 의안, 결의안

회차	연호	결의안 또는 의안	비고
1 회 결 의 안*	1호	현지보호에 관한 건	*창립총회
	2호	구제에 관한 사항	
	3호	상조商租에 관한 건	
	4호	내지잡거內地雜居에 관한 사항	
	5호	자금에 관한 사항	
	6호	폭령악세暴令惡稅 철폐 건	
	7호	미쯔야협정三矢協定 철폐 건	
	8호	집단통제 건	
	9호	자위단 조직 건	
	10호	미가米價 조절 건	
	11호	무료수용소 상설 건	
	12호	교육의료 확장 건	
	13호	동청철도東支鐵道 무임수송 건	
2 회 결 의 안	1호	전만조선인민회연합회 규칙개정건.	*2호세부안건 ①피난선농구제에 관한 건, ②경찰관출장소 배치 와 자위단 조직에 관한 건, ③원주지 잔존 선농 구제에 관한 건, ④선농과 지방 지나인과의 관계 개선에 관한 건 **4호 세부안건 ①재만선인에 대하여 특히 優遇를 받게 할 것, ②만몽신국가의 정치부문에 조선인을 참여하게 해 줄 것 ***제8호 세부계획 재만 조선인 구호와 장래의 이주장려통제에 관한 계획(세부내용 생략)
	2호	피난 鮮農 응급조치 및 원주지 잔존 선 농 구제 계획 실행에 관한 건*	
	3호	부당과세 철폐 요청 건	
	4호	만몽신국가에 대한 요망의 건**	
	5호	재만선인 無籍者 就籍에 관한 건	
	6호	재만선인 실업자 구제에 관한 건	
	7호	재만선농 보호를 위해 조선인 경찰관 채용 방법방 청원 건	
	8호	재만 조선인 구호와 장래의 이주장려 통제 계획 실행에 관한 건***	
	9호	금융조합 개선에 관한 건	

3 회 결 의 안	1호	선농 현재 보호에 관하여 각 당국에 청원하는 案文에 관한 건	전회미결사항 ①재만선인 무적에 관한 건, ②재만선인 실업자 구제에 관한 건, ③재만선인 구호와 장래의 이주장려통제계획 실행에 관한 건, ④금융조합 개선에 관한 건, 추가로 당해 관청 기타에 대한 청원안문의 기초는 연합회 정부회장에 일임시킬 것.
	2호	재만 각 민회 및 연합회 경비보조에 대한 예산안 통과요망에 부쳐 제63 제국의회에 청원 건	
	3호	임시회의 결의안중 미결 사항 실행 방법에 관한 건	
4 회 결 의 록	1호	增兵 청원서 제출을 필요로 하는 건	
	2호	군대의 주둔을 청원하는 건	
	3호	조선인 무장이민단 조직의 건	
	4호	북만 중심지인 哈爾賓에 聯合會 支部를 필요로 하는 건	
	5호	연합회 월보 발행을 필요로 하는 건	
5 회 제 출 의 안	1호	소화8년도 전만조선인민회연합회 세입세출	*1~9호 본부제출의안, 10~16호 각민회제출의안
	2호	전만조선인 선도에 관한 건	
	3호	집단농촌 건설 촉진 및 집단농민 지도에 관한 건	
	4호	전만조선인민회 통일에 관한 건	
	5호	재만 조선인의 무적자 취적사무 취급에 관한 건	
	6호	재만 조선인교육에 관한 건	
	7호	관동군사령부, 외무성, 척무성, 대장성, 조선총독부에 대하여 감사장 봉정의 건	
	8호	전만 각 보통학교 생도 학예품 전람회 개최의 건	
	9호	재만 조선인에 대한 금융기관에 관한 건	
	10호	치안유지를 위한 자경단 조직에 관한 건	
	11호		
	12호	대사관, 만철 및 소화제강소에 선인 채	
	13호		

	14호	용에 관한 건
	15호	만주국에 선인관리 채용에 관한 건
	16호	민회 유지비 보조에 관한 건
		농업창고 설치의 건
		연합회 규칙 제정의 건
		각지 수입조합 및 금융조합(關東廳금융조합령에 의할 것)에 재류선인도 가입할 수 있도록 당국에 요망하는 건
6 회 제 출 의 안	1호	소화9년도 세입세출예산의 건
	2호	전만조선인초등교육에 관한 건
	3호	중등학교 설치에 관한 건
	4호	졸업생 지도학교와 산업지도부락 건설의 건
	5호	재만 조선인 자작농 창설 자금으로 정부로부터 저리자금 융통의 건
	6호	만주국에 미곡수입관세를 설정하는 건
	7호	만주산미제한 문제에 대한 청원의 건
	8호	토지상조권에 저당권 설정법을 세우는 건
	9호	자위단 조직에 관한 건
	10호	봉천성 水利合作령 철폐에 관한 건
	11호	전만조선인민회연합회 규칙 개정의 건
	12호	민회규칙 통일에 관한 건
	13호	위생에 관한 건
	14호	금융기관으로 하여금 대부금 이자 인하 및 시기를 앞당기는 교섭의 건
	15호	교육에 관한 건
	16호	집단농장 혹은 무장이민을 속히 실현시킬 것
	17호	외무성 및 조선총독부의 민회 보조로서 각지의 현황에 따라 증감하고 機宜에 적당하 처치를 강구하여 旣設民會를 가능한 한 빨리 기초를 확립케 하고 축차 전반에 보급시키는 것
	18호	민회 직원의 강습회를 개최해야 하며
	19호	장래 선인 대 만인 토지대차(소작계약)에 관한 각 民會는 그것을 통일지도하

	20호	여 이주농민의 복리를 도모한다. 일반 민중의 안녕질서를 지키고 불령의 徒輩를 엄중하게 단속하기 위해 각 民會에서 관내 주민의 호적을 상세하게 取調해 두고 타 관내에 이주하는 자에게는 반드시 증명서를 휴대하게 하는 일로 하여 이주자로 하여금 해당 신분 증명서 없는 자는 주거를 허가하지 않는 방침을 확립할 것	
	21호	조선에서의 산업과 교육상황 시찰에 관한 건	
	22호	조선인이 다수 거주하는 지방의 만주국 관청에 조선인 관리를 채용할 것	
	23호	興安總署訓令 제126호에 관한 건	
	24호	聯合會를 常備機關으로 하고 사무소를 新京으로의 이전에 관한 건	
	25호	금융회 증설 및 전만금융회연합회 조직 방법 요망의 건	
	27호	부업생산품 판로 확장에 관한 건	
	28호	민회 役員에 관한 건	
	29호	滿洲國 정부 日系官吏의 동포 이해에 관한 건	
	30호	기타 요망에 관한 건	
	31호	회?문고 설치의 건	
	32호	토지수용법 제정의 건	
	33호	농산물 공동판매 기관 및 소비조합 설치의 건	
7 회 제 출 의 안	4호	취적사무강습회 개최 건	
	5호	滿鐵부속지 외에 소재하는 조선인 보통학교를 在外指定學校로 지정하는 방법을 강구하는 문제	
	6호	재만 조선인 초등교육방침 통일에 관한 건	
	8호	사회교화와 농촌갱생운동에 관한 건	
	9호	日滿小爲替交換局 증설과 일어, 조선어, 중국어 가능한 사무원 배치 건	
	10호	비적 토벌과 치안유지에 관한 건	

11호	치외법권 철폐에 대하여 한인관리를 대폭 채용하여 조선인의 불안을 해소하는 건
12호	금융회 융통자금 증액 요망 건
13호	의료기관 설치에 관한 건
15호	전만조선인 보통학교 교원강습회와 교원양성소 설치에 관한 건
16호	대사관 내에 조선인 사무관을 설치 요망 건
17호	만주국 縣 공서 및 滿鐵 지방사무소에 조선인 관련 사건 연락 방법 건
18호	자유이민 구제와 통제책 강구 건
20호	농업지도원 파견에 관한 건
21호	조선인농민의 소작권 확보 건. 農事輔導委員會 보도기관에 관한 건
25호	水道 用地에 관한 법 규정에 관한 건
26호	集家法 실시에 관한 건
29호	조선인이 다수 거주하는 도시 내의 민회에 직업소개소를 설치하는 문제
31호	전만조선인민회연합회 부과금징수조령을 대사관령으로 발포하도록 관계 당국과 교섭하는 건
34호	아직까지 해결보지 못한 건.
35호	재만 조선인 동포로서 국방비행기 헌납을 요구하는 건
36호	조선인민회 제 규정의 준칙을 통일을 도모에 관한 건
41호	상조권 취득을 간편하게 하는 방법을 당국에 요청하는 건
47호	조선인 巡捕제도를 폐지하는 것을 요청하는 건
48호	재만 조선인으로서 조선총독부 중추원과 「만주국」참의부에 참석을 요구하는 건
51호	
52호	장기 거주 방법을 강구하는 문제
56호	「만주국」인 대지주와 교섭 방법을 강구하는 문제

57호	본 연합회를 상설기관으로 신경에 이전하는 건
58호	民會行政例規集 편찬에 관한 건
59호	민회연합회보 편집에 대한 요망 건
60호	민회 사업에 공로가 현저한 만주국 관리에게 본 연합회로부터 감사(표창)장 送呈 건
61호	민회와 민회 간 사무열람에 관한 건
	각 민회 기본재산의 기초를 확보하도록 토지를 만주국정부로부터 싼값 또는 무상으로 불하하는 방안 주선 건

침략전쟁기 상해의 친일조선인연구

황 묘 희*

I. 머리말

한국근현대사에서 가장 큰 민족적 과오는 해방이후 미군정과 이승만정권에 의해 반역사적 산물인 친일파청산에 스스로 실패한 점이다. 일제강점기 친일행위는 단순히 목숨 부지나 먹고 살기 위해 일제가 강요한 식민통치정책에 따른 것을 지목하는 것이 아니다. 국내외에서 개인적 영달과 부를 위해 자발적인 친일, 부일을 함으로 민족의 독립과 자존을 심각하게 훼손한 반역사적 행위자를 주목하는 것이다. 그럼에도 친일세력과 후손들은 친일행위가 일제의 강요에 의한 것이었으며, 그 시대에 살아남기 위해서는 어쩔 수 없는 생존의 문제였다고 강변하고 있다. 그들은 힘없는 개인으로써 친일, 부일을 했다고 항변하면서, 나설 때는 자신들이 민족을 이끈 지도자였다는 모순된 논리를 내세운다. 청산하지 못한 친일문제는 아직까지도 논란 대상이며, 계속적인 진상 규명의 대상인 셈이다.

---

* 한국체육대학교 강사

친일세력 양성을 통한 일제의 민족분열정책은 3·1운동 직후에는 더욱 치밀하게 전개되었다. 이른바 문화통치로 한국민에 대한 억압적인 규제조치들을 완화시켜 일본인과 동등한 대우를 할 것임을 선전하였다. 이는 기만적인 식민통치술책으로 고등경찰을 동원하여 은밀하고 강도 높게 한국민을 감시 탄압하는 한편, 그들의 식민통치에 동조·협력하는 친일파를 대거 양성하는 친일공작을 전개하였다.

일제의 친일공작은 한국을 병참기지로 삼아 본격적으로 대륙침략과 세계대전(만주사변, 중일전쟁, 태평양전쟁 등)에 뛰어드는 1930년대 말 이후 더욱 집요하게 전개되었다. 문제는 그들의 그러한 식민술책에 동조하여 적지 않은 조선인들이 국내뿐만 아니라 실질적인 항일투쟁이 전개되던 중국 만주 등지에서도 일제의 이른바 대동아공영권 수립야욕에 참여하였다. 이들은 일제의 침략전쟁에 직접 종군하거나 군수물품과 자본을 지원하였고, 일제의 대동아공영권 수립론의 정당성을 선전하는 등 상당히 자발적인 친일활동을 전개하였다.

친일문제 연구는 주로 국내중심으로 활동한 인지도 높은 인물들의 친일행적에 조명되었다. 그런 만큼 중국 관내 및 만주 등지에서 개인적이나 보다 실질적으로 일제의 침략전쟁을 지원하며 친일활동을 전개한 부분에 대한 역사적 인식은 상당히 부족하다. 특히 중국 관내와 만주지역은 대한민국임시정부가 수립되어 광복정책을 수행하였고, 당시 활발하고 강력하게 항일무장투쟁이 전개되었던 독립운동의 근거임에도 불구하고 이곳에서 활동하고 있던 친일조선인들이 개별적으로 또는 조직적으로 일제의 침략정책에 부응하며 친일행위를 자행하여 독립운동에 직접적인 위해를 가하였다.

특히 근대이후 국제도시로 성장한 상해지역의 친일 어용세력은 군수품을 제작, 판매하여 부를 축적하거나 일본의 특무공작원, 밀정 등으로 고용되어 친일활동을 하였고, 극단적인 경우는 군대위안소를 경영하면서 일본군에 조선여성정신대를 제공하는 일까지 일삼았다. 또한 침략전쟁을 동양평화를 위한 일제의 성전이라 선전하면서 일제의 전쟁동원체제에 전폭적 지지를 보내는 등 민족분열과 독립의지의 훼손을 조장하였다. 이러한 상해 조선인들의 친일행위는 보다 실질적이고 치명적으로 항일투쟁에 타격을 주었고, 민족세력 규합에 막대한 지장을 초래하였다. 따라서 상해내 친일조선인들은 항일독립 세력의 처단 대상이 되기도 하였다.

그럼에도 불구하고 중국 상해를 비롯한 해외 친일조선인에 대한 개별적인 연구가 만족할 만큼 축적되어 있지 않고, 따라서 그들에 대한 일반의 역사적 인식도 매우 부족하다. 이것이 지금 해외친일세력에 대해 주목하는 이유라 하겠다. 특히 상해지역 친일조선인과 관련하여서는 『일제침략과 친일파』(임종국, 청사, 1982), 『일제의 한국침략정책사』(강동진, 한길사, 1985), 『상해 한인사회사』(손과지, 한울, 2001), 『친일파란 무엇인가』(민족문제연구소, 1999), 『친일파란 무엇인가』(민족문제연구소, 아세아문화사, 1999), 『식민지 조선경제의 종말』(김인호, 신서원, 2000) 등의 연구저서에서 다루고 있다. 그러나 보다 구체적인 해외 친일에 대한 역사인식의 확대를 위해서는 주제와 관련된 개별적인 연구 성과가 요구되어 진다.

또한 그동안 친일문제를 반민족개념에 따른 민족주의에 한정되었던 인식을 보다 확대하여 세계사적 오류행위로 인식키 위함이다. 해외 조선인의 친일은 우리 민족문제만이 아닌 침략전쟁에 반대하는 피압박민족에 대한 역사적 오류인 것이다. 따라서 민족주의, 민족정기 훼손이라는 종래적 시각에 의한 친일인식도 중요하나 해외 친일에 있어 민족의 범주는 매우 소극적이고 부분적인 인식이라는 한계가 있다고 본다. 현재 친일의 문제는 내부적 민족에 대한 부분이 아니라 세계사에 있어 반평화적 부분의 존재가 내적으로 존재하고 있었음을 스스로 인정하고 반성하기 위함이다.

이에 본 주제에서는 일제의 친일공작 실태와 함께 해외 친일의 한 부분이었던 중국 상해지역을 중심으로 자발적인 친일활동을 벌였던

조선인들의 행태 및 상해지역의 대표적 친일조선인단체의 활동내용
등을 살펴 상해의 친일조선인에 의한 반역사적 행태가 민족내부의 분
열을 얼마나 심화시켰고, 침략전쟁의 동조를 통해 인류평화사를 어떻
게 황폐화시켰는가를 인식해 보고자 한다. 아울러 스스로 식민지인이
었던 조선인이 자신의 민족사와 인류사를 훼손시킨 과오를 반성하고
인식하는 계기를 기대한다.

Ⅱ. 일제의 대륙침략과 친일공작

일제는 조선침략과 식민통치를 위해 군사적이고 정치적인 압력을
동원하면서 조선과 일본의 동화를 통해 조선을 완전히 소멸시키고 이
를 일본의 영토로 편입한다는 식민동화주의정책을 수립하였다.[1]

이러한 기만적인 동화주의를 식민지배의 명분으로 선전하기 위해
친일파를 키워서 그들을 침략의 앞잡이로 삼아 조선의 내부구조를 효
과적으로 허물어뜨리고자 하였다. 즉, 일제는 병합이전부터 유학생이
나 시찰단을 친일파로 양성하였고,[2] 정변이나 개인적인 이유로 일본에
망명한 자를 비호 회유하여 친일파로 만들고자 하였다. 또 조선의 고위
관료를 매수와 협박, 특권부여 등으로 포섭하였고,[3] 일진회 등 친일단
체를[4] 만들어 침략의 선봉으로 이용하였다. 이들 친일조직은 배일단체

---

1) 『每日申報』 1911년 2월 23일 '寺內總督의 演說'
   "조선통치의 근본방침은 내선일체이고, 궁극적 목표는 조선의 사국화, 구
   주화이다. 이에 이르는 사이의 통치자의 구상은 일시동인이고 채택된 정
   책은 그들을 일본 본국의 일본국민과 같게 하는 것, 즉 반도민중의 일본
   동화에 힘쓰는 것이 통치정책의 기조를 이룬다."
2) 김영모, 『한말지배층의 연구』, 서울문화사, 1972, 178쪽.
3) 山邊健太郎, 『일본의 한국병합』, 태평출판사, 1973, 273~279쪽.
4) 김도형, 「일제침략초기(1905~1919) 친일세력의 정치론연구」『계명사학』 3,
   계명사학회, 1992, 26~40쪽.

에 대한 철저한 탄압과 와해를 위한 것이었다.5)

그 후 합병과 함께 일제는 한국에 대한 직접적인 지배방침으로 무단통치를 내세워 극한적인 억압과 유린, 수탈을 자행함으로 조선인에 대해 무조건 복종을 강요하였다. 그리고 말단행정기관이라도 기관장은 모두 일본인이 독차지하는 극심한 민족차별정책을 취함으로 일진회 같은 침략의 앞잡이역할을 한 친일단체도 해산시켰다. 이에 친일파 가운데에도 일제의 배신을 운운하며 불만을 토로하기도 하였다.6)

그러나 1919년 3·1운동이 일어나자 면장이나 군면의 吏員, 경찰관 등 조선인 하급관리까지 사직, 결근, 태업 등의 방법으로 일제지배에 불복종을 표명하며 투쟁에 참여함으로7) 일제의 식민통치는 큰 타격을 받게 되었다. 이러한 상황에 직면하자 일제는 소위 문화통치를 표방하고 나섰지만 그들의 식민정책의 근본을 바꾼 것은 아니었다. 문화통치의 본질은 경찰중심의 정보정치를 통해 친일세력을 육성하고 조선인에 대한 탄압과 회유를 강화하는 한편 개발정책과 민족분열정책을 통하여 수탈과 지배를 심화시킴으로서 일제로의 동화를 달성하고자 한 것이다.8)

5) 강동진, 『일제의 한국침략정책사』, 한길사, 1985, 136쪽 <표 1> 참조.
6) 大東國男, 『이용구의 생애』, 시사통신사, 1961.
7) 강덕상, 「일본의 조선지배와 3·1독립운동」岩波강좌, 『세계사』 25, 340~342쪽.
8) 『齋藤實文書』 9, 고려서림 영인본, 1990, 61~93쪽.
  3·1운동 직후 일본 수상 原敬은 "조선에 대한 식민통치제도는 구미제국이 인종이 다르고 종교가 다르고 역사가 다른 그들의 식민지에서 택했던 제도를 참작하여 만든 대만의 제도를 모방한 것은 근본적으로 잘못되었다. 일본과 조선은 언어, 풍속, 인종, 역사가 거의 동일함으로 조선에도 일본과 동일한 제도를 시행할 수 있다. 조선인의 상태를 보면 일본인에게 잘 동화 될 수 있을 것 같고 어떤 점에 있어서도 동화될 수 있는 근본적인 성질을 가지고 있으므로 조선통치의 원칙은 일본 인민을 통치하는 것과 완전히 똑같은 주의, 방침으로 한다는 것을 근본정책으로 정하지 않을 수 없다. 결국 조선의 동화방침으로 제반 제도를 쇄신하는 것은 오늘날 가장

이에 3·1운동 이후 새로 부임한 齋藤實총독은 민족운동에 대한 억압과 분열을 위한 가장 중요한 정책으로서 친일세력의 재건책을 추진하였고, 적극적으로 친일세력을 육성, 이용하기 시작하였다. 이때 조선군 참모부는 합병전부터 줄곧 친일적인 태도를 가지면서 상당한 지위와 수완을 지닌 자를 유용하게 쓰기 위해 보호하는데 더욱 힘쓸 필요가 있다는 친일파 이용방책을 제시하였다.9)

그리고 친일세력의 육성과 이용을 통한 민족운동 분열정책을 골격으로 한 친일세력 양성에 관한 구체적인 구상을 세웠다.10) 이러한 정책구상은 조선에 대한 완전한 식민통치가 제반 계층을 망라한 친일세력의 도움 없이는 어렵다는 것을 절박하게 인식한 것으로, 일제말기까

적절한 조치이며, 병합의 목적도 비로소 달성할 수 있다고 믿는다"고 지적하며 조선에 대한 식민정책의 전환을 주장하였다.

9) 姜德相 편, 「朝鮮」 2 『現代史資料』 26, 原書房, 1967, 651쪽.

10) 『齋藤實文書』 9, 고려서림 영인본, 1990, 143~158쪽.
  정책구상의 내용은 다음과 같다.
  ① 조선인관리를 재조사, 良否를 가려내어 상벌을 분명히 하고 관기를 숙정해서 일본에 절대 충성을 다하는 자로서 관리를 굳힌다.
  ② 몸과 마음을 걸고 일을 해낼 핵심적 친일인물을 골라 귀족, 양반, 부호, 실업가, 교육가, 종교가 등에 침투시켜서 얼마간의 편의와 원조를 주어 친일단체를 만들게 한다.
  ③ 각종 종교단체도 그 최고지도자에 친일파를 앉히고 일본인 고문을 붙여 어용화한다.
  ④ 조선문제 해결의 사활은 친일인물을 많이 얻는 데에 있으므로 친일민간인에게 편의와 원조를 주어 친일지식인을 긴 안목으로 키운다.
  ⑤ 양반, 유생 가운데 직업이 없는 자에게 생활방도를 주는 대가로 이들을 온갖 선전과 민정염탐에 이용한다.
  ⑥ 조선인부호에게는 노동쟁의, 소작쟁의를 통해서 노동자, 농민과의 대립을 인식시키기도 하고, 매판화시켜 일본 쪽에 끌어 들인다.
  ⑦ 농민을 통제, 조종하기 위해 전국 각지에 유지가 이끄는 친일단체 矯風會, 振興會를 두게 하고 이에 국유림의 일부를 불하해 주는 한편 입회권(일정한 삼림, 들에서 공동으로 여물, 두엄용 풀과 시탄용 잡목을 잘라 거두는 권리)을 주어 회유, 이용한다.

지 이 정책구상의 골격은 유지, 확대되어 갔다.

한편 일제는 1929년 세계대공황을 겪으면서 정치, 경제적 위기에 직면하게 되었다.[11] 특히 장기적인 농업공황에 의한 조선농업의 황폐화, 농민의 경제적 몰락의 심화와 조선내의 항일의식의 고조, 조선인과 일제와의 계급적, 민족적 모순의 격화는 일제의 식민지배정책의 전환을 가져오게 하였다.[12] 이에 일제는 이러한 위기상황을 탈출하기 위해 강력한 군사적 파쇼체제를 확립하고 조선에 대한 식민지체제를 더욱 강화하였다. 그리고 1931년 9월 본격적인 중국대륙 침략을 개시함으로 조선에 대해 식민지로서 뿐만 아니라 전쟁수행을 위한 병참기지로서의 역할을 강요하였다. 일제는 내선일체, 황민화정책을 강화하여 민족의식과 독립운동을 철저하게 탄압하는 동시에 군수물자 확보를 위한 군사산업의 개발을 통하여 조선의 예속화를 한층 강화하고 조선민중의 착취와 자원약탈에 광분하였다. 중일전쟁을 일으킨 일제는 동아신질서 확립, 성전이라 선전하면서 조선인에게 단순히 민족성을 포기할 것을 강요한 것이 아니라 일본인으로서 자각케 하고자 하였다.[13] 이에 모든 조선인을 대상으로 하여 민족의식을 완전히 버리고 일본인의 정신을 주입시키기 위한 전면적 조선대중전향을 꾀하였다. 그리고 친일세력으로 하여금 이전보다 많은 어용전향단체를 조직케 하여 황민화, 전시동원을 선동하였다. 나아가 1941년 태평양전쟁으로 침략전쟁이 확대됨에 따라 일제의 이러한 식민정책은 더욱더 강화되었고, 조선민중과 자원은 침략전선에 이용하기 위해 대륙침략의 첨병으로 동원, 희생시켰다. 그리고 조선인지주, 민족부르주아의 매수공작과 보호육성 등으로 전개하였던 민족분열정책 즉 친일공작을 한 단계 진전시켰다.[14] 이는 일제

---

11) 井上淸, 서동만 역, 『일본의 역사』, 이론과 실천, 1989, 417~418쪽.

12) 박경식, 『일본제국주의의 조선지배』, 청아출판사, 1986, 334쪽.

13) 『綠旗』, 1937.7, 23쪽.

14) 御手洗辰雄, 『南總督の朝鮮統治』, 京城日報社, 1943, 36~83쪽 참조.

의 보다 효과적인 침략전쟁 수행과 조선에 대한 완전한 식민정책을 달
성하기 위한 주요 노선이었다.

일제는 만주침략을 동양의 영원한 평화를 위한 것이며 대이상을 향
한 매진이라며 선전하면서 민족운동 세력이 자포자기 하도록 친일세
력을 동원하거나 공포심을 주어 전향을 유도하였다. 이를 위해
1932년 「사상범인에 대한 유보처분취급규정」에 이어 1936년 「조선사상
보호관찰법」, 1941년 「조선사상범예방구금령」을 공포, 철저한 사상통제
체제를 갖추어 민족운동 탄압과 조선인의 전향을 강제하였다. 또한 무
정부주의자나 농민조합인, 노동동맹, 민족주의운동의 경력자들을 사상
전향 대상자로 파악하여[15] 이들에게 직업을 소개 및 알선하거나 공공
사업에 참여케 하고 정신교육과 직업교육의 수강을 하도록 하는 등[16]
회유를 통한 전향을 유도하였다. 뿐만 아니라 전향한 조선인과 단체가
배반하지 못하도록 관할 고등계 주임과 주재소 경찰관을 동원해 철저
하게 감시하였으며, 친일세력을 동원하여 전향대상자를 사상적으로 굴
복시켜 일본화 될 것을 강요, 전향을 대중선전에 이용하였다.[17]

이러한 일제의 친일공작은 만주 및 중국 관내의 재중조선인을 대상
으로도 추진되었다. 그것은 침략전쟁을 확대함으로 자신들의 실질적인
침략전선에 조선인들을 이용하여 대륙의 반일세력을 탄압하고 인적,
물적 수탈을 공고히 하기 위한 것이었다.

당시 만주는 가장 많은 조선인이 거주하는 국외지역으로, 대부분의
조선인은 농민출신으로 일제의 침략과 수탈로 인해 어쩔 수 없이 살
길을 찾아 이주해 온 사람들과 항일투쟁을 위해 망명해 온 독립군 세
력이다. 그러나 만주사변을 일으킨 직후 일제는 조선총독부와 관동군
주도하에 군사적 목적을 가지고 일본인 만주로의 무장이민을 추진하

---

15) 高等法院檢事局思想部, 『思想彙報』 10, 1937.3, 336쪽.
16) 『高等警察報』 5, 1935, 37쪽.
17) 高等法院檢事局思想部, 『思想彙報』 13, 1937.12, 38쪽.

는 한편 조선인 농민의 만주이민을 정책적으로 적극 추진하였다.[18] 그 들은 "조선의 통치는 滿蒙을 우리세력 밑에 넣음으로써 비로소 안정될 것이다. 결국 만몽문제를 해결하지 않고는 진정한 한국통치를 기대하기 어렵다"고 하여 만주점령과 완전한 조선지배의 연관성을 인식함으로 이를 위한 일본인과 조선인의 정책적 이민을 추진하였던 것이다.[19] 따라서 조선인의 만주이민은 통제하의 개척민으로서 일제의 중국침략 정책의 일환으로 이용되었던 것이다.

일제는 재만조선인의 반일, 항일구조를 철저히 탄압하면서 보다 효과적인 침략전쟁의 수행을 위한 민족분열의 정책원칙에 따라 조선인 이민사회에 대해 끊임없이 친일화공을 추진하였다. 이에 선만일여, 오족협화 등의 구호아래 만주친일정권과 결탁하여 조선인에 대한 회유 이용책을 세운 뒤 재만조선인을 친일권으로 흡수하고자 하였다. 그리고 친일조선인을 보다 공고히 친일권으로 묶어 두기 위하여 조선인민회, 조선인회, 보민회 같은 친일주민조직을 비롯하여 치안유지회 등의 친일선양조직, 만주국군 등의 항일세력을 탄압하기 위한 무장 조직 등[20] 친일단체의 조직을 조종하였다.

그에 비해 일제강점기 중국 관내지역으로 이주한 조선인의 숫자는 상대적으로 적으나 중국 상해 등 관내지역의 조선인 왕래는 상당한 역사를 갖고 있다. 특히 상해에는 1882년 조중상민수륙무역장정이 체결된 후 왕래빈도가 증가하였는데, 당시 왕래자는 주로 고위관리거나 상인들이었다.[21] 그 뒤 1907년 상해에서 최초의 조선인단체로 대한인대동보국회가 조직되었으나 상해지역에 본격적인 조선인이민사회가 형성되기 시작한 것은 1910년 이후였다. 즉 일제에게 나라를 빼앗기자 많

18) 임종국, 『일제하의 사상탄압』, 평화출판사, 1985, 308~313쪽.
19) 中塚明, 「日本帝國主義와 植民地支配」 일본사연구회 편, 1981, 261쪽.
20) 임종국, 『일제침략과 친일파』, 청사, 1982, 324~385쪽 참조.
21) 『舊韓國外交文書』 8, 16·40~41·153·266·711~718쪽.

은 독립지사들과 일반 조선인들이 장기적인 안목을 가지고 정치적 상황에 대한 기대와 함께 중국 혁명과의 연대를 염두에 두고 이주해 오는 경우가 많았다.[22] 그러나 1932년 윤봉길의사 의거 이후 상해의 대한민국임시정부 등 독립운동 세력이 일제의 침략전쟁의 확대에 따른 탄압으로 점차 내륙지역으로 이동해 가자 독립운동과 관련된 조선인사회도 내륙으로 이동하여 갔다.

이와 같이 상해지역에 장기적 항일투쟁을 위해 독립운동 세력을 중심으로 한 조선인이민사회가 형성, 확대되어 가자 일제는 상해지역에서의 친일권 확보를 위한 친일공작을 전개해 나갔다. 특히 상해지역으로 이주해 오는 조선인의 주요 성분은 정치적 독립운동을 목적으로 망명하거나 이주해 오는 경우가 많아짐으로 일제로서는 당국 차원의 보다 치밀한 친일공작과 민족분열정책의 추진이 필요하였다. 이에 일제는 임시정부 수립 전후 독립운동의 중심지이자 독립운동 세력의 연락 중계지였던 상해지역에 대해 비상한 관심을 갖고 그 동향을 주목하고 있었다.[23] 더구나 상해는 구미 각국의 조계지로 나뉘어져 있는 특수지역으로 항일 독립운동세력을 감시하는데 있어 곤란하였다. 따라서 관내 타 지역보다 상해지역 조선인에 대한 친일공작의 필요성을 인식하였다. 일제는 조선총독부의 지휘에 따른 상해총영사관 등의 주도하에 밀정 등 친일세력의 육성, 이용하여 독립운동 세력을 교란시키는 등 상해지역 조선인을 친일권으로 흡수하고자 하였다. 이에 상해는 1930년대 이후 독립운동 세력이 빠져 나간 자리를 일제의 침략전쟁에 동조하는 자발적 친일조선인들로 메워져 갔다.

---

22) 裵京漢, 「상해 남경지역의 초기(1911~1913) 한인망명자들과 신해혁명」 『동양사학연구』 67, 1999, 41쪽.
23) 국회도서관, 『韓國民族運動史料』 중국 편, 1976, 20쪽.

Ⅲ. 상해의 조선인 이주상황

일제강점기 상해지역으로 이주하여 거주하고 있는 조선인의 상황을 보면 대개 독립운동세력과 친일세력, 어느 쪽에도 크게 연결되지 않은 생업종사자로서의 일반조선인 등으로 분류해 볼 수 있는데, 문제는 당시 민족의 현실과 관련되어 반일이든 친일이든 활동을 전개한 부류의 조선인들이었다. 상해지역 조선인 성분과 활동상황은 1930년대를 기점으로 그 성격과 내용에 있어 차이가 나타난다. 즉 1930년대 이전의 상해는 조선인에게 있어 독립운동을 위한 주요 기점으로서 역할을 하였다면, 이후에는 상해에서 독립운동 세력이 일제의 탄압으로 밀려난 뒤 개인적 업무를 표면적으로 내세우며 일제의 침략전쟁에 동조하는 친일부일 세력의 거주와 활동이 크게 증가하였다.

1910년 이전 상해에 거주하는 조선인의 상황은 정확히 측정하기는 불가능한 상태이나 100여 명 정도를 헤아릴 정도라고 한다.[24] 초기 상해에 온 조선인은 공공조계와 프랑스조계에서 거주하였고, 일부는 상해현에도 거주하였는데, 대개가 장사를 하거나 근로자였으며, 정치적인 업무(독립운동)에 종사하는 조선인은 거의 없었다. 이에 상해주재 일본영사관측이 외무대신에게 "크게 의심할만한 조선인의 상황이 없다"라고 보고한 내용과 같이 초기 일제 당국은 상해내 조선인 동향에 대해 크게 주목하지 않았다.[25] 이후 조선인이 상해에 본격적으로 진출하기 시작한 것은 1910년 이래로, 당시 국내에서 정치적으로 일제의 식민통치에 반대하는 자를 중심으로 하여, 경제적으로 빈곤한 사람들이 상해로의 이주, 망명을 기도하는 경향이 점차 현저하게 증가하였다. 이에 동양의 가장 큰 국제도시로 비교적 자유로운 곳이라 선전된 상해로 이주하여 거주하는 조선인들이 해마다 증가하였다.[26] 그리하여 3·1운동

---

24) 金正明 편, 『朝鮮獨立運動』 Ⅱ, 原書房, 1967, 30쪽.
25) 앞의 『한국민족운동사료』 중국 편, 3쪽.

전후한 시기에는 대략 1,000여 명으로 증가하여 상해 주재 일제당국을 크게 놀라게 하였다.[27] 물론 3·1운동 전후 상해 거주 조선인 숫자는 자료마다 차이를 보이고 있는데, 각 자료에 의하면 대략 500명에서 1,000명 전후로 파악하고 있다.[28]

특히 상해에는 1911년 신해혁명의 물결에 따라 식민지국의 지식인과 혁명가들이 모여 들었고, 중요한 지리적 위치·편리한 교통, 국제여론과의 접근용이 등으로 약소국들의 독립운동 조직이 나타남으로 3·1운동 전후로 하여서는 한국독립지사들도 상해로 몰려들기 시작하였다.[29] 이처럼 상해에 독립운동자들이 집결한 배경은 상해에 일제 당국의 간섭과 탄압이 미치지 않는 프랑스조계가 있었기 때문이다.[30] 조계

---

26) 楊昭全 等編, 『關內地區朝鮮人反日獨立運動匯編』, 遼寧民族出版社, 1987, 14쪽.

27) 앞의 『한국민족운동사료』 중국 편, 25쪽.

28) 金正明 편, 『朝鮮獨立運動』 II(原書房, 1967, 32쪽)에서는 약 500명, 楊昭全 편, 『關內地區朝鮮人反日獨立運動資料匯編』 上(1쪽)에서는 「1919년 말경 상해에 있는 조선인은 109세대였으며, 남자가 326명으로, 여자 326명으로 모두 688명에 불과하다」고 하였고, 『高等警察要史』(慶北警察局, 87쪽)에서는 1919년 3월까지 상해거주 조선인은 300여 명에 불과하였으나 4월 중순에는 약 700명에 달하였다고 하였다. 또한 상해판 『독립신문』(1920.4.8)에서는 상해지역 조선인친목단체였던 상해대한인거류민단에 등록된 조선인수가 18세 이상의 남자가 367명, 여자는 91명, 18세 이하의 남자 47명, 여자 33명으로 모두 538명이라 기록하고 있다.

29) 施宣圓 主編, 『上海700年』, 上海人民出版社, 2000, 281~282쪽.

30) 상해에 서구열강의 조계가 설치된 것은 1845년이다. 앞서 1942년 아편전쟁 이후 청국정부와 영국영사 사이에 체결한 남경조약의 내용에 근거하여 1943년 처음으로 상해에 영국조계지가 설치되었다. 그 후 1848년 미국이 상해 홍구일대를 조계지로 만들었으며, 이러한 상황을 주시하던 프랑스도 1949년 상해 내에 조계지를 설치하였다. 그 후 상해는 1850년대 영국·미국·프랑스조계지와 중국인이 거주하는 上海縣城으로 나뉘어졌고, 1863년에는 영·미 조계지가 합병되어 공공조계가 됨으로 상해내 구도는 다시 공공조계와 프랑스조계, 상해현성으로 바뀌었다.
徐公肅·丘瑾璋, 「上海公」 ; 앞의 『上海 700年史』, 19~21쪽.

지는 서구열강이 중국진출에 따른 자국민의 이익을 위해 설치된 것이
었다. 따라서 이 지역에서는 중국인 거주지역과는 완전히 다른 사법,
행정제도가 시행되었고, 토지나 가옥을 소유한 극소수의 중국인을 제
외하고는 중국인이나 조계지를 관할하는 영사관의 허락이 없이는 들
어가거나 거주할 수 없었다.[31] 특히 프랑스조계지는 공공조계와 달리
조계당국의 불간섭정책으로 자유로운 분위기가 유지됨으로 상해로 망
명한 조선인에 있어서 안전망의 여건을 제공해 주었다. 그러나 그보다
도 현실적인 이유는 프랑스측이 조선인 독립지사들의 인도를 희망한
다면 일본 내에 거주하고 있던 안남 독립지사 콘데의 인도를 요구, 압
력을 넣고 있었음으로[32] 일제는 강력하게 조선인탄압에 대한 요구를
하지 못하고 있었다.

　따라서 일제는 상해지역 조선인의 제반활동을 탄압, 제압하기
위하여 거듭 프랑스조계 당국의 단속과 협조를 구하였다. 그러나
프랑스조계 당국은 재차 불간섭정책을 표명하였다.[33] 때로는 일제
가 체포를 요구한 조선인에게 미리 통고를 해주어 피신케 하거나
체포해도 증거불충분으로 곧바로 석방하였고, 일제의 임정 봉쇄요
구도 형식을 취하는 듯하다가 부활시키는 등 표면적으로는 협력하
는 척 하였다. 이에 일제 당국은 프랑스조계 당국의 비협조에 불만
을 가질 수밖에 없었다.[34] 다만 조계내의 과격한 투탄활동이나 공
산주의 활동 등에 대해서는 단속하고 있었다.[35] 또한 조계당국은
상해내 일반 조선인에 대해서도 우호적인 태도를 취하며, 조계 내

---

31) 이러한 상황은 1942년 조계지가 폐쇄된 이후에도 계속되어 1853년까지
　　유지되었다.
32) 앞의 『한국민족운동사료』 중국 편, 64쪽.
33) 日本外務省, 『日本外務省特殊調査文書』 25, 고려서림, 1989, 290~293쪽.
34) 앞의 『한국독립운동사료』 중국 편, 215쪽.
35) 『日本外務省特殊調査文書』 25, 91·123~128·205~206쪽.

조선인의 활동에 대해 일체 간섭하지 않아 공공조계(영, 미조계)의 조선인에 비해 자유롭게 활동할 수 있었다. 따라서 대부분의 조선 인들은 상해내 프랑스조계지를 안전지대라고 칭하며[36] 3·1운동 이후 이곳으로 들어와 거주하였다. 이에 1926년~1931년 기간에는 상 해내 프랑스조계에 거주하는 조선인 수가 가장 많았다.[37]

또한 상해에 본격적으로 독립운동의 근거지와 조선인사회가 형성 될 수 있도록 터전을 마련한 것은 예관 신규식의 역할이 컸다. 그는 국 권피탈 직후 상해로 망명하여 1911년 말 수백원의 거금을 기부하는 등 중국 혁명인사 손문이 이끄는 신해혁명에 참여하였고,[38] 이를 계기로 송교인, 진기미 등 당시 중국 혁명인사들과 항일 연대활동을 전개하였 다. 그리고 그는 1912년 상해에 최초의 조선인 독립운동 단체를 조직하 였고, 박달학원을 세워 이곳으로 망명해 온 조선인 청년교육에 힘썼 다.[39] 이를 기반으로 중국 혁명인사들과 함께 한중연대조직인 신아동 제사를 조직하는 등 상해에서의 독립운동과 조선인 사회가 보다 조직 적이고 체계적으로 전개될 수 있는 바탕이 마련되었다.

그리하여 3·1운동 직후 상해는 1930년대 초까지 대한민국임시정부의 근거지가 되었고, 상당수의 독립운동 단체들이 조직되어 활동하였다. 이에 만주지역에서 활동하고 있던 독립지사 일부도 상해로 이동하여 이곳의 독립운동 세력과 합류하여 활동하기도 하였다. 즉 상해에는 3·1 운동 이전 신한청년당과[40] 대동보국단[41] 등이 결성되어 활동하고 있

---

36) 국회도서관, 『한국민족운동사료』 3·1운동 편, 其三, 1973, 498쪽.
37) 日本外務省亞細亞局, 『支那在留本邦人及外國人人口統計表』, 1925~1931年 참조.
38) 裵京漢, 앞의 논문, 47쪽.
39) 민필호, 「예관 신규식선생전기」, 신규식 저·민병하 역, 『한국혼』, 박영사, 1975, 361쪽.
40) 김희곤, 「신한청년당의 결성과 활동」『한국민족운동사연구』 1, 한국민족 운동사학회, 1986 참조.

었고, 이후 상해대한인민단(뒤에 대한교민단으로 개편),[42] 애국부인회, 대한
민국적십자회, 의용단,[43] 구국모험단,[44] 철혈단, 대한청년단, 대한청년
단연합회, 한국노병회,[45] 정위단, 병인의용대[46] 등 20여 개의 항일투쟁
단체들이 조직되어 활동하였다.

이러한 독립운동 조직과 활동을 기반으로 상해지역으로 건너오는
조선인의 수도 점차 증가하게 되었다. 따라서 이곳 조선인들의 친목도
모와 상부협조를 위한 구심점의 필요성이 요구되어 상해지역 조선인
사회를 체계적으로 이끌어 나갈 단체가 결성되었다. 그중 대표적인 것
이 상해 임시교민단의 조직이었다. 이는 1918년 가을 경 조직된 상해고
려교민친목회가 기반이 되었다. 고려교민친목회는 신규식 등이 조직한
동제사 관련 청년세력이 중심이 되어 상해거주 조선인의 친목을 목적
으로 조직된 것이었다.[47] 그리고 이듬해 9월 22일 상해대한인민단이라
개칭하였고, 다시 1920년 1월 9일 상해대한인거류민단(상해 프랑스조계 보
창로 강녕리2호)이라[48] 바꾸고 대한민국임시정부의 직할기관으로 전환되
었다.[49] 이어 그해 10월 7일 임정의 임시교민단제 공포에[50] 따라 상해

---

41) 앞의 『한국민족운동사료』 중국 편, 17쪽.
42) 상해판 『독립신문』 1920년 4월 8일자.
　　앞의 『한국민족운동사료』 중국 편, 455쪽.
　　金正柱 편, 『朝鮮統治史料』 10, 국학자료원, 1991, 861쪽.
43) 姜德相 편, 『現代史資料』 27, 원서방, 1970, 489~491쪽.
44) 在上海日本總領事館警察部第2課, 『朝鮮民族運動年鑑』, 東文社, 1946, 42~
　　43쪽.
45) 김희곤, 『중국관내 한국독립운동단체연구』, 지식산업사, 1995, 199~208쪽.
46) 조범래, 「병인의용대연구」 『한국독립운동사연구』 7, 독립기념관, 1993 참조.
　　앞의 『한국민족운동사료』 중국 편, 562, 577쪽.
47) 김희곤, 『중국관내 한국독립운동단체연구』, 지식산업사, 1995, 116~135쪽.
48) 앞의 『朝鮮民族運動年鑑』, 56~58쪽.
49) 『독립신문』 1920년 4월 8일자.
50) 앞의 『朝鮮民族運動年鑑』, 91쪽.

교민단으로 개편되었다.[51] 이후 상해교민단은 1934년 해체될 때까지 상해지역 조선인사회의 중심축으로서 그 역할을 하였다.

이처럼 1930년대 이전 상해는 한국독립운동의 교두보이자 주로 독립지사들과 그에 관련된 조선인들의 생활터전으로서 역할을 해주었다. 그러나 1920년대 들어 일제가 프랑스 압력에 굴복하여 베트남의 독립운동세력을 일본에서 추방하고,[52] 일부 조선인 독립운동세력이 공산, 사회주의와 연계되자 조계 내 조선인의 활동에 호의적이던 프랑스조계 당국의 태도가 변화를 보이기 시작하였다. 그리고 1931년 만주사변과 1932년 상해사변을 거쳐 동년 4월 29일 윤봉길의사의 투탄의거 이후 프랑스조계 당국의 상해내 조선인에 대한 태도가 변하였다. 일제가 본격적인 대륙침략을 개시한 직후 이봉창의사의 의거에 이어 윤봉길의사의 의거가 일제에 큰 타격을 주자 조계당국은 더 이상 조선인에 대한 배려와 보호를 할 수 없었다. 또한 중국내 일본군의 증대와 중국정세의 변화, 각국의 공산주의 탄압정책 등의 제반 요인으로[53] 종전 조

---

51) 상해교민단의 기본적인 주요 업무는 상해지역 조선인의 생활을 보호하는 것으로, 조선인교민에 대한 계몽과 직업소개, 민적사무, 치안확보 등 상해거주 조선인 자치를 위한 것이었다. 이밖에도 항일투쟁을 위한 兵員모집, 친일밀정의 제거, 의용대조직 등의 업무도 겸하였다. 또 상해에서 개최되는 조선인관련 모든 행사(3·1절 기념식, 개천절 기념식 등)를 주최하여 상해 조선인들의 민족의식과 애국심을 고취시켰으며, 국어장려연설회나 한국사강연회 등을 개최하여 교육계몽에도 힘썼다. 특히 상해 유일의 조선인교육기관인 인성학교를 운영하기도 하였다. 인성학교에서는 독립운동의 역군을 배출하기 위한 교육이념을 실현하고자 한국혼을 심어주는 것을 목표로 하여 국어, 국문, 역사, 지리 등을 중심으로 교육하였으며, 학생들에게 민족과 국가, 국토의식을 고취시켰다.
金正明, 앞의『朝鮮獨立運動』II, 512쪽 ; 앞의『朝鮮民族運動年鑑』, 129쪽 ; 앞의『한국민족운동사료』3·1운동 편 1, 556쪽 ; 이명화,「상해에서의 한인민족교육운동」, 독립기념관,『한국독립운동사연구』4, 1990, 118~120쪽 ;『독립신문』1920년 3월 25일자.
52) 앞의『한국민족운동사료』중국 편, 475쪽.

선인에 대한 불간섭정책을 버리고 일제의 상해내 조선인탄압에 협력
하였다. 따라서 상해를 기반으로 독립운동과 관련된 활동을 전개하고
생활하던 조선인들은 일제의 탄압을 피해 상해를 떠나 전선을 따라 좀
더 내륙지방으로 생계터전을 이동하여 갔다. 그러나 이후에도 상해에
는 여전히 조선인사회가 존재하였는데, 그 성향은 일제의 침략전쟁에
협력하는 친일조선인들의 대거 상해로 진출하여 친일화되어 갔다.

1930년 이후 상해내 조선인수는 일제의 침략전쟁 확대로 상해지역
이 피폐해졌음에도 불구하고 매년 증가하여 1936년 말 상해거주 조선
인 총호수가 496호, 1,797인(그 중 남 897, 여 900)이 이미 달하였다. 중일전
쟁의 영향으로 인하여 일시적으로 203호, 714인으로 줄었으나 그 후 화
중 일대 치안의 신속한 회복과 일본군점령구역이 확대되자 일본세력
의 비약적 발전을 발판으로 삼아 이주하는 조선인이 갑자기 격증하였
는데, 1937년 10월말 현재 4,668호, 7,855인(그 중 남 4,984인, 여 2,871인)에 증
가하였고, 이후에도 배편으로 상해로 이주하여 오는 조선인의 수가 점
점 증가하고 있었다.[54]

또 이 시기 상해로 들어온 조선인이나 기존 조선인 거주자들의 성
분은 이전과 다른 양상으로 전환되어 갔다. 즉 1900년 초 상해로 온 조
선인은 주로 관리와 학생, 상인계층(주로 포목·인삼상)이었고, 1910·20년대
에는 독립운동가를 비롯한 일본·영국인회사의 일반근무자, 무역·잡화·
철공업·인쇄업·의사 등 다양한 업종에 종사하였다. 그러나 1930년대 이
후에는 일제의 침략전쟁을 이용하여 경제적 이익을 추구하려는 조선
인 대자본가의 기업형 경제활동이 크게 증가하였다. 이에 1937년 자본
금이 10,000원이 넘는 조선인 기업이 2개에 불과하였으나 1938년에는
자본금 10,000원이 넘는 기업이 29개로 증가하였고, 1940년에는 122개에

---

53) 孫科志, 「대한민국임시정부와 프랑스조계」『대한민국임시정부80주년기
    념논문집』하, 1999, 357~359쪽.
54) 楊昭全, 앞의 책, 14~15쪽.

달하였다. 그리고 자동차를 소유한 조선인이 1명밖에 없을 정도였으나 1940년에 이르면 자동차 48대와 트럭 18대를 소유하게 되었다.[55] 그 덕분에 상해지역 조선인들의 생활수준은 이전에 비해 표면적으로 향상되어 감을 볼 수 있다. 특히 이 시기에는 일제의 침략전쟁과 관련하여 특수를 누릴 수 있는 업종에 종사하는 조선인의 수가 현저히 증가하였는데, 1938년 일제가 상해를 점령한 이후 군대통역, 자동차운전수, 위안소, 요리점, 군속상인 등이 급속히 증가하였다.[56] 그리고 중일전쟁 이후 조선인의 일본군 징집에 따라 1940년 3월 상해주둔 일본군대 및 헌병대, 특무기관 등 군속으로 근무한 조선인이 166명에 이르렀다.[57]

특히 1930년대 이후 헤로인을 몰래 파는 조선인 등 밀수자들이 화북, 만주방면으로부터 상당한 수가 기차를 타고 상해로 들어왔다. 이로 인하여 상해 내에서 각종 형법범죄로 행정법규를 위반하는 죄에 근거하여 처벌받는 조선인이 현저하게 증가하였다.

그 중 마약범죄에 관련된 조선인 상황을 보면 1937년 1월에서 11월 사이 총영사관 경찰서를 경유하여 처리된 범죄사건 총수는 680건 770인 중 조선인이 404건 440인(마약금지령 위반자 359건)으로 실제 그 중 절반을 차지하는 등[58] 조선인의 마약밀매 관련사건이 크게 늘어났다.[59]

이처럼 1930년대 이후 상해에는 일제의 침략전쟁을 이용하여 개인적 이익을 추구해 가는 친일조선인의 수가 증가함으로, 이전 조선인 독립운동의 본거지라는 역할대신 조선인사회의 친일화 구조가 팽창하여 갔다.

---

55) 楊昭全, 앞의 책, 25, 93~94쪽.
56) 人文社編輯部 編, 『大東亞戰爭と半島』, 1942년 12월, 181~182쪽.
57) 楊昭全, 앞의 책, 8쪽.
58) 楊昭全, 앞의 책, 5쪽.
59) 『上海時報』, 1936년 1월 15일·2월 23일·3월 25·27일, 4월 14·26일, 5월 13일, 11월 17·28일, 1937년 3월 22·28·29일, 4월 19일, 5월 18·30일, 6월 11·14·18·25·28일.

Ⅳ. 상해 조선인의 친일행태

1. 조선인 밀정

상해내 친일조선인의 행태는 주로 일제 당국에 고용된 밀정(첩자)이거나 유산층으로 상해로 진출하여 침략전쟁과 관련된 사업을 통해 일제의 침략전쟁을 지원하며 개인적 이익을 도모하는 형태로 나타나고 있다. 즉 상해 친일조선인들은 대동아성전과 내선일체를 외쳐대며 침략전쟁에 기생하여 전쟁특수에 묻어갔다.

1910년대 전후 대부분의 조선인들이 만주로 건너가 터를 잡자 그곳에 대륙침략의 첨병으로 이용하기 위해 친일조선인과 단체육성에 주력하던 일제는 3·1운동 직후 정치적(독립운동) 목적을 가지고 상해로 모여드는 조선인의 숫자가 점차 증가하자 대책마련에 부심하였다. 이에 일제는 상해내 조선인의 동태에 대한 정보수집을 위해 상해로 파견원을 보냈으나 당시에는 상해로 들어온 조선인의 정확한 숫자조차 파악할 수 없었음으로 큰 성과는 얻을 수 없었다.[60] 더욱이 상해에 임시정부가 수립되고 관내 독립운동의 근거지로서 역할을 하게 되자 상해내 반일조선인들의 활동을 그대로 방치할 경우 중국내는 물론 국내의 민심까지도 자극, 반일분위기를 증폭시켜 식민통치에 막대한 영향을 미칠 우려가 있다고 판단하였다.[61] 이에 일제는 상해내 조선인에 대한 구체적인 감시정책을 세우고 단속에 나섰다. 이때 상해지역 조선인에 대한 동향을 감시하고 단속을 담당한 것은 상해 주재 일본총영사관 경찰부 조선인계가 중심이 되었는데, 이 기관은 조선식민통치의 주축이었던 조선총독부의 협조요청에 따라 상해내 조선인의 동태를 파악하여 보고하

---

60) 金正明, 앞의 『朝鮮獨立運動』 II, 30쪽.
61) 앞의 『한국민족운동사료』 중국 편, 106쪽.

였다.[62]

상해관할 일제 당국은 상해 조선인들에 대해 직접적으로 체포하거
나 탄압하는 정책을 취하는 한편, 조선인에 대한 이간책동과 회유공작
을 통해 친일세력을 조성해 나갔다. 이들의 회유를 통한 이간책동의 본
질은 조선인 민족세력과 의식을 분열시켜 조선인 상호간에 불신과 반
목을 조장케 하는 것이었다. 일제는 이를 위해 상해 내에서 항일활동을
하고 있던 비중 있는 청장년층 인물을 상대로 친일화 회유공작을 전개
하여 상해내 조선인들이 서로 불신으로 항일조선인의 조직적 움직임
을 와해시키고자 하였다. 여운형의 일본방문에 대한 일제 당국의 선전
등이 그러한 예이다.[63]

특히 일제는 상해내 조선인들의 일거수일투족을 감시하기 위해 중
요한 수단으로 이용한 것이 한국인 밀정이었다. 3·1운동 이후 1920년대
까지 상해에서 의열단 등에게 잡혀 처형된 조선인 밀정이 200여 명이
넘었는데,[64] 해방직전까지 일제의 정보망으로 활동한 밀정의 숫자는
일제 당국도 정확히 알 수 없었다고 할 정도로 상당한 규모였음을 알
수 있다. 조선인 밀정은 일제의 끄나풀인 동시에 방탄막으로 일제는 조
선인 민족분열을 위해 이러한 조선인밀정을 겹겹이 둘러쳐 이용하였
다. 일제강점시기 조선인 특무공작원이라 불리던 이들이 군내 선무, 첩
보공작을 하였던 밀정의 부류인 것이다. 더욱이 상해는 항일독립운동
세력의 근거지로서 역할을 하고 있었으므로 이들 밀정들의 활약은 일
제 당국의 조선인정책에 있어 매우 중요한 존재였다.

밀정은 여러 가지 경로로 포섭, 고용되었는데, 일본경시청이 상해에
파견한 경찰관이 고용한 경우를[65] 비롯하여 상해 주재 일본영사관이

---

62) 관련자료가 『朝鮮民族運動年鑑』(재상해일본총영사관 경찰부제2과, 1932)
    이다.
63) 국사편찬위원회, 『韓國獨立運動史』資料2(임정 편), 1985, 190쪽.
64) 『시대일보』 1926년 5월 12일.

고용한 경우가 있었고, 조선총독부가 상해로 파견한 통역관이 고용한
경우,[66] 조선인 헌병보조원 등 다양하였다. 즉, 조선총독부 경무국에서
상해에 파견하여 활동하던 屈內의 밀정으로 고용되어 1918년부터 1920
년까지 상해 일본영사관 경찰부의 통역으로 친일활동을 하였던 金兼
憲,[67] 일본 헌병보조원 李珍龍(石鉉九),[68] 일본영사관으로부터 보수를
받고 국민대표회의 관련문서와 정보를 제공한 한규태,[69] 일본영사관에
협조한 金道淳, 김가진에 대한 회유공작한 鄭弼和, 임정요인을 암살하
려던 黃學善 등이[70] 상해지역에서 활동하였던 밀정들이었다.[71] 이때
밀정 고용은 보안상 상해현지 사정에 익숙한 상해거주 조선인들을 주
로 고용하였고, 상해 내에서 어느 정도 일정한 직업을 가지면서 독립운
동 세력과 접촉이 많지 않은 조선인들을 대상으로 하였다. 이에 주로
일본인이나 영국인 등 외국인에게 고용되어 일하는 조선인이나 영국
인 회사에서 일하며 신용을 쌓아온 조선인 등 주로 상해내 공공조계지
에서 거주하고 있던 조선인들을 밀정으로 고용하여 이용하였다.[72] 따
라서 조선인 밀정이나 친일조선인들은 독립운동 세력이 집중 거주하
고 있던 프랑스조계 내에는 들어가기를 꺼려하였고, 공공조계에 거주
하는 조선인들은 독립운동 세력에게 친일세력으로 의심을 받았다.[73]
일제에게 고용된 조선인 친일밀정들은 그 대가로 각각의 개인적 이익

65) 앞의 『한국민족운동사료』 중국 편, 725쪽.
66) 日本外務省, 「木下警視視察復命書」 『日本外務省特殊調査文書』 25, 고려서
　　림 영인, 1989, 115~116쪽.
67) 「朝鮮人金兼憲被害二關スル件」 『日本外務省特殊調査文書』 23, 683~687쪽.
68) 「憲兵補李珍龍ノ暗殺件」 『日本外務省特殊調査文書』 26, 682~687쪽.
69) 국사편찬위원회, 『韓國獨立運動史資料』 20, 1985, 23~24쪽.
70) 『조선일보』 1922년 8월 14일.
71) 도진순 주해, 『백범일지』, 돌베개, 1997, 302~306쪽.
72) 金正明, 앞의 책, 434쪽.
73) 孫科志, 『上海 韓人社會史(1910~1945)』, 한울, 2001, 99쪽.

을 보장받으면서 독립운동자로 가장하거나 지원을 자처하며 상해내 독립운동 세력을 중심으로 한 조선인에게 접근하여 그들의 동태에 대한 정보를 일제당국에 제공하였다.[74]

또는 독립운동에 전력이 있는 자도 회유 포섭 대상으로 삼아 밀정으로 이용하였는데, 상해 임시정부 수립에 참여하였고, 임정 기관지인 독립신문의 주필로 활동하였던 이광수가 상해의 변절한 대표적인 친일파가 되었고, 3·1운동 당시 민족대표 33인중의 한사람이었던 이갑성 또한 그러한 경우이다. 이갑성은 1914년 세브란스의전 약학과를 졸업한 후 민족대표 33인, 민립대학기성회 중앙부 집행위원, 조선물산장려회 선전부위원, 흥업구락부 간사, 봉천피난민동포위문회 집행위원회, 신간회 발기인 등으로 활동한 뒤 1929년경 약 종류의 무역을 하기 위해 상해로 망명하였다.[75] 그가 상해로 망명한 뒤의 행적을 보면 일본 미쓰이만주신경출장소장에 임명되었고, 주식회가 일만산업공사 전문취체역, 경성공업사의 중역을 맡아 활동하는 한편 상해에서 약상으로 행세하며 일제의 밀정노릇을 하였다.

이갑성은 일제시에 상해에 어떻게 갔으며 또 무엇 하러 갔는가. 33인의 한사람이라면 한국 독립운동자의 근거지인 임시정부에는 출입을 왜 못하고 상해일본영사관계 한국독립운동자 체포에 두목이며 조선인 거류민 회장인 이갑영과만 접촉하였고, 그는 조선총독부 산업국장의 주선으로 일본 미쯔이회사 만주신경출장소 소장으로 임명을 받았고 ...[76]

---

74) 도진순 주해, 『백범일지』, 돌베개, 2000, 304~309쪽.
75) 朝鮮總督府警務局, 『國外ニ於ケル容疑朝鮮人名簿』, 京城, 昭和14年, 15, 210쪽.
76) 『自由』, 1981년 3월호.

라는 증언을 통해서도 알 수 있다.

그럼에도 불구하고 그는 해방이후 민족대표 33인 등의 전력을 내세워 독립유공자 대통령장을 받고 광복회장과 3·1동지회 고문을 맡는 등[77] 자신의 친일행적을 철저히 숨김으로 해방 후 반민족 친일인물이 오히려 공훈자로 포장된 전형적인 선례를 남겼다.

또한 1930년대에 들어가면 앞서 1925년 2월 독립운동가 여운형과 함께 상해 한인체육회를 창립하여 그 후보위원으로 선출되어 활동하던 유인발이 변절하여 친일단체인 상해조선인친우회 회장이 되었으며,[78] 같은 조직의 간사였던 김우진도 임정 수립초기(1919) 임시의정원 의원을 지내는 등 독립운동을 전개하다가 변절한 인물이었다.[79] 그리고 玉成彬·玉觀彬 형제도 상해에서 독립운동에 참여하다가 친일세력으로 변절한 대표적인 인물들이다. 옥성빈은 일찍이 신민회에서 활동하였고, 상해 임정의 임시의정원 의원을 지냈으며(1919), 대한적십자회 상의원, 대한교민단 의원 등을 역임하며 독립운동에 참여하다가 1924년 일제 당국에 체포되어 일본 長崎감옥에 투옥되었다. 그러나 그는 석방된 후 상해로 돌아와 친일파로 변절한 뒤 프랑스공무국 조선인계에서 근무하였다.[80] 그의 동생 옥관빈 또한 상해에서 대한교육회 서무부위원, 민단 의원 등으로 활동하면서 독립운동에 참여하였다.[81] 그러나 그는 일본 세력의 확장과 함께 제약회사인 불자약청과 삼덕양행을 경영하였고, 대화무역조선상인주호대표처를 설립하는 등[82] 상당한 재산을 축적해 가면서 친일세력으로 변절, 상해 주둔 일본군대에 2만 원이라는

77) 반민족문제연구소, 『청산하지 못한 역사』 2, 청년사, 1994, 73~87쪽.
78) 『동아일보』 1925년 2월 19일.
79) 「上海朝鮮人會其ノ後ノ情況ニ關スル件」 『日本外務省特殊調査文書』 60, 603쪽.
80) 앞의 『獨立運動史資料』 20, 28~29쪽.
81) 『朝鮮民族運動年鑑』 35, 126쪽.
82) 「在上海鮮人商業者ノ件」 『日本外務省特殊調査文書』 25, 353~354쪽.

거금을 제공하는 등 친일활동을 전개하였다.

이처럼 상해에는 다수의 친일조선인들이 일제의 밀정으로 고용되거나 변절하여 민족을 해하고 일제의 침략에 협력하였다. 그러나 일제의 밀정고용이 순탄하지만은 않았다. 대한민국임시정부는 경무국을 설치하여 임정과 상해내 독립운동 단체, 독립운동과 관련된 조선인들의 안전을 도모하였고, 친일의심이 받고 있는 조선인들을 갑·을·병 세종류로 나누어 감시하기도 하였다.[83] 또한 상해내 조선인 항일단체(병인의용대, 구국모험단 등)를 중심으로 밀정에 대한 강력한 응징이 있었고, 때로는 밀정에 대한 암살까지도 이루어졌다. 이에 일제 당국에 협조한 김도순과 정필화, 황학선 등이 처단되었다.[84] 또한 김겸헌은 구국모험단에 의해 암살된 후 연못에 시체가 투기되기도 하였다.[85]

1930년대 들어서는 상해조선인회 회장이었던 유인발(1933.8.31)과 이용로(1935.3.25)가 암살되거나 미수에 그쳤으며, 헌병보 이진용(1933.8.17)은 민단 의경대에 암살되었다.[86] 또 옥성빈은 1933년 12월 남화한인청년연맹과 애국단에 의해 암살되었으며,[87] 옥관빈은 앞서 1933년 1월 8일 정화암이 친일파, 밀정제거를 위해 조직하였던 鋤奸團원인 吳冕植에 의해 처단되었다.[88] 이처럼 상해에서 일제의 밀정 등으로 활동하던 친일조선인들은 독립운동세력에 의해 처단되는 사건이[89] 일어나 친일세력들에게 위협이 되었다. 이에 일

---

83) 『朝鮮民族運動年鑑』, 289쪽.

84) 『조선일보』 1922년 8월 14일.

85) 독립운동사편찬위원회, 『獨立運動史資料集』 9, 1975, 252~253쪽.

86) 앞의 『한국민족운동사료』 중국 편, 780~785쪽.

87) 『上海時報』 1933년 12월 19일.

88) 정화암, 『이 조국 어디로 갈 것인가』, 자유문고, 1982, 159~165쪽.

89) 이외에도 상해에서는 밀정으로 활약하던 이종홍(1933.5), 이태서(1935.11.7) 암살사건이 발생하였다. 김도형, 「대한민국임시정부의 친일파처단과 의열투쟁」 『대한민국임시정부수립80주년기념논문집』 하, 국가보훈처,

제 당국은 친일조선인에 대한 신변보호까지 해 주었다. 실례로 친일단체인 상해조선인회 간부였던 이윤해가 항일세력으로부터 암살위협을 받게 되자 일본 영사경찰당국은 공공조계 공부국경찰서에 요구하여 오후 9시부터 새벽 1시까지 경찰 2명을 파견하여 그의 신변과 주택을 보호 순찰하도록 조치하기도 하였다.[90]

하지만 일제는 침략시기 내내 조선인밀정과 변절자들을 통해 항일, 반친일 세력에 관한 정보를 공급받았고, 상해내 친일조선인들의 반민족적 친일행태는 독립운동 근거지로서 역할을 하였던 상해지역의 항일 조선인사회에 큰 장애가 되었다.

2. 친일조선인 유산층

한편 1930년대 이후 만주사변, 중일전쟁 등 일제의 대륙침략이 본격화되고, 1940년대 들어 침략전쟁이 확대되면서 상해에는 대한민국임시정부를 비롯한 독립운동세력이 일제의 탄압을 피해 내륙으로 이동해 갔다. 대신 이곳에는 주로 개인적 축재를 위해 일제와 타협한 친일조선인 유산층들이 국제적 경제도시인 상해로 대거 진출함으로 그들의 일제의 침략전쟁에 동조하는 노골적인 친일행태가 두드러지게 나타났다. 물론 상해로 진출한 조선인 유산층이 모두 자본을 축적하기 위해 친일활동을 한 것은 아니다. 자본가의 본질은 이윤추구와 자본축적임으로 일제의 침략전쟁이나 친일 혹은 항일투쟁과는 무관하게 자본의 형태를 이루어 나간 부류들이 있다. 이에서 지적하는 친일조선인 유산층은 상해에서 대, 소규모의 기업경영 등의 자본 활동을 하다가 침략전쟁에 동조하여 더욱 자본을 확대한 부류, 또는 만주사변 이후 아예 일제의 대륙침략진출에 기

1999, 203~205쪽 도표 참조.

90) 국사편찬위원회, 『한국독립운동사자료』 21, 1985, 13~14쪽.

생하여 작정하고 만주나 상해등지로 진출하여 기생적 자본축적에 나선 친일조선인들이다. 문제는 자본축적을 어떻게 하였고, 축적된 자본의 일부가 무엇을 위해 어디로 흘러 들어갔는가의 문제이다.

1930년대 이후 조선 내 경제는 일제의 만주사변 도발을 계기로 일본 본토만이 아니라 중국 관내 및 만주 등의 경제체제와 연계되는 엔블럭의 확대에 따라 1934년 이후 호황을 띠기 시작하였다. 이는 유산층인 조선인 자본가들에게 만주침략에 의한 만주특수로 상품수출시장의 일시적 확대를 통해 보다 풍부한 자본을 축척할 수 있다는 가능성에 대한 현실적인 확신을 심어주었고, 식민지지배를 오히려 자본축적의 유리한 조건으로 인식하게 하였다.

일제의 만주정권 수립이후 본격화된 중국대륙으로의 조선자본의 진출유도는 조선인 유산층인 자본가에게 식민지하에서도 충분히 부를 축척할 수 있다는 희망을 갖게 해줌으로 생리적으로 자본축적에 대한 욕구를 충족시키고자 하는 조선인 유산층의 매판화, 친일화를 촉진시켜 나갔다.

따라서 식민지지배하에서 일본인 자본가보다 자본 축척을 위한 제반 조건이 열등한 구조에 놓여 있었던 조선인 유산층은 식민지구조에서의 탈출을 모색하면서 중국 본토와 만주 등지에 대해 자신도 마치 일제와 같은 침략주체인양 자본을 통한 침략의식을 드러내었고, 일부 유산층은 일제의 침략전쟁에 자발적으로 종군하면서 중국 대륙은 물론 일제의 침략이 미치는 곳이면 어디든지 동반 진출하여 일제의 침략전쟁을 지원하였고, 각종 특혜를 챙기면서 개인적 자본축척과 이익수탈을 위해 조선민족뿐만 아니라 일제가 침략한 타 지역의 인민들로부터도 수탈적 이익을 착취하였다.

이러한 배경으로 1931년 만주사변 이후 상해에는 상당수의 조선인들이 독립운동보다는 생업을 위해 정착하였는데, 특히 일제의 압력에 타협하여 자본을 축척해 가는 조선인들의 상해 진출과 정착하는 경우

가 증가하였다. 중일전쟁 이전 상해 조선인 유산층의 자본은 큰 규모가
아니었으나 이후 일제의 침략전쟁에 대한 협력을 통해 크게 확장되어
갔다.

> 그들(조선인 자본가)의 직업과 영업상황도 황군(일본군)의 진출과
> 밀접한 관련이 있다. 상해, 한구, 남경, 광동 등지에서 소개업이나 소위
> 무역상, 군수품제조, 군수품 납품 등 업종에 종사함으로 거부가 되는
> 조선인이 많았다. 일반 영업자도 일본세력의 확장을 교묘히 이용하여
> 많은 조선인이 경제적 기반을 얻었는데, 대개 관, 민, 특히 일본군에 대
> 해 강력하게 지원하였다. … 그들의 생활은 이번 사변을 계기로 정신적
> 인 면은 물론 물질적인 면에서도 비약적인 발전을 하였다.[91]

이처럼 상해의 친일조선인 유산층은 일제 침략전쟁에 소요되는 군
수품 등을 제조, 판매하여 얻은 이익으로 일본군을 적극 지원하였고,
극단적으로는 조선인이면서 군대위안소를 경영하여 일본군에게 여자
정신대를 제공하는 등 일제의 침략전쟁에 기생하면서 부를 축척하여
상해 내에서 유지로 행세, 대동아성전과 내선일체를 외치면서[92] 친일
행태를 자행하였다.

또한 일제는 만선일여의 구호아래 조선인에 대해 중국인과 달리 일
본인에 이어 2등 국민이라는 지위를 준다는 기만적인 차별정책을 내세
우면서 조선인 유산층의 자본의 중국대륙 진출을 독려하였다.[93] 이에
대해 조선인 자본가도 조선인의 항일투쟁을 '百害가 있고 一利도 없는
것'이라고[94] 노골적으로 비난하면서 식민지지배 체제하에서도 자기발

---

91) 양소전, 앞의 책, 5쪽.
92) 임종국, 『일제침략과 친일파』, 청사, 1982, 357쪽.
93) 梶村秀樹, 「日帝時代(後半期) 平壤メリヤス工業の展開過程」 『朝鮮史硏究
會論文集』 5, 1968.11, 28~30쪽.

전에 대한 가능성을 전망하였다. 그리하여 조선인 자본가들은 각종 경
제간담회에 참여하면서 적극적으로 대륙진출을 모색하여 나갔고, 친일
지식인과 민족부르주아 세력은 일제의 대륙침략에 따른 발판은 조선
경제 발전과 팽창에 희망적이라고까지 하였다.[95] 이들은 일제하에 있
는 것이 자신들의 자본축적과 보다 넓은 시장개척에 이익이 된다고 인
식하였던 것이다. 뿐만 아니라 중소 자본가들에게도 일제의 식민체제
와 침략전쟁의 확대가 항거의 대상이 아니라 자신들이 성장할 수 있는
전제가 될 수 있을 것이라는 의식이 팽배해 있었다. 이처럼 1930년대
이후 유산층인 조선인 자본가를 중심으로 친일화가 상당히 정착됨으
로 일제는 효과적인 식민지 체제유지를 위해 친일 매판세력을 육성하
는데 투자하였던 재정적 요소를 줄일 수 있을 정도였다.[96]

　더욱이 1940년대 이후 일제는 중일전쟁에 이어 태평양전쟁의 발발
등 침략전쟁을 확대하면서 총력전시체제를 강화하였고, 장기적인 전쟁
수행을 위한 대규모 물적, 인적자원의 동원이 절실하였다. 이에 일본
본토만의 생산물자만으로는 역부족하자 조선에서의 병참기지화를 통
한 강제 동원은 물론 친략전쟁을 수행하는 중국 본토 및 만주, 그 외
점령지에서의 자원동원을 위한 수탈을 확대해 나갔다. 그러나 이러한
침략전쟁의 수탈적 동원정책을 보다 효과적으로 수행하기 위해서는
무엇보다도 중심적 식민지인 조선인의 자발적인 동원과 협력이 필요
하였다. 따라서 일제는 자신들의 침략전쟁을 동아시아 수호를 위한 성

---

94) 지수걸, 「1930년대 전반기 부르주아 민족주의자의 민족경제 건설전략」 『국
　사관논총』 51, 국사편찬위원회, 1994, 55~57쪽.
95) 洪性夏, 「조선공업의 현계단(하)」 『별건곤』 35, 1930.12, 48쪽.
96) 우명동, 『일제하 조선재정의 구조와 성격』, 고려대학교 박사학위논문, 1987,
　33~34쪽.
　이에 1930년대 이전까지 일제의 조선인 유산층에 대한 세제혜택 등의 정
　책적 배려는 철폐되고 점차 조선인 자본가는 대륙진출 이후 침략전쟁 수
　행을 위한 자본수탈의 원천으로 전락하게 되었다.

전으로 선전하며[97] 소위 대동아공영권의 신질서 구축으로 미화시켜 나갔다. 특히 침략전쟁을 서구제국주의의 자본침략으로부터 벗어나 동아시아 자주적 경제체제를 구축하기 위한 것으로 위장, 이러한 침략전쟁의 궤변은 친일세력을 이용한 전쟁동반론으로 나타나 자본축적의 확대를 꾀하던 식민지하의 정치적 입장(항일투쟁)과 거리를 두었던 유산층의 입맛을 당겼다.

그리하여 친일 조선인 자본세력은 그같은 일제의 침략논리에 자발적으로 동조하면서 자신들이 식민지인으로서 갖고 있던 차별을 침략전쟁 동반세력화를 통해 탈피하고자 하였다.

우리는(조선인) 사변이래 5년 동안 성전에 참가하여 직접 간접으로 피도 흘리고 돈과 노력을 바쳤다. 그러나 황군(일본군) 장병 십일만 명이 죽었는데 조선 사람은 겨우 세 사람이 죽었고, 구채소화의 힘도 본토의 어느 일현만 같지 못하고 그밖에 무엇무엇 모두 다 빈약하였다고 고백하지 않을 수 없다. 국민정신을 통일한 뒤 노력과 물자와 돈을 바치고 그런 뒤 할 일이 있다. 그것은 피를 바치는 일이다. 우리의 생명을 전장에 바쳐야 하겠다. 황군장사의 모양으로 우리도 전장에 나아가 우리나라 일본제국을 방위해야 할 것이다.[98]

이처럼 일제말기 침략전쟁에 적극 동조, 동참한 친일세력은 자신스스로 일본을 조국이라 칭하며 생명조차 아낌없이 바칠 것을 촉구하면서 식민지인이 아닌 기꺼이 유사일본인이 되어갔다. 즉 친일 조선인 자본가층은 침략전쟁을 자신의 자본축적을 위한 절호의 기회라 판단하면서 침략전쟁이 수행되는 일제의 전쟁기지 및 전쟁터를 자본획득의 기반으로 삼아 나가고자 하였다. 이러한 친일 조선인의 인식은 다음

---

97) 御手洗辰雄, 『南總督の 朝鮮統治』, 京城日報社, 1942, 63~73쪽.
98) 『三千里』 1941년 11월, 16~17쪽.

의 내용에서 잘 나타나 있다.

> 대동아전쟁 완수에 필요한 경제적 수요를 완전하게 충족할 수 있도
> 록 힘은 재계인의(조선인 자본가)의 영광스러운 책무이다. 이를 위하야
> 는 멸사봉공의 신념으로 국책에 순응해서 생산 확충에 봉사해야 한다.
> 이렇게 하자면 전력을 다해서 2배, 3배로 능률을 향상해야 한다. 여기
> 서 우리 황제(일왕)의 위대한 정신력을 본받아야 한다.[99]

그리고 태평양전쟁이 발발한 전후에는 국내는 물론 중국 등 해외
친일 조선인의 침략전쟁 동반이 개별적으로 이루어지는 것이 아니라
친일조선인들이 자신의 자본기반을 통해, 친일단체를 통해 집단적으로
침략전쟁의 기여세력이 되었다.

이러한 조선인 자본 세력의 침략적이고 자발적인 친일인식은 조선
내에서 그치는 것이 아니라 일제의 수탈적 경제라인의 중국대륙 및 동
남아 등 점령지로의 확대에 따라 동반 진출하여 일제의 침략전쟁에 뒷
돈을 대고 선전하며 개인적 이익증식과 영달추구에 몰두하여 갔다.

특히 침략전쟁기 상해에는 상당수의 조선인 자본가들이 자본진출
을 위한 일제의 특혜를 배경으로 진출하였다. 상해에는 1930년대 전후
조선인들이 이주하여 의료, 인삼, 잡화, 마포, 양주, 사진, 어업, 농업, 설
탕판매, 이발 등 소규모 개인 기업이나 영세자영업을 운영하고 있었
다.[100] 이들 중에는 일제의 밀정이나 부일세력으로 포섭되어 활동하기
도 하였으나 아직은 집단적이거나 드러나는 형태로의 친일행태가 진
행된 것은 아니었다.

그러나 앞서 언급했듯이 상해를 근간으로 하여 항일투쟁을 전개하
였던 독립운동 세력이 직접적으로 윤봉길의사 의거 이후 상해를 떠나

---

99) 『每日新報』 1942년 1월 18일.
100) 孫科志, 앞의 논문, 103쪽.

자 상해 내로 진출, 거주하는 조선인의 부류가 대립적으로 교체되어 갔다. 즉 중일전쟁을 전후하여 상해에는 조선인이 경영하는 철강, 무역, 정밀기계수리, 잡화, 식품업, 댄스홀, 위안소, 양품거래 등 주로 무역업이나 위안소 등의 업체가 운영되고 있었다. 이들은 평균 2~3만 원의 비교적 소규모 자본을 바탕으로 운영되었으나 일제의 대륙침략이 본격화되면서 전쟁특수에 의해 자본증식을 하였다. 중일전쟁 이전 조선인 자산금액의 실태를 보면 자금이 50만 원 이상인 자가 1인, 10만 원 이상인 자가 12인, 5만 원 이상인자가 12인, 1만 원 이상인 자가 97인인 상태중이며, 그밖에 조사가 불능할 정도로 열악한 조선인이 상당수 존재하고 있었다. 그러나 전후 이들은 일약 벼락부자가 되어 생활태도 역시 급격히 변화하여 의식주 모두 현저하게 개선된 것을 볼 수 있는데, 일례를 들면 사변(중일전쟁) 전에 자가용의 소형차가 1대에 불과하였으나 전후 자가용 차가 2대, 영업용 트럭 18대, 택시 22대, 총계 이미 66대에 달하였다는 것이다.[101] 그리고 1940년까지 자가용을 소유하고 있는 조선인은 27명에 이르렀고, 수십만 원의 재산을 가지고 호화로운 생활을 하였다.[102] 특히 전쟁경기에 따라 조선인이 경영하는 일본군 상대의 위안소(매춘업)도 증가하였는데, 이를 통한 자본증식도 가능하자 조선인 자본가에 의한 조직적이고 대규모적인 위안소의 운영도 나타났다. 일제는 1937년 9월 중일전쟁 직후 조선에서 취직을 시켜준다는 사기수법으로 16세에서 20세의 조선인 여성 80여 명을 데리고 와 1938년 2월 상해에 처음으로 육군위안소를 설치한 뒤 이후 조선인 여성을 강제로 모집하여 위안부로 강제 동원하였다.[103] 그러나 상해에는 1937년 이미 조선인이 경영하던 군위안소가 있었는데, 1939년 당시 조선인이 경영하던 위안소는 상해내 5개에 달하였다.[104] 군위안소는 일제의 침략전쟁

101) 楊昭全 편, 앞의 책, 22~23쪽.
102) 楊昭全 편, 앞의 책, 25~27쪽.
103) 華强, 「抗戰初期的日軍慰安所」『檔案與史學』, 1995년 4월호, 55쪽.

에 협력하는 친일조선인에 의해 경영되기도 하였으나 일반 조선인들도 영업상 이익을 위해 위안소를 경영하기도 하였다. 1937년 아세아라는 작은 찻집을 경영하고 있던 박일석은 당시 자본금이 2,000원에 불과하였으나 중일전쟁이 일어나자 군위안소를 경영하면서 자본금이 30,000원으로 증가하였다.[105]

물론 이러한 조선인들의 경제적 활동상황이 친일의 결과라고 단순하게 말할 수 있겠느냐는 지적이 있을 수 있으나 당시 침략전쟁의 성격과 한중민족이 처한 절실한 현실을 고려할 수 있는 식민지인 당사자가 그러한 상황을 가장 잘 활용하여 결과적으로 침략세력에 동조하였다면 이는 자발적 친일화라 할 수 있다. 즉 이들은 장기간 상해에 거주하며 일제의 침략전쟁을 이용, 개인적인 직종을 통해서 침략의 첨병역할을 수행하며 이익을 추구해 영업규모나 자본의 규모가 커진 실태의 결과라 하겠다.

그리고 1940년 이후 만주괴뢰정권에 이어 남경 괴뢰정부가 수립되고 일제의 침략이 중국대륙을 휩쓸자 상해에는 상당한 자본을 가진 조선인 자본가가 일제의 비호아래 침략전쟁의 동반세력이자 후원세력으로써 대거 진출하여 전쟁특수를 이용한 대규모 자본축척에 나섰다.

상해에 우리 반도동포가 각 부문에 걸쳐서 활약하는 것이 적지 않다. 가령 거대한 아파트에 사무실을 정하고 수십 명의 외국인을 사무원으로 이용하며 수백만 원의 융통자본을 운용하는 회사도 설립하여져서 실제적으로 국책에 응하여 산업경제 방면에 위대한 업적을 이루고 있다.[106]

---

104) 「在上海總領事館於特高警察事務狀況－昭和十二年十二月末調」『日本外務省特殊調査文書』27, 724쪽.
105) 楊昭全 편, 앞의 책, 93쪽.
106) 『三千里』, 1943년 3월, 106쪽.

는 친일잡지사인 대동아사 화중특파원 박거영이 언급한 내용에서도 당시 실태를 알 수 있다.

이러한 친일 조선인 대자본가의 많은 숫자가 대륙침략전쟁이 본격적으로 확대되는 1937년 중일전쟁 전후(1935~1939년) 상해로 진출하기 시작하였는데, 이로 인해 1936년 당시 1,797명으로 조사된 상해내 조선인이 1938년 3,138명으로 2배 이상 증가하였음을 볼 수 있다.[107] 이들은 주로 일제의 침략전쟁에 기생할 수 있는 군수산업 및 그 관련 업종을 운영하거나 자본축적의 극대화와 중국내 정치적 영향력을 확보하여 침략전쟁의 자발적인 선봉을 담당하기 위하여 중일합작을 꾀하기도 하였다.

일제침략기 상해에 진출한 대표적인 조선인 자본가의 실태의 대강을 보면 다음과 같다.[108]

〈상해지역 주요 조선인자본가(1940년대 기준)〉

원 적	기업명	대 표	연 령	자본금
평양	삼하흥업주식회	江鴨命石	38	300,000원(39년도 4만원)
경남	상해정밀기계공사	孫田昌植	35	200,000원(37년도 5천원)
평양	삼하흥업회사	秋野養鉉	34	200,000원
한성	영화무역공사	木戶東彦	45	200,000원
경남	영화양행	山岡暉卓	37	500,000원
경남	구중공사	金田尙用	45	200,000원
한성	원동상업회사	星野一夫	47	150,000원
평남	동신양행	白井源一	41	150,000원
충북	전촌양행	田川忠治	34	150,000원
평북	김택서복점	金澤永周	33	150,000원
황해	목기공사	金時會	37	150,000원
황해	임성공사	林承業	48	150,000원
(37년도 2천·39년도 3만원)				
평양	한영무역공사	韓田奎永	41	150,000원

---

107) 孫科志, 앞의 논문, 47쪽.
108) 楊昭全 편, 앞의 책, 25~27쪽·93~96쪽.

대구	신흥공사	木村解生	40	150,000원
개성	인삼상점	林根喆	41	150,000원
평양	영생의원	濟光云	39	150,000원
해주	안생공사	安田俊生	34	120,000원
평북	조일세염점	松川燦星	46	110,000원
평양	혜신양행	村井惠	50	100,000원
인천	용합양행	金村振龍	33	100,000원
한성	무역상, 위안소	金佑風	40	80,000원
평북	음식점, 위안소	新井白碩	41	60,000원
평남	삼성공사	上木春一	46	50,000원
한성	대화무역공사	甄原星鎔	40	50,000원
해주	흥원공사	中村傳次	33	50,000원
충남	삼덕양행	金本亨	46	50,000원
경기	금문공사	金時文	50	50,000원(37년도 2천원)
평남	백천양행	白川秀男	33	50,000원
경기	동화주식회사	高山奎次郞	38	50,000원
평북	영룡주식회사	山江鴻昌	54	50,000원
함북	유신주식회사	金海康	46	50,000원
한성	山畑양행	山畑潤植	47	50,000원
한성	삼신무역공사	廣木徹	31	50,000원
평남	잡화양행	文永宗浩	35	50,000원
개성	전흥사	菊山載洪	35	50,000원

楊昭全 편, 『關內地區朝鮮人反日獨立運動資料匯編』 上冊(1919~1945), 遼寧民族 出版社, 1987, 25~27 표 참조

<표>에 나타난 상해 조선인 자본가의 자본축적 상황을 보면 상해이 주 초기 몇 천 원 또는 많아야 1, 2만 원에 불과, 열악했던 조선인자본 액이 막대하게 증가되었음을 볼 수 있는데, 이는 일제의 침략전쟁 확대 및 일·조·중 침략경제연계정책이 본격화된 시기와 일치되고 있으며, 기업운영 내용이(군수물자 및 원자재, 위안소, 약품 등) 침략전쟁과 관련되어 있음을 알 수 있다.

특히 상해지역 조선인자본가들의 연령층이 30~40, 50대 청장년층이 주를 이루고 있는데, 가장 왕성한 제반 활동을 통해 민족과 나라의 기 반이 될 수 있는 연령층이 당시 민족의 생존보다 침략전쟁의 기회를

쫓아 개인적 자본축적에 몰두하였음을 볼 수 있다. 그것은 이들 연령층
은 대부분 일제시기에 출생한 자들로 한국전쟁을 통한 전쟁세대와 전
후세대의 이념적 차이가 존재하듯이 이들에게도 일제의 침략과 식민
통치에 대한 민족적 저항의식보다 시대적 인식이 우선되고 있었던 것
이라 본다. 다시 말해 일제가 민족의 독립적 주권을 침략, 말살하는 과
정을 직접 목격하지 못한 세대로 식민시기에 대한 인식이 보다 앞서고
있어 일제의 제반 식민정책에 따라가는 것에 대한 저항적 민족의식이
희박하였던 것이라 하겠다. 또 이들의 많은 수가 창씨개명을 하고 있음
을 볼 수 있는데, 일단 창씨개명을 하고 일제 침략지에서 경제활동을
하였다는 것은 일제의 침략노선에 합류해 갔었음을 인지할 수 있고, 실
제 그들은 스스로 유사 일본인으로서 침략전쟁의 동반세력이 되었다.
그러나 창씨개명을 하지 않은 상해내 조선인 자본가라 하더라도 그들
의 자본축적과 기업의 성장은 일제의 침략전쟁 확대에 비례하였다.

그 대표적인 실례를 보면 우선 奉在龍이 경영하던 삼하흥업주식회
사는 1939년 40만 원의 자본금으로 시작한 철강계 기업이었다. 이는
1943년경에는 자본금이 100만 원이 넘고 10개의 지점을 둔 큰 회사로
성장하였으며 알루미늄과 직물매매방면에도 70여만 원의 자본을 투자
함으로[109] 짧은 기간 자본의 막대한 증대를 알 수 있다. 그 자본의 성
장기간은 곧 침략전쟁이 한창 확대되는 시기이다.

또 1937년 자본금 2,000원으로 아리랑이라는 찻집을 경영하던 白利淳
은 중일전쟁 이후 동신양행을 설립하여 무역업에 진출한 뒤 많은 경제
적 이득을 얻었는데, 2,000원의 초기 자본금이 1939년에 이르면 50,000원
으로 급격하게 증대하였다.[110] 1935년 삼덕양행이라는 제약회사를 설
립하여 경영하던 金亨植은 1939년에 이르면 그 자본금이 80,000원으로
증가하였고, 1943년에는 그가 경영하던 불자약장의 지점이 500여 개에

109) 김인호, 『식민지 조선경제의 종말』, 신서원, 2000, 283쪽.
110) 楊昭全 편, 앞의 책, 94쪽.

달하는 대규모 제약회사로 성장하였다.[111]

1939년 자본금 3만 원으로 林盛公司를 설립하여 잡화나 양품을 생산하던 林承業은[112] 1941년경에는 성냥공장, 석탄광, 직물회사 등 거의 백만 원에 달하는 자본을 축적하고 있었다. 그리고 이 시기 중국인 자본가와 합작하여 조중간 무역을 담당하는 京華産業을 설립하였다. 이는 당시 주주 51인의 자본금 10만 원으로 설립, 동년 8월 1일 중국당국의 인가를 얻어 9월 10일 성립한 주식회사로 조선 및 중국 중남부와의 물자교역을 주로 한 준국책회사였는데, 이에는 당시 조선총독부 사무관인 原田一郎의 힘이 컸다.[113] 이는 곧 임승업의 자본운영에는 일제당국의 적극적인 지원이 동원되었고, 이를 통해 그의 자본은 중국침투에 이어 중국기업과 연계되는 등 자본축적이 확대됨으로 그 자본은 침략전쟁에 재투자될 수밖에 없었다. 그리고 1939년 자본금 3만 원으로 상해에서 소규모 무역업을 시작한 이태현은 1920년대에는 만주지역 조선인 친일단체인 조선인회본부 회장을 하면서 친일활동을 하다가 1929년 상해로 진출하여 기업운영을 통해 친일활동을 계속하였다. 그는 이후 1943년 대리양행이라는 대회사의 중역으로 있으면서 수십만 원의 자본을 동원할 수 있는 실력가로 성장하였고, 이를 기반으로 흥아원 등 친일조직을 통해 침략전쟁을 선전, 소위 대동아건설공작에 적극 동참한[114] 친일조선인이었다.

이처럼 상해내 조선인 유산층인 자본가들은 일제의 한중경제연계정책에 따라 중국대륙으로 진출, 스스로 친일화되어 침략전쟁과 관련된 사업에 진출하면서 최대한 수백 배에 이르는 막대

---

111) 『三千里』, 1943년 3월호, 96~109쪽.
112) 今寸一朗, 「安徽省長江流域に於ける日本商工業者の活動狀況」 『東亞調査報告書 : 1939』, 東亞同文書院大學, 東京, 1940, 449쪽.
113) 『光化』, 光化社(上海), 1941년 11월, 7쪽.
114) 『三千里』, 1943년 3월호, 100쪽.

한 자본을 증식해 나갔다. 이들은 상해를 비롯한 중국대륙을 침략전쟁지가 아니라 기회의 땅이라 인식하고 자신 스스로 일제 침략세력의 일원이 되어 갔다.

V. 상해의 조선인 친일단체

상해의 친일조선인들은 일제 당국에 고용되거나 개인적 업종을 통해서 자발적 친일행태를 자행하였다. 그러나 상해 조선인의 친일활동은 개인적 차원에서 뿐만 아니라 친일단체를 통해 조직적으로도 전개되었다. 상해지역의 대표적인 조선인 친일단체로는 상해 조선인회와 계림회를 들 수 있는데, 특히 이에 소속된 조선인의 대부분은 상해지역에서 기업 등을 운영하며 침략전쟁에 동참하고 있던 친일 조선인 자본가들로 조직의 간부세력을 형성하고 있었다.

우선 상해 조선인회는 중국 화남·화중지역에서 대표적인 일반 조선인대상 친일단체였다.[115] 조선인회는 1913년경 조직된 봉천조선인회를 시작으로 하여 이후 안동(단동)에 본부를 두고 안동현, 집안현, 장백현 일대에 세워진 만주지역 어용친일단체이다. 이는 중국사람이 많은 지역에 소수민족으로 살고 있는 남만주일대의 조선인을 대상으로 한 조직으로 이외 유하, 길림, 장춘, 하르빈에도 독립된 조선인회가 있었다.[116] 조선인회의 주요사업 내용은 재만 각 지역 조선인을 대상으로 하여 호적에 관한 사항, 생활개선 및 미풍양속의 조장, 분쟁의 조사, 관청에 제출하는 서류의 경유 신달 또는 교부, 관청의 명령 기타 전달, 식산·위생·교육·종교·학예 기타 사회사업에 관한 사항, 통신 체송에 관한 사항, 금융에 관한 사항, 기타 공익사업에 관한 사항 등으로[117] 만

---

115) 楊昭全 편, 앞의 책, 33쪽.
116) 강동진, 『일제의 한국침략정책사』, 한길사, 1985, 262~264쪽.
117) 朝鮮總督府, 『滿洲及西比利亞地方に於ける朝鮮人事情』, 1927, 286~287쪽.

주지역 내 일반 조선인을 대상으로 한 업무를 관장하면서 조선인 주민 사회의 친일화를 도모한 것이다. 이러한 성격의 친일단체인 조선인회가 상해지역에서도 상해거주 조선인을 대상으로 조직되었는데, 앞서 안동현 조선인회본부 회장으로 친일활동을 하였던 이태현도[118] 이후 상해로 진출하여 대자본을 축적하는데, 상해조선인회 조직에 관여하였을 것으로 보인다.

상해조선인회는 1931년 3월 공공조계의 조선인들이 친일·동족상애를 표방하며 조직된 상해조선인친우회를[119] 기반으로 하여 1934년 3월 개편한 것이었다. 특히 제1대 회장에 유인발, 고문이자 부회장으로 李容魯 등이 활동하였는데, 이들은 반친일세력에 의해 암살되거나 미수에 그치는 공격을 받기도 하였다. 즉 상해조선인친우회 위원장이었던 유인발은 1933년 8월 31일 임정의 송병조와 박창세의 지시로 金水山이 처단코자 하였으나 미수에 그치고 말았다.[120] 또 이용로는 상해일본총영사관에 조선인의 동태와 독립운동자들의 주소를 밀탐하여 정보를 제공함으로 그들의 체포를 도와주었고, 상해내 조선인들을 친일단체에 입회시키는 등 두드러진 친일활동을 함으로 1935년 3월 25일 김구와 안공근의 지령에 의해 嚴亨淳 등에 의해 암살당하였다.[121]

그러나 상해조선인회는 상해 일본총영사관과 일경의 비호아래 유지되었는데, 1936년 10월 이래 도쿄 原田積善會로부터 연 3,000원의 기증금을 받은 것을 비롯하여 일본외무성, 조선총독부, 상해정착민단 등으로부터 거액의 보조를 받아 직업소개소나 숙소, 유치원 등을 운영하며[122] 상해내 일반 조선인사회에 영향력을 행사하였다.

---

118) 강동진, 앞의 책, 263쪽 도표 참조.
119) 朝鮮總督府官房外務部, 『中華民國在留朝鮮人槪況』, 京城, 1940, 56쪽.
120) 앞의 『한국민족운동사료』 중국 편, 782~783쪽.
121) 무정부주의운동사편찬위원회, 『한국아나키즘운동사』, 1978, 353쪽.
122) 「上海朝鮮人會其ノ後ノ情況二關スル件」 『日本外務省特殊調査文書』 60,

1937년 중일전쟁이 발발하자 상해조선인회는 일제의 침략전쟁을 측면 지원하며 더욱 적극적이고 자발적인 친일, 부일활동을 전개하였다. 즉 이들의 침략전쟁에 참여하는 친일활동은 다양하였는데, 상해소재 일본군헌기관에서 경비나 노동력이 부족할 때 청장년대 총동원을 실행하거나 군수품을 옮기고 임시공항 및 응급진지를 구조하였다. 또한 전쟁관련 정보를 수집하고 전장지의 청소를 맡는 등 일제의 침략전쟁에 동참하였다. 이에 당시 廣田 일본외무대신, 南次郎 조선총독은 상해조선인회측 친일조선인들에게 상금을 주고 황국신민으로서 더 큰 노력을 할 것을 격려하기도 하였고, 이에 고무된 상해조선인회는 침략전쟁의 후방 지원활동과 상해지역 조선인의 친일화에 박차를 가하여 조선인회의 친일회원 포섭에 진력하였다. 그리하여 중일전쟁 당시 260여 명이던 상해조선인회의 회원수는 1938년 10월 말에는 413명, 이듬해 10월 말경에는 643명으로 증가하였고, 1940년에는 1,695명에 이르렀다.[123]

이후 상해조선인회는 침략전쟁이 장기화되자 회원들에게 단결과 황국신민의 자각을 강화시키면서 침략전쟁의 후방지원사업에 주력하였다. 우선 상해내 조선인들에게 기부금을 모집하여 일제관련 기관에 헌금을 하거나 일반회원으로부터 국방헌금을 거두어 헌납하기도 하였다. 또한 중국관내, 국내, 일본지역 조선인의 황국신민의식을 강화시키기 위한 목적으로 조선총독부파출기관 및 일본대사관, 화중경무부대의 지원을 받아 金玉慶, 美津子, 李恩泳, 柳克儉 등 4명의 조선여성으로 소위 조선내지시찰단을 조직케 하였다. 이들은 1940년 4월 26일 상해를 출발하여 대련, 국내 봉천, 신의주, 평양, 경성, 금강산, 부산, 일본 내 下關, 京都, 名古屋, 東京, 伊勢, 大阪, 神戸 등을 돌면서 친일임무를 수행한 뒤 동년 5월 25일 상해로 돌아왔다.

그리고 동년 8월초 이래 조선인회가 중심이 되어 청년단운동을 전

198~216쪽.
123) 楊昭全 편, 앞의 책, 35쪽.

개하여 9월 7일 상해 계림회관에서 계림청년단을 조직하는 의식을 거행하였다. 청년단 단장은 당시 조선인회 회장이자 계림회 이사인 靖原甲寧(이갑령의 창씨개명)이, 부단장은 조선인회 총무인 高嶋輝三(고제몽)이 선출되었으며 단원은 75명이었다. 이들은 상해 광중로 해군표충탑 건설현장에서 노동봉사를 하였고, 조선총독부 시정30주년 기념행사에 참석하는 등 일제침략정책에 적극 동조해 나갔다.[124] 특히 靖原회장은 시정 30주년기념행사에서 중국 등 해외에서 일제침략전쟁에 공헌한 민간 조선인들에게 표창을 하는 등 그 자발적인 친일행위가 두드러졌다. 이에 1937년 11월 그는 항일세력에게 피습을 당하기도 하였다.[125]

또 상해조선인회는 1930년대 이후 상해내 이주하는 조선인이 증가함에 따라 아동의 수도 급증하자 아동(유아)교육을 통한 조선인 포섭의 필요성을 느꼈다. 이전 상해에는 임정 산하 교육기관으로 설립된 인성학교가 조선인 아동교육을 담당하고 있었는데, 1932년 윤봉길의사 의거 직후 임정을 비롯한 독립운동세력이 상해를 떠나자 1932년 9월까지 일시 폐교 조치하였다. 이에 상해조선인회는 1933년 6월 15일 상해 일본기독교청년회관에 槿花유아원을 설립하여 교사 2명이 20여 명의 친일 조선인의 자녀를 교육하였다.[126] 그리고 조선인회는 일본총영사관과 함께 인성학교 교장이던 선우혁에게 1935년 11월 10부터 일본의 국정교과서를 채택하여 일본어교육을 할 것을 강제 명령하였다. 이에 11월 4일 인성학교측은 학부모회와 유지회를 개최하여 대책을 의논하였으나 결국 동년 11월 11일 전직원이 모두 사표를 내기로 한 뒤 무기휴교에 들어갔다.[127] 따라서 늘어나는 아동 수에 비하여 상해내 마땅한 아동

---

124) 楊昭全 편, 앞의 책, 36쪽.

125) 『매일신보』 1937년 11월 12일.

126) 「上海朝鮮人會其ノ後ノ情況ニ關スル件」 『日本外務省特殊調査文書』 60, 198~201쪽.

127) 金正明, 앞의 『朝鮮獨立運動』 II, 547~548쪽.

교육기관이 없게 되자 조선인회는 三井, 三菱, 東洋拓殖株式會社 등 일본기업과 朝鮮銀行 등의 출자(20,000원), 조선총독부의 지원금(17,000), 조선인회 보조금과 교민들의 기부금(29,855) 등을 받아 蚍江路 廣東街 舊三義里 소학교 자리에 養正유치원을 신축, 운영하였다.[128] 양정유치원에서는 일본어를 국어로 사용케 하는 등 황국신민화 교육을 실시함으로 이후에도 조선총독부 등 일제당국이나 친일조선인들의 많은 재정적 지원을 받을 수 있었다.[129]

이처럼 상해조선인회는 일제의 침략전쟁에 동참하며 상해내 조선인의 친일화를 위해 조선인을 대상으로 한 제방면의 업무를 담당하며 친일활동을 전개하였다. 따라서 조선인회는 한정된 친일조선인들이 모여 제한적인 친일활동을 목적으로 한 것이 아니라 상해지역 조선인 전체를 대상으로 침략전쟁에 동원하기 위한 주민대상 친일단체였다고 할 수 있다.

그에 반해 上海鷄林會는 개인적 자본축적의 극대화를 위해 상해로 진출하여 대동아성전을 외치며 일제의 침략전쟁에 자발적으로 동참한 전형적이고 제한적인 친일조선인이 모여 조직한 보다 정치적인 친일단체라 하겠다. 계림회가 일제의 침략전쟁기 전개한 친일활동의 내용은 매우 적극적이고 반민족이나 그에 관한 충분한 자료가 미흡한 것이 사실이다. 계림회는 이미 만주지역 내 조선인에 대한 친일공작을 위해 1920년대 신경(장춘)에 본부를 두고 조직된 친일단체이다. 특히 신경 계림회본부내에는 돈화, 장백, 임강, 통화, 해룡, 집안일대에 대한 일본군의 토벌, 선무공작을 후원하기 위해 조직된 '동남지구특별공작후원회본부'가 설치되어 있었다. 이는 1940년 10월 30일 조직되어 최남선(만주건국대학 교수), 박석윤(매일신보 부사장), 윤상필(만주제국협화회 본부이사), 이범익(총독부 민정시찰관, 간도성장), 유홍순(간도민생청장, 강원지사) 등이 간부로서

---

128) 楊昭全 편, 앞의 책, 28, 37쪽.
129) 위의 책, 30쪽, '公立養正幼兒園狀況表' 참조.

독립군에게 투항권고를 하는 등[130] 친일활동을 전개하였다.

이후 만주지역은 물론 관내지역에도 급속히 증가하는 조선인의 친일화와 통제를 위해 지회성격의 계림회가[131] 조직되었다. 관내지역의 계림회는 武漢과 상해에서 설립되었고, 廣東에서도 설립 계획이 있었다. 무한계림회의 경우 1941년 5월 4일 漢口조선인회가[132] 일본거류민단에 합류, 해산함으로 소위 조선인의 친목과 황국신민의식과 고취와 전쟁협력을 목적으로 조직되었다. 이에는 이사장 高明天(치과의사), 伊東武雄(조선인, 본명 불상)을 비롯하여 한구특무기관의 나가야마(長山重光, 조선인), 한구일본상공회의의원인 白兇榮과 曹應道가 고문으로 참여하였으며, 그 외 金壽天, 郭德榮, 張贊植, 鄭澤根 등이 활동하였다. 이들은 1941년 6월 16일부터 7월 7일까지 한구일본거류민단과 협력하여 일본군에 전달할 위문금품을 모집하거나 10월 31일부터 11월 3일까지 장병위문 연예대회를 개최하여 얻어진 수익금 520원을 국방헌금으로 납부하기도 하였다. 또 중일친선을 위한 축구대회를 개최하였고, 일제의 징병제가 실시되자 1942년 4월 19일 축하운동회를 열기도 하였다.[133] 또 1940년 11월 23일 광동에서도 계림회 설립을 위한 주비위원회가 조직되었다. 주비위원회는 애군여관 강당에서 일본영사관 경찰이 배석하고 金奎現, 金一鉉, 李元業, 金德三, 朴成基, 尹承萬, 洪承鎬 등이 참석한 가운데 개최되었다. 이들은 김규현을 위원장으로 선출한 뒤 연내 계림회 성립전례대회를 개최하기로 결의하였다. 그러나 광동계림회의 구체적인 활동상황에 대해 알려진 것은 없다.[134]

---

130) 임종국, 앞의 『일제침략과 친일파』, 370쪽.
131) 계림회는 친일세력들이 황국신민으로서의 자각아래 사상선도, 생활향상 등을 표방하면서 창립된 무한계림회, 광동계림회 등도 조직되어 활동하였다.
양소전 등편, 앞의 자료, 78쪽.
132) 楊昭全 편, 앞의 책, 56쪽.
133) 임종국, 앞의 『일제침략과 친일파』, 356~357쪽.

이와 함께 상해계림회도 상해내 조선인의 친일화와 실질적인 전쟁 협력을 목적으로 조직된 상해내 대표적인 친일단체로, 주된 활동시기가 1942년 전후로 이 시기에 조직된 것으로 보인다. 상해계림회는 상해내 일본영사관과 특무기관, 일본인거류민단, 일본군 현지부대 등과 밀접한 관계를 유지하면서 일제 침략전선의 후원을 주된 사업으로 삼아 국방헌금이나 위문금품을 모집하거나 소위 대동아공영권 건설을 위한 조선인 징병제 실시를 적극 지지하는 등 현실적이고, 자발적인 친일활동을 전개해 갔다.

이러한 활동의 일환으로 상해계림회는 1942년 5월 8일 상해신사에서 상해내 친일 조선인들을 모아 소위 징병제실시 봉고제 및 선서식을 거행하였다. 이 자리에는 일제 掘內공사, 中根영사, 秋山군보보부장, 福田일본거류민단장 등 일제측 인사와 상해지역 조선인 2,500여 명이 참석하였다. 기념식은 神前봉고의식에 이어 기념행사위원장 손창식의 선서문 낭독이 있었는데 내용의 대강은 다음과 같다.

반도동포에 대한 징병제 실시의 議가 결정되어 우리는 恐懼 감격을 금치 못한다. 이에 더욱 더 내선일체 萬民翼贊 臣道實踐의 實을 올려 이로써 조국의 이상에 卽하고 皇恩에 奉應할 것을 맹서한다. 右를 선서함.135)

이 축하식에서 伊東이사장은 "우리들 반도 출신자에게도 오는 소화19년(1944)도부터 징병령을 실시한다는 각의 결정을 본 것입니다. 여러분 이런 감격이 또 어디 있겠습니까. 이에 우리는 皇恩이 광대무변함을 한층 가슴에 명기함과 더불어 우리들 제국신민으로서의 의무에 대해 분골쇄신의 각오를 가지며 충성으로서 君國에 奉公을 맹세해 받들지 않으면 안 될 것입니다. 오늘 우리는 대동아 해방을 위해서, 세계 평화를 위해서, 대동아성전을 하고 있습니다. 지금이야말로 우리도 분기해서 무엇인가 구실을 해야 할 때입니다. 선무공작에, 건설공작에, 문화공작에 노력하지 않으면 안 됩니다."라고 하여 그 자발적 친일성을 분명히 하고 있다.

134) 楊昭全 편, 앞의 책, 78쪽.

이어 각계 인사의 축사를 비롯하여 일제 수상, 외상, 조선총독, 조선
군사령관에게 보내는 감사전보문이 채택되었는데, 이는 손위원장의 선
서문 내용과 유사하나 보다 열성적으로 소위 황은에 대한 충성을 다짐
하고 있음을 볼 수 있다.

> 반도동포에 대한 징병제 실시의 議가 결정되어 우리는 공구 감격을
> 금치 못한다. 오늘 상해신사의 대전에서 봉고제 및 선서식을 거행함에
> 당하여 각하의 진력하심에 대하여 삼가 사의를 표함과 더불어 내선일
> 체 진충보국의 실을 올리고 이로써 조국의 이상에 즉하여 황은에 봉응
> 할 것을 맹세한다.[136]

그리고 일본국가를 제창한 뒤 일황만세 삼창으로 기념식을 산회하
였으니 상해계림회의 친일강도가 어떠하였는지를 짐작할 수 있다.

또 이들은 기념식을 끝낸 뒤 5월 18일까지 침략전쟁을 지원하기 위
한 기념국채 판매운동을 벌였으며, 상해에 진주하는 일본군에 적극 협
력, 자원하여 종군하는 등[137] 자발적인 친일활동은 일본인도 못 따라
갈 정도였다.

이러한 상해계림회는 孫昌植 이사장을 비롯한 간부세력을 포함하
여 1942년 9월경 당시 174명의 회원이 활동하고 있었다. 회원들의 성분
을 보면 대부분이 당시 상해로 진출하여 개인적 기업 등을 운영하거나
또는 언론, 종교 등과 관련된 직종에 종사하면서 친일활동을 전개하고
있던 상해내 상층구조 친일조선인들이 대부분 망라되어 참여하고 있
으며 특히 이들은 거의 창씨개명을 완료함으로서 그 친일성을 분명하
게 드러내 보이고 있다. 특히 이사장이었던 손창식은[138] 상해정밀기계

---

135) 임종국, 앞의 책, 357쪽.
136) 위의 책, 358쪽.
137) 朝鮮總督府,『支那事變と半島同胞』, 1938, 148쪽.

공창 사장으로 일본군을 상대로 한 군수공업을 경영하면서 침략전쟁의 특수에 의해 대자본을 축적한 인물로써 당시 조선의 3대 부호중의 하나로 손꼽히기도 하였다. 그는 당시 상해지역 내 조선인단체에 거의 대부분 관계하면서 친일공작을 수행하였고, 학술연구비 명목으로 거액(30,000원) 일본인 학교에 기증하거나[139] 일본군에 헌금을 하는[140] 등 적극적인 친일활동을 전개하였다. 그는 해방 후 전범으로 체포되었는데, 당시 중국내 다수의 부동산(西摩路 1350호 정밀기기공장, 林森路 1376번지 부지, 江浦路 順吉里 12호 창고, 北四川路 807호 발행소, 貝當路 929호 주택, 大連路 福壽坊의 부지 등)을 소유하고[141] 있었다. 그리고 이사인 李甲寧의 경우 일본외무성 촉탁 등 일제 당국과 밀착되어 친일활동을 전개하였고, 상해사변 당시 한인의용대를 조직하여 일본군의 진지구축, 군수품하역작업, 통역, 간호, 취사 등의 업무를 담당하면서 일본군을 지원하였다. 이에 1937년 11월 상해 메두르스트가의 한 카페에서 항일계 조선인으로부터 저격을 받아 부상을 당하기도 하였다.[142] 상해계림회 주요 회원들의 이력을 보면 다음과 같다.

·이사장
孫昌植(孫田昌植 : 본적 삼천포) - 상해정밀기계공예사장, 경화산업취체역, 덕창연초공장 이사, 동아신문 감사역, 재상해 조선인기독교회[143]

---

138) 자유당 시기 보사부장관을 지낸 孫昌煥이 그의 친형이다.
139) 『매일신보』 1942년 3월 5일.
140) 국사편찬위원회, 「孫昌植의 證明書」『韓國獨立運動史資料』 21, 1991, 80쪽.
141) 위의 책, 95～97쪽.
142) 독립기념관 한국독립운동사연구소, 『한국독립운동사사전』 3 - 운동, 단체편, 2004, 219쪽.
143) 상해내 조선인기독교회는 윤의사 의거 후 기독교인들이 다수 상해를 떠나자 중일전쟁 직후인 1937년 12월 상해조선인기독교인회로 전환하면서 점차 친일 성향을 적극적으로 표면화해 나갔다. 이는 친일조직으로 전락하면서 신도들에게 일본군 장병을 위로하고 국방에 금을 헌납케 하는

영수, 계림구락부 이사장, 충국보국협력위원회·충령 회상해지방위원
회·상해기독교연맹 난민구제회 위원 등

·이사

李甲寧(靖原甲寧 : 본적 서울 서대문)-상해조선인회 회장, 일본외무성
　　촉탁, 상해일거류민단 촉탁, 계림청년단단장, 계림·양정유치원 원장,
　　상해극예술연구회장

奉命石(江嶋命石 : 본적 평양)-삼하흥업사장, 덕창연초공장 이사, 상해
　　무자 취체역

高濟夢(高島輝三 : 본적 전남 광주)-매일신보 상해지사장, 뇌흥양행 지
　　배인, 계림회 부이사장

金龍河(金城龍河 : 본적 제주)-상해일본거류민단 직원

南宮秀雄(본명 불상)-상해조선인기독교회 인사, 모득리양행 경영

方孝元(方山孝元 : 본적 선천)-상해조선인기독교회 담임목사

韋惠園(村井惠 : 본적 평양)-무역상인 혜신양행 대표, 경화산업 취체역

玄正柱(玄谷正柱 : 본적 서울 명륜동)-무역상인 한영공사 및 건성공사
　　대표[144]

이들 외에도 상해계림회원에는 朴巨影(친일지인 『삼천리』[145] 상해지사),

한편 신사참배나 창씨개명, 일본어 연습 등을 강력하게 권장하면서 황국
신민으로서 성의를 표할 것을 강조하는 등 친일활동을 전개하였다.
楊昭全 편, 앞의 책, 30쪽.

144) 임종국, 앞의 책, 358~359쪽.

145) 친일잡지 『三千里』는 1938년 5월 「시국과 여성의 각오」(俞珏卿), 「비상
　　시국과 부인보국」(이숙종), 「보국과 절제」(장정심), 「비상시국과 가정」
　　(황신덕) 등 친일인사들의 시국논설을 싣기 시작하여 1939년 4월초 「새
　　로운 동양의 전설」(南次郎), 「정신적 위력과 인적요소」(中村孝太郎), 「
　　조선의 지식층에 호소함」(張赫宙) 등을 실어 내선일체 체제의 완성을
　　선전하였다. 이는 1942년 5월 『대동아』로 잡지명을 바꾸고 회사명도 대

宋志泳(『상해시보』[146]) 사원으로 南京中央大學에 재학 중), 일본인 坪井盤松(총독부 소속 외무성촉탁 경부), 安熙泰(상해일본거류민단 수세관원), 張在福(흥아원 화중연락부 문화국 근무), 洪宅喜(조선총독부 파견원, 상해총영사관 근무) 등 상해지역 내 여러 방면에 종사하고 있던 친일조선인들이 상해계림회를 통해 보다 조직적으로 일제의 침략전쟁을 측면 지원하며 친일활동을 전개하였다.

이와 같이 상해조선인회와 계림회는 그 구조면에서는 약간의 차이는 있으나 인맥면에 있어서 상호 연계성이 강한 상해지역 대표적인 친일단체였으며, 이들 조직은 상해내 조선인사회를 조직적으로 관할하여 친일화 하는데 주력하였다. 그리고 이를 통해 상해 친일조선인 유산층은 일제의 침략전쟁에 자발적이며 적극적으로 참여 협력하면서 개인적 이득을 충족시켜 나갔던 것이다. 뿐만 아니라 이들 친일단체의 배족행태는 독립운동의 근거지였던 상해지역을 친일조선인들의 활동기반으로 만드는데 일조하였다.

Ⅵ. 맺음말

1919년 3·1운동 직후 장기적인 정치적 독립운동을 목적으로 상해로 망명해 오거나 이주해오는 조선인이 증가하자 일제는 당국 차원의 치밀한 친일공작과 민족분열정책의 추진이 필요하였다. 이에 일제는 대한민국임시정부 수립을 전후하여 독립운동의 중심지이자 항일세력의 연락중계지였던 상해지역에 대해 비상한 관심을 갖고 조선인의 동향

동사로 하여 재출발하였다. 대동아사 사장 김동환은 친일조직인 임전대책협의회를 주동하였으며, 대동아사는 이후에도 『대전과 조선민중』, 『승전가』 등 친일을 선동하는 단행본을 출판하였다.

146) 『朝鮮民族運動年鑑』, 240쪽.
『상해시보』는 1940년 1월 22일 제1호가 발행되었다.

을 주목하기 시작하였다.

일제는 상해내 반일조선인들의 활동을 그대로 방치할 경우 중국내
는 물론 국내의 민심까지도 자극, 반일분위기를 증폭시켜 식민통치에
막대한 영향을 미칠 우려가 있다고 판단하였다. 그리하여 상해 주재 일
본총영사관을 중심으로 한 일제 당국은 상해 조선인들의 일거수일투
족을 감시하기 위하여 조선인 밀정을 고용하였다. 조선인 밀정들의 활
약은 일제의 조선인 정책에 있어 매우 중요한 존재였는데, 여러 가지
경로로 포섭, 고용되었다. 즉 일본 경시청이 상해에 파견한 경찰관이
고용하거나 상해주재 일본영사관이 고용한 경우, 조선총독부가 상해에
파견한 통역관이 고용된 경우, 조서인 헌병보조원 등 다양하였으며, 독
립운동 전력자를 회유, 밀정으로 이용하기도 하였다. 일제에게 고용된
조선인 밀정들은 각각의 개인적 이익을 보장받으면서 독립운동자로
가장하거나 지원을 자처하고 상해내 조선인(독립운동자)에게 접근하여
조선인동태에 대한 정보를 일제 당국에 제공하였다. 따라서 조선인 밀
정들의 친일행태는 독립운동의 근거지로서 역할을 하던 상해지역 조
선인사회에 큰 타격을 주기도 하였다. 그러나 조선인 밀정들의 친일활
동이 순탄하지만은 않았다. 상해내 조선인 항일단체를 중심으로 밀정
에 대한 응징이 있었고, 때로는 밀정에 대한 암살까지도 이루어지고 있
었다.

한편 일제의 만주정권 수립 이후 본격화된 중국대륙으로의 조선자
본의 진출유도는 조선인 자본가에게 식민지하에서도 충분히 부를 축
적할 수 있다는 희망을 갖게 해줌으로 조선인 자본가의 매판화, 친일화
를 촉진시켜 나갔다. 이에 상해에는 1930년대 이후 일제의 침략전쟁에
따른 경제적 특수를 이용, 개인적 축재를 원하는 친일조선인 자본가들
이 대거 진출하여 군수품 제조업, 무역업, 위안소 등 전쟁과 관련된 기
업을 경영하거나 업종에 종사하였다. 이들은 일제의 비호아래 침략전
쟁의 동반세력이자 후원세력으로서 한민족뿐만 아니라 침략지역의 타

민족으로부터 수탈적 이익을 취해 갔다. 따라서 친일조선인 자본가들의 자본축적과 기업의 성장은 일제의 침략전쟁 확대에 비례하여 증대되어 갔다.

이처럼 상해의 친일조선인들은 일제 당국에 고용되거나 개인적 업종을 통해서 자발적 친일행태를 자행하였으나, 개인적 차원에서 뿐만 아니라 단체를 통해 조직적으로도 전개되었다. 상해지역의 대표적인 조선인 친일단체로는 상해 조선인회와 계림회를 들 수 있는데, 특히 이에 소속된 조선인의 대부분은 상해지역에서 기업 등을 운영하며 침략전쟁에 동참하고 있던 친일 조선인 자본가들로 조직의 간부세력을 형성하고 있었다. 상해조선인회는 상해일본 총영사관과 일경의 비호아래 유지되었는데, 일본외무성, 조선총독부, 상해 친일조선인들로부터 거액의 보조를 받아 직업소개소나 무료숙소, 유치원 등을 운영하며 상해내 조선인사회에 영향력을 행사하였다. 조선인회는 상해소재 일본군헌기관에서 경비나 노동력이 부족할 때 청장년대 총동원을 실행하거나 군수품을 옮기고 임시공항 및 응급진지를 구조, 전쟁관련 정보를 수집하거나 전장지의 청소를 맡는 등 일제의 침략전쟁에 동참하였다. 그리고 침략전쟁이 장기화되자 회원들에게 황국신민의 자각을 강화시키면서 국방헌금을 거두어 헌납하는 등 침략전쟁의 후방지원사업에 주력하였다. 그리고 상해계림회는 개인적 자본축적의 극대화를 위해 상해로 진출하여 일제의 침략전쟁에 자발적으로 동참한 전형적이고 제한적인 친일조선인들이 모여 조직한 보다 정치적인 친일단체라 하겠다. 이는 일제 침략전선의 후원을 주된 사업내용으로 하여 국방헌금이나 위문금품을 모집하거나 소위 대동아공영권 건설을 위한 조선인 징병제 실시를 적극 지지하는 등 실질적이고 자발적인 친일활동을 전개해 나갔다. 따라서 상해계림회 회원들의 성분을 보면 대부분 당시 상해로 진출하여 개인적 기업을 운영하거나 언론, 종교 등과 관련된 직종에 종사하면서 친일활동을 전개하고 있던 상해내 상층구조 친일조선인들이 망라되어 참여하고 있었다. 특히 이들은 거의 창씨개명을 완료함으로 그 친일성을 분명하게 드러내 보이고 있었다.

이와 같이 1930년대 이전 대한민국임시정부를 비롯한 독립운동 세력과 그와 관련된 조선인들의 활동근거지가 되었던 상해는 1932년 윤봉길의사의 의거와 일제의 침략전쟁이 확대되어 가면서 항일세력이 빠져 나가자 민족의 고통보다 개인적 이익을 추구하며 침략전쟁에 동조하는 친일조선인들로 채워져 나갔다. 그리고 이들은 경제적 국제도시인 상해의 구조와 상해내 일본 기관과 군세력을 충분히 이용하면서 성공한 조선인이민자로 포장되어 갔다.

아시아·태평양전쟁기 일본에서의 조선인 '친일'화 구조에 관한 예비적 고찰
-후쿠이현福井縣 지역 재주 조선인 동향의 개요-

미쓰이 다카시*

Ⅰ. 머리말

아시아·태평양전쟁기의 '친일'문제를 일본지역을 사례로 살피려고 할 때는 일본 재주 조선인 사회와의 관련에 있어서 필자가 도입하는 시각에 대한 설명을 필요로 할 것이다. 필자의 연구 자세와 관련하여 이 문제를 어떻게 다루는가에 대해 한 마디 언급하고자 한다. 조선인의 '친일'활동의 규명을 역시 지배 권력과의 긴장관계 속에서 파악할 필요가 있는 것은 새삼 말할 나위도 없을 것이다. 조선인이 '일본국민'으로서 '친일'행위를 취했다고 한다면 그 배경에는 지배권력 측에서 조선인을 '친일'화 시킬 필요성이 있었다는 것을 잊어서는 안 될 것이다. 한반도에 살고 있었던 조선인들을 비롯해서 일본 재주 조선인도 그것은 마찬가지였다.

* (三ツ井 崇) 同志社大學 言語文化敎育硏究센터 전임강사

거기서 일본 연구자 히구치 유우이치樋口雄一가 중심적으로 해명했듯이 협화회協和會 역할을 잊어서는 안 된다. 협화회는 일본정부가 주로 경찰 권력을 이용해 조선인을 통제하려고 만들었던 조직이었는데 그것은 협화회 활동을 통해서 조선인을 '친일'화 시키고 그들을 전쟁태세로 동원하는 장치였다.[1] 이러한 권력관계에 주목하기 위해서도 협화회 체제 하의 조선인 '친일'화의 구조가 어떤 것이었는지를 해명할 필요가 있다.

그러나 종래 협화회에 관한 사료 상황은 충분치 않았다. 일본 각 지역의 협화회 동향은 사료적 한계로 인해 대부분이 공적 자료가 단편적이라도 남아 있는 대도시 부분의 동향만 알 수가 있었고 대도시가 아닌 지역의 동향은 거의 파악하기가 어려운 상태이다.

필자가 대상으로 하는 후쿠이현福井縣(<그림 1> 참조)도 그러한 지역의 하나이다. 히구치가 편찬한『協和會關係資料集』을 비롯해 지금까지 간행된 협화회 관계 자료집을 통해서도 이 지역의 동향을 자세히 밝히는 자료를 찾아내기가 힘들다. 많지 않은 선행연구의 하나인『福井縣史』(通史編 6, 1996년)를 보면 조선인 융화단체에 관한 약간의 기술을 확인할수 있다.[2] 거기서 주로 사용된 자료는 1930~40년대의『福井新聞』,『大阪朝日新聞(福井版, 北陸版)』등의 신문기사이지만 자치체사自治體史란 성격 때문에 그 기술은 결코 충분한 것은 아니다. 필자는 후쿠이현의 사례를 통해 일본 지방도시의 조선인 '친일'화의 구조가 어떤 식으로 성

---

1) 樋口雄一,『協和會-戰時下朝鮮人統制組織の硏究-』, 社會評論社, 東京, 1986년.
2) 이 외에 內藤正中,『日本海地域の在日朝鮮人-在日朝鮮人の地域硏究-』(多賀出版, 東京, 1989년) 안에 단편적인 언급이 있다. 또 柳澤芙美子,「『福井新聞』(1940~45年)の在日朝鮮人關連記事檢索」(『縣史資料』第6號, 1996년)에는 1940~45년의『福井新聞』에 실린 재일조선인 관계 기사의 해제로서 조선인 사회에 관한 간단한 설명이 있다. 본고에서도 이들의 기술을 일부 참조했다.

립되어 있었는지를 해명하고 싶은데 본고에서는 그 첫 단계 분석으로서 주로 1930년대 이후 일본 후쿠이현 지역이란 지방도시의 조선인 사회 동향을 개관함으로써 그 예비적 고찰로 하고 싶다.

Ⅱ. 1930년대 후쿠이현의 조선인 사회 : 섬유산업과 조선인 사회

〈그림 1〉 후쿠이현福井縣의 위치

1920년대 말부터 30년대 초에 걸쳐 후쿠이현의 재류하는 조선인 인구는 급증하였다. 1928년 4월 현재 1,126명인 것이[3] 1930년도 『國勢調査

---

3) 「縣內の鮮人 總て千餘名−分布狀況と職業別−」『大阪朝日新聞』(福井版) 1928년 4월 22일자.

報告』를 통해 보면 3,837명으로 증가했고,[4] 그 후 약 2년간에 3배 이상 늘어서 1934년에는 6,708명의 조선인의 존재를 확인할 수 있다.[5] 이러한 증가 경향이 적어도 1942년까지 계속되었던 것은 <표 1>을 보면 알수 있다.

〈표 1〉 후쿠이현의 직업별 조선인수

年	1930	1934	1935	1936	1937	1938	1939	1940	1941	1942
農業	87	35	13	41	58	56	49	81	100	191
水産業	11	-	-	-	-	-	-	-	-	-
鑛業	503	4	6	1	4	15	20	202	249	400
工業	524	1,597	1,894	2,483	2,224	2,085	2,082	1,861	1,882	1,959
(내 纖維業)	462	1,564	1,856	2,440	2,204	2,042	2,049	1,821	1,842	1,895
土木建築業	903	1,773	1,407	1,431	1,214	1,123	1,168	1,758	2,907	3,428
商業	175	234	335	422	744	801	1,063	1,045	979	818
交通業	112	32	13	15	20	46	29	54	56	70
公務自由業	3	6	7	6	6	5	7	18	16	18
一般使用人	-	101	127	124	93	94	78	57	74	73
有職者 計	2,579	3,943	4,178	4,908	4,668	4,490	4,737	5,434	6,641	7,545
無職	1,145	2,305	2,664	3,132	3,285	3,384	3,668	5,194	5,963	5,524
學生 生徒	111	439	348	478	667	812	822	1,094	1,355	1,924
在監者	-	21	11	31	32	14	8	3	1	1
計	3,835	6,708	7,201	8,549	8,652	8,700	9,235	11,725	13,960	14,994

[出典]『國勢調査報告』, 內務省警保局,『社會運動の狀況』(各年版)

1. 현 내 섬유산업의 산지

<표 1>에서 후쿠이 지역 거주 조선인의 직업을 보면 대다수의 조선인들이 토목건축업과 섬유공업에 종사하고 있었던 것을 알 수 있다. 이두 직업에 종사한 노동자 수만 보면 1940년까지는 섬유공업 종사자가, 그 이후는 토목건축업 종사자가 많았는데 어쨌든 이 두 직업의 노동자가 대부분이었던 것은 틀림이 없다.

---

4)『昭和五年度國勢調査報告』, 內閣統計局.
5) 內務省警保局,『社会運動の狀況』(昭和9年度版), 1439쪽.

1930년대 후쿠이 지역의 특징은 섬유산업 종사자가 많았다는 것이다. 섬유산업 노동자수는 오오사카大阪, 교오토京都, 아이치愛知, 효오고兵庫 등 대도시권 다음으로 후쿠이가 많았던 것을 알 수가 있다.[6] 원래 후쿠이 지역은 수출용 하부타에羽二重라는 견직물의 생산지로 유명한 지역이었다.[7] 그러나 제1차 세계대전부터 소화공황에 이르는 시기에 하부타에 수출은 부진 상태에 빠져서 섬유산업의 주력은 견직물로부터 인견(=人造絹絲)직물로 전환되어갔다.[8]

〈표 2〉 후쿠이현 수출용 인견직물 검사고의 추이

	經人緯綿交織物		緯人經綿交織物		雙人絹織物	
	數量	價格	數量	價格	數量	價格
1925	–	–	37,320	618,547	–	–
1926	–	–	121,492	1,846,129	–	–
1927	76,476	901,314	92,507	943,459	113,131	1,930,543
1928	128,546	1,718,292	30,735	311,530	475,720	7,065,269
1929	183,362	2,199,097	1,581	13,519	1,784,868	17,420,498
1930	84,125	722,449	16,693	90,721	3,622,614	25,190,820
1931	–	–	–	–	5,100,563	26,087,625
1932	–	–	–	–	7,849,730	44,522,361
1933	–	–	–	–	8,390,993	47,486,287
1934	–	–	–	–	10,929,526	64,761,774
1935	–	–	–	–	13,963,533	52,767,461

(단위)反, 圓

[出典] 福井縣織物同業組合 『五十年史』, 1937년(木村亮, 「福井人絹織物の確立過程」『福井縣文書館紀要』 第2號, 2005년, 47쪽에서 작성함)

후쿠이현은 인견사人絹絲와 견사絹絲와의 교직물交織物 생산이 확대

6) 西成田豊, 『在日朝鮮人の「世界」と「帝國」國家』, 東京大學出版會, 東京, 1997년, 126쪽.
7) 福井絹織物同業組合 편, 『福井絹織物同業組合創立三十五周年記念 三十五年史』, 福井絹織物同業組合, 福井, 1921년, 3~4쪽.
8) 福井絹織物同業組合 편, 『福井絹織物同業組合創立五十周年記念 五十年史』, 福井絹織物同業組合, 福井, 1937년, 3~4쪽.

되고 후발국 시장으로 수출됨으로써 인견직물 산지로서의 기반을 확보했다.[9] 수출용 인견직물의 검사고檢査高(<표 2>)를 보면 1920년대 후반 이후 생산량이 확대하여가는 것이 보인다. 그 간 가격의 하락이나 단기적인 부조를 겪으면서도 현 내 인견직물 산지는 확대한 것이었다.

1930년 6월 수출용 쌍인견雙人絹직물 검사고(<표 3>)를 보면 후쿠이福井시, 아수와足羽군, 요시다吉田군, 사카이坂井군, 오오노大野군, 니우丹生군, 이마다테今立군 각지가 생산지로서 열거되어 있는 것을 알 수 있다. 일본 금수출 재금지(1931년) 이후 생산지역은 더 확장되었다. <표 3>에 나타난 1932년, 34년 각해의 쌍인견직물 검사고를 보면 변동이 있기는 하나 생산 점유율이 난조南條군까지 넓혀간 것을 알 수 있다. 여기서 북부지방(영북嶺北지방이라고 부름) 전체에 걸쳐 인견직물생산의 기반이 확대되어 갔다는 사실을 언급하고 싶다.

<표 3> 수출용 쌍인견직물 검사고의 추이

	후쿠이福井		아수와足羽		요시다吉田		사카이坂井	
	검사고 계(反)	도시별 점유율(%)	검사고 계(反)	도시별 점유율(%)	검사고 계(反)	도시별 점유율(%)	검사고 계(反)	도시별 점유율(%)
1930.6	43,345	18.5	17,791	7.6	77,868	33.3	48,106	20.6
1932.8	140,955	21.4	40,769	6.2	167,965	25.5	92,024	13.9
1934.7	112,142	11.9	85,965	9.1	226,207	24.1	109,398	11.6

	오오노大野		니우丹生		이마다테今立		난조南條	
	검사고 계(反)	도시별 점유율(%)	검사고 계(反)	도시별 점유율(%)	검사고 계(反)	도시별 점유율(%)	검사고 계(反)	도시별 점유율(%)
1930.6	19,189	8.2	2,034	0.9	25,754	11.0	-	-
1932.8	82,130	12.4	41,500	6.3	84,035	12.7	10,351	1.6
1934.7	135,449	14.4	30,609	3.3	212,195	22.6	35,122	3.7

[出典] 『福井新聞』 1930년 7월 10일자, 1932년 9월 14일자, 1934년 8월 11일자(木村亮, 앞의 글, 50, 59쪽에서 작성함)

---

9) 木村亮, 「福井人絹織物産地の確立過程」 『福井縣文書館紀要』 第2號, 2005년, 44~45쪽.

2. 조선인 직공수의 증가

섬유산업에 종사했던 조선인의 존재는 1920년대 시점에서 확인된다.[10] 1930년 10월 10일 현재의 노동조사에서도 조선인 직공수가 점차 증가하고 있다는 조서(사) 결과가 나왔지만 그 기사에 따르면 "공장주工場主도 조선인이 일본인에 비하여 숙련되기까지는 많은 일수日數를 요하지만 일단 숙련되면 은인隱忍함의 장점이 있어서 조의조식粗衣粗食에도 견딜 수 있기 때문에 거꾸로 환영하는 경향이 있"다고 한다.[11] 1920년대 말부터 30년대 초에 걸쳐 직물가격의 하락에 따라 코스트 삭감의 일환으로 직공에 대한 임금을 절하되는 경향에 있었지만 인견직물업계에서는 오히려 고용이 확대되고 있었다.[12] 특히 여공은 공급부족 상태였고 1933년 6월 5일자 『福井新聞』은 후쿠이 직업소개소가 현 외로 구인개척에 나섰다고 전했다.[13] 조선인 직공수의 증가는 이러한 산업적인 상황을 배경으로 한 것이었다고 생각된다. 1936년 10월 시점의 섬유산업 직공수를 보면 현 외 출신자의 출신지별 비율은 나가노長野현 다음으로 조선이 많았던 것을 알 수 있다.[14] 1934년 이후의 섬유산업 조선인 직공수는 <표 1>과 같다.

후쿠이현의 기업가들은 대부분이 농업을 겸업하고 있었으며, 그 규모는 비교적 작은 것이었다. 동양경제신보 기자인 쓰가이梅井義雄는 1938년 말에 아수와군 시모몬주촌下文殊村을 시찰했다. 그는 직기織機태

---

10) 「工場と職工數-朝鮮人も織物に從業-」『福井新聞』1926년 3월 15일자.

11) 「朝鮮人の職工が漸次多くなる-工場主も歡迎の傾向, 縣下の勞調結果-」『大阪朝日新聞』(福井版) 1930년 11월 30일자.

12) 木村亮, 앞의 논문, 52~53쪽.

13) 「女工の大拂底で縣外に求人開拓-激烈な女工爭奪戰に福井職業紹介所の對策-」『福井新聞』1933년 6월 5일자.

14) 笠松雅弘, 「昭和戰前期の人絹機業と勝山地域」『福井縣立博物館紀要』第4號, 82쪽.

수 18대 규모의 한 공장을 취재했는데 그곳에는 20세 전후의 조선인 청
년 1명과 조선인 여공 3~4명을 1년 단위로 고용하고 있었다.[15] 이 기
사로부터 여자가 직공으로 노동에 종사하고 있는 것뿐만 아니라 남자
가 잡역을 담당했던 것을 알 수가 있다.[16]

Ⅲ. 1940년대 후쿠이현의 조선인 사회 : 강제노무동원과의 관련으로

1939년의 '노무동원실시계획'에 의하여 강제연행이 시작했다. 『特高
月報』의 통계에 따른 조선인 이입상황은 <표 4>와 같다.

<표 4> 후쿠이현으로의 조선인 노동자 이입상황(모집, 알선)

	할당인 가수	이입자 수	가족의 유무		가족을 부른 자수	도망한 자	송환자
			독신자	유가족 자			
1941.11	680	491	466	25	30	66	13
1942.12(모집)	650	388	388	-	9	99	4
1943.12(모집)	249	150	102	48	9	107	6

	할당인가수	이입자수	타부현에서의 전입	도망한 자	송환자
1942.12(알선)	950	731	-	256	3
1943.12(알선)	1,547	804	155	375	5

[出典] 『特高月報』 1941년 11월, 1943년 1월, 1944년 2월

앞의 <표 1>을 보아도 분명하듯이 강제연행정책 실시에 따라 토목
건축업 종사 노동자수가 급격히 증가하게 되었다. 중앙협화회 『移入朝

---

15) 栂井義雄, 「福井縣の農村機業を覗く」 『人絹』 第3卷 第2號, 1939년, 33쪽.
16) 위의 논문, 34쪽. 쓰가이가 시찰했던 공장의 조선인 청년은 "오늘 검사를
    통과한 인견직물을 짊어지고 외투를 머리에 쓰고 척여尺餘의 눈이 쌓인
    어두운 길을 걸어간다"고 기록되어 있다.

鮮人勞務者狀況調』를 보면 조선인 노동자들은 '中鍋鑛山', '市荒川株式
會社作業所', 구마가이(熊谷)組, 도비시마(飛島)組, 모리모토(森本)組, 대동
화학大同化學주식회사 다케후武生공장 등에 징용된 것을 알 수 있다.[17]
구마가이組, 도비시마組, 모리모토組에서는 1942년 6월 말 단계에 있어
서 각각 291명, 207명, 62명의 조선인 노동자를 갖고 있었다.[18]

『福井新聞』 기사를 통해서 확인되는 사례를 몇 가지 소개하고자 한
다. 1940년 5월 오오노 직업소개소에서는 광산노동자로서 조선인을 동
원한다는 계획이 세워졌다.[19] 이 광산은 아마도 오오노군 시모아나마
촌下穴馬村에 있는 일본아연광업日本亞鉛鑛業의 나카타쓰中龍광산이 아닐
까 추측된다. 나카타쓰광산에서는 1943년 6월 12일 갱내사고에 의하여
사망한 조선인 노무자의 장례식에 회사측이 참여하지 않은 등 회사측
의 냉정한 태도에 대해 조선인 노무자들이 계원사택을 틈입闖入하고
폭력을 가하는 사건이 일어났다.[20] 그것이 원인이었는지 다음달 19일
에는 미즈노水野某 내무사무관 외 관계 각국 계관係官 몇 명이 나카타쓰
광산까지 출장을 가고 '지도간담회'를 열었다.[21]

일본발송전日本發送電 이치아라카와市荒川 발전소 공사에 즈음하여
1942년 2월 하순과 3월 상순 두 번에 걸쳐 경북직업지도소의 소개로 총
250명의 조선인이 이입되어왔다.[22]

---

17) 中央協和會, 『移入朝鮮人勞務者狀況調』, 中央協和會, 東京, 1942년(小澤有
作 편, 『近代民衆の記錄10 在日朝鮮人』, 新人物往來社, 東京, 1978년, 408
쪽). 그런데 '中鍋鑛山'은 '中龍鑛山', '市荒川株式會社'는 '日本發送電市荒
川發電所'의 오류가 아닐까 한다. 앞으로 보다 상세한 검토가 필요하다.
18) 위와 같음.
19) 「鑛山勞働者に半島人を移入−大野職業紹介所で計劃−」 『福井新聞』 1940
년 5월 14일자.
20) 『特高月報』 昭和8年6月分, 1943년, 115쪽.
21) 『福井新聞』 1943년 7월 23일자.
22) 「半島が援兵隊−日發々電工事に協力−」 『福井新聞』 1942년 3월 31일자.

그 외 쓰루가敦賀 항만 하역荷役, 고마쓰小松제작소 공장, 와카사若狭 광산 등에서의 노동 실태도 확인할 수 있다.[23]

<표 4>에 나타난 것과 같이 징용된 조선인은 그 대부분이 독신자이고 가족을 부르는 자는 그다지 많지 않았으며, 도망하는 사례도 많았던 것 같다.

Ⅳ. 조선인 '융화'단체의 결성 : '昭和協親會'를 중심으로

1. 개요

이러한 조선인 증가 경향 아래에서 '내선융화'란 구호를 내걸고 조선인 통제조직이 속속히 설립되기에 이르렀다. 1939년 중앙협화회中央協和會가 설립되기까지는 현 내 각 지역을 기반으로 여러 단체가 활동해나갔다. 1937년 8월 후쿠이현 협화회福井縣協和會가 설립되면서 이 각 단체들은 형식적으로는 현 협화회 밑에서 조직화되었지만 실질적으로는 개별적으로 활동을 하고 있었다. 1939년 전국 통괄 조직으로서의 중앙협화회가 설립되자 이들은 해산되고 명실 공히 현 협화회의 지회로 편입되며, '중앙-도도부현都道府縣-지회'란 계통이 만들어졌다.

단체 수는 시기에 따라 변동하지만 대체로 약 10개 정도의 단체가 존재했다고 추측이 된다. 그 중에는 사료적인 한계로 인하여 설립 혹은 해산시기가 분명치 못한 단체도 있었는데 현 단계에 있어서 조직이 중앙협화회로 이어진 것을 확인할 수 있는 단체는 <표 5>와 같다.

그 중, 활동기반이 명확한 단체의 지역은 후쿠이(후쿠이시와 아수와 군을 포함함), 요시다군, 사카이군, 오오노군, 니우군, 이마다테군, 난조

---

23) 「半島戰士を慰問」『福井新聞』 1944년 5월 30일자.

군, 쓰루가, 오바마小濱 등인데 쓰루가, 오바마를 제외한 모든 지역
은 섬유산업 중심지역이기도 했다(<그림 2> 참조). 이 사실은 여자 노
동자를 중심으로 한 조선인들이 이들 지역에서 정주화의 경향을
띄었던 것으로 보인다.

〈표 5〉 후쿠이현 내 조선인 융화단체의 계보(1930년대 이후)

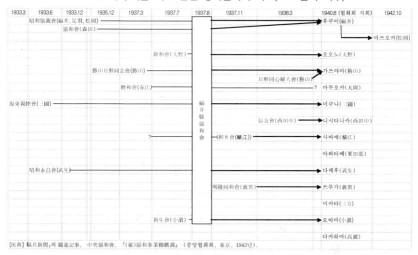

[出典]『福井新聞』의 關連記事, 中央協和會, 『(秘)協和事業機構調』(중앙협화회, 東京, 1943년).

후쿠이의 인접하는 이시카와石川현의 에누마江沼 지방 역사를 연구
하는 가바타加端忠和는 재일조선인 한승호韓昇鎬 씨와의 인터뷰를 토대
로 흥미로운 사실을 소개하고 있다. 한 씨는 1934년 후쿠이현 하루에春
江로 건너와서 1945년 조선 해방 때까지 살았다고 한다. 한 씨는 토목건
축 노동자로 거의 집을 떠나 노동에 종사했고 한 씨 아내는 직물공장
에서 일을 했다고 한다.24) 하루에 지역은 사카이군 안에 있는 직물산
업이 융성한 지역의 하나였다. 또 한 씨는 하루에 지역을 기반으로 한
조선인 융화 단체인 '목화회睦和會'의 역원을 맡기도 했다고 한다.25) 산

----
24) 加端忠和,「戸籍簿が示す朝鮮民族屈辱の植民地, 皇民化政策の顛末と在日
の人達」『えぬのくに』第49号, 加賀, 2004年, 73쪽.

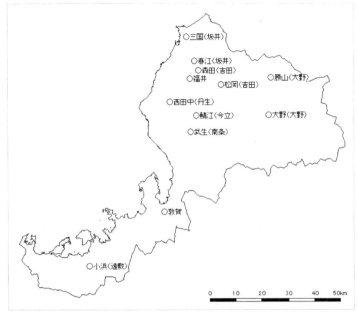

〈그림 2〉 1938년 현재 후쿠이현 안의 융화조직 분포

업별 인구비율을 보면 부부가 섬유산업 산지에 거주하면서 아내는 직물산업 노동자로 남편은 토공으로 생계를 유지하려고 했던 한승호 씨와 같은 사례가 그 당시 후쿠이현 재주 조선인들의 전형적인 생활양식이 아니었을까 추측된다.

필자의 과제는 아시아·태평양전쟁기 중앙협화회 체제하의 조선인 동향을 밝히는 데 있지만 그러한 체제를 마련한 역사적 조건은 이미 30년대부터 만들어져 있다는 것을 여기서 확인하지 않으면 안 된다. 본고에서는 그 사례로서 30년대 초반에 후쿠이현하에 생긴 재주 조선인 융화를 위한 조직의 형성에 대해서 언급하기로 한다.

---

25) 위와 같음.

2. '昭和協親會'의 설립과 그 배경

<표 5>에서 들은 각 지역의 융화단체 중 가장 규모가 컸던 단체가 현청소재지縣廳所在地인 후쿠이시와 그 주변 지역을 기반으로 한 소화협친회昭和協親會(이하 '협친회'로 약함)이었다. 1933년에 설립된 이 단체는 후쿠이현에서 중앙협화회 체제가 확립된 1940년까지 존재하였고 가장 많은 회원수를 가진 단체였다.

이 단체뿐만 아니라 후쿠이현안에 있었던 각 융화단체에 관한 사료는 거의 존재하지 않지만 지방지인 『福井新聞』의 기사를 보면 단편적이나마 그들의 활동 내용을 파악할 수가 있다. 여기서는 주로 신문 기사를 통해서 소화협친회를 중심으로 한 융화단체의 성격을 엿보기로 하겠다.

협친회는 1933년 6월 24일에 발회되었다. 오오쓰키大月齊菴, 福井市長을 회장, 마쓰시마松島格太郞, 福井職業紹介所長과 조선인 신상열申相烈을 부회장, 이와이岩井春治, 福井警察署高等主任를 간사장으로26) 된 것을 보아도 알 수 있듯이 반 관제단체였다. 이 단체는 발족에 즈음하여 "저희[=조선인]들은 서로 자제하여 서로 도우면서 한편으로는 生活의 安定을 기도하며, 또 한편으로는 智德을 涵養하고 品性을 向上시킴으로써 內鮮人 相互의 융화를 촉진하고 一視同仁의 취지에 따르도록 노력하는 바입니다"27)고 선언했으며, 다음과 같은 강령도 내걸었다.

一. 지덕을 함양하고 품성의 도야, 향상을 기함.
一. 생활의 안정을 기도하고 共存共榮의 실을 얻음.

---

26) 「內鮮融和の「昭和協親會」發會式－福井署管內の鮮人一千名出席, 會長に大月氏推さる－」『福井新聞』1933년 6월 25일자.

27) 「鮮人團體名稱は昭和協親會と決定－二十四日の發會式に決議さる>, 宣言及び綱領の全文－」『福井新聞』1933년 6월 20일자.

一. 正義 人道에 ●●하고 內鮮 兩 民族의 永遠한 融和를 기함.[28]

발회식에는 후쿠이 경찰서 관내 조선인 약 천 명과 후쿠이 경찰서장 외 약 150명의 내빈이 참가했다고 한다.[29] 역원 명단을 보면 많은 조선인도 이 조직에 관여했던 것을 알 수 있다(<표 6>).

〈표 6〉 소화협친회昭和協親會 역원 명단(1933년 6월 현재)

회 장	오오쓰키大月齊菴
부회장	마쓰시마松島格太郎, 신상열申相烈
간사장	이와이岩居春治
상임간사	이정식李禎植, 김경문金燗文, 이규섭李圭涉, 김정수金丁壽, 최완이崔完伊, 윤병尹炳
간 사	곽복금郭福金, 김선일金善一, 이용덕李龍德, 권명준權明俊, 고인흠高仁欽, 박정朴禎, 이달룡李達龍, 정기섭鄭基燮
서 기	마에다前田一眞, 이주완李朱完
회 계	김정호金廷鎬, 이와이岩居春治

[出典]『福井新聞』1933년 6월 25일자

전술한『福井縣史』에는 협친회 설립 배경에 관해 1930년대 초의 노동운동 상황을 遠因으로 직접적으로는 1933년 육군대연습陸軍大演習을 앞두고 그 치안대책의 의미가 컸다고 지적되어 있다.[30] 그러한 지적이 시대배경을 알기 위해서는 흥미롭지만 자치체사라는 성격 때문에 구체적인 기술이 없어서 그 당시 조선인 사회에 내재한 이유가 무엇인지를 반드시 해명할 수는 없다. 다음으로 이 점에 대해 조선인 노동자의 노동조건 측면에서 고찰하기로 한다.

그 당시 조선인 노동자, 특히 토공 종사자의 취로조건은 결코 좋은

---

28) 위와 같음.
29) 前揭, 「內鮮融和의「昭和協親會」發會式－福井署管內の鮮人一千名出席, 會長に大月氏推さる－」.
30)『福井縣史』通史編6, 福井縣, 福井, 1996年, 278~279쪽.

것이 아니었다. 1920년대 말부터 1930년대 초에 걸친 신문기사에서도
그 실태가 전해지고 있다. 후쿠이현청福井縣廳의 조사(1928년 4월 현재)에
따르면 조선인 토공의 생활 상태를 보면 최고로 하루 1圓30錢, 최저로
하루 40전의 임금으로 생활하고 있으며, 불황 때문에 유전하면서 생활
하는 자도 적지 않은 상태였다고 한다.[31] 인근의 도야마富山, 이시카와
각 현에 비해서도 후쿠이의 임금 수준은 낮아서[32] 임금에 대한 불만
때문에 조선인 노동자가 쟁의를 일으키거나 태업怠業을 하거나 하는
사례가 빈번히 확인된다.[33] 나아가서는 취업조차 잘 못해 실업 상태에
빠진 조선인들도 있어 1931년 후쿠이현은 실업구제를 위한 취로 신청
을 받았는데 신청자 5,600여 명 중 1,010명의 조선인이 포함되어 있었
다.[34]

그러면 열악한 노동조건에 대한 문제는 이미 20년대부터 존재했는
데 왜 1933년에 협친회가 발회했는가 하는 문제가 생길 것이다. 이 점
을 검토하기 위해서 한 사건에 주목하기로 한다.

1933년 2월 25일, 200여 명의 실업 조선인들이 대거 후쿠이시청福井市
廳에 밀어닥치고 그들에게 취업 기회를 주고 생활을 구제하도록 요구

---

31) 「鮮人の生活調査−本縣在留者千百人, 不況で所々流轉するものもある−」
『福井新聞』 1928년 4월 22일자.
32) 內藤正中, 앞의 책, 43쪽.
33) 예를 든다면 1928년만이라도 이마다테군 上池田村가미이케다촌 발전
소 공사(「賃銀の不平から鮮人土工の憤慨−十數名襲撃せんとして, 危い刹
那を調停さる−」『福井新聞』 1928년 6월 7일자), 후쿠이역驛 확장 백건호
百間濠 매립공사(「百間濠埋立ての鮮人土工が盟休−賃銀の値上を要求し
て, 再度の不穩行動に出る−」『福井新聞』 1928년 8월 9일자), 니우군 白山
村하쿠산촌 천합곡千合谷 터널 공사(「賃銀問題で鮮人土工の結束−旣に大亂
鬪の準備を, 武生署で取鎭める−」『福井新聞』 1928년 8월 22일자) 등의 사
례를 확인할 수가 있다.
34) 「失業救濟就勞申込者−總數五千六百餘人うち朝鮮人千十名−」『大阪朝
日新聞』(福井版) 1931년 6월 25일자.

하는 사건이 일어났다. 이 사건에 시청직원이 응대, 설득해도 조선인들
이 퇴거하지 않기 때문에 경찰관을 출동시켜서 강제적으로 퇴거시켰
다.[35]

이 사건을 뒤에서 주도한 세력은 일본노동조합전국협의회日本勞動組
合全國協議會(이하 전협으로 약함)였다. 전협은 1928년 말 일본공산당의 지도
하에서 조직된 비합법적 단체였다. 니시나리타西成田豊에 의하면 1920
년대 말부터 30년대 초까지 전일본조선노동총동맹全日本朝鮮勞動總同盟
이 전협 산하의 산업별 조합으로 해소되어 전협 산하 각 조합의 조선
인 조합원의 비율이 현저히 높았다고 한다.[36] 후쿠이 지구에서도 지방
조직이 결성되었는데 경찰 권력의 탄압으로 1932년 말에 조직은 궤멸
당했다.

그러나 이듬해에는 전협 조직 재건을 향한 움직임이 일어났다. 주
로 섬유산업계, 토목건축업계를 중심으로 조직원수를 증가시켜갔다.
그 중에도 일본토건노동조합 후쿠이 지구의 리더였던 정태술鄭泰述의
지휘 하에 전술한 실업조선인 구제요구 사건을 비롯해서 수많은 노동
쟁의를 주도하여갔다.[37] 현 내 특고 경찰에서는 전협의 활동에 대해서
정보수집이나 감시를 했는데 1933년 8월 21일에 정태술이 후쿠이 경찰
서에 의해 단속을 당했다. 그러나 전협의 영향력은 여전히 강했던 것
같다. 같은 해 10월에 간행된『福井縣勢槪要』를 보면 "특히 최근의 전
협계 극좌분자가 이들 쟁의, 분요에 잠식하고 조직의 진전을 위해 집요
하게 암약하고 있는 것은 묵인하면 안 되는 사실이다"[38]라고 기록된
것을 보아도 그 영향력을 추측할 수 있다. 치안권력은 이러한 상태를

35)「二百名の鮮人大擧して押寄す-「我等に職を與へよ」と市役所に頑張る-」『福
井新聞』1933년 2월 26일자.
36) 西成田豊, 앞의 책, 144~145쪽.
37)「福井縣下で全協の大手入れ-土建, センヰが中心-」『社會運動通信』1933
년 9월 25일자.
38) 福井縣,『福井縣勢槪要』, 福井縣, 福井, 1933년, 103쪽.

우려하지 않을 수가 없었던 것이다.

협친회의 발회는 이러한 시대적인 문맥을 파악해야 이해할 수 있다. 후쿠이시, 후쿠이 직업소개소, 후쿠이 경찰서의 각 기관이 조직에 관여했던 사실도 이러한 문맥을 통해서 이해할 수 있지 않을까 한다. 또 구마가이熊谷三太郎, 도비시마飛島文吉 등 토목건축업계의 중심인물들이 고문으로서 취임한 사실도 용이하게 납득할 수가 있는 것이다.

3. 소화협친회의 사업

협친회는 중일 전쟁이 일어난 후 납세조합. 교육사업, 國防獻金, 창씨개명, 근로봉사 등을 추진하여갔다. 이러한 사업을 추진하기 위해서는 조선인 지도자층의 존재가 필요했는데 협친회는 지도자 육성에 직접 혹은 간접적으로 관여하여갔다. 협친회 활동에 대한 자세한 분석은 다른 논문에서 발표하기로 하고 여기서는 앞으로의 방향성을 내세우기 위한 실마리만을 제시하도록 하겠다.

1937년 후쿠이 시 재주 조선인을 중심으로 조직되며, 그들의 "인격을 陶冶하며 생활 개선, 향상을 기하"도록 한 달에 한 번씩 "防護, 防犯, 防火, 風儀, 衛生, 修養" 등에 관한 강습회를 개최하는 것을 목적으로 한 '청년단'이 결성되었는데 협친회 간부가 이 강습회의 강사를 맡게 되었다.[39] 뿐만 아니라 1938년 12월에는 협친회 안에도 '청년부'를 신설하고 협친회가 직접 지도자 양성에 나서게 되었다.[40] 그 "청년"의 대상이 된 사람은 "內地語[=일본에]를 이해하는" 만 16세 이상 만 30세 미만의 남자였다.[41]

---

39) 「福井在住の中堅半島人で青年團を組織する－協親會幹部が講師となり, 生活改善を圖る－」『福井新聞』1937년 7월 24일자.

40) 「昭和協親會に青年部を新設－中堅青年として活躍さす, 半島人に趣意書を配布－」『福井新聞』1938년 12월 4일자.

이렇게 '반도인 중견층'의 양성은 "풍속 습관을 전적으로 내지화"[42] 시킴으로써 '융화'를 추진하려는 당국 측의 요청에 대한 대응인 것은 말할 나위도 없다. 협화회의 교육사업을 통한 조선인 '친일'화의 기제에 대해 여기서는 그 과제만을 제시하기로 하고 구체적인 내용에 대한 분석은 다음 기회로 넘기겠다.

V. 결론을 대신하여

본고의 기술은 주어진 과제에 관한 전 단계의 사실관계를 정리하기에 머무르고 있다. 그것은 이 지역이 선행연구로 알려진 지역이 아니므로 먼저 전제적인 사실을 제시하기 위해서이며, 일본 재주 조선인 '친일'화 메커니즘의 문제로의 접근방법을 검토하고자 그 개요를 정리하였기 때문이다.

30년대 설립된 각 융화단체는 1940년에 일단 해산되고 그냥 후쿠이현 협회회하의 지회로 흡수되었다. 이것은 30년대 이루어진 융화단체의 기반이 40년대에 이어졌다는 것을 의미한다. 이러한 견해를 기초로 하면서 앞으로는 ① 교육사업과 조선인 지도자 양성 시스템, ② 생활 '개선' 문제, ③ 헌금, 근로봉사 등의 미담美談의 구조 등 세 가지 논점에 주목함으로써 일본 내의 조선인 '친일'화의 메커니즘을 밝히려고 한다. 사료적인 한계가 있기는 하나 대도시가 아닌 지역의 조선인 '친일'화의 실태를 가능한 한 해명해가고 싶다.

---

41) 위와 같음.
42) 「風俗の内地化が融和の根本問題-協和事業を視察して-」『福井新聞』1941년 6월 5일자.

제3편

친일 예술인의 해외활동

일제침략체제에 동조한 국내외 음악계 연구

정 영 진*

I. 머리말

문예는 심미적審美的 의미체계를 가지고 인간 본유의 감각에 작용한다. 특히 음악은 언어 이상으로 감각적 의미체계를 가지고 있다. 그러므로 음악은 때로 시대적 이데올로기의 목적 수단으로 이용되기도 하였다. 특히 일본이 대륙으로의 침략활동을 본격적으로 전개하였던 1930년대 이후 한국의 일부 음악인들은 일제의 식민정책 혹은 일제의 침략적 활동으로부터 자유롭지 못하였던 것이 사실이다.

1931년 만주사변, 1937년 중일전쟁, 1941년 이후의 태평양전쟁으로 이어지는 일본제국주의의 15년간 전쟁기간은 식민지 파쇼에 의한 병참기지화 정책과 그 정치지배체제를 구축하기 위하여 동원되는 황민화 정책에 당시 한국의 특정 음악인과 특정 음악단체들은 일선에서 침략 지원활동을 전개하였다. 즉 그들은 잠시의 순간일지라도 식민지적 착취와 지배체제에 편승하는 친일적 음악행위로 일본제국주의 지배체제

---

* 경성대학교 연구교수

에 동조한 부류들이다. 그 가운데 유학을 통하여 외국 신진 문화를 맛본 이들은 식민지적 지배와 계몽적 힘의 매체로 일본음악과 서양음악을 이 땅에서 재생산하는 음악풍토를 조장하였다. 그들은 또한 스스로 일제 침략활동에 동조하는 음악활동을 전개하여 반민족적 성향의 음악인으로 인식되는 결과를 낳았다.

특히 전시체제기戰時體制期 일본은 전선의 확대로 말미암아 전쟁의 승패를 좌우하는 전선보급의 확보지로서 조선을 전선에 제일 가까운 후방기지 즉 총후銃後로 구축하고자 많은 노력을 기울였다. 군수자원을 개발하고자 일본의 대자본을 끌어들여 전쟁수행에 필요한 군수물자를 비롯한 생산품공장을 설립하고 이를 독점하게 된다. 이 독점자본을 형성한 바로 그 현장에서 생산독려를 촉구하는데 음악은 최선의 도구로 이용되기도 하였다.

1936년 8월부터 총독으로 부임한 육군대신 미나미 자로오南次郎는 내선일제의 기치아래 음악소통구조를 황민화정책의 노선에 주안을 두고 당시 음악계를 정비 및 조직시켜나갔다. 즉 1937에 조직된 조선문예회, 1938년에 조직된 시국대응전선사상보국연맹, 1941년에 결성된 조선음악협회, 1942년에 결성된 경성후생실내악단, 1944년에 조직된 대화악단 등이 대표적인 관제음악문화단체였다.

지금까지 기존 연구에서 일제 전시체제기를 전후한 일제강점기의 친일음악 혹은 당시의 음악연구가 구체화된 것은 1980년대를 전후한 시점이다. 80년대의 정치적 민주화는 한국민족음악운동으로 음악계에도 파장을 불러일으켰는데, 그 일선에는 노동은이 있었다. 그의 연구는 일차적으로 친일음악인에 관심이 모아졌다. 그는 1986년 「개화기음악의 연구상황」1) 그리고 「일본정신과 굴절된 음악인의 허위의식」2)을 각

---

1) 노동은, 「개화기 음악의 연구상황」『서울대학교 음악대학 작곡과 86년 춘계학술대회 자료집』, 서울: 서울대학교 음악대학, 1986, 21~61쪽. 본 연구 역시 친일음악에 대하여 선행 연구된 노동은의 연구가 길라잡이 역할을

각 발표하면서 학계에 친일음악 연구를 화두로 제시하면서 공론화시
켜 나갔다. 이후 그는 「홍난파와 현재명 연구」3) 그리고 「우리 역사 참
인가? 거짓인가?」4) 등으로 연구를 확대시켰다.

이어서 민경찬, 김창욱, 송방송, 김수현, 권병웅 등도 단편적인 연구
결과들을 발표하였다.

먼저 민경찬은 조선총독부의 음악교육과 관련한 해제자료로 「해방
이전에 사용된 음악교과서 관련도서의 목록 및 해제」5)를 발표하였다.

김창욱은 석사학위논문으로 친일적음악의 정의와 친일적 음악의
전개과정 등을 「일제 파쇼체제기의 친일적 음악경향에 대한 연구」6)를
통하여 고찰하고 있다.

다음으로 송방송은 일제강점기 음악사료로 「매일신보 음악기사
색인」을 정리하였고, 이후 친일음악가들을 민족음악사적 입장에
서 거론한 「친일음악가의 민족음악사적 조명」7)을 발표하였다.

김수현은 작곡가인 김성태의 활동을 일제강점기부터 해방전후를
중심으로 그의 음악관과 정치적 행위 등을 「김성태-순수예술지상주의

하였다.

2) 노동은, 「일본정신과 굴절된 음악인의 허위의식」『객석』 8월호, 서울: 월
간객석, 1986, 86~91쪽.

3) 노동은, 「홍난파와 현재명 연구」『친일파99인』 제3권, 서울: 반민족문제연
구소, 1993, 109~124쪽.

4) 노동은, 「우리 역사 참인가? 거짓인가?」『음악과 민족』 제11호, 부산: 민
족음악학회, 1996, 78~101쪽.

5) 민경찬, 「해방이전에 사용된 음악교과서 관련도서의 목록 및 해제」『낭
만음악』 여름호, 서울: 낭만음악사, 1995, 187~197쪽.

6) 김창욱, 「일제 파쇼체제기의 친일적 음악경향에 대한 연구」, 부산: 동아대
학교 석사학위논문, 1993.

7) 송방송, 「매일신보 음악기사색인」『한국음악사학보』 제9집, 경산: 한국음
악사학회, 1992, 239~276쪽 ; 「친일음악가의 민족음악사적 조명」『민족
문화논총』 제14집, 경산: 영남대학교 민족문화연구소, 1993, 107~140쪽.

자의 정치적 행로」[8]에서 밝히고 있다.

권병웅은 작곡가 이흥렬의 친일음악보국활동과 해방 직후 반공사
상 일선에서의 활동을 「이흥렬-항일민족음악가로 둔갑한 일제 군국가
요의 나팔수」[9]에서 밝히고 있다.

이상으로 기존의 연구들은 몇몇의 친일음악인물에 초점을 맞추고
있고 해외 음악계 특히 만주국의 음악적 상황은 지적하지 못하고 있어
그 연구영역의 한계와 소략함을 부인할 수 없는 상황이다. 다시 말해
지금까지의 연구는 총론도 각론도 제대로 확립된 단계라고 보기는 힘
든 실정이다. 특히 일제전시체제기를 전후하여 왕성한 활동을 폈던 관
제음악단체들과 음악인들의 관계에 대한 논의와 해외[10]에서 일제의
침략활동에 동조한 음악인들에 대한 연구는 아직 미미한 현실이다.

따라서 본 연구는 일제강점기 특히 1930년대 이후 일제 전시체제기
를 중심으로 한국의 특정 음악인들과 만주국의 음악계 상황을 파악하
여 누가 어떻게 일제의 침략활동에 동조하였는지를 살피고자 한다. 즉
학계의 1차적인 과제는 해외에서 일제침략체제에 동조한 음악인들의
조명에 우선하여 국내의 음악계 상황을 먼저 각론화 시킬 필요가 있다.
본 연구도 1차적으로는 당시 국내 음악계의 상황을 서양음악계와 전통
음악계로 나누어 서술하고 여기에 해외 음악계 특히 만주국의 음악계
상황을 덧붙여 피력하였다.

그러므로 본 연구는 국내 및 국외에서 일제 침략에 동조한 한국의
음악인들과 그들과 연계하여 침략지원 활동을 폈던 관제단체들의 연
구에 그 초점이 맞추어져 있다. 본 연구를 통하여 일제하전시체제기정

---

8) 김수현, 「김성태-순수예술지상주의자의 정치적 행로」『청산하지 못한
   역사 3』, 서울: 반민족문제연구소, 1994, 207~220쪽.
9) 권병웅, 「이흥렬-항일민족음악가로 둔갑한 일제 군국가요의 나팔수」『청
   산하지 못한 역사 3』, 서울: 반민족문제연구소, 1994, 221~232쪽.
10) 특히 1931년 9월 18일 만주사변으로 일제가 만주를 강점한 후 세운 괴뢰
    정부인 만주국을 중심으로 살펴볼 것이다.

책사日帝下戰時體制期政策史 연구에 일조함과 근현대한국음악사近現代韓國
音樂史 연구의 시각적 범위가 확대되기를 기대한다.

II. 서양음악계

한국에서의 서양음악 유입은 다음 몇 가지로 그 시각차가 있다.[11]
첫째, 개신교의 찬송가 전파로부터 서양음악이 시작되었다고 보는 시
각이 있다. 이것은 1885년경 기독교가 처음으로 우리나라에 들어온 때
부터라고 말하는 것으로 외국인 선교사들이 성경과 함께 찬송가도 가
지고 들어와 사람들에게 복음을 전파하며 찬송가를 가르쳤다는 것에
기인한다.[12] 그리고 이유선[13]은 한국에 있어서 찬송가 즉 초기 형태의
서양음악은 개신교의 선교와 거의 때를 같이 하므로 한국에 있어서 서
양음악의 시작은 개신교의 선교를 기점으로 하는 1880년대 초부터 봐
야한다는 것이다. 이 둘 모두 한국에 서양음악이 들어온 기점을 개신교
의 찬송가 도입으로 보는 입장이다. 비록 선교사들에 의해 수동적으로
받아들여진 것이긴 하지만 한국에서 서양음악의 형성 과정에 찬송가
는 지대한 영향을 끼쳤다.

둘째, 군악대의 창설로 보는 견해가 있다. 이것은 1881년 조선
정부는 부국강병책의 일환으로 신식군대인 별기군을 창설하여
군제 개혁을 감행하고 이 과정에서 궁정의 군악대는 기존의 전통
악기 나발 대신 서양악기인 나팔로 신호체계를 바꾸기도 하였다.
이러한 변화 속에 1900년 정식 군악대 창설로 서양식 군악이 이
땅에서 연주되기 시작하였다.[14] 또한 1901년 독일의 지휘자 에케

---

11) 이강숙 외, 『우리 양악 100년』, 서울: 현암사, 2001, 16~21쪽.
12) 김성태, 「양악 70년사」 『음악연감』, 서울: 세광출판사, 1966, 3쪽.
13) 이유선, 『한국양악 80년사』, 서울: 중앙대학교출판국, 1968, 93쪽.
14) 장사훈, 『여명의 동서 음악』, 서울: 보진제, 1974, 172쪽.

르트가 초빙되어 이 양악대를 지휘하고 가르치면서 양악적 풍토
형성은 더욱 본격화되었다고 보고 있다.[15] 이 견해는 앞의 첫째
선교사에 의한 찬송가 전래와는 달리 한국인이 상대적으로 능동
성을 가지고 서양음악을 받아들인 예로 해석하고 있어 타당성이
있어 보인다. 하지만 이미 찬송가가 수용되어 서양음악이 서서히
뿌리를 내리고 있었으므로 군악대의 창설만으로 양악 수용의 기
점을 설정하는 것은 설득력이 약하다. 그럼에도 불구하고 이 군
악대의 창설은 여러 가지 의미를 지니고 있다. 우선 서양음악의
주체가 한국인이라는 점을 들 수 있고, 개화의 바람을 궁중에서
수용하였다는 점, 그리고 이 군악대 출신들의 음악인들이 학교
밴드와 영화음악 그리고 대중가요 형성에 지대한 공헌을 끼쳤다
는 음악사적 의미가 있다.

셋째, 노동은[16]은 한국에서의 양악은 360년의 역사를 가졌다고 주
장하였다. 그는 "우리나라에서 양악사는 적어도 360년 이상의 역사를
가지고 있다. 더욱이 한국인이 양악을 접촉하고 수용한 역사나 그 성격
은 자주적이었다는 점에서 아주 자랑스러운 역사를 가지고 있다"고 하
면서 정두원의 저서『직방외기』를 통하여 조선의 지식인들이 서양음악
이 대학 철학과에 속하는 학문임을 알았을 뿐만 아니라 중국 이외의
서양에도 고도로 발달한 문화가 있다는 사실을 알도록 하는 전기를 마
련했다고 소개하고 있다. 이러한 설은 서양음악의 음향적 실제보다는
서양음악 이론의 자주적 수용을 중시한 것으로 해석된다.

그밖에 가톨릭의 전래와 함께 서양종교음악이 들어왔을 것이라는
견해[17]와 그리고 1810년 발간된『오주연문장전산고』에 실학자들이 수

---

15) 송방송,『한국음악통사』, 서울: 일조각, 1984, 563쪽.

16) 노동은,「한국 양악사 100년사인가? 360년사인가?」『음악과 민족』제5호,
    부산: 민족음악학회, 1993, 58~59쪽.

17) 서우석,「서양 음악의 수용과정」『전통문화와 서양문화1』, 서울: 성균관

용한 서양음악 이론을 그 출발점으로 보는 견해도 있다.[18]

이상과 같이 한국양악의 기점에 관한 논의를 살펴볼 때, 수용 주체 또는 수용과정이란 관점에서 가톨릭과 개신교의 전래에 따른 서양음악의 수용은 외국인에 의한 도입으로 볼 수 있고, 군악대 창설 및 『직방외기』 그리고 『오주연문장전산고』 등에 나타나는 서양 음악의 수용은 한국인에 의한 도입으로 볼 수 있다. 그리고 서양음악의 출발점을 시간적 거리로 따져볼 때 『직방외기』로 보면 지금으로부터 370여 년 전, 『오주연문장전산고』로 보면 160여 년 전, 그리고 개신교의 전파와 군악대 창설이라는 시점에서 보면 100여 년 전이다.

여하간 이러한 서양음악의 유입은 음악의 장르변화를 초래하였고 또 음악관과 음악 감수성의 변화 그리고 연행방식과 유통의 방식을 가져왔다. 또한 이러한 서양 음악의 토양 속에서 본격적으로 연주와 작곡을 학습하기 위하여 미국·유럽·일본 등지로 유학을 하는 음악인들이 생겨나기 시작하였다. 이들은 주로 일제강점기를 거쳐 해방이후까지 왕성한 활동을 펼쳤던 음악가들로 한국의 서양음악에 기틀을 마련하였던 인물들이다.

먼저 미국에서 유학한 인물에는 곽정순(바이올린)·고봉경(피아노)·김세형(작곡)·박경호(피아노)·박원정(테너)·박태준(작곡)·안기영(성악 및 작곡)·윤기성(테너)·윤성덕(피아노)·이유선(테너)·채선엽(피아노)·현제명(테너 및 작곡) 등이며, 독일에서 유학한 음악가로는 계정식(바이올린)·김재훈(바이올린)·채동선(바이올린) 등이며, 이태리에서 유학한 인물로는 이인선(테너)·안병소(바이올린), 캐나다에서 유학한 조은경(피아노)이 있다. 그밖에는

대학교출판부, 1985, 180쪽. 그 밖에 가톨릭 전래 음악에 대한 연구는 조선우·노동은·차인현 등이 본격적으로 하였으며, 이들의 연구 결과로 개신교의 찬송가 이전에 이미 가톨릭 성가가 한국에 널리 보급되었다는 사실이 밝혀졌다.

18) 홍정수, 「나운영 음악자료1」 『음악과 민족』 제17호, 1999, 196~220쪽.

대부분 일본에 유학하였던 음악가들로 권태호(테너)·구두회(작곡)·금수현(바이올린)·김관(평론)·김대현(작곡)·김동진(바리톤 및 작곡)·김문보(바리톤)·김상두(성악)·김성락(소프라노)·김성태(작곡)·김순남(작곡)·김순열(피아노)·김영환(피아노)·김원복(피아노)·김인수(첼로)·김정순(피아노)·김천애(소프라노)·김태현(첼로)·김홍교(더블베이스)·노신옥(피아노)·남궁요열(성악)·나운영(작곡)·박경희(朴慶姬, 성악)·박경희(朴景嬉, 소프라노)·박민종(바이올린)·박용구(평론)·박태현(첼로)·박현숙(피아노)·송진혁(성악)·유신종(평론 및 작곡)·윤기선(피아노)·이봉수(바이올린)·이애내(피아노)·이종태(음악교육)·이호섭(피아노)·안보승(테너)·안익태(첼로)·이상근(바리톤)·이상춘(첼로)·이승학(바리톤)·이영세(바이올린)·이인범(테너)·이흥렬(피아노)·임원식(지휘)·전대홍(테너)·전봉초(첼로)·정훈모(소프라노)·정희석(바이올린)·최성자(소프라노)·최호영(바이올린)·최희남(바이올린)·하대응(바이올린 및 작곡)·홍성유(바이올린)·홍영후(바이올린)·홍지유(바이올린) 등의 음악가들이다.[19]

앞서 지적하였듯이 이들은 한국에서 서양음악의 지평을 열었던 음악가들로 이들의 음악적 영향은 지금도 후속세대들에 이어지고 있다. 하지만 이들 가운데 일부는 일제 식민정책으로부터 자유롭지 못하였을 뿐만 아니라 일제의 침략활동에 동조한 음악행위를 자행하였던 인물들이다.

1. 홍난파

그의 본명은 홍영후洪永厚(1898~1941)이며, 예명은 나소운羅素雲을 사용하였다.[20] 그의 전공은 바이올린이었지만, 여기에 머물지 않고 작곡

---

19) 노동은, 「일제하 음악인들의 친일논리와 단체」『굴욕의 노래, 친일음악』, 서울: 민족문제연구소, 2002, 25~26쪽.

20) 홍난파에 대한 일반적인 서술들은 다음의 문헌들이 참고 되었다. 김창욱, 「홍난파의 가계와 그 문화」『음악과 민족』 제24호, 부산: 민족음악학

가, 지휘자, 음악평론가, 수필가, 소설가, 번역가 등으로 광범위한 예술 활동을 전개하였던 인물이었다. 그가 음악을 접하였던 것은 아버지의 영향으로 처음은 국악이었으며, 본격적인 서양음악 수업은 1899년 온 가족이 고향을 떠나 서울로 이사한 후이다. 1910년 9월 그는 중앙기독 교청년회학관(YMCA) 중학부에 입학했고, 이곳에서 김인식을 만나 바이 올린을 배우면서 그의 음악학습은 본격화되었다.

홍난파의 일생은 거의 일제강점기 시기 내에 한정된 것이었다. 하 지만 그의 음악은 식민지 시기가 끝나면서 더욱 크게 부각되었다. 그는 <봉선화>, <금강에 살어리랏다>, <봄처녀>, <성불사의 밤>, <옛동산에 올라>와 같은 가요와 <달마중>, <낮에 나온 반달>, <퐁당퐁당>, <고향 의 봄>과 같은 동요를 통해 해방 직후의 음악 교과서를 통해 한국인에 게 일상적인 인물이었다. 그의 작품 가운데 <봉선화>와 <고향의 봄>과 같은 노래는 이미 그 이전부터 민요보다 더 광범위하게 불리는 것이었 다. 이렇듯 그가 한국음악계에 지대한 영향을 미쳤으나 그의 생애후반 기는 일제침략정책에 동조한 음악인으로 삶의 향방이 갈리게 된다.

1) 수양동우회 사건과 홍난파

수양동우회는 흥사단의 국내 단체였다. 흥사단은 1913년 미국 샌프 란시스코에서 창립된 사회교육 및 국민훈련기관으로 민족부흥을 목적 으로 하였다. 우리 민족이 세계 최고의 일등국민이 되고 인류의 존경과 신뢰를 받는 모범 민족이 되기 위하여 민족의 힘의 근원인 국민개개인 의 인격혁명을 통하여 민성혁신民性革新과 민력증가民力增强를 도모함으

회, 2002 ; 민경찬, 『홍난파자료집』, 서울: 한국예술연구소, 1995 ; 이건용, 「작곡가로서의 홍난파」『민족음악의 지평』, 서울: 한길사, 1986 ; 장사훈, 『여명의 동서음악』, 서울: 보진재, 1974 ; 이강숙·김춘미·민경찬, 『우리 양악 100년』, 서울: 현암사, 2001 등이다.

로써 민족 전도前途 번영의 기초를 수립하고자 하였다.

홍사단은 1913년 5월 13일 샌프란시스코에서 안창호의 주도로 경기도 홍언, 강원도 염만석, 충청도 조병옥, 황해도 김항작, 경상도 송종익, 평안도 강영소, 함경도 김종림, 전라도 정원도 등의 8도 대표에 의하여 창립되었다. 초창기에는 이민교포 및 유학생을 중심으로 학업과 인격 수양, 생활개선 경제력 증진에 주력하다가 1919년 3·1운동으로 중국 상해에 대한민국 임시정부가 수립됨에 따라 상해에 홍사단원동위원부를 조직하였고, 1922년 서울에 수양동맹회 그리고 1923년 평양에 동우구락부를 결성하여 국내에서 민족운동을 전개하였다. 이후 1925년 국내의 두 단체는 수양동우회로 통합되었고 그 뒤 동우회로 개칭하였다.21)

수양동우회 사건은 이 홍사단의 국내 조직인 동우회를 일제는 1937년 항일독립단체로 몰아 전국적인 검거령을 내려 안창호를 비롯 서울에서 50~60명 등 전국적으로 500여 명이 회원을 검거한 것을 말한다. 이후 이들은 고문과 재판 등으로 투옥되었는데, 이 과정에 홍난파가 단원으로 검거된 것이다.

많은 수양동우회 회원들이 1937년 6월부터 시차를 두고 검거되어 조사를 받기 시작하였는데, 이 조사는 당시 경기도 경찰부 종로서가 담당하였다. 서울에서 검거된 주요 단원 15명은 1937년 8월 10일에 제1차로 송치하였으며, 제2차는 평양과 선천에서 검거된 회원들로 1937년 10월에 송치되었고, 3차는 안악과 기타 지역에서 검거된 회원들로 1938년 1월에 각각 송치되었다. 홍난파는 "사회와 국가의 안녕과 질서를 보호하려는 제국의 정책을 거부하는 것은 민족 전체의 불행을 초래하는 것이다. 이는 동아의 평화까지 위협하는 것이다."라는 골자의 「사상전향에 관한 논문」22)을 쓰고 풀려나게 된다. 이 과정에서 그는 일제 침략정책

---

21) 『한국민족문화대백과사전』, 성남: 한국정신문화연구원, 1992, 757쪽.

22) 홍난파의 「思想轉向に就いての論文」은 고려대학교 아세아문제연구소에 京城의 鐘路警察署 高等係秘密文書 第14868號로 분류되어 있다.

에 동조하는 음악인으로 그의 음악적 향방이 친일 쪽으로 흐르게 됨을
알 수 있다.

2) 조선문예회와 홍난파

조선문예회朝鮮文藝會는 조선총독부 학무국의 종용으로 김영환金泳
煥·최남선崔南善·이광수李光洙와 경성제국대학 교수 다카기[高木市之助]
등이 중심이 되어 문인·음악가·학자·방송관계자 등 30여 명이 단합하
여 1937년 5월 2일 발족하였다. 레코드·영화·연극·라디오 등을 통하여
문예와 연예 방면의 친일 사회풍토의 정화를 목적으로 하였다. 조직은
2개의 부로 나누어 제1부는 한국어 부문에 속하는 문예 및 무악舞樂, 제
2부는 일본어 부문에 속하는 문예 및 무악으로 구분되었다. 1937년 7월
11일 제1회 신작가요발표회를 개최하였고,23) 같은 해 8월 24일 시국가
요와 <총후풍경가銃後風景歌>, <황군격려가> 등의 가사를 제작할 것을
결의, 음악회를 열어 그 수익금을 국방에 헌납하기로 하였다.

1937년 7월 중일전쟁이 발발하자, 창립 직후부터 전개했던 건전가요
운동을 총후보국銃後報國의 애국가요운동으로 방향을 바꾸었다. 그리하
여 <종군간호부의 노래>(김안서 작사, 이면상 작곡), <정의의 개가>(최남선 작
사, 홍난파 작곡), <長城의 把守>(최남선 작사, 현제명 작곡) 등의 가요들이 탄생

---

23) 『每日申報』 1937년 7월 12일자. 일반 민중의 정조을 도야식혀 정조생활을
    윤택케 하야 경제적으로 획기적 비약을 하는 신흥조선의 정신적 방면의
    건설을 꼬하자는 취지하에 총독부 사회교육과의 후원을 얻어 조직된 조
    선문예회에서는 우선 그 첫 사업으로 저조비속한 유행가을 배격하고 청
    아건전한 가요의 보급을 목표로 하고 그동안 일류시인과 음악가들을 동
    원시켜 신가요를 제작하야 레코드에 취입시켰는데, 이것을 발매하기 전
    에 현제명, 정훈모, 산현공山縣公, 령목미좌보鈴木美佐保 등 관계음악가들
    을 동원시켜 11일 오후 8시부터 제1회 신작가요발표회를 개최할 터이
    다.(후략)

하게 되었다. 한편 같은 해 9월 15일 김대우·최남선 등이 작사·작곡한 5편의 한국어 가곡과 일본인이 작사·작곡한 <神國日本> 외 16편의 일어 가곡을 대상으로 시국가요 발표회를 개최하였다. 또 9월 30일에는 『매일신보』 주최, 조선문예회 후원으로 20여 편의 신작가요를 한데 묶어 '총후 반도의 애국가요대회'를 경성 부민관에서 개최하였다. 또한 어린이를 대상으로 가곡 <내일>, <동산> 등을 지어 취입하였으며, 북지北支 (중국 북부) 장병 위문 등 일련의 친일활동을 계속하였다. 1938년 6월 22일 결성된 국민정신총동원 조선연맹 발기인으로 총회에 참가하여 그 산하단체가 되었다.

이 단체에서 홍난파는 전통음악계의 하규일, 함화진과 서양음악계 윤성덕, 김영환, 현제명 등과 함께 주요 간부로 활동하면서 최남선이 작사한 <정의의 개가>에 곡을 붙여 일제침략에 음악의 동조자로 나서게 된다.[24] 또한 1937년 9월 30일에는 조선 문예회가 신작 발표회로서 '황군위문조성 총후반도의 애국가요' 발표회 겸 '시국가요 피로의 밤'을 부민관에서 개최하였는데, 이때 최남선 작사의 <長城의 把守>와 彩本長夫작사의 <공군의 노래>에 곡을 붙여 친일가요를 양성하기도 하였다.

3) 『每日申報』와 홍난파

『每日申報』는 1904년 7월 18일 영국인 배설裵說(Ernes Thomas Bethell)이 창간한 『대한매일신보大韓每日申報』를 일제가 사들여 국권침탈 직후인 1910년 8월 30일부터 '대한' 두 자를 떼고 『매일신보每日申報』로 개제한 것이다. 경영상으로는 일어판 기관지인 『경성일보京城日報』에 통합시켜서 『경성일보』의 일본인 사장과 편집국장 밑에 두어 일제의 한국통치를 합리화하고, '내선일체內鮮一體'를 주장하는 논조로

---

24) 노동은, 「일제하 음악인들의 친일논리와 단체」 『굴욕의 노래, 친일음악』, 40~43쪽.

발간되었다.

1920년 초까지의 무단정치 기간에는 『每日申報』가 유일한 한국어 일간지였으므로, 이 신문에 이인직李仁稙·조중환趙重桓·이해조李海朝·이상협李相協 등이 신소설 또는 번안소설을 발표하였고, 이광수李光洙가 처녀작 <무정無情>, <개척자開拓者>를 발표하기도 하였다. 1920년 『동아일보』, 『조선일보』 등의 민족지가 창간된 후로는, 민족지와 대립된 논전을 벌이기도 하였다. 1920년에는 편집국을 『경성일보』 편집국에서 분리시켰고, 1930년에 처음으로 한국인 부사장이 임명되었으며, 1938년 4월 16일 『경성일보』에서 완전 독립된 주식회사가 되었다. 이와 함께 제호도 『매일신보每日新報』로 바꾸고 최린崔麟이 사장으로 취임하였다.

자매지로 『월간매신月刊每申』(1934.2), 『매일신보사진특보每日新報寫眞特報』(1938.11), 『국민신보國民新報』(1939.4) 등을 발간하였다. 1940년 8월 『동아일보』와 『조선일보』가 강제 폐간된 뒤로 광복될 때까지 다시 유일한 우리말 일간지가 되어 일제의 침략전쟁과 민족말살정책을 대변하였다. 따라서 『每日申報』는 일제가 한국을 통치하기 시작한 날부터 광복되던 날까지 중단된 일 없이 발간된 단 하나의 한국어신문이었다. 이 『每日申報』에 홍난파는 1940년 7월 7일자에 <예시 1>과 같은 "지나사변과 음악"이라는 일제침략을 찬양하고 동조하는 논설을 싣고 있다.

〈예시 1〉

聖戰 第3週年을 마지하는 이때에 잇서서 이번 支那事變이 우리나라 음악계나 또는 음악향상에 어떠한 형향을 끼쳐주었는가를 樂人의 한 사람으로서 생각해본다는 것은 결코 무의미한 일이 아니라고 생각한다. 무릇 동서고금을 통하여 <전쟁과 음악>이란 것을 생각할 때는 자연히 軍歌를 聯想지 안흘 수 업슬 것이니 멀리 고대의 사실은 불문에 附하고라도 지금 80년전 미국의 남북전쟁 당시에 북군이 불으던 <마칭드루쪼지아>는 군가로서는 세계적으로 유명한 자이며, 제1차 歐

洲大戰 때에 생긴 時○歌로 <오버데아>나 <러퍼라리>가튼 것도 일시
는 전세계를 풍미하던 것으로 아직도 우리의 기억에 새로운 것이다.
(생략) 그 후 日本樂壇은 실로 경이적인 급속도로 발달되고 레코드계
가 또한 設盛을 極한만치 今次의 지나사변에 잇서서는 百으로 計하고
千으로 算할만치 무수한 軍歌類와 時局流行歌가 작곡되었고 현재도
계속적으로 발표되고 잇지마는 그러나 음악은 문학이나 회화와도 달러
서 전쟁이 진행되는 동안에는 예술적으로 이러타 할만한 대작이나 명
곡은 産出되지 안는것도 같다. (생략) 그러나 비록 대작춤은 나오지 안
엇다 하더라도 과거에 잇서서 國民歌다운 국민가를 가지지 못했던 우
리로서는 愛國行進曲가튼 新國民歌를 가지게 된 것만으로도 이번 사
변이 一億國民에게 보내준 膳物로 우리는 영원토록 언제나 이 노래를
高唱함으로써 새로운 感激과 불러는 愛國熱을 高調시힐 것이 아닌가.
때는 바야흐로 紀元 2600년 聖戰도 이제 제3단계에 들어가서 신동아건
설의 대업 日復日 더욱 堅實하게 실현되어가는 이때에 銃後에 잇는 여
러 음악가와 從軍햇던 樂人들의 踏裡에는 선 宜當히 넘쳐흘으는 감격
과 예술적 감흥이 성숙해갈 것인즉 이번의 聖樂이 성취되야 國威를 천
하에 宣揚할 때에 그 序曲으로 그 前奏的 交響樂으로 音樂日本의 存
在를 뚜렷이 나타날 날이 一日이라도 속히오기를 衷心으로 비는 바이
며 우리는 우리의 모든 힘과 技倆을 기우려서 銃後國民으로서 音樂報
國運動에 勇往邁進할 것을 自期하지 안으면 아니될 것이다.[25]

위의 <예시 1>에서 홍난파는 일제의 침략전쟁을 성전으로 미화하고
전시체제 속에서 탄생한 신국민가요 등의 음악을 일본의 선물로 보고
있다. 또한 음악인들은 총후의 국민으로서 음악보국운동을 독려하고
있다.

---

25) 「『每日申報』 음악기사 : 1930~1940」 『음악학6』, 부산: 한국음악학학회,
1999, 399~400쪽. 철자는 원문과 같이 당시의 맞춤법에 준하였다.

이후 그는 또 한 차례의 논설을 『每日申報』을 통하여 발표하였는데,
1940년 <조선영화와 음악>에서 조선의 영화와 그에 따르는 음악적 수
준을 얘기하고 있다.

〈예시 2〉

가뭄에 콩나는 격으로 일년에 한두번식 나오는 조선영화를 볼 때마
다 언제나 느끼는 불만은 그 편집의 無整制와 程度에 지나친 솔로모에
도 잇지마는 보다더 반주음악의 빈약에 잇어서 우리는 더한층 이것을
통감하게 되는 것은 누구나 나가티 수긍할 것이라고 생각한다. (중략)
그럼에도 불구하고 조선영화의 음악은 천편일율적으로 그 내용에 잇서
서 너머나 빈약했고 때로는 화면에서 엇는 감흥을 도리혀 抹殺식힐만
치 비효과적이엇슴은 이 무슨 까닭일가? 더구나 음악녹음의 과반이 레
코드에 의한 재생음인데도 불구하고 그 악곡의 불쾌감으로 인하야 이
러한 모순과 背○을 초래함은 무슨 까닭일가? (후략)[26]

<예시 2>에서는 본고가 주목한 것은 논설의 내용보다는 그가 창씨
개명하여 본격적으로 활동을 전개하고 있었다. 그가 이 글을 발표하면
서 사용한 일본식 이름은 모리카와 준森川 潤이었다.

이 외에 『每日申報』에 홍난파 관련 기사는 다음과 같이 정리될 수
있다.[27] 경성필하모니오케스트라 37.02.03(03), 난파트리오실내악의 밤
33.09.15(02), 논설 / 기타의 음악적 지위 40.11.06(04), 조선영화와 음악
40.09.10(02), 지나사변과 음악 40.07.07(04), 대중연예의 밤 38.02.13(03), 동

---

26) 「『每日申報』음악기사 : 1930~1940」『음악학6』, 402~403쪽. 철자는 원문과
같이 당시의 맞춤법에 준하였다.
27) 『每日申報』주제색인이며, 주제 옆의 숫자에 대한 정보는 다음과 같다.
37.02.03(03)에서 37은 1937년을 말하고 02는 2월, 03은 3일을 나타내며, 괄
호의 (03)은 3面을 나타낸다.

요 32.07.25(01), 송별음악회 31.06.16(02), 신명유치원음악회 30.02.14(03),
연악회 31.09.01(05), 윤극영후원회 34.04.27(07), 작곡 31.09.06(07), 작품발
표연주회 33.10.11(03), 조선음악협회 제1회 공연 31.05.28(02), 중앙보육학
교음악과 30.02.14(03).

4) 홍난파 작곡의 침략동조 음악

홍난파는 <그리움>, <장안사>, <고향생각> 등 가곡 15편과 <낮에 나
온 반달>, <퐁당퐁당> 등 동요 100여 곡, 그리고 기악곡 <哀愁의 朝鮮>,
<夏夜의 星群> 등 7여 편과 신민요 <녹쓴 가락지>, <鴨綠江>, <五月 端
午>, <靑空 九萬里> 등 신민요 10여 편, 유행가로는 <白馬江의 追憶>,
<우지 마서요>, <님의 香氣>, <내가 만일 男子라면>, <내가 만일 女子
라면>, <외로운 사랑>, <流浪의 나그네> 등 15여 편과 그밖에 영화주제
가, 찬송가 등 많은 작품을 남겼다. 그의 음악작품 가운데 일제침략에
동조한 음악행위는 군국가요軍國歌謠에 잘 나타난다. 그가 작곡한 군국
가요는 <正義의 凱歌>(崔南善 作詞, 1939년 9월 15일 발표), <長城의 把守>(崔
南善 作詞, 1939년 9월 15일 발표), <空軍の歌>(彩本長夫 作詞, 1939년 9월 15일 발표),
<希望의 아츰>(李光洙 作詞, 1937년 이후 작곡된 것으로 추정)[28] 등이다.[29]

<예시 3>에서 보듯 그가 작곡한 군국가요는 황국정신과 황군을 찬
양하는 노래들이다. 이를 통하여 그는 적극적 황도정신皇道精神의 선양
宣揚자임을 알 수 있다.

5) 방송에 의한 그의 음악

호출부호 JODK로 경성방송국京城放送局이 라디오방송을 시작한 것

---

28) 본고에서 제시된 악보는 민족문제연구소에서 협조한 『굴욕의 노래, 친일
음악』일부에서 발췌한 것이다.
29) 웹진 『음악이 좋아』, http://www.um-ak.co.kr

은 1927년 2월 16일의 일이다. 그리고 이보다 앞서 시험방송을 2년 여 실시하기도 하였다.

〈예시 3〉 희망의 아침

希望의 아츰

春　園 作詞
洪蘭坡 作曲

밤 이 새 엇 다 히 망 의 아 츰
이 러 나 거 라 우 리 임 금 외
大陸 二萬 里 大洋 十萬 里

東 분 부 一 하 늘 에 와 의
人 亞 一 細 亞 의

홍난파는 1938년 7월 9일 경성방송국 제2방송에 출연하여 지휘를 하
였는데, 이때 방송된 음악은 <希望の唱>을 비롯하여 홍난파가 편곡한

<國行行進曲>을 송출하였다. 같은 해 10월 5일에는 홍난파 지휘로 경성방송관현악단 연주를 개최하여 일본 군국가요를 연주하고 방송 보급하였다. 즉 밤 9시 경성방송국 제1방송으로 '愛國歌謠集' 공연방송 일환으로 <皇國精神にかへれ>와 <婦人愛國の歌>, <愛馬進軍歌>, <太平洋行進曲> 등 일본 작품들을 방송에서 지휘하였다.[30]

1938년 7월 9일 그는 경성방송국 제2방송 '동요와 합창' 시간에 경성방송관현악단의 반주와 경보京保합창대의 노래에 중일전쟁의 산물로 나온 <애국행진곡>을 방송하였다. 이 노래는 "천황폐하의 신민으로 일본정신을 발양하고 약진하자"는 내용인데, 일본 전통의 전형적인 2박자 풍의 작품으로 일본의 제2국가로 널리 애창되던 노래였다.

〈예시 4〉 태평양 행진곡

太平洋行進曲

橫山正義 作詞
布施 元 作曲

▶ 태평양 행진곡
바다의 백성이라면 남자라면
모두 한번은 그리워한다
태평양의 쿠로시오(黑潮)를
모두 용감하게
나가는 날이 온다
환희의 피가 끓어오른다

---

30) 방송활동에 나타나는 홍난파의 음악행적은 노동은의 『친일음악열전』 『굴욕의 노래, 친일음악』, 107~109쪽의 일부가 인용되었다.

〈예시 5〉애국행진곡

▲ 애국 행진곡

보라 동해의 하늘 열리고 / 아침해 높이 불타오르면 / 천지의 정기 발랄해지고
희망으로 넘쳐나는 일본 / 맑고 깨끗한 아침 구름에서 / 솟구치는 후지산의 모습
완전 무결한 / 우리 일본의 자랑이네

1939년 10월 5일에는 홍난파가[31] 지휘하는 경성방송관현악단 공연
이 방송되었는데, 프로그램 제목은 '애국가곡집'이었다. 이때의 애국은
일본천황국가에 대한 애국이었음이 방송된 노래에 잘 반영되어 있다.
이날 방송된 음악은 <황국정신을 되새기며>, <부인애국의 노래>, <애
마진군가>, <태평양행진곡> 등으로 일본의 대표적인 군국가요들이다.

<예시 6>의 <애마진군가>는 일제가 동남아시아에서 전쟁을 일으킨
후 그 전선에서 전쟁용 말馬이 필요하게 되자 조선과 일본 현지인들로
하여금 애마사상愛馬思想을 함양시키기 위해 일본 육군에서 가사와 곡
을 공모한 작품이었다. 그 음악적 특징에 있어서도 이 노래는 일본 요
나누키음계에다 2박자라는 일본 민족의 전형적인 음악이었다.

---

31) 홍난파의 음악활동에 관한 자료는 방송이외에도 레코드에 나타나는데
   아래의 색인자료가 그것이다. 아래 색인자료 가운데 C40165(155)같은 부
   호에서 C40165는 콜럼비아 회사의 음반 발매순서이며, 괄호의 (155)는
   1998년 민속원 간행의 『한국유성기음반총목록』의 쪽수를 가리킨다. 본고
   의 색인은 『한국유성기음반총목록』을 참고하였다.
   洪蘭坡 검둥병아리·나뭇잎 C40165(?)(155) ; 고별의 노래(金永義)
   C40178
   (156) ; 金水卿(녹슨 가락지·방아 찧는 색시의노래) C40159(154) ; 獨奏·
   作(바이올린獨奏: 哀愁의 朝鮮) C40178(156) ; 李景淑(빨간가락잎·시골
   길) C40165(?)(155) ; 作歌(장미꽃) C40273(168) ; 作曲 C40159(154),
   C40165(?)(155), C40202(160), C40238(164), C40273(168), C40289(170),
   C40829(288) ; 中央保育學校合唱團 C40201(159) ; 指揮 C40201(159) ; 崔命
   淑 C40165(?)(155) ; 編 C40178(156).
   洪蘭坡作(哀愁의 朝鮮) C40178(156).
   洪蘭坡作歌(장미꽃) C40273(168).
   洪蘭坡작곡 故鄕의 봄·낮에 나온 반달·장미꽃 C40273(168) ; 돌다리·동리
   의원·엄마생각(조희배) C40202(160) ; 童謠 C40165(?)(155) ; 放浪曲·愛戀
   頌 C40829(288) ; 뱃사공의노래·鳳仙花 C40289(170) ; 어머니가슴·옥토끼·
   은행나무 아래에서 C40238(164).
   洪蘭坡지휘(女聲合唱) C40201(159).
   洪蘭坡編(고별의 노래) C40178(156).

〈예시 6〉 애마진국가

愛馬進軍歌

◀ 애마 진군가
나라를 떠나온지 얼마인가
죽음도 함께 할 이 말과
공격 앞으로 산아 강아
잡은 고삐에 피가 흐른다

이상으로 홍난파는 그의 역량만큼이나 몇몇 분야에서 일제의 침략 활동에 동조한 반민족 행위가 있었음이 알 수 있다. 그의 뛰어난 예술성을 참작하여 그의 과오를 덮으려는 시각도 있지만,[32] 그의 예술성과 반민족적 음악활동은 분명 별개의 것으로 인식하여야 할 것이다.

2. 현제명

현제명玄濟明(1903~1960)은 아버지 현문구玄文九와 어머니 최국희崔菊姬의 2남2녀 중 2남으로 대구시 남산동 139번지에서 태어났다. 그는 1913년 대구 계성중학교 시절 그가 다니고 있던 제일교회의 성가대 단원으로 활동하면서 음악에 빠져들기 시작하였다. 그의 본격적인 음악 수업은 1920년 평양의 숭실전문학교에 입학하면서부터였다. 이곳에서 성악과 피아노를 배웠으며, 1923년 미국인 부흥전도사 로디히버(Rode

---

32) 주로 이러한 논지가 전개된 것은 이유선의 『한국양악 80년사』에서 찾아 볼 수 있다.

heaver)의 채플(chapel) 시간에 독창을 하는 것이 계기가 되어 1926년 미국으로 유학을 떠나게 되었다. 그는 미국에서 신학과 성악 그리고 작곡을 공부하고 1929년 기독교 재단인 연희전문학교에 영어담당 선생으로 부임하면서 귀국한다. 그러나 실제로 그는 음악가로 더 많은 활동을 시작하였다. 그 대표적인 예가 1931년 조선음악가협회를 조직하여 초대 이사장직을 맡았던 것에서 찾을 수 있다.[33]

그러나 그의 왕성한 음악활동의 이면에는 일제의 침략에 동조하는 반민족행위가 점철되어 있었다.

1) 공개전향과 현제명

현제명은 수양동우회 사건으로 1937년 6월 일경에 검거되지만 홍난파와 함께 사상전향서인 "사상전향에 관한 논문"을 쓰고 풀려난다. 이후 그는 1938년 6월 대동민우회大東民友會의 가입과 함께 공개적인 전향성명서에 이름을 올린다.

대동민우회는 내선일체內鮮一體와 황국신민화皇國臣民化 등을 목적으로 1937년 조직된 친일 문화단체이다. 이각종李覺鐘·안준安浚·차재정車載貞 등이 결성한 백악회를 확대 개편해 조직하였고, 위의 인물 외에 홍난파洪蘭坡·현제명玄濟明·전영택田榮澤 등의 문화예술계 인물들이 참가하였다.

백악회 시절에는 주로 사상운동과 관련된 인물들 가운데 전향자들을 위주로 사상 선도와 전향 권장에 앞장섰고, 대동민우회로 개편된 뒤에는 시국 계몽강연 등을 통해 내선융화 및 황민화 등에 주력하였다. 예를 들어 1937년 7월 20일에는 이 단체의 고문인 이각종이 경성사범학교 강당에서 시국 계몽강연을 하였고, 같은 해 9월 7·8일에는 서울

---

33) 손태룡, 「현제명, 한국양악사의 큰 별」『한국음악사학보』, 경산: 한국음악사학회, 1993, 77~102쪽 참조.

YMCA 강당에서 차재정이 '시국의 발전과 조선인의 각오'라는 제목으로 시사문제에 대한 강연을 하였다. 그밖에 다른 친일단체와 합동으로 각종 시국 관련 강연회를 개최하는 등 친일활동에 앞장섰다.

이 공개적인 전향성명서는 주로 개신교출신 인사들이 주축이 되어 작성된 것으로 『기독신문』[34] 1938년 8월 16일자에 그 전문이 실려 있다.

〈예시 7〉 聲明

不肖 등이 일찍 흥사단 수양동우회 일원이던 바 現下 내외정세에 變轉에 鑑하여 종래 抱懷하여오던 主義主張에 근본적 결함과 오류에 있음을 悟하고, 단연 此를 청산하고 금회 신국민적 자각하에 대동민우회에 입회함에 當하여 불초 등의 거취와 동향을 명백히 하는 동시에 吾人의 新히 파악한 견해와 주장을 피력하여 舊知諸兄에게 訴하고 廣히 강호제현의 一考에 供하는 바이다. … 이에 오인은 皇道 일본의 明日의 모습을 생각하여 오인의 종래의 그릇된 민족관, 국가관, 세계관은 潔히 청산함을 得하였다. 조선민중의 久遠의 행복은 內鮮 兩族을 打하여 一丸을 삼아 대국민 일본인을 구성하여 이를 핵심주체로 한 신동아의 건설에 있음을 드디어 확신하기에 至한 바이다. … 회고컨대 내선 양족은 同根同祖 그 근원에 있어서 일체였다. … 今次의 지나사변은 이미 주지하는 바와 같이 일본의 대국가적 사명의 수행, 즉 아세아 제 민족을 백인제압의 질곡에서 해방하려는 목적의 聖戰이니 오등은 금후 여하한 희생도 不厭하고 와

---

34) 『기독신문基督新聞』은 1938년 8월 16일에 창간된 개신교연합신문이다. 발행인은 김우현이며, 편집인은 전영택이었다. 1942년 4월 23일 지령 164호로 폐간되었다. 발행목적은 기독교복음전도, 기독교문화발전, 국가봉공에 중점을 두었고, 제1호는 국문판과 일문판이 함께 발행되었다. 정신문화연구원, 『한국민족문화대백과사전』 제4권, 429쪽.

堅忍持久 거국일제가 되어 목적의 관철을 期하여야 될 것이다. 吾는 이미 赤化共産의 참화와 개인주의, 공리주의적인 백인문명의 추악에 염증이 났다. 八紘一宇의 도의적 결합으로 하는 동양정신 일본주의야말로 眞히 東亞를 구하고 세계인류를 지도할 원리이다. 고로 우리는 광휘있는 일본정신 사도로서의 영예와 책임을 感한다. 因하여 오인은 이제부터 爾今如上 신념의 주장 하에 스스로 自奮 노력하기를 期하는 바이다. 昭和13년 6월 18일 갈홍기, 김려식, 김호제, 김로겸, 김기승, 전영택, 정남수, 노진설, 유형기, 이기윤, 이명혁, 이묘록, 박태화, 차상달, 최봉칙, 하경덕, 현제명, 홍난파.

위 <예시 7>에서 보듯 현제명은 지금까지의 민족관, 국가관, 세계관을 깨끗이 정리하고 일본의 미래를 예시하면서 일본의 침략사상이었던 내선일체와 동근동조에 따라 행동하겠다고 밝히고 있다. 이러한 성명에서 그는 철저히 자의적으로 일제의 침략에 동조하는 음악인이 되고자 노력하였던 것이다. 따라서 그는 일본정신의 사도로서 책임을 가지고 새로운 신념으로 대동아공영권에 동참함을 만천하에 알리고 있다.

2) 각종 단체와 현제명

현제명이 각종 친일단체의 조직원으로 참가한 것은 조선문예회朝鮮文藝會, 시국대응전선사상보국연맹時局對應全鮮思想報國聯盟, 경성음악협회京城音樂協會, 조선음악협회朝鮮音樂協會, 경성후생실내악단京城厚生室內樂團 등이다.

① 조선문예회에서의 현제명

조선문예회는 앞서 살펴본 바와 같이 악단과 문단을 대표하는 한국인 및 일본인 30인의 예술인들이 일제의 황민화 정책의 미명 아래 조선

의 가요정화운동 등을 전개하기위하여 총독부 학무국의 지원 아래
1937년 결성되었다. 회장에는 타카기 이치유키조오高木市之助였으며, 음
악위원으로 한국인은 김영환, 박경호, 윤성덕, 이종태, 하규일, 함화진,
현제명, 홍난파 등이었다.

현제명은 이 단체를 통하여 1937년 7월 11일 경성부민관에서 제1회
조선문예회 신작가요발표회를 개최하였다. 그는 이날 최남선이 작사한
<가는비>, <서울>을 각각 발표하였다. 다음의 <예시 8>은 『每日申報』의
당시 기사이다.

〈예시 8〉

일반민중의 情調를 陶冶식혀 정조생활을 윤택케 하야 경제적으로
획기적인 비약을 하는 新興朝鮮의 정신적 방면의 건설을 꾀하자는 취
지하에 총독부 사회교육과의 후원을 어더 조직된 조선문예회에서는 위
선 그 첫 사업으로 低調卑俗한 流行歌를 배격하고 淸雅健全한 가요의
보급을 목표로 하고 그동안 일류시인과 음악가들을 동원시켜 新歌謠를
제작하야 레코드에 취입시켰는데, 이것을 발매하기 전에 玄濟明,[35] 鄭

---

35) 현제명의 음악활동 가운데 콜럼비아 레코드에 보이는 자료들. 아래 색인
자료 가운데 C40360(179)같은 부호에서 C40360는 콜럼비아 회사의 음반
발매순서이며, 괄호의 (179)는 1998년 민속원 간행의 『한국유성기음반총
목록』의 쪽수를 가리킨다. 본고의 색인은 『한국유성기음반총목록』을 참
고하였다.
玄濟明   만돌린오케스트라단   C40360(179) ;   故鄕생각·내너를떠나
C40343
(177) ; 내말전해다오 C40317(174) ; 獨唱(나물캐는 處女·니나) C40306
(173) ; 멀고멀다 틔페레리·사랑하는옛집 C40331(?)(175) ; 멕시코·세레
나드·希望의나라로 C40360(179) ; 미네론가湖畔·香氣로운바람 C40375(181) ;
사랑의노래·찔레꽃 C40416(186) ; 서반아民謠(小夜樂·아이아이아이)
C40357
(179) ; 日本콜럼비아管絃樂團 C40375(181), C40416(186) ; 자장가·黃昏의
鐘소래 C40404(185) ; 작곡 C40306(173), C40343(177), C40450(193) ; 작사

勳謨, 山縣公, 鈴木美佐保 등 관계음악가들을 動員시켜 11일 오후 8시
부터 제1회 新作歌謠發表會를 개최할 터이다. 문예회 탄생에 대하야
적극적 원조와 노력을 한 본부 김사회교육과장은 합흐로 문예회의 활
동방침에 대하여 다음과 갓흔 의견을 말하엿다. 文藝전반에 궁한 광범
위의 활동은 여러 가지 사정상 아직 시기상조의 느낌이 잇슴으로 문예
회의 첫사업으로 위선 歌謠방면에 손을 대인 것입니다. 압흐로는 건전
한 새로운 가요의 創作을 장려식힘은 물론 朝鮮古樂의 연구 우수가요
의 현상모집 등을 행하야 이것을 레코드 라듸오 등으로 철저히 보급식
혀 생활에 피료한 민중에게 위안을 주는 동시 정신 생활을 윤택케 하
고 한거름 나아가서는 국민정신의 작흥 國體觀念明徵에 일조가 되게
하랴고 합니다. 압흐로는 가요뿐만 아니라 영화 문학은 물론 일반 정신
문화 전반에 궁하야 문예회의 취지에 따라 연구와 보급에 힘쓸 작정인
데 이것은 사회일반의 충분한 리해와 원조가 잇서야 될 것임으로 사회
교육과로서도 원조를 엑기지 안을 것이나 사회일반인사의 적극적 원조
를 바라고 잇습니다.36)

위 <예시 8>에서 보듯 현제명은 조선문예회의 음악위원으로 적극
활동하고 있으며, 이를 통하여 그의 음악적 활동 반경과 역량을 키워나

C40306(173), C40343(177) ; 콜럼비아管絃樂團 C40306(173), C40317(174),
C40343(177) ; 콜럼비아交響樂團 C40357(179) ; 테너 C40306(173), C40317
(174), C40331(?)(175), C40343(177), C40357, 40360(179), C40375(181),
C40404(185), C40416(186) ; 테너獨唱 C40306(173), C40331(?)(175), C40343
(177), C40357, 40360(179), C40375(181), C40404(185), C40416(186) ; 편곡
C40343(177) ; 헤레나 C40317(174).
玄濟明작곡 故鄕생각 C40343(177) ; 나물캐는處女·니나 C40306(173) ; 朝
鮮의노래 C40450(193).
玄濟明작사 故鄕생각 C40343(177) ; 나물캐는處女·니나 C40306(173).
현재명곡(절름발이) C40739(265).
36) 『每日申報』, 1937.07.12(2쪽).

가고 있음을 알 수 있다. 따라서 그의 음악관은 이미 일제침략의 동조자로서 그 이면을 충실히 그려내고 있다.

이외에도 조선문예회에서의 현제명은 1937년 황군위문조성 신작발표 애국가요대회에 출연하여 소프라노 정훈모와 함께 독창을 하였으며, 이날 황군을 위문하기 위하여 발표된 가요는 다음의 <예시 9>에서 보듯 모두 24편으로 전쟁의 미화와 황군을 칭송하는 노래들이었다.

〈예시 9〉 1937년 10월 4일 황군위문조성 애국가요대회의 곡목
작곡 : 大場勇之助
곡명 : 皇師の歌, 奮へ防護團, 進め皇軍, 征途お送る歌, 千人針の歌, 保
定落城の歌

작곡 : 李冕相
곡명 : 戰場の秋, 銃後義男, 正義의 師여, 從軍看護婦의 노래

작곡 : 홍난파
곡명 : 空軍の歌, 正義의 凱歌

작곡 : 현제명
곡명 : お見送り, 長城의 把守

작곡 : 安藤 芳亮
곡명 : 日本の子供だ, 從軍看護婦の歌, 神國日本

작곡 : 吉澤 實
곡명 : 慰問袋, 敵前上陸, 宿舍

작곡 : 李種泰

곡명 : 銃後, 金少佐를 생각함, 防護團歌[37]

② 시국대응전선사상보국연맹과 현제명

시국대응전선사상보국연맹時局對應全鮮思想報國聯盟은 민족운동 또는 좌익운동과 관련된 사상 전력자 중 친일로 변절한 자 2,000여 명을 구성원으로 한 조선사상범 보호관찰소의 외곽단체로, 1938년 7월 24일에 부민관에서 결성되었다. 목표는 구성원들의 사상정화, 생활쇄신 및 항일운동가 포섭공작 등이었으며, 기관지『사상보국』발행, 군인원호행사, 신사참배단 일본 파견 등의 사업을 펼쳤다.

조직은 본부 아래 사상범보호관찰소가 있는 7개 도시(경성·평양·함흥·청진·신의주·대구·광주)에 두며, 그 아래 분회를 두었다. 간부직에는 서병조徐丙朝·이승우李升雨·현준호玄俊鎬 등 보호관찰심사회 관계자들이 포진했으며, 중심인물로는 사상전력자인 김두정金斗禎·김한경金漢卿·박영희朴英熙·장덕수張德秀 등이 있었다.

강령으로 내선일체內線一體의 강화, 반反국가적 사상의 격멸, 국책협력·전시협력의 강화 등을 내세웠고, 1938년 12월부터 발간된 기관지『사상보국』의 발행과 군인원호 행사, 신사참배, 시국강연회, 현금갹출 등의 다양한 활동으로 친일사상 고취를 전개했다. 그밖에 복역 중인 민족·좌익 운동가들에게 설득공작을 벌이는 한편, 비전향자들을 포섭하기 위해 취직알선운동을 전개했다. 1940년 12월 28일 재단법인 대화숙大和塾[38]에 통합되었다.

---

37) 민족문제연구소, 『굴욕의 노래, 친일음악』, 43쪽.

38) 대화숙 역시 경성보호관찰소장이었던 長崎佑三가 회장이었다. 대화숙은 일본정신 현양과 내선일체의 강화 및 전향자의 선도 보호를 목적으로 조직되었으며, 보호관찰 대상자들은 入塾하여 황민화 훈련을 하였다. 사상선도사업으로 기관지와 출판물 발행, 대화숙 일어강습회, 강연회, 좌담회와 부녀교육기관인 大和家廷塾 등을 운영하였다. 民族政經文化硏究

이 시국대응전선사상보국연맹에서 현제명은 경성지부의 간사의 직책을 가지고 조직관리와 홍보활동을 하였다. 이후 이 단체가 대화숙으로 통합된 뒤 1941년 현제명은 <후지산을 바라보며> 등을 작곡하여 발표하였다. 이후 현제명은 경성대화숙의 후원으로 죽첨정竹添町에 있는 대화숙의 건물을 빌어 경성음악연구원京城音樂硏究院을 1943년 4월 1일 개원하였다. 아래 <예시 10>에서 보듯 『每日申報』에 당시의 기사가 실려 있다.

〈예시 10〉

音樂硏究院新設 - 玄濟明씨 등이 指揮

音樂學徒에게 반가운 소식-반도 악단의 발전을 위하여 힘쓰고 잇는 테너 현제명씨는 이번에 경성대화숙의 후원아래 부내 죽첨정 3〇목 8번지 동대화숙 안에 경성음악연구원을 4월 1일부터 개설하고 신진을 지도하기로 되엿다고 한다. 연구원에서는 개인교수도 하므로 음악초보자를 환영하는 외에 연습실과 악기도 완비되어 잇다는 바 교수는 다음과 갓고 상세한 것은 직접 문의하여 주기를 바란다고 한다. 聲樂 : 현제명·김천애, 피아노 : 김영의, 바이올린 : 김생려, 작곡 및 이론 : 김성태[39]

위 <예시 10>에서 보듯 현제명은 시국대응전선사상보국연맹의 후신인 대화숙을 통하여 특별한 후원 속에 그의 음악활동이 이어지고 있음을 엿볼 수 있다. 이 대화숙의 기본 이념은 내선일체와 전시협력의 강화라는 일제의 침략정책을 적극 수행하였던 단체임을 상기할 필요가 있다.

③ 경성음악협회京城音樂協會와 현제명

所編, 『親日派群像』, 서울: 民族政經文化硏究所, 1948, 162쪽.

39) 『每日申報』 1943월 3월 13일자.

이 협회는 서울의 각 학교 음악담당자와 음악학교 졸업자로서 서울에서 활동하고 있는 음악가들을 중심으로 1938년 10월 30일 오후 1시 반에 경성 부민관 소강당에서 발회식을 가졌다. 이 협회는 일제의 국민정신총동원운동을 보다 효과적으로 전개하기 위한 단체였다. 그것은 이 단체의 임원에서 그 성격이 잘 드러난다. 회장에는 총독부 학무국장인 시오하라 토키사부로오鹽原時三郎, 간사장은 오오바 유우노스케大場勇之助, 간사에 현제명·이종태·타케이 하루코竹井春子·김영환·안도오 요시아키安藤芳亮·요시자와 미노루吉澤實이었다. 이 경성음악협회는 1941년 1월 25일 총선총독부의 전국적인 악단조직체인 조선음악협회로 흡수되었지만, 3년 동안 현제명은 이 단체의 간사직으로 그 직무를 수행하고 있었다.

④ 조선음악협회朝鮮音樂協會

조선음악협회는 음악을 이용해 일본 제국주의의 황국신민화皇國臣民化 정책을 효과적으로 수행하기 1941년 3월 25일 창립된 한일 합동 친일단체이다. 악단을 통한 직역봉공職域奉公과 조선 음악계의 신체제 운동, 내선일체內鮮一體의 정서 강화, 일본 국민음악 보급, 일본음악 수립 등을 목표로, 경성후생악단京城厚生樂團·대화악단大和樂團 등 다른 친일음악단체와 합동으로 각종 친일행사를 주관하였다. 창립이전 철저한 준비를 위하여 1941년 1월 11일 발기인회40)를 총독부에서 가지기도 하

---

40) 樂團 新體制運動 音樂協會發起人會. 악단을 통하여 직역봉공을 하고자하는 조선음악계의 신체제를 목표로 오늘 11일 아침 11시부터 총독부에서 음악계의 유지들이 모히어 조선음악협회조직의 발기인회를 열엇다. 이 발기인회에 보였던 이는 (桂)사회교육과장, 평간(平間)학무국 촉탁을 비롯하야 김영환, 大場勇之助, 岩岐寛, 金메리, 계정식, 吉澤實, 김재훈, 竹井吉子, 이애내, 김관씨 외 15명이 모이어 조선 악단의 재출발과 조선음악계의 신체제에 관한 기탄업는 협의를 하얏다. 이 회의의 결과 오는 25일 오후 2시부터 부민관에서 조선음악협회의 성대한 발회식을 거행하고 악

였다.

회장은 조선총독부 학무국 국장이 맡았고, 이사는 계정식桂貞植·김원복金元福·김재훈金載勳·함화진咸和鎭·현제명玄濟明 외 13명의 일본인, 평의원은 김세형金世炯·이애내李愛內·이종태李鍾泰·임동혁林東爀·홍난파洪蘭坡 외 16명의 일본인이 맡았다.

결성 이후 부여신궁扶餘神宮 참가, 음악 보국주간 설정 및 보국음악회, 싱가포르 함락 전첩 축하 대음악회, 국민 개창 운동, 조선신궁朝鮮神宮에서의 연성훈련, 미국·영국 격멸을 위한 적개심 앙양 특별공연, 전함 헌납 음악 복구를 위한 실내 교향악의 밤, 징병 실시 감사 축하행사, 전함 건조기금 헌납을 위한 이화여전 추계음악회, 태평양전쟁 제3주년 기념 필승 결의 선양대회, 비행기 헌납 음악 대연주회 등을 개최하는 등 음악을 통한 친일활동에 앞장섰다.

위의 각주에 제시된 음악협회발기인회의 기사에서도 잘 나타나듯이 이 협회는 전국적인 규모이며, 또 각 장르를 망라하고 있는 거대 조직임을 알 수 있다. 또한 신문보도도 연속 5회나 계속하고 있는 점으로 보아 당시로서는 음악계뿐만 아니라 문화예술계의 중대한 관심사였음을 짐작케 한다. 조선 총독부는 이 조직을 통하여 전국의 음악인들을

단인 500여 명 총동원 식히기로 되었다. 이 협회에서 음악의 건전한 발달과 음악가의 소질향상을 도모하여 문화발전에 공헌할 것을 큰 리상으로 하여 작곡가, 연극가, 교육음악가, 음악평론가, 음악문필가, 기타 음악의 기예를 가진 사람은 전부 정회원으로 망라하리라 하며 협회에는 邦樂部, 朝鮮樂部, 洋樂部, 敎育音樂部, 輕音樂部를 두고 다시 지방에는 支部를 두어 조선악단을 총동원 식히리라는 것이다. 그리고 사업으로는 음악의 지도와 통제, 음악회 개최, 음악가 표창과 지도에 관한 시설, 음악에 관한 조사연구, 기관지의 발행 등으로 총후 민중에게 명량하고 건전한 음악예술을 정신적 양식으로 제공하리라고 한다. 『每日申報』 1941년 1월 12일이 조선음악협회 창립과 관련한 『每日申報』 기사는 1941년 1월 18일(半島音樂界도 新體制), 1941년 1월 21일(朝鮮音樂協會 府民館서 結成式), 1941년 1월 25일(樂團의 新發足 조선음악협회 결성식) 등이 있다.

통제하고자 하였던 것이다.

이곳에서 현제명은 1944년 이사로 영입되어 중앙 임원직에 해당하는 직책을 맡아 조직을 운영하는 관리자의 위치에 있었다. 즉 단순히 이름만 올린 회원이 아니라 본인 스스로 조직의 주체가 되는 임원의 위치에 있었던 것이다.

1941년 6월 3일~5일 3일간 걸쳐 '음악보국주간音樂報國週間 대연주회'를 부민관에서 개최하였는데, 5일 날 야간연주에서 대표적인 현제명의 친일동조 작품인 <후지산富士山을 바라보며>가 김자경의 독창으로 노래되었다. 이 행사에서 의례의 시작은 반드시 궁성요배와 묵도 그리고 국가제창을 하고 행사를 시작하였다.

이외도 단편적이나 현제명이 조선음악협와 관련된 음악활동을 정리하면 다음과 같다.[41]

가) 1943년 4월 29일 '제1회 가창지도대'의 국민개창운동 현지지도 활동에서 수원읍과 이천읍에서 현제명이 지휘를 하였다.

나) 1943년 8월 3일 '야외음악·영화의 밤'에서 현제명은 <항공일본의 노래航空日本の歌>와 <대일본의 노래大日本の歌>를 노래하였다.

다) 1943년 9월 10일 '국민총력조선연맹과 공동주최한 국민개창 제2기 운동'의 위원회 참석

라) 1944년 7월 11일 조선음악협회의 소관부처 이동과 조직개편 때 현제명이 이사로 선출됨.

마) 조선총독부의 1943년 부령 '조선흥행취체규칙' 공포에 따른 사업의 일환인 '음악기예자격 인정시험의 한국인 심사위원으로 활동함.

⑤ 경성후생실내악단京城厚生室內樂團

---

41) 민족문제연구소, 『굴욕의 노래, 친일음악』, 135~144쪽을 참조함.

이 악단은 1942년 5월 1일 전시하의 국민들에게 건전한 음악과 음악 자체의 예술성을 국민음악 정신대로서 활동 보급하기 위하여 한국 내 중진음악인들로 구성된 단체였다. 이 단체는 총독부가 전시 하의 건전 명랑한 일본국민음악 수립을 목표로 생산지역의 위문공연단체로서 이 악단을 조직하여 전진 배치시켰다.

이 단체의 성격은 그들의 공연을 보고 박경호가 평을 한『每日申報』의 당시 기사에 잘 나타나 있다.

〈예시 11〉 厚生室內樂團 公演後感/朴慶浩

戰時下 厚生音樂을 목적하는 음악행사이라면 舊體制式의 그것에 비하여 적어도 아래와 가튼 對照의 변화가 잇서야 할 것이다. 즉 ① 藝術地上主義에서 國歌地上主義로 ② 演奏者 本位에서 大衆 本位로 ③ 個人中心主義에서 全體公營主義로 ④ ○名營利主義에서 滅私奉公主의로 等인바 勿論 이 네 가지 조건에서 합당하지 못하는 음악행사는 現時下에서는 容納할 여지가 업는 것이다. (下略)[42]

<예시 11>에서 보듯 이 단체는 소수정예의 단체로 日帝戰時의 銃後에서 황민으로 멸사봉공함을 목적으로 하고 있다. 따라서 그들이 연주한 레퍼토리도 자연히 침략동조의 음악들로 구성되었다. 그들이 주로 연주한 음악은 <南進勇兒の歌>, <大日本の歌>, <愛國の花>, <皇城の月>과 홍난파의 <봉선화> 등이었다.

현제명은 이 악단이 제2기 출범을 시작하는 1944년 5월에 이사장으로 취임하면서 본격 가담하게 된다. 이후 이 악단은 1944년 5월 함북일대의 광산과 생산현장에서 한 달 여 공연의 펼쳤으며, 같은 해 8월에는 강원도 삼척 지방을 위문 연주를 하였다. 1944년 8월 22일부터는 이리·

---

42)『每日申報』1942년 6월 16일.

군산·김제·정읍·신태인·남원·광주·전주 등지의 산업현장을 돌며 생산을 독려하는 위문연주를 하였다. 1945년 1월에는 신태양사新太陽社의 조선예술상을 받았는데, 그 수상의 공적은 일본의 결전음악決戰音樂의 수립과 활발한 위문연주 때문이었다. 현제명은 역시 이 단체에서도 이사장이라는 책임 있는 자리에서 그의 음악적 삶을 살아가고 있었다.

이 외에도 현제명이 일제의 침략지원 활동에 동참한 기사가 『每日申報』에 여러 차례 보인다.[43]

3. 김성태

김성태金聖泰는 1910년 11월 9일 서울의 광희동에서 태어났다. 그는 그의 할아버지가 세운 교회에서 성가대 활동을 통하여 자연히 서양음악을 접하였고, 바이올린도 함께 익혔다. 이후 연희전문학교 시절 현제명의 눈에 띄어 채동선과 현제명으로부터 작곡과 이론을 배웠다. 1935년 일본 유학길에 올라 동경고등음악학교 작곡부에 진학하여 1939년에 졸업하게 된다. 졸업하는 그 해에 바로 귀국하여 『동아일보』 주최의 작곡발표연주회에서 홍난파, 현제명, 박경호, 채동선 등과 함께 작품을 발표하여 한국의 악단에 본격적으로 이름을 내기 시작하였다. 그리고 라디오 방송에도 출연하여 합창단의 지휘를 맡으며, 그의 음악적 행보

---

43) 1938년 7월 9일 조선음악가협회임시총회 ; 1931년 5월 28일 및 1935년 12월 22일 조선음악협회 ; 1943년 2월 13일 경성음악연구원 신설 ; 1944년 8월 30일 경성후생실내악단 위문공연 ; 1943년 2월 19일 국민음악연주회 ; 1941년 11월 9일 국민음악의 밤 ; 1942년 1월 22일 국가와 강연의 밤 ; 1943년 8월 3일 반도개병의 노래발표회 ; 1942년 4월 18일 야외음악대회 / 총력연맹 ; 1941년 6월 1일 음악가협회 / 양악 ; 1941년 6월 4일 富士山을 바라보며 작곡 ; 1943년 3월 21일 전의앙양 국민대합창 음악회 ; 1943년 7월 28일 징병체축하행사 ; 1941년 12월 15일 총후 사상전 행사 / 경성대화숙.

를 재촉하고 있었다.[44]

김성태가 소속되어 활동한 단체는 현제명이 활동하였던 단체와 몇 곳이 일치한다. 그것은 김성태가 정식으로 음악적 교육을 받았던 곳이 연희전문학교였는데, 그곳에서 음악을 가르쳤던 사람이 바로 현제명이었기 때문이다.

먼저 그는 조선음악협회의 양악부 작곡과의 회원으로 활동하였다. 이 조선음악협회는 앞서 지적하였듯이 직역봉공職域奉公과 조선음악계의 신체제운동을 목표로 하고 있으며, 조선총독부가 국방국가체제 완수와 대동아 건설을 목표로 한국인 2천 4백만을 동원해 결성한 국민총력조선연맹의 사무국 문화부에 가입한 단체였다. 따라서 김성태는 이 단체의 회원으로 활동하면서 이름을 창씨개명하여 카네시로 쇼타이金城聖泰로 고쳤다.[45]

1941년 6월 3~5일 조선음악협회 주최의 음악보국주간音樂報國週間대연주회에서 본인이 작곡한 실내악 현악4중주를 위한 組曲을 무대에 올리기도 하였으며, 경성혼성합창단의 민요합창을 지휘하기도 하였다.[46] 이 행사의 시작은 궁성요배, 묵도, 국가제창 등을 한 후에 진행되고 있었다. 그러므로 당시 그의 음악적 행보는 분명히 일제 침략에 적극 동조하는 성향으로 진행되고 있음을 알 수 있다.

또한 그는 음악의 전문성을 가진 소수의 음악가들을 중심으로 전시하에 국민음악 보급 정신대로서 봉사하고 실천하는 정예 음악단이었

---

44) 『朝鮮日報』 1940.3.17 女聲合唱(라디오). 京城保育合唱團노래 朴賢淑伴奏 金聖泰指揮.

45) 반민족문제연구소, 『청산하지 못한 역사』, 서울: 청년사, 1994, 210쪽.

46) 『每日申報』 1941년 6월 1일, 일, 3일, 4일자. 그리고 이 『每日申報』에 나타나는 그의 음악활동은 다음과 같다. 경성방송혼성합창단 지휘 : 1942년 6월 11일 ; 6월 12일, 경성음악연구원 작곡 이론담당교수: 1943년 3월 13일, 경성후생실내악단 창립단원(제금) : 1942년 4월 7일 ; (지휘)6월 1일 ; (제1회 공연)11일, 경성혼성합창단(음악보국) : 1941년 6월 1일.

던 경성후생실내악단의 단원으로 활동하였다. 당시 그의 위치 및 활동상은 아래 <예시 12>의 『매일신보』에 잘 나타난다.

〈예시 12〉

半島의 중진연주자들로 조직결성하야 戰時下 國民藝術은 ○正하고 高級한 것에의 희구하는 바 (중략) 음악의 使命은 더욱 重大性을 띄게되어 半島音樂演奏家들은 銃後의 음악을 보급하자는 뜻에서 <京城厚生室內樂團>을 조직하고 학원 광산 직장의 생산지역에 더구나 중앙에서 국민음악을 연주하기로 되었다. (중략) 이 演奏隊는 전부 9명으로 조직되엇는데 단원은 모두 반도의 중진 연주가들이며 그 ○○로도 實力을 가지고 있는 樂人들로서 이제 단원을 보면, 金天愛(獨唱者), 金聖泰(提琴), 李仁範(獨唱者), 金泰淵(첼로), 廣田哲三(提琴), 東川枰洙(提琴), 金生麗(指揮), 李有聖(트롬본).[47]

이 경성후생실내악단은 창단초기인 1942년 5월 1일부터 12월 24일까지 총 연주회를 112회를 개최하였으며,[48] 특히 각 지역 생산현장을 돌며 산업전사위안연주회를 모두 19회를 열었다. 이것은 전시하 총후의 기지로 직역봉공하는 생산자들을 위로하므로 그들도 적극 일제침략에 동조하고 있었음을 보여주고 있는 내용이다. 이러한 악단의 활동 가운데 김성태가 있었던 것이다.

1943년 4월 1일 사상보국을 맹세하고 국민정신총동원을 주창하였던 시국대응전선사상보국연맹의 후신인 경성 대화숙의 후원아래 세워진 현제명의 <경성음악연구원>의 작곡 및 이론 담당교수로 활동하기도 하였다.[49] 해방이후 이 경성음악연구원은 남산에서 경성음악학교로 발

---

47) 『每日申報』 1942년 4월 7일.
48) 『每日申報』 1942년 12월 31일.

전하였고, 1947년 국립서울대학교가 설립되자 예술대학으로 흡수되어 오늘날 음악대학으로 변모해 갔다. 김성태는 1960년 현제명이 사망하자 그 뒤를 이어 서울대학교 음악대학 학장으로 취임하여 대학교육현장에서 그의 음악인생을 새로이 설계해 나가기도 하였다.

이상으로 그의 활동은 주로 조선음악협회와 경성후생실내악단을 통하여 이루어졌으며, 이 두 단체는 당시 대표적인 일제침략지원을 수행하였던 예술단체였음을 상기할 필요가 있다.

4. 이흥렬

이흥렬은 1909년 함경남도 원산에서 태어나 원산항에 드나들던 군함과 취주악 그리고 선교사가 들려주는 풍금소리와 성가대의 합창소리에 그의 음악적 감성을 키워나갔다. 19세에 그는 일본의 동양음악학교(현 동경음악대학)로 유학을 떠나 피아노를 전공하여 1931년 졸업하게 된다.

그는 1937년 2월 3일 7시 30분 부민관 대홀에서 바리톤 전형철의 독창회에서 홍난파가 지휘하는 경성필하모니오케스트라의 피아노 연주자로 국내의 전문 무대에 오른다.

〈예시 12-1〉

···(前略) 긔보한 바와가티 이번 독창회의 管絃樂반주로 <오페라>의 노래를 扮裝하고서 노래하게 되는 것도 실로 조선악단에 잇서서는 처음잇는 성사라 아니할 수 업는만큼 이번 음악회는 그 형식부터 달리하고 잇스니 먼저 무대우에서 보게될 20여 명의 관현악단의 偉容이라든지 또는 연극적 효과를 다분히 나타낼 분장의 호화로운 의상들은 보는

---

49) 『每日申報』 1943년 3월 13일자.

이의 눈을 휘황하게 할 것이다. 이제 관현악반주를 하게 될 <경성필하모니오케스트라> 단원의 진용을 소개하면 다음과 갓다. 지휘=洪蘭坡, 피아노=李興烈 ; 金駿泳 ; 淸水幹三, 빠이올린=홋스 ; 安聖敎 ; 朴泰喆 ; 尹樂淳 ; 李冕相 ; 中野秀愛, 뷔올라=崔虎□, 젤로=金泰淵, 木管伸光, 풀롯=金載鎬 ; 李承用, 호른=李點在 추럼본=尹基恒 ; 李海成, 파곳트=吳慶煥, 크라리넷=李建鎬 이러한 관현악단의 멤버만으로도 조선악단의 一流만이 총동원이 되엇스니 이들의 管絃樂 연주만을 듯드라도 실로 오늘밤의 음악회는 호화극치의 것이라 말하지 안을 수 업다(사진은 홍난파씨 전군 반주의 리흥렬씨).[50] (後略)…

이에 앞서 이미 그는 소소한 음악회에서 활동을 하고 있었다. 1934년 8월에는 『조선일보』와 동경유학생수해구제東京留學生水害救濟 순회음악단巡廻音樂團의 연합주최로 함경남도의 영흥에서 안성교安聖敎, 김인수金仁洙, 이흥렬李興烈, 김대근金大根 등과 함께 음악회를 가지기도 하였다.[51] 그리고 1936년에도 경성보육학교京城保育學校 졸업생의 밤에 홍난파와 함께 출연하여 음악회를 가졌다.[52]

이렇듯 이흥렬은 1930년대는 비교적 온건한 순수 음악을 지향하는 음악인으로 활동을 하고 있었다. 그러나 일제의 대륙침략이 정점에 올라 한국이 일제의 총후로서 역할이 강화되었던 1940년대에 들어와서는 그의 음악적 행보가 일제침략에 동조하는 방향으로 선회하기 시작하였다.

1940년 조선총독부가 내선일체의 기치를 높이고 직역職域에서 멸사봉공滅私奉公하여 국방국가 체제확립 및 신동아 건설을 목적으로 조직한 것이 국민총력조선연맹이다. 이 연맹의 문화협회 산하에 조선음악

---

50) 『每日申報』 1937년 2월 3일자.
51) 『朝鮮日報』 1934년 8월 9일자.
52) 『朝鮮日報』 1936년 3월 6일자.

협회가 가입되어 있었다. 이흥렬은 조선음악협회 양악부의 회원으로
활동하였다.

1941년 6월 3일~5일 부민관에서 3일간 조선음악협회가 주최하
고 『매일신보』가 후원하는 '음악보국주간대연주회'가 개최되었다. 이
연주회는 신동아건설의 신체제에 부흥하기 위하여 기획된 연주회로
당시로서는 대단히 큰 규모의 연주회였다. 연주회의 시작은 궁성요배
와 묵도, 국가제창 등으로 이어지는 일제의 기획된 의례로 시작하고 있
었다. 이 연주회에서 이흥렬은 피아노 연주와 그리고 그가 작곡한 사그
라진 그대 및 노화蘆花를 발표하였다. 아래 <예시 13>이 그것이다.

> <예시 13> 銃後에 명랑한 음악 - 音樂週間에 對한 나의 鑑賞(2) / 朱
> 敬暾(中央保育講師)
> 지금 우리의 사명인 동아신설기에 이르러서의 우리 문화이념으로써
> 의 우리의 의무는 문화거점의 길을 개척하지 안흐면 안되겟다고 이에
> 대한 음악으로서의 김당하는 부분도 이와 보조를 맞추지 안흐면 안될
> 것은 갱론할 필요조차 업슬 줄로 압니다. (중략) 예술봉공! 음악보국주
> 간 반도악단 총동원 제3일 양악부의 풍부한 내용 주간목차 제1부 ① 삼
> 중주 / 프릇 : 김재호, 바이올린 : 홍지유, 피아노 : 이흥렬, 奏鳴曲과
> 長調 : 밧하曲(프릇과 提琴과 洋琴을 爲해) (下略)[53]

<예시 13>에서 보듯 일제의 신동아 건설과 총후에서 음악인의 예술
봉공에 적극 협조하기 위하여 마련된 음악회에 이흥렬이 동참하고 있
음을 알 수 있다.

또한 1942년 12월 20일 오후 7시 『매일신보』주회 '부민음악감상회'
가 부민관 대강당에서 열렸는데, 이 연주회는 대동아전쟁(태평양전쟁) 1

---

53) 『每日申報』 1941년 6월 4일자.

년을 보내며 위대한 역사의 해를 보내는 기쁨으로 마련된 연주회였다. 경성합창단과 경성방송 실내악단 등 50여 명이 출연한 이 연주회의 시작은 <大日本의 노래>와 <日本祖曲>으로 출발하고 있다. 이흥렬은 제2부 순서에서 소프라노 김자경과 테너 하대응의 노래에 피아노 반주를 맡아 일본의 대동아전쟁을 미화하는데 동참하고 있었다. 아래의 <예시 14>가 그것이다.

〈예시 14〉 府民舘 音樂鑑賞의 밤

斯界의 권위 50명 총출연, 今20일 부민관서. 아세아의 천지에 신생의 광명이 찬연히 비치고 새로운 역사의 여명을 노래하는 10억 민족의 소리 높은 찬가 속에 2천 6백 2년 임오壬午도 저물어 간다. 이 동아민족의 우렁차고도 아름다운 찬가에 맞추어 백20만 부민이 위대한 역사를 남기고 가는 위대한 임오에 보내는 찬가의 밤, 본사 주최의 '부민음악감상회'는 20일 오후 7시부터 부민관 대강당에 호화한 막을 열기로 되엿다. (中略) 제2부 ① 애국가합창 / 일동, ② 쏘프라노 독창 / 金慈璟 반주 / 李興烈 ; 小夜曲 슈벨트 作 ; 베니스의 사육제 베네뎃트 作, ③ 테너 독창 / 河大應 반주 / 李興烈 ; 라르고 헨델 作, 아름다운 나의 열정이여 크리크 作 (下略)[54]

한편 이흥렬은 1943년 4월 17일 오후 1시 부민관 대강당에서 '격멸하고야 만다'라는 기치를 걸고 황도문화皇道文化 수립을 위하여 결성한 '조선문인보국회朝鮮文人報國會'의 발대식[55]에 찬조출연하게 된다.

---

54) 『每日申報』 1942년 12월 20일자.
55) 各種文化團體 統合 半島文人報國會結成 來 17日 府民舘에서 '격멸하고야 만다'라는 비상한 결의로써 半島文學 운동의 결전체제를 확립하기 위하야 힘써 오든 각 문화단체에서는 드듸여 황도문화수립을 지표로 대동단결 朝鮮文人報國會를 결성하기로 되엿다. 그 發會式은 17일 오후 1시 반

〈예시 15-1〉演劇, 音樂團體 贊助出演 盛況 이룬 朝鮮文人報國會結成式

4月 17日 發隊式 히라마平間文壽, 桂貞植, 馬金喜 여사, 나오기(直木興烈)氏 等 半島樂團의 권위자들이 출연하기로 되엿는데 이런 모임은 이번이 처음이다.56)

〈예시 15-2〉半島文學總力集結 各種團體統合 朝鮮文人報國會結成式 盛大

17日 府民舘 大講堂 音樂에는 히라마平間文壽, 馬金喜, 桂貞植의 提琴獨奏, 나오기(直木興烈)氏의 伴奏

위 <예시 15-1>과 <예시 15-2>에서 보듯 당시 대표적 친일 문예단체였던 '조선문인보국회'의 결성식에 반주자로 출연하여 문인들의 침략지원활동에 동참하고 있다. 또한 그는 이때 창씨개명한 나오기直木興烈로 활동하고 있음을 알 수 있어 그의 일제 침략 동조행위는 분명히 자의적인 것이며, 적극성을 띠고 있음을 알 수 있다.

그 밖에도 이흥렬은 총후銃後 산업전사의 생산력 증가와 전쟁정신 배양을 위하여 일제가 거국적으로 펼친 국민개창운동國民皆唱運動에 협력하여 1943년 5월 9일에는 가창지도대歌唱指導隊의 대원이 되어 강화도 강화면의 지방대회에 반주자로 활동한다.57)

부터 부민관 대강당에서 우익단체인 朝鮮音樂協會, 朝鮮演劇文化協議會의 協贊으로 성대히 거행할 예정인데 여기에는 全鮮의 각 단체회원 2천여 명은 물론이요 각개의 인사 5백여 명이 내빈으로 출석할 예정이며, 당일에는 특히 일반의 傍聽도 환영한다고 한다. 『每日申報』 1943년 4월 13일.

56) 『每日申報』 1943년 4월 17일자.

57) 國民歌唱指導隊 京畿道에서 各邑面으로 派遣 전력증강에 정진하는 銃後厚生業 전사들에게 탄력잇는 생산력을 배양하고 왕성한 전쟁정신을 培

대동아전쟁 완수를 위하여 생산의 증강과 전쟁생활의 실천을 강조하기 위하여 일제가 실시하였던 이 국민개창운동에 선정된 곡 가운데 일부를 소개하면 아래 〈예시 16〉과 같다.

〈예시 16〉國民皆唱歌曲

　　〈바다로　가면〉·〈愛國行進曲〉·〈大東亞戰의　歌〉·〈大日本靑少年團歌〉·〈大日本婦人會歌〉·〈世紀으　절믄이〉·〈國民進軍歌〉·〈軍艦行進曲〉·〈大東亞決戰의 歌〉·〈敵은 幾萬〉·〈太平洋行進曲〉·〈愛馬行進曲〉·〈南으로 가는 日章旗〉·〈空襲 무엇시 무서워〉·〈出征兵士를 보내는 노래〉·〈아세아의 힘〉·〈半島靑年歌〉·〈日軍鳥〉·〈日本의 발소리〉 등이다.[58]

위 〈예시 16〉에서 보듯 당시의 국민개창운동에서 불리워진 곡들은 대부분이 일제의 침략전쟁을 미화하거나 전쟁협력에 독려하는 내용들이다. 특히 이 가운데 중점을 두고 지도하였던 곡은 〈바다로 가면〉과 〈아세아의 힘〉 그리고 〈반도청년의 노래〉였다.

이상과 같이 이흥렬은 1940년대를 기점으로 일제의 침략전쟁과 또 침략정책에 동조자로 그 음악인생을 살아가고 있었다.

5. 그 밖의 인물들

일제의 침략정책을 지원支援하였거나 동조하였던 음악인들 가운데

養하야 명랑건전한 분위기를 양성하려는 국민개창운동에 呼應하야 경기도연맹에서는 지방군연맹과 공동주최로 제1회 歌唱指導隊를 편성하고 地方大會를 열기로 되엿다. 〈中略〉… 5月 9日 江華郡 江華邑 指揮 金聖泰, 最高音 愼閑姬, 次中音 金光熙, 伴奏 直木興烈 그리고 가튼 취지로 仁川府와 開城府에서도 이번 제1회 기간 중에 한 차례식 대회를 열기로 되엿다. 『每日申報』 1943年 4月 24日.

58) 『每日申報』 1943年 4月 15日.

〈예시 17〉 반도청년의 노래半島靑年の歌

▲ 반도청년의 노래
  천황의 위세 널리
  십삼도는 하늘 맑고
  지금 환희에 찬 젊은이의 가슴은
  고동치는 충성과 용기의 피가 불타오르네

광복 후 교육계의 지도급인사에 있었던 주요 인물들 가운데 음악계에 영향력이 컸던 몇몇을 예로 들면 다음과 같다.[59) 김천애(전 숙명여대 음대 교수 및 동대학장, 목원대학 교수), 이인범(전 연세대 음대 교수 및 동대학 학장), 계정식(전 이화여대 교수), 김자경(전 이화여자대학교 음악대학 교수, 김자경오페라단 창단 단장·이사장, 피플투피플 한국본부 부총재) 등이 있다. 이들의 일제 침략정책에 동조한 주요 활동과 관계된 『每日申報』의 기사를 정리하면 다음과 같다.

1) 김천애
* 1941년 6월 4일 음악보국주간(고음독창).
* 1942년 4월 7일 경성후생실내악단 창립단원 ; 6월 1일 중앙발표회 ; 6월 11일 제1회 발표회 ; 12월 24일 제2회 연주회.
* 1942년 9월 14일 창씨개명한 그녀의 이름은 다쓰미야龍宮天愛였다.
* 1943년 3월 13일 경성음악연구원.
* 1943년 8월 3일 반도 개병의 노래발표회 ; 우리들 부르심 받았다. 애국의 꽃.

2) 이인범
* 1942년 4월 7일 경성후생실내악단 독창자 ; 6월 1일 중앙발표회 ; 6월 11일 제1회 발표회 ; 12월 24일 제2회 연주회.
* 1942년 9월 14일 司法保護運動鼓吹, 창씨개명은 기모도張本仁範.
* 1943년 7월 23일 징병제축하행사(경성운동장).

---

59) 사실 많은 음악인들이 일제의 침략체제에 동조하였거나 침략지원활동을 하였다. 그것은 1941년 총독부가 전국적인 조직망으로 구성하였던 '조선음악협회'에 회원으로 이름을 올렸던 음악인들이 장르를 떠나 대략 523명으로 파악되기 때문이다. 그러나 나머지 음악인들은 필자가 가진 연구역량의 한계로 명확한 자료를 획득하지 못하였다. 차후 자료가 보강되어지면 좀 더 확대되고 구체화될 것이다.

* 1943년 8월 3일 징병제에 감사, 반도 개병의 노래발표회.

3) 계정식
* 1941년 11월 9일 국민음악의 밤(반도악단).
* 1941년 1월 12일 조선음악협회 결성.
* 1941년 6월 1일 음악보국(양악) ; 1941년 6월 4일 음악보국주간.
* 1942년 12월 24일 경성후생실내악단 ; 1943년 6월 29일 음악보급 / 실내 교향악의 밤.
* 1943년 10월 9일 전함건조기금 헌납梨專秋季音樂會.
* 1943년 2월 27일 국군의 노래.
* 1943년 4월 18일 조선문인보국회(결성식).
* 1944년 6월 14일 조선군보도부작품(제금연주).
* 1945년 4월 24일 군인원호대연주회(대동아악극단).
* 1945년 4월 8일 후생음악주간.

4) 김자경
* 1943년 4월, 3일 4월 6일, 4월 14일 경성실내악단 반주(김자경독창회).
* 1941년 11월 9일, 11월 10일 국민음악의 밤(반도악단).
* 1942년 1월 22일, 1월 24일 군가와 강연의 밤.
* 1945년 4월 30일 군인원호음악회.
* 1941년 6월 4일 음악보국주간(독창).

6. 만주제국의 음악인

만주제국은 일본 관동군關東軍이 1931년 9월에 만주사변을 일으켜 중국 북동부를 점거한 뒤 1932년 3월 1일 만주국 성립을 선언하고, 청조

淸朝의 폐제廢帝(宣統帝) 푸이[溥儀]를 집정執政에 앉혔으며, 수도는 신경
新京(지금의 長春), 연호를 대동大同이라 하였다. 일본은 같은 해 9월 일만
의정서日滿議政書에 조인하고 만주국을 정식으로 승인하였으며, 이어
독일·이탈리아·교황청·에스파냐·헝가리·폴란드 등의 일부 국가가 승
인하였다. 만주국은 러허작전[熱河作戰]으로 청더[承德]가 점령됨으로써
국토는 랴오닝[遼寧]·지린[吉林]·헤이룽장[黑龍江]·러허의 4성省, 인구는
3,000만에 이르렀고, 1934년 3월 제정帝政이 수립되면서 연호를 강덕康德
으로 고쳤다.

  만주국은 일본·조선·만주·몽골·중국의 오족협화五族協和와 왕도낙
토王道樂土를 표방하였으나, 실권은 관동군사령관이 장악하였고, 중국
인의 국무총리 및 각부대신은 장식품에 지나지 않았다. 또 경제면에서
도 일본인의 만철滿鐵이 전철도를 경영하고 닛산[日産] 콘체른이 진출하
여 개발 사업을 독점하였다. 1945년 8월 소련의 참전으로 인해 관동군
이 괴멸하자 곳곳에서 민중반란民衆叛亂이 일어나 푸이가 잡히고 만주
국도 무너졌다.

  일제가 세운 괴뢰정부인 만주국에 조선인들은 1930년대 대략 3,546
가구가 형성되었다.[60] 만주국의 동화이데올로기는 '일만동족론日滿同族
論', '황도주의皇道主義', '민족협화民族協和'라는 세 가지로 구성되어 있었
다.[61] 따라서 만주제국에 정착한 조선인은 철저히 그들의 동화정책에
따라야만 하였다. 1920년대 무장독립운동이나 1930년대의 항일 빨치산
운동이 만주의 농촌지역을 배경으로 전개되었던 것과 대조적으로, 도
시로 이주했던 조선인 지식인들과 관료 군인들 일부는 친일의 길을 걸
었으며, 이들은 해방 후 귀환하여 남한사회에서 지배집단의 일원이 되
었다.[62] 이들 중 극히 소수에 속하는 식민지 중상층 계급과 일부 지식

---

60) 남창룡, 『만주제국 조선인』, 서울: 신세림, 2000, 25쪽.
61) 保坂祐二, 『日本帝國主義의 民族同化政策 分析』, 서울: 제이앤씨, 2002,
    307쪽.

〈예시 18〉 1940년대 만주국의 지도

인들에게는 만주는 기회의 땅이기도 했다. 그리고 이들의 상당수가 해방 수 남한사회로 귀환하여 흔히 만주 인맥으로 불리는 지배계급의 한 분파가 되었다. 따라서 만주제국의 중상층에 해당하는 부류는 일제의 침략정책에 동조한 인물들이라 볼 수 있다. 그 대표적인 인물이 일본의 외무성과 조선총독부의 보조금을 받아가며 운영되었던 『만선일보』[63]의 고문으로 있었던 최남선과 편집부장 염상섭을 들 수 있다. 이러한 성격을 지닌 만주제국에 거주하면서 활동하였던 음악가들을 정리하면 다음과 같다.[64]

1) 김동진金東振 : 전 경희대 음대교수 및 학장

1938년 일본고등음악학교 졸업, 1939년 신징[新京](長春)교향악단 바이올린 및 작곡담당. 이 신경교향악단은 당시 조선의 경성후생실내악단과 제휴를 맺고 있었던 악단이었다.[65]

---

62) 김경일·윤휘탁·이동진·임성모 공저, 『동아시아의 민족이산과 도시』, 서울: 역사비평사, 2004, 3쪽.

63) 원래 만주에는 『滿蒙日報』와 『間島日報』 등의 조선어신문이 발간되고 있었는데 關東軍 홍보처가 두 신문을 통합하여 신경에서 『滿鮮日報』를 발간하게 했다. 『만선일보』는 조선인에 의해 운영되어 사장, 부사장, 고문(최남선), 편집부장(염상섭)과 아울러 안수길 등 30명 가까운 기자들이 있었다. 이들은 만주국 보도부에서 파견한 일본인 주간에 의해 통제되었다. 김경일·윤휘탁·이동진·임성모 공저, 『동아시아의 민족이산과 도시』, 23쪽.

64) 이 자료는 남창룡의 『만주제국 조선인』 가운데 148~224쪽의 "만주제국 조선인 인명사전(284명)"에 의거하였다.

65) 건전한 국민음악예술의 수립을 위하여 경성후생실내악단은 그간 반도악단에서 활발한 활동을 하여왔는데 저간 신경교향악단과의 제휴로 일부 회원이 이동하엿으나 이번 반도악단의 중진을 망라하여 새로운 출발을 하게 되었다. 이 악단은 현제명씨를 이사장으로 하야 연주가로 양금에 김원복·윤기선, 편곡에 이흥열, 제금에 정희석 씨 등이 참가하엿다. 그런데 동악단은 주로 생산지대인 광산 공장을 주로 위문음악 행각을 하여 산업전사들의 사기를 북돋고 나아가 순진한 국민음악 건설에 매진하기

1941년 조선음악협회 양악부 부원으로 활동.

2) 안병소安柄珝 : 전 국방부 정훈 음악대장, 한국교향악단 창립 및 지휘자.

1929년 홍난파에게 바이올린을 배운 뒤 유겐크라인에게 바이올린 사사.

1939년 만주 신경음악원 독주자 겸 악장.

1941년 조선음악협회 평의원인 부인 이애내李愛內와 함께 연악원 설립.

1942년 조선음악협회 주최, 조선총독부 후원의 제1회 음악경연대회의
제금부 심사전문위원으로 활동.

3) 전봉초全鳳楚 : 전 서울대 음대 교수 및 학장, 서울 바로크합주단 상
임지휘자.

1943년 만주 신경음악원 교향악부 입단.

1944년 만주 신경음악원 수석.

Ⅲ. 전통음악계

20세기 초 전통음악은 일제강점기의 굴곡된 민족사와 더불어 신체
제의 선양이라는 허울을 쓴 양악이 여과 없이 밀려들자 정리가 필요한
재래악在來樂으로 인식되었다. 홍난파, 안기영, 현제명 같은 당대 음악
계의 대표 인사들도 조선의 고악은 고악대로 가치 있는 것이지만 시대
정서에 맞지 않으며 교육에도 적합하지 않음을 별 망설임 없이 선언하
였다. 그리고 한국의 바하와 한국의 베토벤이 나와서 우리의 심정을 가
장 잘 표출하고 우리의 감정에 부화되는 새 조선의 음악을 건설하지
않고는 언제까지나 우리가 가져야 할 참 음악을 찾을 수 없을 것이라
고 주장했다. 조선악의 존재 가치를 전면 부정한 것이 아니며 서양 음

로 되어 압날의 활동은 자못 기대되는 터인데 첫공연은 이달 중순경 청
진 대화숙의 초청으로 함북일대 생산장에서 위문연주를 하기로 되엇다.
『每日申報』 1944년 5월 15일자.

악의 한국적 수용을 염두에 두었다는 점에서 이들의 주장을 높이 살
만하다는 평가도 있다. 하지만 조선의 고악이 서양 음악에 비해 결손缺
損된 음악이라는 홍난파 류의 인식은 20세기 음악문화의 흐름을 주도
했고, 이러한 식민지 시대의 신 조선악론이 지금까지 큰 진전을 보지
못한 채 공전空轉한다는 점에서 국악의 발전과 전승을 저해한 악재惡材
였음을 부인하기 어렵다.[66]

이렇듯 양악의 도전과 일제의 식민정책이라는 두 가지 큰 악재 속
에 놓인 전통음악계는 발전적 양상보다는 시류에 편승하는 방향으로
흘러갔다. 그들 역시 일제의 침략정책으로부터 자유로울 수 없었으며,
자·타의에 의하여 동조하는 단체와 음악인이 생겨나기 시작하였다. 그
대표적인 기관이 이왕직아악부였으며, 그 외 몇몇의 국악인은 일제 침
략정책에 동조하는 음악인으로 삶을 살아가고 있었다.

1. 이왕직아악부

이왕직아악부李王職雅樂部는 조선의 왕립음악기관이었던 장악원掌樂
院의 전통을 이어받은 기관이었다. 장악원은 1897년 교방사敎坊司로
1910년에는 아악대雅樂隊로 몇 번의 개칭을 거쳐 1913년 이왕직아악부
로 이어졌다.

이 이왕직아악부는 한국의 정수가 흐르는 궁중 전통음악을 계승하
기 위하여 많은 노력들을 하였다. 그 대표적인 사업이 1919년에 아악생
양성규정을 제정하여 1920년 4월에 아악생 9명을 모집하기 시작한 이
왕직아악부원양성소를 운영한 것이었다.[67]

그러나 이 기관은 조선총독부가 1910년 12월 발표한 이왕직관제

---

66) 한명희·송혜진·윤중강, 『우리 국악 100년』, 서울: 현암사, 2001, 8~9쪽.
67) 宋芳松, 『韓國音樂通史』, 서울: 一朝閣, 1985, 520~528쪽.

에[68] 따라 이왕직장관의 감독 아래에 놓여 있었으므로, 그들도 식민정책을 결코 피해 갈 수는 없었다. 그들의 침략지원활동의 행적을 『매일신보』와 경성방송국 방송프로그램[69]에 의해 정리하면 다음과 같다.

1) 『매일신보』

먼저 그들이 행한 대표적인 일제침략 동조행위는 일본 기원 2천 6백년을 기념하는 봉축연주회에서 "하늘이 신무 천황 내리시어 만세도록 보호하시도다. 그 높고도 그지없는 성덕 잊을 길 없네. 동쪽 지방을 정벌하신 이해 영토를 넓히사 ⋯"의 내용으로 된 일본 천황을 위한 찬미곡인 김기수 작곡의 <황화만년지곡>을 대형 일장기를 무대 정면에 걸고 연주했던 것이다.

  〈예시 19〉
  광휘잇는 皇紀2천6백년을 봉축하는 리왕직아악부 봉축연주회는 봉축식전이 열리는 전날인 9일 오후일곱시부터 부내 태평통 부민관에서 열렷다. 이날밤의 극치를 이룬 동양고유의 우아한 아악을 들으려고 식장에는 大野 정무총감 부인과 中村 군사령관 부인이하 재경명사 1천6백여명이 참석한 가운데 황화만년지곡을 비롯하야 처용무를 10여가지 무용과 우아한 아악으로 청중을 도취식히고 同9시반경에 폐회하엿다.[70]

위 <예시 19>에서 보듯 일본 기원 2천 6백년을 기념하는 봉축음악회

---

68) 노동은, 『한국근대음악사1』, 서울: 한길사, 1995, 536쪽.
69) 본고에서 참고한 경성방송국 프로그램은 한국정신문화연구원, 『경성방송국국악방송곡목록』(서울: 민속원, 2000)을 참고하였다.
70) 『每日申報』1940년 11월 10일자.

에 이왕직아악부가 주최가 되어 행사를 이끌고 있었다. 더구나 당시 대표적인 친일 역사학자 및 민속학자였던 이능화가 지은 한문시에 김기수가 곡을 붙인 <황화만년지곡>을[71] 연주하였다.

또한 그들은 1930년 10월 17일 총독과 총감 등이 참석하여 일제가 세운 조선신궁[72] 제전에 행사요원으로 참석하여 그들의 건국신화의

---

71) 이 곡은 전통 음악 기법에 의하여 국악기로 연주하는 창작 음악이 오선보로 처음 작곡 되었는데, 흔히 국악창작곡의 효시로 보고 있다. 1939년 김기수는 이능화의 한문시를 노래와 국악 관현악 반주로 편성한 황화만년지곡을 작곡하여 1940년 부민관에서 연주하였으며, 그는 또 1941년 4중주 편성인 세우영을, 1945년 4월 관현악 고향소를 작곡하였다.

72) 일제는 침략에 의하여 식민지를 획득하거나 조차권·위임통치권 등을 얻으면 그 지역에 예외 없이 관립 신사를 세우고 이를 총진수總鎭守라 하여 이를 중심으로 정신적·종교적 지배를 꾀하였다. 1910년 한국을 강점하게 된 일제는 조선총독부를 세우고 신사정책神社政策을 수립하여 각 지역에 관립신사를 세우고 기존의 일본 거류민들이 건립한 민간신사도 관공립화하여 지원하였다. 그들의 '천황제' 이데올로기의 주입 도구로서 관립 신사 설립계획을 추진하던 총독부는 1912년부터 조선신사朝鮮神社 설립 예산을 편성하여 이 일을 추진하였다. 설립 위치는 서울 남산의 한양공원(현재 남산식물원·안중근의사기념관·남산도서관 자리)으로 정하고, 여기에 제신祭神으로는 그들이 건국신화의 주신인 아마데라스 오미가미 [天照大神]와 한국을 병탄하고 1912년에 죽은 메이지왕明治王으로 결정하였다. 수년에 걸친 기초조사와 준비를 끝낸 총독부는 1918년 12월 16일 '조선신사 창립에 관한 청의請議'를 일본 내각에 제출하여 1919년 7월 18일자 일본 내각고시 제12호로 조선신사 창립을 확정·공포하였다. 그리하여 남산 한양공원 주위에 부지를 확보하여 1920년 5월 27일 지진제地鎭祭라는 기공식을 갖고 건립에 착수하였다. 총 부지 127,900여 평 위에 총공사비 156만 4,852엔을 들여 일본의 신사 건축양식에 따라 정전正殿·배전拜殿·신고神庫·참배소參拜所 등 15개의 건물을 배치하고, 여기에 오르는 돌계단과 참도參道를 조성하였다. 공사가 마무리되어 가던 1925년 6월 27일 일본 내각고시에 의해 사격社格을 높여 신사의 명칭을 종래 조선신사에서 조선신궁으로 개칭하고, 신사에 둘 3종신기三種神器라는 상징물들을 일본에서 가져와 그해 10월 15일 진좌제鎭座祭 행사를 갖고 한국인들에게도 참배하도록 강요하였다. 1930년대 이후 일제의 참배 강요 압력이 증

주신인 아마데라스 오미가미[天照大神]와 한국을 병탄하고 1912년에 죽은 메이지왕明治王을 봉위奉慰하는데 일조하였다.[73]

　1932년 7월 1일에는 총독부가 주최하였던 국제연맹조사단을 위한 만찬에 참석하여 그들 행사의 찬조자로 역할을 수행하고 있었다. 아래 〈예시 20〉이 그것이다.

〈예시 20〉

　朝鮮古樂吹奏宴 國際的 交驩大宴 ： 昨夜 宇垣總督 主催, 調査團 招待晩餐會

　國際聯盟調査團을 歡迎하기 爲한 宇垣總督 주최 만찬회는 1일 오

대됨에 따라 참배자도 격증하여 30년 38만 6,807명에서 1942년에는 264만 8,365명으로 늘어났다. 1945년 8월 15일 광복이 되자 조선신궁은 이튿날 오후에 승신식昇神式이라는 폐쇄행사를 갖고 9월 7일부터 해체작업에 들어가 10월 6일까지 마무리하여 이튿날 나머지는 그들의 손으로 소각하고 철수하였다.
73) 『每日申報』 1930년 10월 18일자.

후7시반부터 용산총독관저에서 벌니엇다. 이 국제적 貴賓을 맛는 이날
의 용산관저는 夜의 綠陰에 씨히어 輝煌한 전등빗과 함께 더 한층 화
려하고 漢江畔의 淸新한 기분은 이 국제적 교환의 大宴을 축복하는 듯
이밤의 主人 宇垣總督은 부인과 함께 夜會服을 착용하고 일즉부터 관
저에 나타나 정중한 태도로 來客을 迎한다. (中略) 同 9시20분경에 閉
宴 그 사이에 李王職雅樂隊는 ① 新羅時代音樂 壽齊天 ② 高麗時代管
樂 萬年長歡之曲 ③ 世宗時代絃樂 昇平萬歲之曲 ④ 高麗時代音樂 萬
波停息之曲 ⑤ 世祖時代音樂 長春不老之曲 등을 吹奏하엿다. (下
略)[74]

1940년 10월 25일 독일청년지도자들이 총독부 초청으로 한국을 방문
하였을 때 그들을 위하여 아악을 연주하기도 하였다.[75]
1941년 6월 3일에는 조선음악협회가 주최하고 『매일신보』가 후원하
는 음악보국주간대연주회에 이왕직아악부가 참가하고 있었다. 이 연주
회는 일제 총독부의 국책적 행사로 시국하의 긴장된 국민생활에 정신
적 영양을 준다는 미명 하에 연주회가 준비되고 있었던 것이다. 아래
<예시 21>일 그것이다.

〈예시 21〉
音樂家協會 主催 本社後援 空前의 音樂大祭典 (中略) 第1日夜 名
手 各唱動員 古雅한 朝鮮音樂의 饗宴 제1일인 3일 오후 7시부터 열릴
조선악부는 조선전통의 고아한 음악을 통틀어 놓게 되는데, 조선악의
권위자로 일직 이왕직아악부의 악사장으로 잇는 함화진씨 지휘로 音律
坐唱, 立唱, 歌曲, 細樂에 唱劇調 등 악기로도 絃, 管과 鼓가 동원되여
좀처럼 항간에서는 들을 수 업는 유서깊은 전통적 정악 명곡에 사계의

---

74) 『每日申報』 1932년 7월 3일자.
75) 『每日申報』 1940년 10월 25일자.

명수 명창들 연주로 흡족하게 들을 수 잇게 되는 것은 근래의 경사가
아닐 수 없다.[76]

1945년 1월 13일에는 부민관에서 조선음악협회가 주최하는 아악, 당
악, 향악, 속악, 고전악, 속곡가요로 편성된 조선음악대연주회에 이왕직
아악사 누군가 특별출연 하여 조선음악협회가 추진하는 일제침략지원
활동에 동참하고 있다.[77] 또한 1945년 5월 29일과 30일 양일간 부민관
에서 조선음악협회가 주최하는 조선음악대연주회에 이왕직아악부원이
총출동하여 연주회를 꾸미고 있다. 이 연주회는 조선음악협회가 전시
체제의 국민들 사기를 앙양하고 정서순화와 음악문화의 향상을 위하
여 마련한 음악회였다. 아래 <예시 22>가 그것이다.

〈예시 22〉

朝鮮音樂大演奏, 李王職雅樂部 特別公演

朝鮮音樂協會에서는 國民의 士氣를 昂揚하고 情緖醇化와 音樂文
化의 向上을 爲하야 오는 29·30일 兩日에 府民館 大講堂에서 朝鮮音樂
大演奏會를 開催하기로 되엇다. 特히 今番에는 從來 絶對로 一般에게
公開하지 안흔 李王職 雅樂部員이 總出演하여 雅樂을 公開하고 朝鮮
音樂團과 朝鮮歌舞團이 合同하야 일찍이 볼 수 업든 豪華로운 프로로
登場하기로 되어 벌써부터 一般의 期待는 대단히 크다. 雅樂曲目을 紹
介하면 ① 管樂 壽齊天(全) ② 絃樂 五雲開瑞朝(6章) ③ 合樂 萬波停息
之曲 ④ 大笒獨奏 柳初新之曲(上靈山) ⑤ 歌樂 萬年長歡之曲(言樂, 編樂)
⑥ 合樂 五賀朝(全)[78]

---

76) 『每日申報』 1941년 6월 1일자.

77) 『每日申報』 1945년 1월 14일자.

78) 『每日申報』 1945년 5월 28일자.

2) 경성방송국 라디오 방송

경성방송국은 일제강점기에 조선을 통치하기 위하여 조선총독부가 1926년 11월 30일에 설립한 한국 최초의 방송국이다. 일본은 1924년 11월 조선총독부 체신국에 무선실험실을 설치하여 시험방송전파를 발사한 후 2년 3개월여 만에 정기시험방송 단계를 거쳐 사단법인으로 설립, 방송무선전화시설을 인가하였다. 호출부호 JODK, 출력 1kW, 주파수 690kHz로 1927년 2월 16일 첫 방송전파를 발사하였고, 언어는 일본어와 한국어였다. 청취료가 유일한 재원이었으며, 단일채널로 한국어과 일본어를 혼합한 단일방송을 체신국 검열과의 사전검열을 받았다.

조선총독부는 1939년 중일전쟁과 1941년 태평양전쟁이 일어나자 방송을 본격적인 선전선동매체로서의 기능만 하도록 하여, 방송의 사명을 오직 보도방송에만 두고 연예·오락 프로그램은 거의 폐지하였다. 1932년 4월 7일 사단법인 조선방송협회로 명칭을 바꾸고 1933년 4월 20일 제1방송은 일본어, 제2방송은 한국어로 방송을 분리하였으며, 연희송신소를 준공하여 출력도 1kW에서 10kW로 증강하였다. 1935년 최초의 지방방송국인 부산방송국을 개국하고, 1945년 8월 일본이 패전으로 철수할 때까지 지방 주요도시에 16개의 지방방송국을 설치하였다.

경성방송국 방송프로그램에 보이는 이왕직아악부의 일제침략지원 활동을 정리하면 다음과 같다.[79]

---

79) 이왕직아악부와 관련한 경성방송국의 방송프로그램을 주제색인 하면 아래와 같다.

李王職雅樂部(인명) 金岡本·金桂善·金萬興·金寶男·金先得·金千興·金七福 31.4.5(96) ; 金相淳·金永根 35.4.27(234) ; 金千龍 39.11.20(431) ; 39.6.30(416) ; 40.2.11(439) ; 40.6.12(453) ; 金千和 40.8.14(458) ; 閔完植 35.4.27(234) ; 朴老兒·朴聖在·朴永福 31.4.5(96) ; 成慶麟 31.4.5(96) ; 若木寅湜 40.11.10(462) ; 李炳星·李福吉·李壽卿 31.4.5(96) ; 張寅湜 39.4.22(410) ; 39.5.15(413) ; 40.2.13(440) ; 40.7.10(455) ; 40.10.1(461) ; 張丁鳳 31.4.5(96) ; 田邊尙雄

39.12.10(433) ; 趙彝淳 35.4.27(234) ; 咸和鎭 39.1.26(401) ; 39.2.11(403) ; 39.3.24(407) ; (指揮) 33.11.2(161)

李王職雅樂部(곡명 기타) 景錄無彊之曲 34.2.16(178) ; 京城 32.10.26(121) ; 萬年長歡之曲 31.4.5(96) ; 33.11.2(161) ; 39.3.24(407) ; 鳳凰吟 31.4.5(96) ; 33.4.27(130) ; 肄習會(其壽永昌之曲·保太平之樂·壽延長之曲·水龍吟·昇平萬歲之曲) 33.11.2(161) ; 瑞日和之曲 31.4.5(96) ; 33.4.27(130) ; 鮮滿交換放送 36.3.1(269) ; 壽齊天 33.11.2(161) ; 39.3.24(407) ; 雅樂 33.4.27(130) ; 34.2.16(178) ; 36.3.1(269) ; 38.2.11(364) ; 38.3.27(368) ; 38.4.29(371) ; 38.4.3(369) ; 38.5.31(374) ; 38.6.14(376) ; 38.7.6(378) ; 38.8.15(382) ; 38.9.13(385) ; 38.10.6(388) ; 38.11.2(391) ; 38.11.16(393) ; 38.12.8(395) ; 39.1.26(401) ; 39.2.11(403) ; 39.3.24(407) ; 39.4.22(410) ; 39.5.15(413) ; 39.6.30(416) ; 39.7.26(419) ; 39.8.30(422) ; 39.9.21(424) ; 39.10.18(427) ; 39.11.20(431) ; 40.1.1(436) ; 40.2.11(439) ; 40.2.13(440) ; 40.4.3(446) ; 40.4.29(448) ; 40.5.22(451) ; 40.6.12(453) ; 40.7.10(455) ; 40.8.14(458) ; 40.10.1(461) ; 40.10.22 ; 11.10(462) ; 41.1.1(466) ; 41.3.22(470) ; 41.4.29(474) ; 41.5.11(475) ; 41.6.1(477) ; 41.7.10(480) ; 41.8.6(481) ; 41.9.12(484) ; 41.10.5(486) ; 42.1.1(491) ; 42.2.11(492) ; 42.2.18 ; 3.6(493) ; 42.4.3(495) ; 42.4.29(496) ; 42.5.22(497) ; 42.6.19(498) ; 42.7.6(499) ; 42.8.21(500) ; 42.9.25(501) ; 42.10.19(502) ; 42.11.16(503) ; 42.12.10(504) ; 43.1.1(506) ; 43.11.3(518) ; 43.2.11(508) ; 43.3.6(509) ; 43.4.3(510) ; 43.4.29(511) ; 43.6.23(513) ; 43.7.25(514) ; 43.8.17(515) ; 43.9.24(516) ; 43.10.13, 17(517) ; 44.1.1(521) ; 44.2.11(522) ; 44.3.21(523) ; 44.4.3(524) ; 44.6.25(526) ; 44.9.23(528) ; 44.10.17(529) ; 44.11.23(530) ; 45.3.21(534) ; 45.4.29(535) 演奏 39.12.10(433) ; 堯天舜日之曲 31.4.5(96) ; 33.11.2(161) ; 33.4.27(130) ; 長春不老之曲 31.4.5(96) ; 33.11.2(161) ; 33.4.27(130) ; 39.3.24(407) ; 全國中繼 39.12.10(433) ; 朝鮮 28.11.3(60) ; (雅樂) 31.4.5(96) ; 32.10.3(120) ; 32.10.26(121) ; 奏樂 28.11.3(60) ; 竹枝詞 33.11.2(161) ; 千年萬歲 33.11.2(161) ; 醉太平之曲 33.11.2(161) ; 黃河淸之曲 34.2.16(178).

李王職雅樂部演奏所 雅樂 36.1.31(266) ; 36.2.11(267) ; 36.5.21(279) ; 36.6.17(282) ; 36.7.21(286) ; 36.9.29(296) ; 36.10.16(299) ; 36.12.25(309) ; 37.1.28(315) ; 37.2.11(316) ; 37.4.22(327) ; 37.5.21(332) ; 37.6.23(336) ; 37.8.27(344) ; 37.10.8(349) ; 37.11.3(352) ; 37.12.25(358) ; 雅樂과 草笛 37.7.22(340) ; 朝鮮雅樂 32.10.3(120) ; 37.3.28(323) ; 中繼 32.10.3(120) ; 32.10.26(121) ; 34.5.24(193) ; 34.8.27(206) ; 34.10.22(214) ; 34.11.3(217) ; 34.12.7(222) ; 35.3.21(229) ; 35.5.23(237) ; 35.6.21(242) ; 35.7.24(246) ;

35.8.20(248) ; 35.9.23(251) ; 35.10.22(253) ; 35.11.7(255-256) ; 35.12.4(258) ;
36.2.11(267) ; 36.5.21(279) ; 36.6.17(282) ; 36.7.21(286) ; 36.9.29(296) ;
36.10.16(299) ; 37.2.11(316) ; 37.3.28(323) ; 37.4.22(327) ; 37.5.21(332) ;
37.6.23(336) ; 37.7.22(340) ; 37.8.27(344) ; 37.10.8(349) ; 37.12.25(358)
李王職雅樂部員(곡명 기타) 39.2.11(403) ; 歌曲 38.1.1(360) ; 38.7.24(380) ;
38.9.28(387) ; 歌詞 38.5.12(372) ; 38.8.24(383) ; 39.2.24(404) ; 乾坤歌
35.8.20(248) ; 景錄無彊之曲 34.2.16(178) ; 35.10.22(253) ; 35.11.7(255-256) ;
慶豊年·其壽永昌之曲 34.4.27(189) ; 故伊藤公賦詩 32.10.26(121) ; 管樂
34.3.20(183) ; 34.3.27(184) ; 金殿樂 34.5.24(193) ; 35.10.22(253) ; 其壽永昌
之曲 34.7.23(201) ; 動動 34.4.27(189) ; 35.9.23(251) ; 萬年長歡之曲
35.6.21(242) ; 35.11.7(255-256) ; 36.6.17(282) ; 37.9.20(347) ; 37.10.26(350) ;
37.11.24(354) ; 37.12.4(355) ; 38.3.18(367) ; 38.4.15(370) ; 38.6.25(377) ;
38.7.24(380) ; 38.9.28(387) ; 38.11.28(394) ; 萬波停息之曲 34.9.25(211) ;
35.7.24(246) ; 白鷗詞 35.11.7(255-256) ; 鳳凰吟 35.6.21(242) ; 瑞日和之曲
34.3.20(183) ; 34.3.27(184) ; 34.9.25(211) ; 35.5.23(237) ; 35.11.7(255-256) ;
瑞鶴鵲 35.8.20(248) ; 細樂 34.3.20(183) ; 34.3.27(184) ; 訟九如之曲
34.8.27(206) ; 35.5.23(237) ; 水龍吟 34.12.7(222) ; 35.9.23(251) ; 壽延長之曲
34.6.21(197) ; 壽耀南極 35.11.7(255-256) ; 壽齊天 34.8.27(206) ;
35.11.7(255-256) ; 昇平萬歲之曲 34.7.23(201) ; 34.12.7(222) ; 雅樂
34.9.25(211) ; 34.10.22(214) ; 36.1.31(266) ; 36.2.11(268-289) ; 36.3.1(269) ;
36.4.29(276) ; 36.5.21(279) ; 36.6.17(282) ; 36.7.21(286-287) ; 36.8.27(292) ;
36.9.29(296) ; 36.10.16(299) ; 36.11.1(301) ; 36.12.25(309) ; 37.1.28(315) ;
37.2.11(316) ; 37.4.22(327) ; 37.5.21(332) ; 37.6.23(336) ; 37.9.23(347) ;
37.10.8(349) ; 37.11.3(352) ; 37.12.25(358) ; 38.1.4(360) ; 38.2.11(364) ;
38.3.27(368) ; 38.4.3(369) ; 38.5.31(374) ; 38.6.14(376) ; 38.7.6(378) ;
38.8.15(382) ; 38.9.13(385) ; 38.10.6(388) ; 38.11.3(391-392) ; 38.11.16(393) ;
38.12.8(395) ; 39.1.26(401) ; 39.3.24(407) ; 39.4.22(410) ; 39.5.15(413) ;
39.6.30(416) ; 39.7.26(419) ; 39.8.30(422) ; 39.9.21(424) ; 39.10.18(427) ;
39.11.20(431) ; 40.2.11(439) ; 40.4.3(446) ; 40.4.29(448) ; 40.7.10(455) ;
40.10.1(461) ; 40.11.10(462) ; 40.12.25(465) ; 41.1.1(466) ; 41.2.11(468) ;
41.2.2(467) ; 41.4.29(474) ; 41.5.11(475) ; 41.6.1(477) ; 41.7.10(480) ;
41.8.6(481) ; 41.9.12(484) ; 41.10.5(486) ; 41.11.3(488) ; 42.1.1(491) ;
42.2.11(492) ; 42.2.18 ; 3.6(493) ; 42.4.3(495) ; 42.4.29(496) ; 42.5.22(497) ;
42.6.19(498) ; 42.7.6(499) ; 42.8.21(500) ; 42.9.25(501) ; 42.10.19(502) ;
42.11.16(503) ; 42.12.10(504) ; 43.1.1(506) ; 43.2.11(508) ; 43.3.6(509) ;

먼저 1931년 조선총독부에서 실시한 지방자치제를 경축하는 기념연주회를 열었는데 그것은 아래 <예시 23>에 잘 나타난다.

〈예시 23〉

1931.4.5(일) 20:00~21:00 매일 朝鮮雅樂: 李王職雅樂部 조선 지방자치제 실시 기념프로그램

① 瑞日和之曲(合樂)

② 萬年長歡之曲(歌樂伴奏)

③ 鳳凰吟(管樂)

④ 堯天舜日之曲(細樂)

⑤ 長春不老之曲(合樂) 朴聖在(編鐘) / 朴老兒(編磬) / 金桂善(大笒 笙簧) / 金七福(篪塤) / 金萬興(牙箏) / 朴永福(觱篥) / 李炳星(奚琴) /

43.4.29(511) ; 43.4.3(510) ; 43.6.23(513) ; 43.7.25(514) ; 43.9.24(516) ; 43.10.13, 17(517) ; 43.11.3(518) ; 44.1.1(521) ; 44.2.11(522) ; 44.3.21(523) ; 44.4.3(524) ; 44.6.25(526) ; 44.9.23(528) ; 44.10.17(529) ; 44.11.23(530) ; 45.3.21(534) ; 雅樂과 草笛 37.7.22(340) ; 艶陽春 34.3.20(183) ; 34.3.27(184) ; 35.11.7(255-256) ; 五雲開瑞朝 35.11.7(255-256) ; 堯天舜日曲 34.6.21 (197) ; 堯天舜日之曲 35.5.23(237) ; 35.11.7(255-256) ; 雨淋鈴 34.9.25(211) ; 35.11.7(255-256) ; 柳初新之曲 35.3.21(229) ; 維皇曲 34.5.24(193) ; 長春不老之曲 34.1.8(172) ; 35.8.20(248) ; 35.12.4(258) ; 呈祥之曲 35.11.7(255-256) ; 朝鮮 28.11.3(60) ; 朝鮮雅樂 32.10.3(120) ; 34.1.8(172) ; 37.3.28(323) ; 重光之曲 34.5.24(193) ; 太平春之曲 34.7.23(201) ; 35.6.21(242) ; 太平春之恩 34.12.7(222) ; 賀聖朝 35.12.4(258) ; 獻天壽 34.11.3(217) ; 34.8.27(206) ; 黃河淸 35.7.24(246) ; 35.11.7(255-256) ; 黃河淸之曲 34.2.16(178) ; 李王職雅樂師長 金寧濟 30.3.9(80) ; 成松淸 43.1.24(507) 李王職雅樂手(朝鮮雅樂 : 金桂善·金寶男·金壽天·金千龍·金千興·朴老兒·朴德仁·朴聖在·劉今乭·李炳星·李福吉) 30.3.9(80).
본 주제색인은 한국정신문화연구원, 『경성방송국국악방송곡목록』(서울: 민속원, 2000)을 저본으로 삼았으며, 주제색인 가운데 31.4.5(96)이라는 숫자들은 1931년 4월 5일의 방송이며, 그것의 내용은 『경성방송국국악방송곡목록』의 96쪽에 있다는 것이다.

李福吉(唐笛) / 金寶男(短簫) / 金岡本(伽倻琴 鼓) / 金千興(玄琴) / 金先得(杖鼓) / 成慶麟(座鼓) / 張丁鳳(拍) / 李壽卿(指揮 : 雅樂師)80)

다음은 일본제국주의 추밀원 의장이였던 이등박문伊藤博文을 안중근安重根(1879~1910) 의사義士가 1909년 10월 26일 사살하였는데, 죽은 이등박문의 23주기가 되는 날이다. 이날을 맞아 이왕직아악부는 3편의 시와 함께 이왕직아악부연습소에서 조선아악을 연주하였다. 아래의 <예시 24>가 그것이다.

〈예시 24〉

1932.10.26(수) 18:30~매일 朝鮮雅樂(京城李王職雅樂部演奏所에서 中繼)

故伊藤公賦詩三篇, 豪□堂夕, 爲兄爲弟幾千年, 萬里平原南滿洲

李王職雅樂部員 / 雅樂師長 咸和鎭(指揮)81)

다음은 1940년은 일본기원 2600년이 되는 해로 총독부는 이를 기념하기 위하여 기념행사들을 펼쳤는데, 이왕직아악부도 이습회의 제97회 특별기념연주회로 부민관府民館에서 가졌다. 이 연주회에서 이왕직아악부는 일본기원 2600년을 기념하기 위하여 지은 음악을 첫 곡으로 음악을 시작하여 그들의 일본기원을 봉축해주고 있다. 아래의 <예시 25>가 그것이다. <예시 25>는 이습회의 특별연주회 내용이다.

〈예시 25〉

…(前略) 제97회 특별기념연주회로 부민관府民館에서 가졌는데, 이연주회는 소위 일본기원 2600년을 기념하기 위하여 지은 곡(1번)과 새

---

80) 『경성방송국국악방송곡목록』, 96쪽.

81) 위의 책, 121쪽.

로 안무按舞한 춤(5번)은 생략하고, 나머지 연주곡목과 출연자만을 소개
하기로 함.[82]

다음은 1940년과 1941년에 각각 아악사장을 지냈던 명망 있는 인사
들이 창씨개명하여 활동하고 있었음이 아래 <예시 26>에 보인다.

　　〈예시 26〉

　　　1940.11.10(일) 20:20~매일 雅樂(李王職雅樂部로부터 中繼)

① 皇花萬年之曲(合樂)

② 水龍吟(細樂)

　　李王職雅樂部員

　　指揮 : 雅樂師長 若木寅湜[83]

1941.6.1(일) 20:30~매일 雅樂(李王職雅樂部로부터 中繼)

① 柳初新之曲(管樂)

② 其壽永昌之曲(合樂)

　　李王職雅樂部員

　　指揮 : 雅樂師長 大林千龍[84]

위 <예시 26>에서 보듯 1940년 당시 이왕직아악부의 아악사장인
장인식張寅湜이 창씨개명하여 약목인식若木寅湜으로 김천용金千龍은
대림천용大林千龍으로 창씨개명하였음을 알 수 있다. 그 외 아악부
원 가운데 창씨개명한 경우가 정촌○대井村○大[85]·대림영부大林榮

82) 張師勛, 『國樂大事典』, 서울: 세광음악출판사, 1984, 611쪽.

83) 『경성방송국국악방송곡목록』, 462쪽.

84) 위의 책, 477쪽.

85) 한국정신문화연구원, 『경성방송국국악방송곡목록』, 466쪽. 井村○大(雅樂
　　指揮 : 雅樂師長) 41.1.1(466).

夫86) 등이 있다.

이상과 같이 『매일신보』와 경성방송국 프로그램 자료의 예시에서 보여주듯 이왕직아악부도 일제의 침략정책으로부터 자유로울 수 없었으며, 그들도 일정부분 일제의 식민정책에 찬조贊助자로서 역할을 충실히 하고 있었음을 알 수 있다. 특히 그들의 음악적 활동이 대부분 조선음악협회와 관련된 점은 일제의 침략정책을 수용하고 또 그것을 관제정치적 의미로 생산해내는 작업자의 역할을 충실히 수행하였다고 해석된다.

2. 함화진

함화진咸和鎭(1884~1949)은 본관이 양근楊根이며, 자는 순중舜重, 그리고 호는 오당梧堂이었다. 그는 조선의 궁중음악 전승 제도가 붕괴되는 시기에 가문의 업을 이어 음악가의 길을 걸어 온 마지막 세습 음악인 중의 한 사람이었다. 그의 증조부 함윤옥부터 궁중음악을 세습하여 부친 함재운은 순종2년부터 1916년까지 제2대 아악사장을 지낸 음악인 명가의 후손이었다. 어려서 한문을 배우고 고등소학교를 마친 뒤 18세 때 장례원전악掌禮院典樂이 되어 이병문李炳文에게 거문고를, 명완벽明完璧에게 가야금을 배웠다. 그 후 보성일어야학교普成日語夜學校와 중동학교中東學校 부기과簿記科를 수료하고 1910년 장악掌樂, 1913년 아악수장雅樂手長, 이듬해 아악사雅樂師가 되었다. 1932년 제5대 아악사장이 된 후 1935년 일본 음악계와 1937년 중국 음악계를 각각 시찰하고 돌아와서 이화여전에서 한국음악을 강의하였으며 8·15광복 후에는 대한국악원을 조직하고 초대 원장이 되었던 인물이었다.87) 또한 그는 1927년부터 새

---

86) 한국정신문화연구원, 『경성방송국국악방송곡목록』, 467쪽 및 470쪽. 大林榮夫(指揮) 雅樂 41.3.22(470) ; 雅樂師長 41.2.2(467)

87) 한명희·송혜진·윤중강, 『우리 국악 100년』, 121~126쪽.

로운 음악전달의 매체로 등장한 라디오 방송을 이용하여 일주일에 2회
정도 방송에 국악방송을 내보내어[88] 일반인에게 전통음악의 미와 그

---

88) 咸和鎭과 관련된 경성방송국 국악방송 내용 歌詞 39.2.24(404): 講演
28.11.3(60) ; 36.8.27(292): 乾坤歌 35.8.20(248): 景錄無彊之曲 35.10.22(253) ;
35.11.7(255-256): 慶豊年 34.4.27(189): 管樂 34.3.20(183) ; 34.3.27(184): 金
殿樂 34.5.24(193) ; 35.10.22(253): 其壽永昌之曲 34.4.27(189): 動動
34.4.27(189) ; 35.9.23(251): 萬年長歡之曲 35.6.21(242) ; 35.11.7(255-256) ;
39.2.11(403): 萬波停息之曲 34.9.25(211) ; 35.7.24(246) ; 39.1.26(401): 白鷗
詞 35.11.7(255-256): 鳳凰吟 35.6.21(242): 瑞日和之曲 34.3.20(183) ;
34.3.27(184) ; 34.9.25(211) ; 35.5.23(237) ; 35.11.7(255-256) ; 39.2.11(403):
瑞鶴鴣 35.8.20(248): 細樂 34.3.20(183) ; 34.3.27(184): 頌九女之曲
34.8.27(206) ; 35.5.23(237): 水龍吟 34.12.7(222) ; 35.9.23(251): 壽延長之曲
34.6.21(197): 壽撓南極 35.11.7(255-256): 壽齊天 34.8.27(206) ; 35.11.7
(255-256): 昇平萬歲之曲 34.12.7(222) ; 39.2.11(403): 雅樂 34.2.16(178) ;
34.3.20(183) ; 35.8.20(248) ; 35.9.23(251) ; 35.10.22(253) ; 39.1.26(401) ;
39.2.11(403) ; 39.3.24(407): 雅樂師長 32.10.26(121) ; 34.2.16(178) ;
34.2.16(178) ; 34.3.27(184) ; 34.5.24(193-194) ; 34.6.21(197) ; 34.9.25(211) ;
34.12.7(222) ; 35.3.21(229) ; 35.5.23(237) ; 35.6.21(242) ; 35.7.24(246) ;
35.8.20(248) ; 35.9.23(251) ; 35.10.22(253) ; 35.12.4(258) ; 39.1.26(401) ;
39.2.11(403) ; 39.2.24(404) ; 39.3.24(407): 樂師長 34.4.27(189) ;
34.8.27(206): 艶陽春 34.3.20(183) ; 34.3.27(184) ; 35.11.7(255-256): 五雲開
瑞朝 35.11.7
(255-256): 堯天舜日曲 34.6.21(197): 堯天舜日之曲 35.5.23(237) ;
35.11.7
(255-256): 雨淋鈴 34.9.25(211) ; 35.11.7(255-256): 維皇曲 34.5.24(193): 李
炳星 39.2.24(404): 李王職雅樂部 33.4.27(130) ; 33.11.2(161) ; 39.1.26(401) ;
39.2.11(403) ; 39.3.24(407): 李王職雅樂部員 39.1.26(401) ; 39.2.11(403): 長
春不老之曲 34.11.3(217) ; 35.8.20(248) ; 35.12.4(258): 呈祥之曲 35.11.7
(255-256): 朝鮮(雅樂) 34.1.8(172) ; (雅樂에 대하여) 28.11.3(60) ; (音樂鑑
賞) 41.10.19(487) ; (李王職雅樂部) 28.11.3(60): 中繼 39.1.26(401) ;
39.2.11(403): 重光之曲 34.5.24(193): 指揮 32.10.26(121) ; 33.4.27(130) ;
33.11.2(161) ; 34.1.8(172) ; 34.2.16(178) ; 34.3.20(183) ; 34.4.27(189) ;
34.6.21(197) ; 34.8.27(206) ; 34.9.25(211) ; 34.12.7(222) ; 35.3.21(229) ;
35.5.23(237) ; 35.6.21(242) ; 35.7.24(246) ; 35.8.20(248) ; 35.9.23(251) ;

존재를 알리려 무척 애를 섰다.

그가 일제의 굴곡된 역사 속에서 꺼져 가는 조선의 궁중음악을 지켜낸 수장으로서의 역할에 대하여는 충분한 긍정적인 평가를 내릴 수 있다. 그러나 그 이면에 또 다른 그의 삶의 궤적이 시대적 아픔과 함께 투영되고 있었다.

1943년 만주제국 창건 10주년을 기념하여 만선학해사滿鮮學海社에서 특집으로 『반도사화半島史話와 낙토만주樂土滿洲』라는 단행본을 한글과 한자를 병용하여 단행본으로 발간하였다. 이 책은 인사말에서 '30년 전의 조선과 금일의 조선을 비교할 때 정신적으로나 물질적으로 실로 많은 발전을 하였다'고 하면서 '2,300만의 단심을 천황께 바쳐야 할 것'이라고 주장하였다. 또 공공연히 대동아주의를 찬양하면서 일제의 침략적 죄행을 변호해 나갔다. 일제 총독부와 만주제국 정부 및 그들의 어용문인들에 의해 꾸려진 이러한 신문과 간행물들은 우리민족을 위한 여론매개체라는 구실 아래 일제침략자들의 죄행을 변호하면서 일본 천황에 충성해야 한다고 극구 선전하였다.[89] 따라서 학계에서는 이 만선학해사에서 간행하였던 『반도사화半島史話와 낙토만주樂土滿洲』를 대표적 친일어용 간행물로 분류하고 있다.[90]

이 『반도사화半島史話와 낙토만주樂土滿洲』에 함화진은 "반도음악소

35.10.22(253) ; 35.11.7(255-256) ; 35.12.4(258) ; 39.1.26(401) ; 39.2.24(404) ; 39.3.24(407): 太平春之曲 35.6.21(242): 太平春之恩 34.12.7(222): 表正萬方之曲 39.1.26
　(401): 賀聖朝 35.12.4(258) ; 39.1.26(401): 解說 41.10.19(487): 獻天壽 34.8.27(206) ; 34.11.3(217): 黃河淸 35.7.24(246) ; 35.11.7(255-256). 필자가 참고한 경성방송 자료는 한국정신문화연구원, 『경성방송국국악방송곡목록』(서울: 민속원, 2000)이며, 정리된 내용 가운데 39.2.24(404)가 가리키는 것은 1939년 2월 24일의 방송이며, 그것은 『경성방송국국악방송곡목록』의 404쪽에 실려 있다는 내용이다.

89) 남창룡, 『만주제국 조선인』, 103~104쪽.

90) 남창룡, 위의 책, 104쪽.

사"를 기고하여 친일어용 간행물에 우리음악사를 서술하고 있었다. 이미 이 간행물에는 이광수·이병도·최남선·유진오·이능화 등 친일인사들이 대거 참여하고 있었다. 따라서 함화진 역시 이 간행물의 성격을 충분히 파악하고 있었을 것으로 해석된다. 또한 그는 만주국 궁정부의 요청에 순응하여 아악기 한 벌을 만들어 주기까지 하였다.[91]

한편 조선음악협회는 1941년 1월 25일 오후 2시 경성 부민관에서 발회식을 갖고 악단을 통하여 직역봉공職域奉公을 하고 조선음악계의 신체제 운동을 목표로 조직한 조선총독부 최대의 전국적 음악단체였다. 다음의 <예시 23>에서 당시의 결성식의 장면을 담아낼 수 있다.

> <예시 27> 樂壇의 新發足 昨日 朝鮮音樂協會 結成式 25일 오후 3시 부내 태평동 부민관 3층 폼에서 성대히 거행
>
> 식장에는 鹽原회장 이하 관계준비위원과 회원 남녀 200여 명 외에 래빈으로 失鎬 총력연맹문화부장, 甘蔗 방송협회장, 渡□ 은사과학관장 참석. 桂 전무이사의 사회로 국가합창, 경과보고, 회칙심의, 鹽原회장의 취임인사, 矢稿氏, 甘蔗氏의 축사, 황국식민서사제창, 海ゆかば 제창으로 폐회. 식이 끝난 뒤 축하연주로 長唄, 詩吟, 오경심양 독창 등이 잇은 다음 동 4시에 폐회. 협회는 음악에 지도와 통제는 물론 때때로 음악회 등을 개최하고 음악가의 양성과 지도에 관한 시서이며 음악에 관한 조사연구와 음악가의 친목에 관한 시설 등 여러 가지 사업을 하기로 되엇다.[92]

이 거대 조직에서 함화진은 조선음악부의 부장직을 맡고 있었으므로 필히 그 결성식에 참석하였을 것으로 예상된다. 따라서 그는 일장기 아래에서 황국식민서사를 제창하며 당시 일본의 제2 애국

---

91) 『每日申報』 1943년 3월 21일자.
92) 『每日申報』 1941년 1월 25일자.

가로 불리어진 海ゆかば(바다로 가면)을 다른 참석자과 함께 불렀을 것이다. 아래 <예시 27>는 그가 조선음악협회의 부장직을 맡았음을 알 수 있는 자료이다.

〈예시 27〉 朝鮮音樂의 大祭典 正樂 唱樂 歌舞의 重鎭百餘 總動員 名朝鮮音樂團, 朝鮮歌舞團 第1次 中央公演, 12日부터 府民舘에서 音樂藝術을 가지고 대동아공영의 문화건설에 참가하기 위하여 총독부 학무국에서는 전조선에 퍼져잇는 음악가를 망라하여 작년에 조선음악협회를 조직하여 음악보국에 매진하고 잇는 것을 세상이 다 아는 일이다. 이 협회 안에 든 邦樂, 洋樂, 敎育音樂 등 여러부분이 모여잇는데 이 중 朝鮮樂部에서는 전에 이왕직 아사장 이었던 함화진씨를 부장으로 정악, 향악, 가악, 속곡, 민요, 무용 등 각과를 망라하여 회원의 정비와 조선음악의 질적향상을 도모하여 오던 바 이번에 총독부 학무국 방침에 좇아 朝鮮音樂團과 朝鮮歌舞團의 두 단체를 조직하여 총독부 학무국의 승인을 받았다. (下略)93)

즉 이 단체는 회장, 고문, 전무이사, 이사, 간사, 평의원 이외에 방악부, 조선음악부, 양악부, 교육음악부, 경음악부 등 5개의 부서를 두고 있었다. 즉 부장이라는 직책은 조직의 관리자로 책임자급의 직책임을 알 수 있다. 따라서 함화진은 이 단체의 사업을 능동적으로 수행하는 위치에 있었던 것이다. 그러므로 그는 일제의 침략정책에 분명한 동참자로 해석되어야 할 것이다.

또한 그는 동경의 신태양사新太陽社가 1941년부터 조선의 문인, 화가, 음악가, 문화단체에게 매년 수여하는 '조선예술상朝鮮藝術賞'의 제3회 수상자로 1943년 3월 21일 선정되었다.94) 이 조선예술상은 1945년 5월

---

93)『每日申報』1942년 7월 9일자.
94)『每日申報』1943년 3월 21일자.

8일 경성후생실내악단도 수여하였는데, 결전決戰음악의 수립에 공이 큰 이유였다.

1941년부터 1945년까지 제5회에 걸쳐 조선예술상의 역대 수상자들을 보면 다음의 <예시 28>가 그것이다.

〈예시 28〉 新太陽社 朝鮮藝術賞 第5回 施賞式

조선의 문화향상 발전을 위하여 그 공적이 많은 文人 畵家 藝術家 또는 團體에게 매년 수여해오고 있는 신태양사의 조선예술상 제5회의 施賞式을 오는 8일 오전 11시부터 부민관 社交室에서 거행하기로 되었는데 금년도 수상자는 문학에 多情佛心 □明 前夜 등 歷史小說 많은 작품활동을 해오고 있는 朴鍾和씨이고 음악에는 결전 음악의 수립과 활발한 공연행동에 공적이 많은 厚生樂團이다. 그런데 이번까지의 수상자를 보면 제1회 香山光郞(문학), 제2회 李泰俊(문학), 故韓成俊(무용), 高羲東(미술), 제3회 盧壽鉉(미술), 咸和鎭(음악), 移動劇團(연극), 제4회 李象範(미술), 松村紘一(문학)의 諸氏이다.[95]

위 <예시 28> 가운데 香山光郞[가야마 미쓰로]는 이광수의 창씨개명이다. 그리고 松村紘一[마쓰무라 고이치]는 주요한의 창씨개명이다. 즉 이 조선예술상은 일제의 침략정책에 적극 동참하였던 작가나 단체에게 수여됨을 알 수 있다. 따라서 함화진이 1943년 제3회 조선예술상을 받았다는 것은 그도 역시 다른 수상자들과 같이 그 행보를 함께 하였던 인물이었음을 알 수 있다.

그가 펴낸 주요 저서 가운데 『朝鮮音樂通論』[96]이 있다. 그는 이 책의 서문에 해당하는 서론에 다음과 같이 적고 있다.

---

95) 『每日申報』 1945년 5월 4일자.

96) 咸和鎭, 『朝鮮音樂通論』, 서울: 普晉齊, 1948. 필자가 참고한 책은 1983년 민속원에서 다시 영인 제본한 것임.

〈예시 29〉

…(前略) 이러므로 藝術은 道德과 關係가 없다는 말은 全然 誤解이다. 우선 우리는 오늘날 國家 社會가 建設되어 있는 關係로 우리의 生存이 安定되어 있은 즉 大小를 不問하고 國家에 害를 끼치는 일이 있다면 國民으로서는 이를 排斥할 뿐 아니라 敢히 이를 犯하는 자는 즉 國賊이요 또 樂賊이 되는 것이니 이러한 人種은 國家 社會로부터 放逐 할 것이라. 故로 저 獨逸의 有名한 音樂家 슈우만氏는 音樂家에게 보내는 訓戒 中에 「高尚한 藝術은 道德과 一致한다」고 하였으니 가장 適切한 格言이 되는 것이다. (下略)…

위 <예시 29>에서 함화진은 '대소를 불문하고 국가에 해를 끼치는 일이 있다면 그것은 국적이요 악적이라' 하였다. 이 말을 곱씹으며 그의 음악인생 뒤안길에 숨겨진 일제하의 행적을 역사는 분명 제대로 평가할 것으로 생각한다.

3. 기타 국악인들

국악계에서 이름이 났었거나 난 인물들 가운데 몇몇은 일제침략 하에 창씨개명創氏改名하여 음악활동을 한 이들이 있다. 그 대표적인 면면을 살펴보면, 신쾌동·김기수·김천흥 등이 있다.

창씨개명은 이른바 한국인의 '황민화皇民化'를 촉진하기 위해 1939년 11월 제령 제19호로 '조선민사령朝鮮民事令'을 개정하여 한민족 고유의 성명제를 폐지하고 일본식 씨명제氏名制를 설정하여 1940년 2월부터 동년 8월 10일까지에 '씨氏'를 결정해서 제출할 것을 명령하였다. 이 창씨개명은 바로 일본의 동화정책의 마무리 단계이고, 그들의 동화이데올로기의 적절한 구현으로 해석하고 있다.[97] 따라서 그 기본적인 논리는 다음과 같은 것이었다.

① 씨氏는 천황이 하사하시는 것.

② 씨창설氏創設은 황국시민적 가정의 확립이다.

③ 씨창설氏創設은 조선문화 상의 중국모방 정신으로부터 탈각하는 일이다.

④ 씨창설氏創設은 내선일체의 완성이다.[98]

그리고 미나미 총독은 '창씨개명의 실시'에 대해서 담화를 발표하고, 일본과 조선은 동조동근同祖同根이라고 설명했다.[99]

그러므로 창씨개명을 단순히 일제의 강압에 의하여 피동적으로 따랐다고 할 수도 있겠지만, 이 창씨개명은 위와 같은 저의가 분명하였음을 인식할 필요가 있다. 더구나 사회적인 영향력이 있는 문화예술가의 창씨개명은 시골 촌부가 창씨개명한 것과는 다른 시각이 필요하다. 즉 단순히 창씨개명한 사실 만으로 일제침략의 동조자로 몰아가는 것은 비약일 수 있지만 만약에 그의 창씨개명이 사회적인 영향력을 가졌거나 그러한 위치에 있는 인물이라면 분명 달리 해석하여야 할 것이다.

신쾌동申快童(1910~1977)은 당대 손꼽히는 거문고 연주자였으며, 방송에도 자주 출연하여 활발한 연주활동을 전개하였다. 그러나 1940년 9월 29일의 방송프로그램에 보면 그는 히라야마 카이도오[平山快童]로 창씨개명하여 활동하고 있었음을 알 수 있다.[100] 그 가운데 하나만 예시로

---

97) 保坂祐二, 『日本帝國主義의 民族同化政策分析』, 187쪽.

98) 保坂祐二, 위의 책, 187쪽.

99) '역사적 고증에 의하면 조선은 태고의 根國이라고 할 수 있고, 야마토[大和]민족과 조선민족과는 동조동근이었고, 一串不離의 혈연적 연계를 이루고 있다. 保坂祐二, 위의 책, 187~188쪽.

100) 신쾌동이 히라야마 카이도오[平山快童]으로 창씨개명하여 방송활동을 주제색인하면 다음과 같다.

平山快童 / 伽倻琴倂唱 40.10.30(462) ; 42.6.29(498) ; 伽倻琴散調 40.9.29 (460) ; 40.12.2(463-464) ; 41.2.7(468) ; 姜南○同 42.6.29(498) ; 國本正葉 42.6.3(497) ; 鼓手 40.11.22(463) ; 南道歌謠 40.11.30(463) ; 短歌 40.9.29

보이면 다음의 <예시 30>이 그것이다.

〈예시 30〉1940.9.29.(일) 20:00~매일 玄琴散調와 伽倻琴併唱

① 散調

　(가) 진양조

　(나) 中모리

　(다) 자진모리

② 併唱

　(가) 短歌 竹杖芒鞋

　(나) 唱劇調 獄中歌

　　　　平山快童 / 西原成俊(杖鼓)[101]

　그리고 신쾌동은 직역봉공과 조선음악계의 신체제 운동을 목표로 1941년 조직된 조선음악협회의 조선음악부 기악과의 한 회원으로 활동하고 있었다.[102] 따라서 신쾌동은 히라야마 카이도오[平山快童]로 창씨개명하여 꽤 많은 횟수로 방송활동을 전개하였던 것으로 파악된다. 그러므로 그 역시 일제의 침략정책의 동조자라고 말 할 수 있다.

　김기수金琪洙(1917~1986)가 국악계에 끼친 영향과 그 업적은 대단한

---

(460) ; 40.12.2(464) ; 41.2.7(468) ; 併唱 40.12.2(463-464) ; 41.2.7(468) ; 沈淸歌·아서라世上事 40.12.2(464) ; 41.2.7(468) ; 獄中歌 40.9.29(460) ; 자진모리(자즌모리) 40.9.29(460) ; 40.12.2(464) ; 41.2.7(468) ; 竹杖芒鞋 40.9.29(460) ; 중모리 40.9.29(460) ; 40.12.2(463-464) ; 41.2.7(468) ; 진양조 40.9.29(460) ; 40.12.2(463-464) ; 唱劇調 40.9.29(460) ; 40.11.22(463) ; 40.12.2(464) ; 41.2.7(468) ; 玄琴 40.11.30(463) ; (散調) 40.10.30(462) ; 40.9.29(460) ; 42.6.3(497). 필자가 참고한 경성방송국 프로그램은 한국정신문화연구원, 『경성방송국국악방송곡목록』이다.

101) 한국정신문화연구원, 『경성방송국국악방송곡목록』, 460쪽.

102) 노동은, 「일제하 음악인들의 친일논리와 단체」『굴욕의 노래, 친일음악』, 60쪽.

것이다. 다음의 몇 가지를 열거하면, 첫째, 그는 대금·중금·소금·단소 등 관악기의 명연주자였다. 그가 소금으로 연주하는 수제천이나 송구여의 가락은 누구도 흉내내기 어려운 그만의 힘차고 생명력 넘치는 연주법을 구사하였다. 둘째는 가곡·가사·시조 및 종묘악장의 명창이었다. 특히 종묘의 악장은 그에 의하여 전승되었다고 해도 과언이 아니다. 셋째로 궁중무용과 실기에도 밝았으며, 특히 문묘와 종묘의 일무에 능통하였다. 넷째, 그는 국악창작의 지평을 연 음악가였다. 대략 그는 대마루를 포함하여 500여 곡의 작품을 남겼다. 이것은 후에 신세대 국악 작곡자들에게 좋은 가르침이 되었다. 다섯째 그는 전래하는 국악곡을 악보화하는 사업을 평생 쉬지 않고 하였다. 여섯째 국악의 기초이론을 정리하여『국악입문』서를 발간하여 초심자의 국악입문에 지침이 되었다. 마지막으로 그는 국악교육가요 행정가였다. 정규 국악학교였던 국악사 양성소 1955년 개교하자 그는 교무주임을 맡아 기악·성악·이론·합주 등을 지도하였으며, 1978년에는 국립국악고등학교의 교장직을 맡아 교육행정에 헌신하였다. 이렇듯 그가 국악계에 남긴 업적은 지대한 것이었다. 그러나 이렇게 훌륭한 그의 업적 뒤에는 한국 근현대사의 굴곡된 역사와 함께 숨길 수 없는 몇 가지의 과오를 남기고 있다.

1940년 11월 10~11일 부민관에서 양일간 일본 기원 2600년을 맞아 대대적인 봉축행사를 가졌다.103) 이 봉축연주회에서 "하늘이 신무 천

103) 雅樂·奉祝演奏 / 일목일초一木一草에까지 감격이 넘치는 기원二천六백년을 봉축하는 十, 十一 이틀 동안『세기의 성전』을 마지하야 이왕직아악부李王職雅樂部에서는 이날위에 가득찬 성기聖紀를 봉축하고저 九일 오후 일곱시부터 약 두시간반 동안 부민관府民館에서 대야大野정무총감을 비롯하야 군관민 및 재성외국인 등 二천여명을 초대하고 동양고유의 유아한 아악을 연주키로 되엿다 함은 기보한 바어니와 이날밤 연주할 곡목은 一천三백년전 신라新羅시대의 궁중악인『수제천壽齊天』을 비롯하야『처용무處容舞』,『수연장지곡壽延長之曲』등 전부 十二곡목으로서 여기에 사용한 악기는 二十一기 출연할 악사는 三十五 六명이며 지휘는 二十年 동안이나 아악사雅樂師로 잇는 장인식張仁湜씨라고 한다. 이와가치 아악

황 내리시어 만세도록 보호하시도다 그 높고도 그지없는 성덕 잊을 길 없네 동쪽 지방을 정벌하신 이해 영토를 넓히사 …"로 풀이되는 이능화의 한문가사를 관현악곡으로 작곡된 김기수의 <황화만년지곡>이 연주되었다. 아래의 <예시 31>이 그것이다.

<예시 31> 雅樂奉祝演奏 盛況

광휘잇는 황기二천六백년을 봉축하는 리왕직아악부 봉축연주회는 봉축식전이 열리는 전날인 九일 오후일곱시부터 부내 태평통 부민관에서 열렷다. 이날밤의 극치를 이룬 동양고유의 우아한 아악을 들으려고 식장에는 대야大野정무총감 부인과 중촌中村 군사령관 부인이하 재경명사 一천六백여명이 참석한 가운데 황화만년지곡을 비롯하야 처용무를 十여가지 무용과 우아한 아악으로 청중을 도취식히고 동九시반경에 폐회하엿다.[104]

위 <예시 31>에서 이왕직아악부는 <황화만년지곡>을 비롯하여 처용무 등으로 꾸며진 무용과 아악으로 황기皇紀 2600년을 기념하는 봉축의 무대를 성대히 치르고 있었다. 이날 연주된 <황화만년지곡>은 오선보로 작곡된 국내 최초의 국악 창작곡으로 알려져 있다. 즉 이것은 오늘날 국악 창작곡의 시발이 굴곡된 역사만큼이나 뜻 깊은 의미를 부여하기에는 뭔가 석연치 않은 점이 있다. 그리고 그 굴곡된 국악 창작곡의 출발점에 김기수의 <황화만년지곡>이 있다.

한편 9일의 봉축행사와 더불어 10일에는 이왕직아악부의 연주회를

을 일반에게 공개하기는 일즉이 대정十一년에 장곡천정長谷川町공회당에서 연주한 일이 잇고 그 후에는 소화十三년 十월六일 부민관에서 연주한 후 이번이 세 번째인데 이 궁중비악宮中秘樂의 연주야말로 二천六백년의 뜻깁흔 해를 장식하는 성사중의 하나라고 할 것이다. 『每日申報』 1940년 11월 9일자.

104) 『每日申報』 1940년 11월 10일자.

경성방송국은 라디오로 중계를 하기도 하였다. 다음의 <예시 32>가 그
것이다.

　　　〈예시 32〉 1940.11.10(일) 20:20~매일 雅樂(李王職雅樂部로부터 中繼)
　　① 皇花萬年之曲(合樂)
　　② 水龍吟(細樂)
　　　李王職雅樂部員
　　　指揮 : 雅樂師長 若木寅湜.[105)]

　　역시 라디오 방송에서도[106)] 1940년 11월 10일 일본 기원 2600년을 맞
아 김기수의 <황화만년지곡>을 이왕직아악부로부터 중계를 하고 있다.
이날 이후에도 경성방송국은 김기수의 <황화만년지곡>을 3차례 더 방
송으로 중계하였다.[107)]
　　한편 그 역시 일제의 황민화 정책의 완성단계라 일컬어 졌던 창

---

105) 한국정신문화연구원, 『경성방송국국악방송곡목록』, 462쪽.
106) 김기수와 관련된 경성방송국의 라디오 방송 곡목들을 주제색인 하면 아
　　래와 같다. 본 주제색인은 한국정신문화연구원, 『경성방송국국악방송곡
　　목록』이 저본으로 사용되었다.
　　金琪洙 / 노래 37.6.3(563) ; 40.7.4(579) ; 短簫(伴奏) 39.9.7(575) ;
　　39.11.2(576) ; 唐笛 38.1.13(566) ; 38.12.1(571) ; 38.8.4(570) ; 42.2.5(582) ;
　　(獨奏) 38.1.13(566) ; 38.12.1(571) ; 38.8.4(570) ; 42.2.5(582) ; 大笒
　　37.3.4(562) ; 37.10.8 ; 11.18(565) ; 37.11.18(566) ; 38.3.3(567) ; 38.5.5(568) ;
　　38.8.4(570) ; 38.12.1(571) ; 39.3.9(572) ; 39.4.6(573) ; 39.8.3(575) ; 39.12.7 ;
　　40.3.7(577) ; 40.3.7(578) ; 40.6.6(579) ; 40.12.5 ; 41.1.9(580) ; 41.1.9 ;
　　2.6(581) ; 42.2.5(582) ; 大笒獨奏 37.11.18(565) ; 37.3.4(562) ; 39.4.6(573) ;
　　40.3.7(577) ; 大笒伴奏 36.10.8(559) ; 38.3.3(567) ; 38.5.5(568) ; 39.8.3(575) ;
　　40.5.2 ; 6.6(578) ; 40.12.5(580) ; 樂章 39.12.7(576) ; 佾舞 39.6.1(574) ;
　　中笒 36.5.7(557) ; (獨奏) 36.5.7(557) ; 編鍾 39.7.6(574)
107) 皇花萬年之曲 43.11.3(518) ; 44.1.1(521) ; 44.2.11(522). 한국정신문화연
　　구원, 『경성방송국국악방송곡목록』.

씨개명에 동참하여 미쯔야마 테쯔조오[光山哲三]으로 활동하기도 하였다.[108]

이상으로 보아 김기수가 국악계에 수많은 업적을 남겼으나 그의 삶에도 일제 침략정책의 편린들이 묻어 있음을 부인 할 수 없으며, 그에 대한 역사적인 평가는 분명 우리들의 몫이다.

끝으로 김천흥金千興(1909~)은 중요무형문화재 제1호인 종묘제례악宗廟祭禮樂 가운데 해금奚琴과 일무佾舞의 기능보유자이기도 하다. 그는 1909년 서울 출생으로 1926년 이왕직아악부원양성소李王職雅樂部員養成所를 마치고, 이왕직아악부에 들어가 1932년 아악수장雅樂手長이 되었다. 1945년에는 국립국악원 이사 겸 무용부장을 지냈으며, 1951년에는 국립국악원 예술사藝術士가 되었고, 이화여자대학교 등에서 강의를 맡기도 하였다. 1955년에 김천흥 고전무용연구소를 개설하였으며, 1959년에는 무용극 <처용랑處容郎>을 발표하였다. 그는 현재 우리나라 전통음악과 무용계의 산 증인이기도 하며, 그의 시간적 연륜 만큼이니 수많은 제자들이 그를 거쳐 갔다.

그러나 그의 삶의 궤적도 일제강점기와 겹쳐 있어 일제의 침략정책으로부터 자유로울 수는 없었다.

그는 경성방송국의 라디오방송 프로그램에도 자주 소개되었는데, 이것은 이왕직아악부의 연주를 경성방송국이 중계를 하였기 때문이다.[109] 1941년 6월 29일부터 라디오 프로그램에 김천흥이 소개될 때 그

---

108) 노동은, 「일제하 음악인들의 친일논리와 단체」『굴욕의 노래, 친일음악』, 63쪽.

109) 金千興 / ○錦紅 41.11.5(488) ; ○本○ 42.4.19(496) ; 42.5.20(497) ; ○花 43.1.12(506) ; 歌曲 37.8.15(343) ; 歌詞 42.3.25(493) ; 金永○子 42.4.1 (495) ; 金一順 45.6.4(536) ; 金紅桃 43.3.26(510) ; 노래 34.1.11(546) ; 琵琶 33.11.2(545) ; 細樂 41.10.22(487) ; 松本斗峰 41.8.3(481) ; 牙箏 33.1.12(542) ; 33.3.2(543) ; 34.5.3(548) ; 34.5.3(548) ; 34.8.2(549) ; 34.11.1(550) ; 35.11.7(555) ; 36.7.2(558) ; 36.11.12(560) ; 37.7.1(564) ;

는 창씨개명한 오오하야시 찌오키[大林千興]를 사용하고 있었다. 이 후
1942년 3월 9일 방송에도 오오하야시 찌오키[大林千興]로 소개되고 있다.
아래의 <예시 33>과 <예시 34>가 그것이다.

　　〈예시 33〉 1941.6.29(일) 20:20~매일 歌曲

弄, 羽樂, 還界樂, 界樂, 編

千君子 張玉仙 金澤相淳(洋琴) 松本斗峰(短簫) 大林千興(杖鼓).[110]

　　〈예시 34〉 1942.3.9(월) 20:50~매일 歌詞

길軍樂

37.10.8(565) ; (獨奏) 33.3.2(543) ; 36.7.2(558) ; 37.7.1(564) ; 安晶玉
43.1.12(506) ; 洋琴 36.3.5(557) ; 36.6.4(558) ; 37.1.7(561) ; 38.2.3(567) ;
38.8.4(570) ; (獨奏) 36.3.5(557) ; 36.6.4(558) ; 37.1.7(561) ; 38.2.3(567) ;
李炳星 41.10.21(487) ; 41.7.20(480) ; 41.9.30(485) ; 41.11.18, 26(489) ;
42.1.11, 18(491) ; 42.3.21(493) ; 42.4.1(495) ; 李王職雅樂部(朝鮮雅樂:
萬年長歡之曲·鳳凰吟·瑞日和之曲·堯天舜日之曲) 31.4.5(96) ; 李王職雅
樂手 30.3.9(80) ; 二重奏 33.1.12(542) ; 李淸香 43.3.26(510) ; 杖鼓
36.7.2(559) ; 41.9.30(485) ; 41.10.19(487) ; 41.11.5(488) ; 43.1.12(506) ;
43.3.26(510) ; 長春不老之曲 31.4.5(96) ; 34.11.1(216) ; 鄭○耘 41.8.3(481) ;
朝鮮(音樂鑑賞) 41.10.19(487) ; (李王職雅樂部) 28.11.3(61) ; 千君子
41.7.20(480) ; 41.11.5(488) ; 奚琴 32.10.13(541) ; 33.1.12(542) ; 33.11.2
(545) ; 33.6.1(544) ; 34.4.5(547) ; 34.7.5 ; 9.6(549) ; 34.11.1(216, 550) ;
35.1.17(551) ; 35.3.7(552) ; 35.5.2 ; 6.6(553) ; 35.10.3 ; 11.7(555) ;
36.2.6(556) ; 36.11.12(560) ; 37.10.8(565) ; 37.12.8(566) ; 37.8.15(343) ;
38.9.1(570) ; 39.1.12 ; 2.9 ; 3.9(572) ; 39.5.4(573) ; 41.7.20(480) ;
41.8.3(481) ; 41.10.21, 22(487) ; 41.11.18, 26(489) ; 42.1.11, 18(491) ;
42.3.21, 25(493) ; 42.4.1(495) ; 42.4.19(496) ; 42.5.20(497) ; 45.6.4(536) ;
奚琴獨奏 32.10.13(541) ; 33.6.1(544) ; 34.9.6(549) ; 34.11.1(550) ;
35.1.17(551) ; 35.3.7(552) ; 35.5.2(553) ; 36.2.6(556) ; 36.11.12(560) ;
38.9.1(570) ; 39.3.9(572) ; 奚琴伴奏 33.10.5(545) ; 34.2.1(546) ;
35.12.5(555) ; 37.3.4(562) ; 38.4.7(568) ; 38.8.4(569) ; 38.10.6(570) ; 玄琴
31.4.5(96). 한국정신문화연구원, 『경성방송국국악방송곡목록』.

110) 한국정신문화연구원, 『경성방송국국악방송곡목록』, 479쪽.

大林千興(奚琴) 永田永福(杖鼓).111)

위 <예시 33>과 <예시 34>에서 보듯 김천흥의 창씨개명은 오오하야시 찌오키[大林千興]로 그 역시 일제의 침략정책으로부터 자유롭지 못하였다.

다음으로 1941년 6월 3일~5일 3일간은 조선음악협회가 주최하고 『매일신문』이 후원하는 음악보국주간대연주회音樂報國週間大演奏會를 부민관에서 개최하였다. 이 음악보국주간은 조선음악협회가 일제의 식민정책에 부응하여 1941년 6월 3일부터 10일까지 전시 시국하 긴장된 국민생활에 정신적 영양을 주어 동아신설기에 각자의 사명을 다하자는 취지이다. 이러한 일제의 침략정책에 적극 편승하여 조선음악협회는 조선악단, 양악, 방악을 총동원하여 이 연주회를 기획하였다.

이 연주회의 시작은 궁성요배와 묵도 그리고 국가제창 등으로 시작되었는데, 첫째 날인 3일 제1부 순서에 김천흥이 출연한다. 그런데 그는 이미 창씨개명한 오오하야시 찌오키[大林千興]를 사용하고 있었다. 아래 <예시 34>가 그것이다.

〈예시 34〉 朝鮮樂 悅惚境 今夜 音樂報國大演奏會(第1夜) 午後 7時
府民館
第1部
① 音律 : 영산회상 : 염불, 타령, 군악 … 현금, 가야금, 양금
② 京畿坐唱 : (가) 푸른山中 (나) 개타령 (다) □□□
③ 歌曲 : 言樂, 編樂
④ 판소리 : 短歌 흥보전 … 朴綠珠 唱, 鼓手 丁南希
⑤ □樂 : 피리 金永根, 해금 大林千興

---

111) 한국정신문화연구원, 『경성방송국국악방송곡목록』, 494쪽.

⑥ 京畿立唱 : (가) 놀량 (나) 앞山타령 (다) 뒷山타령
   (중략)112)

위 <예시 34>에서 보듯 김천흥은 조선음악협회의 음악보국대연주회 제1부에 해금연주자로 출연하였다. 그런데 다른 출연자들은 창씨개명을 한 이름을 사용하지 않았는데 유독 김천흥만이 창씨개명한 오오하야시 찌오키[大林千興]를 사용하고 있다. 따라서 창씨개명에 관한 그의 생각은 다른 사람들 보다는 남달랐음을 알 수 있다.

또한 그는 통감부가 전국적 규모로 조직한 조선음악협회의 조선악부 역원으로 사무를 맡아보고 있는 직책을 가지고 있었다.113) 이것은 다른 일반 회원보다는 이 단체에서 능동적이며 적극적인 활동을 하였다는 것으로 해석된다.

이상으로 한국전통예술계의 산 증인인 김천흥 역시 그가 살아온 일제강점기의 굴곡된 시대적 뒤안길에는 일제침략정책을 피할 수 없는 흔적들이 흩어져 있다. 따라서 그 역시 일제의 침략정책으로부터 자유로울 수가 없었으며, 오늘의 역사가 그를 바라보는 시각 또한 다양해질 수 있다.

Ⅳ. 맺음말

본고는 1931년 만주사변과 1937년 중일전쟁 그리고 1941년 태평양전쟁으로 이어지는 일본제국주의의 15년간 전쟁기간을 중심으로 일제 식민지배체제에 편승한 국내외 음악인들의 행적을 쫓았다.

먼저 홍난파는 이미 학계에서 친일적 성향의 음악인으로 분류되어

---

112)『每日申報』1941년 6월 4일자.
113) 노동은, 「일제하 음악인들의 친일논리와 단체」『굴욕의 노래, 친일음악』, 59쪽.

있었다. 그의 일제침략동조 행위는 1937 수양동우회 사건으로 정점화
되었다. 이 사건에서 그는 "사회와 국가의 안녕과 질서를 보호하려는
제국의 정책을 거부하는 것은 민족 전체의 불행을 초래하는 것이며, 이
는 동아의 평화까지 위협하는 것이다."라는 골자의 "사상전향에 관한
논문"을 쓰고 풀려나게 된다. 그는 당시 주요 관제단체의 하나였던 조
선문예회朝鮮文藝會에 관계하면서 음악활동을 전개하였다. 황군의 사기
를 북돋는 글들에 곡을 붙이는 작업을 행하였다.

다음으로 그는 대표적인 총독부의 관제 언론이었던 『每日申報』
1940년 7월 7일자에 "지나사변과 음악"이라는 일제침략을 찬양하고 동
조하는 논설을 실었다. 또한 그는 논설을 발표하면서 모리카와 준森川
潤으로 창씨개명 하였다. 그는 또 군국가요를 작곡하여 황국정신과 황
군을 찬양하고 있었다. 그 노래는 <正義의 凱歌>(崔南善 作詞, 1939년 9월 15
일 발표), <長城의 把守>(崔南善 作詞, 1939년 9월 15일 발표), <空軍의 歌>(彩本長
夫 作詞, 1939년 9월 15일 발표), <希望의 아츰>(李光洙 作詞, 1937년 이후 작곡된 것
으로 추정) 등이다.

현재명은 홍난파와 함께 수양동우회 사건으로 1937년 6월 일경에 검
거되지만 "사상전향에 관한 논문"을 쓰고 풀려난다. 이후 그는 1938년
6월 대동민우회大東民友會의 가입과 함께 공개적인 전향성명서를 발표
하였다. 그는 다른 누구보다 많은 관제단체에 관계하는데 조선문예회,
시국대응전선사상보국연맹時局對應全鮮思想報國聯盟, 경성음악협회京城音
樂協會, 조선음악협회朝鮮音樂協會, 경성후생실내악단京城厚生室內樂團 등
이 그것이다. 그는 주로 이들 단체를 배경으로 일제 침략체제에 동조한
전력을 남겼다. 또한 그는 이러한 단체들의 간부직을 맡고 있어 본인의
자의에 의한 의사 결정권을 가지고 있었다. 그러므로 그의 일제 침략체
제에 동조한 행위는 다분히 자의적으로 해석된다.

김성태는 먼저 조선음악협회의 양악부 작곡과의 회원으로 활동하
였다. 그가 가입하여 활동한 단체는 현제명이 활동하였던 단체와 몇 곳

이 일치한다. 그것은 김성태가 정식으로 음악적 교육을 받았던 곳이 연희전문학교였는데, 그곳에서 현제명으로부터 음악을 배웠기 때문이다. 그는 이 조선음악회의 일원으로 활동하면서 카네시로 쇼타이[金城聖泰]로 창씨개명 하였다. 그는 경성후생실내악단의 단원이 되어 각 지역 생산현장을 돌며 산업전사위안연주회를 가지기도 하였다.

이흥렬은 조선음악협회의 회원으로 활동하면서 직역職域에서 멸사봉공滅私奉公하여 국방국가 체제확립 및 신동아 건설을 목적으로 하는 일제에 동조한다. 그는 각종 관변단체의 시국행사에 참여하여 피아노 반주자로 그들에게 일조한다.

대동아전쟁 완수를 위하여 생산의 증강과 전쟁생활의 실천을 강조하기 위하여 일제가 실시하였던 이 국민개창운동에 이흥렬은 참여하여 음악으로 보국하고 있었다. 이 국민개창운동에서 주로 불리어진 곡은 <바다로 가면>과 <아세아의 힘> 그리고 <반도청년의 노래> 등이었다.

그 외 일제 침략체제에 동조한 편린을 가진 음악인들 중 광복 후 교육계의 지도급인사에 있었던 음악인은 김천애(전 숙명여대 음대 교수 및 동대학장, 목원대학 교수), 이인범(전 연세대 음대 교수 및 동대학 학장), 계정식(전 이화여대 교수), 김자경(전 이화여자대학교 음악대학 교수, 김자경오페라단 창단 단장·이사장, 피플투피플 한국본부 부총재) 등이 있었다.

다음으로 해외에서 일제 침략체제에 편승한 음악가들의 면면을 살펴보면 다음과 같다. 일제가 1932년 3월 1일 괴뢰정부인 만주국 개국하였는데, 이 만주국에서 거주하면서 활동하였던 음악인은 김동진金東振(전 경희대 음대교수 및 학장), 안병소安柄珆(전 국방부 정훈 음악대장, 한국교향악단 창립 및 지휘자), 전봉초全鳳楚(전 서울대 음대 교수 및 학장, 서울 바로크합주단 상임지휘자) 등이 있었다. 이들은 일제의 괴뢰정부였던 만주국에서 활동하였다는 것 자체만으로도 충분히 일제 침략정책에 동조한 인물들로 볼 수 있다.

다음으로 전통음악계는 이왕직아악부와 함화진, 김기수, 김천흥 등이 일제의 침략정책에 동조한 주요 인물로 지적될 수 있다.

이왕직아악부는 일본 기원 2600년을 기념하는 봉축연주회에서 "하늘이 신무 천황 내리시어 만세도록 보호하시도다. 그 높고도 그지없는 성덕 잊을 길 없네. 동쪽 지방을 정벌하신 이해 영토를 넓히사 …"의 내용으로 된 일본 천황을 위한 찬미곡인 김기수 작곡의 <황화만년지곡>을 대형 일장기를 무대 정면에 걸고 연주함으로 가장 큰 오점을 남긴다. 1930년 10월 17일에는 총독과 총감 등이 참석하여 일제가 세운 조선신궁 제전에 행사요원으로 참석하기도 하였으며, 1941년 6월 3일에는 조선음악협회가 주최하고 『매일신보』가 후원하는 음악보국주간대연주회에 이왕직아악부가 참가하고 있었다. 이 연주회는 일제 총독부의 국책적 행사로 시국하의 긴장된 국민생활에 정신적 영양을 준다는 미명하에 연주회가 준비되고 있었던 것이다.

또한 1931년 4월 5일에는 경성방송국 라디오 방송에서 통하여 조선총독부에서 실시한 지방자치제를 경축하는 기념연주회를 열기도 하였다. 그리고 1940년 당시 이왕직아악부의 아악사장인 장인식張寅湜이 창씨개명 하여 약목인식若木寅湜으로 1941년에는 김천용金千龍은 대림천용大林千龍으로 창씨개명 하였음을 알 수 있다. 그 외 아악부원 가운데 창씨개명한 경우가 정촌○대井村○大[114]·대림영부大林榮夫 등이 있었다.

함화진은 1943년 만주제국 창건 10주년을 기념하여 만선학해사滿鮮學海社에서 특집으로 『반도사화半島史話와 낙토만주樂土滿洲』라는 단행본을 한글과 한자를 병용하여 단행본으로 발간하였는데, 이 책에 "반도음악소사"를 기고하여 친일어용 간행물에 우리음악사를 서술하고 있었다. 이미 이 간행물에는 이광수·이병도·최남선·유진오·이능화 등 친일

---

114) 한국정신문화연구원, 『경성방송국국악방송곡목록』, 466쪽. 井村○大
　　(雅樂指揮 : 雅樂師長) 41.1.1(466).

인사들이 대거 참여하고 있었다. 또한 그는 일본의 괴뢰정부인 만주국 궁정부의 요청으로 아악기 한 벌을 만들어주기도 하였다. 그는 또한 대표적인 일제침략지원 단체였던 조선음악협회의 이사 및 조선음악부 부장직을 맡아 조직을 관리하는 간부의 직책에 있었다.

또한 그는 1943년 동경 신태양사로부터 조선예술상을 수상하였다. 이 상은 일제의 침략정책에 적극 동참하였던 작가나 단체에게 수여되었는데 그 수여자는 제1회 香山光郎(문학, 이광수), 제2회 李泰俊(문학), 故 韓成俊(무용), 高義東(미술), 제3회 盧壽鉉(미술), 咸和鎭(음악), 移動劇團(연극), 제4회 李象範(미술), 松村紘一(문학, 주요한)들이었다.

그 외 전통음악계에서 창씨개명한 이름으로 음악활동을 전개한 편린으로 일제침략정책에 편승하여 자타의적인 오점을 남긴 음악가로는 신쾌동·김기수·김천흥 등을 손꼽을 수 있다. 창씨개명 자체도 문제가 있지만 그것으로 예술 활동을 전개한 것에 더 큰 문제가 있는 것으로 해석하여야 한다.

흔히 오늘날 예술계 혹은 음악계에서 일제침략정책에 동조한 문제를 얘기할 때 다음의 몇 가지들을 염두에 두는 경우가 있다. 첫째, 작가의 재능론과 둘째, 부득이한 결과로 빚어진 상황론 셋째, 전국민 친일론이다.

먼저 재능론은 분명히 일제침략정책에 동조는 하였으나 예술사적으로 훌륭한 작품을 남겼기에 용인하자는 입장이다. 그러나 이것은 재능과 업적만 있으면 어떤 과오도 저지를 수 있다는 실질주의 논리로 통할 수 있다. 또한 당대 민족의식을 지녔던 다른 음악인에 비하여 그들이 정말로 훌륭하고 더 뛰어난 재능을 지녔다고 어떻게 정의 할 수 있는 설명되어야 한다. 다음으로 부득이한 결과에서 온 상황론이다. 즉 일제침략정책에 동조한 작품이나 행위가 악랄했던 식민통치자들의 강압에 의한 어쩔 수 없는 행위라고 인정하는 쪽이다. 실지로 일제 통치는 잔혹했고, 고문과 회유를 겸한 사회지도급 인사들에 대한 설득음모는 다양하였다. 그러나 유감스럽게도 일제침략정책에 동조한 음악인 가운데 엄청난 압력이나 육체적인 고문 또는 기아에 허덕이는 등의 극한까지 몰린 물리적인 압박 현상은 찾기 어렵다. 당시의 독립투사들이 당했던 고통과 비교하면 그들의 처우는 극한의 상황은 아니었음이 분명하다. 다시 말해 상황론으로 그들을 옹호하기에는 강제성보다는 자발성이 더 컸음을 알아야 한다. 그 예로 무대전면의 대형 일장기아래서 국악계의 거목 김기수가 작곡한 천황을 찬미하는 <황화만년지곡>을 연주하는 이왕직아악부의 연주행위는 그 어떠한 상황론으로도 비껴갈 수 없는 과오이다. 다음으로 전국민 친일론은 일제침략체제 아래서 세금 내고 학교 다니고 일어를 사용한 그 자체가 친일행위이므로 당시 대다수의 국민이 그러했으므로 묵과하자는 논리이다. 즉 당시 일본식 창가 한 소절은 누구나 불렀으므로 일제침략정책에 동조한 음악가도 반민족행위를 자행한 음악인으로 내몰지 말자는 주장이다. 그러나 일제침략정책에 동조한 부류는 그런 행위를 하지 않았던 보통사람들의 숫자를 넘지 않는다. 다시 말해 일제침략정책에 동조한 사람은 국민 절대다수가 아니라 소수일 따름이다.

그러므로 역사는 여러 가지 경우의 수에서 그 가운데 하나를 골라 잡는 것이 아니라 수사가修史家에 의해 그 경우의 수를 해석하는데 초점을 맞춘다.

328 제3편 친일 예술인의 해외활동

참고문헌

강동진, 『일본근대사』, 서울: 한길사, 1989

강재언, 『일제하 40년사』, 서울: 풀빛, 1984

교육출판기획실 엮음, 『교과서와 친일문학』, 서울: 동녘, 1992

김경일·윤휘탁·이동진·임성모 공저, 『동아시아의 민족이산과 도시』, 서울: 역
사비평사, 2004

김봉우, 『일제식민통치비사』, 서울: 청아출판사, 1989

김상웅 외, 『친일파 1·2·3』, 서울: 학민사, 1990·1992·1993

남창룡, 『만주제국 조선인』, 서울: 신세림, 2000

노동은, 『한국민족음악 현단계』, 서울: 세광음악출판사, 1989

___, 『한국음악론』, 서울: 한국학술정보(주), 2002

___, 『한국근대음악사1』, 서울: 한길사, 1995

노동은·이건용, 『민족음악론』, 서울: 한길사, 1991

류연산, 『만주아리랑』, 서울: 돌베개, 2003

문정창, 『근세일본의 조선침탈사』, 서울: 백문당, 1964

민족음악연구회, 『민족음악의 이해』, 서울: 한울, 1992

박경식, 『일본제국주의의 조선지배』, 서울: 청아출판사, 1986

박영재 외, 『오늘의 일본을 해부한다』, 서울: 현암사, 1992

박은경, 『일제하 조선인관료 연구』, 서울: 학민사, 1999

반민족문제연구소, 『친일파 99인』, 서울: 돌베개, 1993

변영호 옮김(杉本幹夫 지음), 『식민지조선의 연구』, 서울: 도서출판춘추사,
2003

保坂祐二, 『日本帝國主義의 民族同化政策 分析』, 서울: 제이앤씨, 2002

서우석, 『서양음악의 수용과 발전』, 서울: 나남, 1988

송건호 외, 『해방전후사의 이식1』, 서울: 한길사, 1992

송방송, 『한국음악통사』, 서울: 일조각, 1991

신흥범·김종철 옮김(흡슨 지음), 『제국주의론』, 서울: 창작과 비평사, 1983

역사문제연구소, 『인물로 보는 친일파 역사』, 서울: 역사비평사, 1993

윤휘탁, 『일제하만주국연구』, 서울: 일조각, 1996

이강숙 외, 『우리 양악 100년』, 서울: 현암사, 2001

이건용, 『민족음악의 지평』, 서울: 한길사, 1986

이계황 옮김(後藤靖 엮음), 『일본자본주의 발달사』, 서울: 청아출판사, 1985

이기백·차하순, 『역사란 무엇인가』, 서울: 문학과 지성사, 1990

이영미, 『민족예술운동의 역사와 이론』, 서울: 한길사, 1991

이유선, 『한국양악 80년사』, 서울: 중앙대학교출판국, 1968

이장직, 『음악의 사회사』, 서울: 전예원, 1988

임영택, 『일제 식민지시대 한국사회와 운동』, 서울: 사계절, 1985

임종국, 『일제침략과 친일파』, 서울: 청사, 1982

임종국(반민족문제연구소), 『실록 친일파』, 서울: 돌베개, 1991

장사훈, 『여명의 동서음악』, 서울: 보진재, 1974

진재교 외, 『근대전환기 동아시아속의 한국』, 서울: 성균관대학교출판부, 2004

차기벽, 『일제의 한국 식민통치』, 서울: 정음사, 1985

최원규, 『일제말기 파시즘과 한국사회』, 서울: 청아출판사, 1988

한국정신문화연구원, 『한국의 민족교육과 일제교육과의 갈등』, 서울: 고려원, 1988

한명희·송혜진·윤중강, 『우리 국악 100년』, 서울: 현암사, 2001

홍난파, 『음악만필』, 서울: 음악춘추사, 1976

황문평, 『한국 대중연예사』, 서울: 부루칸모로, 1989

권병웅, 「이흥렬 : 항일민족음악가로 둔갑한 일제 군국가요의 나팔수」 『청산
　　　하지 못한 역사 3』, 서울: 반민족문제연구소, 1994, 221~232쪽

김성태, 「양악 70년사」 『음악연감』, 서울: 세광출판사, 1966, 3쪽

김수현, 「김성태 : 순수예술지상주의자의 정치적 행로」 『청산하지 못한 역
　　　사 3』, 서울: 반민족문제연구소, 1994, 207~220쪽

김창욱, 「일제 파쇼체제기의 친일적 음악경향에 대한 연구」, 부산: 동아대학

교 석사학위논문, 1993

_____, 「홍난파의 가계와 그 문화」『음악과 민족』 제24호, 부산: 민족음악학
회, 2002, 121~143쪽

노동은, 「일제하 음악인들의 친일논리와 단체」『굴욕의 노래, 친일음악』, 서
울: 민족문제연구소, 2002, 25~26쪽

_____, 「일본정신과 굴절된 음악인의 허위의식」『객석』 8월호, 서울: 월간객
석, 1986, 86~91쪽

노동은, 「일제하 음악인들의 친일논리와 단체」『굴욕의 노래, 친일음악』, 서
울: 민족문제연구소, 2002, 25~26쪽

_____, 「한국 양악사 100년사인가? 360년사인가?」『음악과 민족』 제5호, 부
산: 민족음악학회, 1993, 58~59쪽

_____, 「홍난파와 현재명 연구」『친일파99인』 제3권, 서울: 반민족문제연구
소, 1993, 109~124쪽

민경찬, 「해방이전에 사용된 음악교과서 관련도서의 목록 및 해제」『낭
만음악』 여름호, 서울: 낭만음악사, 1995, 187~197쪽

서우석, 「서양 음악의 수용과정」『전통문화와 서양문화1』, 서울: 성균관대학
교출판부, 1985, 180쪽

손태룡, 「현재명 : 한국양악사의 큰 별」『한국음악사학보』, 경산: 한국음악사
학회, 1993, 77~102쪽

송방송, 「매일신보 음악기사색인」『한국음악사학보』 제9집, 경산: 한국음악사
학회, 1992, 239~276쪽

_____, 「친일음악가의 민족음악사적 조명」『민족문화논총』 제14집, 경산: 영
남대학교 민족문화연구소, 1993, 107~140쪽

〈부록〉광복이전『조선일보』에 나타난 현제명관련 기사

1926.11.18 夕(1) 告別音樂會 大盛況裡에 閉會. 全州新興校敎師 玄濟 明氏 米國留學으로 同校友會主催 東亞朝鮮 兩支局後援으로 去十五日 全州劇場에서.

1926.11.18 夕(1) 玄濟明氏 告別音樂會 閉會辭를 日本말로 範譯까지 하엿다고, 너무 仔細한 것도 걱정거리!

1927.07.16 夕(2) 歐米音樂巡禮 一年間 玄濟明氏 歸國. 去二十三日에 (寫) 경성역에 내린 현씨.

1928.02.13 (2) 音樂家團體도 單一體로 合流. 朝鮮音樂家協會 解體와 同時 內鮮音樂家協會의 組織을 準備, 去六日 李鍾泰 玄濟明 李升學等이 모여.

1929.08.18 (2) 全米國音樂大會에 朝鮮天才 玄君이 一等. 去月二十七日「와노아」호수가에서 전미국일류음악가가 朝亢?성악으로 일등예선에 뽑힌 천재! 大邱出生의 玄濟明君.

1929.11.09 (7) 載寧明信校 學藝展覽會. 來二十五日에 夜間엔 玄濟明 氏를 초청 音樂會도 열터.

1929.11.14 (2) 靑年會增築紀念 音樂大演奏會. 來十九日에 玄濟明「대므런」崔永順 리보석 洪 蘭坡 聲友會 中央樂友會等 出演

1930.04.27 (5) 第二回 延專春期音樂大會. 來月五·六日 京城公會堂에서, 출연 玄濟明 대무런 郭正淳等

1930.05.24 (7) 仁川音樂의 밤. 仁川俱樂部主催와 本社仁川支局後援으로 二十四日 山手町公會堂에서, 玄濟明 郭正淳 李億吉.

1930.07.08 (2) 延禧專門學校樂隊巡廻. 玄濟明인솔로.

1930.07.17 (6) 釜山音樂大會. 釜山草梁幼稚園主催 來十八日 釜山公會 堂에서, 出演 玄濟明 白貴蘭 延禧專門管絃樂團.

1930.10.14 (5) 秋期音樂大會. 本社學藝部後援 來十八日 長谷川町公會堂에

서, 中央樂友會 金元福 安基永 洪蘭坡 崔永順 玄濟明等 出演.

1930.10.18 (5) 秋期音樂大會 十八日夜 開催. 本社學藝部後援으로 中央樂友
會 金元福 安基永 洪 蘭坡 崔永順 玄濟明等 出演.

1931.02.13 (2) 樂界人士 總綱羅朝鮮音樂家協會 創立. 去十一日 安基永 洪蘭
坡 玄濟明 蔡東鮮獨孤璇 金元福等 諸氏의 發起로.

1931.02.17 (4)~2.26(4) 樂壇人의 凸相凹態. (一)安箕永(二)金永煥(三)洪永厚
(四)玄濟明(五)金亨俊(六)崔虎永(七)金仁湜(八)獨孤璇(全8回)필자명夕影
(안석주).

1931.04.27 (4) 大邱에 音樂會 中央幼稚園 爲해. 同園期成會主催 本報支局後
援下에 今二十七日대구극장에서, 蔡東鮮 玄濟明等 出演.

1931.05.21 (2) 延專校音樂團 地方巡廻演奏. 玄濟明 崔淳周 元漢慶 「로드」
「배귀」等의 인솔로 今二十一日부터.

1931.06.18 (5) 高鳳京孃 渡米送別音樂會. 中央樂友會主催 本社學藝部後援
下에 來十九日 공회당에서 金福實 李順永 蔡東鮮 玄濟明等 出演.

1931.10.29 (6) 延專音樂隊 元山서 公演. 來三十一日에 崔淳周 玄濟明 郭正
淳 元漢京等도 동반.

1932.05.26 (5) 延專 今年度 音樂會 豫定日. 의원까지 선정하야 진행 중, 音樂
部委員은 崔淳周 玄濟明 元漢慶 海谷秀雄 徐培達 이운용 林炳赫 張熙昌
白雅植 元漢慶夫人 白雅植夫人.

1932.12.09 (6) 玄濟明氏 獨唱大會. 元山基督敎靑年會主催 本報 中央 兩支局
後援으로 來十日 원 산관에서.

1933.07.15 夕(3) 延禧專門主催의 夏期音樂講習會. 來月二日부터 校內에서,
講師 蔡東善 崔虎永 金永義 玄濟明「지시스파이델」.

1933.09.01 (4) 玄濟明氏 靑盤吹入. 콜럼비아의 靑盤은 세계적수준의 사람만
이 취입(寫)玄濟明.

1933.09.09 (2) 玄濟明氏 安益祚氏와 東京音樂新聞社 京城支社 設立(樂人動
靜).

1933.09.09 (2) 玄濟明氏 安益祚氏와 함께 東京音樂新聞社 京城支部設立(樂
人動靜).

1933.09.17 ⑷ 延專四重唱 放送. 李仁熙 崔聖斗 黃材景 申源根, 피아노伴奏 玄濟明.

1933.09.28 ⑶ 今秋樂壇의 큰收獲 洪蘭坡 玄濟明 兩氏 作曲發表會. 二十九 日 梨花講堂에서(寫) 洪蘭坡, 玄濟明.

1933.09.30 ⑶ 玄濟明 洪蘭坡氏 作品發表會 延期. 來月中旬頃으로.

1933.10.10 ⑶ 玄濟明 洪蘭坡 兩氏作品發表會. 十日에.

1933.10.19 ⑷ 玄濟明 洪蘭坡 兩氏의 新作을 듯고(音樂短評). (一)洪蘭坡氏 作品:「옛강물 차저와」「金剛山에 사로리랏다」「長安寺」「사랑」(二)玄 濟明氏 作品:「가고파」「合唱뱃노래」「男聲四部合唱 물방아」「새가되여 배가되여」「소경이 되여지이다」.

1933.11.10 ⑷ 가고파(放送). 李殷相作詞 玄濟明作曲 蔡善葉獨唱 金永義伴 奏.

1933.11.24 ⑵ 목노래보담도 魂으로 불러야만! 入京한 金文輔氏 述懷/金文輔 氏 歡迎會, 二十四日에(寫)金文輔氏와 玄濟明氏.

1933.12.06 夕⑶ 順天梅山學校 獎學基金 爲해 音樂會 開催. 來八日 玄濟明 吳敬心 蔡鮮葉 蔡東善 出演.

1933.12.21 ⑷ 컬럼비아레코드一行 吹入次로 出發. 玄濟明 安益祚 蔡善 葉 金龍圭 石金星氏가 一行(寫)일행들.

1934.04.09 ⑶ 本報支局後援下에 玄濟明 獨唱의 밤. 釜山港西幼稚園 新築基 金造成으로 來二十日에.

1934.04.23 ⑷ 玄濟明氏 獨唱의 밤 盛況. 釜山港西幼稚園主催와 本報支局後 援으로 去二十日에 「쿤쓰」金寶培等 出演.

1934.09.14 朝⑵ 가을樂壇 最高頂 玄濟明氏 獨唱會. 延專主催와 本社學藝部 後援으로 來十月五日공회당에서(寫) 현제명.

1934.10.04 夕⑶~10.6 .夕 玄濟明氏 獨唱會 曲目解說(全3回).

1934.10.05 朝⑵ 靜寂한 가을樂壇에 展開될 音樂의 饗宴. 玄濟明氏 獨唱會 가 今夜에.

1934.10.19 朝⑵ 玄濟明氏 獨唱會. 今十九日 長谷川町公會堂에서.

1934.10.20 朝⑵ 玄濟明의 獨唱會 大盛況. 연희전문主催로 去十九日에(寫)

當會場.

1934.10.28 夕(4)~11.2.夕(4) 最近의 두獨唱會: 旣成樂人과 新人의 새活動. 玄
濟明 金海 獨唱會를 보고 (寫)김해독창회에서(全4回).

1934.12.18 夕(6) 振興된 朝鮮音樂家協會. 去十四日에 總會 會員은 金仁湜
朴慶浩 洪蘭坡 李承世獨孤璇 玄濟明 金永義 김메리 李升學等.

1935.01.02 其十八(1) (寫)樂壇의 中堅들. 鄭勳謨 洪盛裕 金元福 洪蘭坡 蔡善
葉 金永義 金文輔 玄濟明 朴慶浩.

1935.02.16 朝(3) 玄濟明氏 獨唱會. 順安義明學校主催 本報 東亞朝鮮中央 三
支局後援으로 來二十 一日에.

1935.02.21 夕(3) 泰和女子館主催로 音樂講習會 開催. 來二十一日부터 十日
間, 講師 玄濟明 金매리 李升學 朴慶浩.

1935.04.09 朝(3) 新春音樂大會. 光州基督靑年會主催 本社支局後援으로 來
十九日 帝國館에서, 玄濟明 「빼카」氏等 出演.

1935.04.12 夕(4) 스켓취百人像(彫塑): 玄濟明. 金復鎭作 一步述.

1935.05.16 朝(4) 玄濟明氏 獨唱會. 鎭南浦新興監理敎會 엡윗청년회主催로
來二十四日 公會堂에서 本報支局後援으로.

1935.06.07 朝(3) 玄濟明氏 獨唱會. 本報安岳支局主催로 來七月六日에, 伴奏
朴慶浩 助演 鄭勳謨.

1935.06.14 夕(4) 世界名作歌曲集(第一輯). 玄濟明編輯 漢城圖書株式會社發
行.

1935.06.16 夕(5) 玄濟明氏 獨唱會. 本社安岳支局主催 時日을 今月二十九日
로 변경.

1935.06.23 朝(3) 人氣 百퍼센트의 玄濟明 獨唱大會. 本報安岳支局主催, 來七
月二日로 再延期.

1935.09.08 夕(4)~9.13.夕(4 典黌網瓠?懸賞音樂콩쿠울을 압두고서.(一)誠意
를 다하야 出戰하라, 玄濟明(二)勝敗에 함께 「뮤지시안쉽」을, 朴慶浩
(三)이번 콩쿨을 機會로 우리樂壇萬歲, 金文輔(四)出戰도 藝術家답게
審査도 藝術家답게, 金永煥(五)百人의 入賞者보다 한사람의 音 樂家를,
洪蘭坡(全5回).

1935.10.13 朝(3) 公州幼稚園主催 玄濟明氏 獨唱會 盛況. 本報支局後援으로 去十日에.

1935.10.24 夕(3) 斯界의 權威들 모아 秋季大音樂會. 京城保育學校主催 本社學藝部後援으로 來十一月二日 本社大講堂에서, 金永煥 玄濟明 洪蘭坡 蔡善葉 朴景嬉等 出演.

1935.11.01 夕(3) 明夜 滿都의 人氣는 京城保育秋季大音樂會. 本社學藝部後援으로 本社大講堂에서, 鮮于惠國 崔玉基 洪蘭坡 朴景嬉 玄濟明 蔡善葉 京城保育合唱隊 出演(寫)出演者諸氏.

1936.03.25 夕(5) 玄濟明氏 곧 渡米.

1936.03.27 夕(2) 玄濟明氏 渡米. 音樂敎育 視察兼 演奏行脚 一年間 豫定으로(寫)玄濟明氏.

1936.03.31 朝(2) (寫)玄濟明氏 送別會 盛況. 昨夜에.

1936.07.04 夕(2) 歐米로 音樂巡禮中인 玄濟明氏에 博士學位. 米國市加古音樂學校 授與, 滯米中朝鮮雅樂을 講演(寫)음악사 현제명氏.

1937.05.02 夕(6) 그는 무엇을 가저왔나? 玄敎授歸國 第一聲. 延專主催로 來十四日 府民館서 玄濟 明獨唱會 開催(寫)현제명.

1937.05.02 朝(2) 來五月一日에 文藝會發會式. 崔南善 李光洙 玄濟明 金永煥 朴慶浩 高木 佐藤等이 멤버.

1937.05.09 夕(2) 異國서 死線을 넘어 再生 錦衣로 樂壇에. 來十四日 府民館서 玄濟明獨唱會 開催(寫)현제명.

1937.05.13 夕(7) 우리의 테너 玄濟明氏 獨唱會. 來二十二日 海外學友協會主催와 本報平壤支局後援으로 白善行紀念館에서.

1937.05.16 朝(2) 玄濟明氏 獨唱會 盛況. 本社後援으로 去十四日 府民館서 (寫)독창회장.

1937.06.15 朝(2) 李王殿下御前서 文藝會 作曲演奏. 昨十四日에 渡東한 玄濟明 鄭勳謨 李鍾泰等은 무한한 기쁨이라고.

1937.10.03 夕(2) 音樂報國大演奏會. 京城高等音樂學院主催로 今三日 府民館에서, 金信福 金元福桂貞植 安基永 李興烈 李升學 朴景嬉 大管伸光 吉澤光 李寅善 洪蘭坡 玄濟明 安聖敎崔虎永等 出演.

1938.06.14 朝(2) 出陣前夜의 意氣! 熱과 精誠의 交流 實力을 十分發揮, 昨夜
本社招待晚餐會에 모힌 新人諸氏 堂堂! 自信을 披瀝//後進을 맞는 先輩
의 기쁨, 玄濟明 洪蘭坡 桂貞植氏談.

1938.09.13 朝(3) 古都開城의 秋夜에 待望의 音樂大會. 本報支局後援 南本
町靑年團主催로 來十六日 開城座에서, 玄濟明 劉芙蓉 兩氏의 出演.

1938.09.29 朝(2) 待望의 今夜! 感激의 聖戰. 本社主催 男女音樂콩쿨 滿都人
氣 드디어 爆發/聲量이 모두 豊富, 玄濟明(聲樂科審査委員)/水準이 노파
愉快, 金載勳(바요린科審査委員)/異彩의 閨秀決選, 朴慶浩(피아노科審査
委員).

1938.10.05 朝(3) 八日밤 仁川에서 玄濟明氏 獨唱會. 劉芙蓉 閔元得 援助出
演, 本報仁川支局後援.

1938.10.07 朝(3) 玄濟明氏 獨唱會. 八日 仁川公會堂에서 仁川商業學院主催
本報支局後援으로.

1938.10.11 朝(3) 玄濟明氏 獨唱會 盛況裡 無事終幕. 去八日 仁川山手町公會
堂에서.

1938.11.01 夕(2) 京城音樂協會 去三十日 發會式. 來十二月 音樂會예정, 會
長 鹽原時三郎 幹事長대장용삼조 幹事 玄濟明 李鍾泰 竹井春子 김영환
安藤芳亮(안도).

1938.11.07 (4) 延專音樂部主催의 秋期大音樂會. 來十一日 府民館에서 玄濟
明 任祥姬 金生麗 延專오케스트라 出演.

조선출신 영화감독 '허영'

나 승 회*

Ⅰ. 머리말

알려진 바와 같이 일제 침략기에 일본은 영화라는 새로운 매체를
식민통치의 수단으로 이용하여 조선인을 선동하거나 통제하고 있었다.
영화 통제 체제에 의해 국책영화사를 만들어 조선과 일본 또는 만주국
과의 합작을 추진하는 한편, 조선에서 제작되고 상영된 징병 선전 영화
를 통해 더 많은 대중에게 내선일체와 징병제를 선전한 것이다. 특히
태평양 전쟁에 즈음하여 제작, 발표되어진 모략영화, 책략영화는 소위
'내선일체'와 '황민화'를 내세우며 우수한 인적자원을 지원병으로 모집
하기 위한 선전정책의 핵심을 이루었다.

그 대표적인 영화가 1941년에 개봉된 『그대와 나君と僕』, 『영광의 날
栄光の日』(1943), 『소화 19년昭和 19年』(1943), 『망루의 결사대望楼の決死隊』
(1943), 『젊은 모습若き姿』(1943), 『태양의 아이들』(1944) 등이다. 그 중에서
일제 침략기의 영화를 통한 선전 정책의 전형을 이룬 작품이 조선출신

---

* 부산대학교 강사

영화감독 '허영(일본명 히나츠 에이타로 : 日夏英太郎)'이 연출한 『그대와 나』이다. 육군성 보도부 및 조선총독부 후원을 받아 조선군 보도부에서 제작된 이 영화는 조선인을 전쟁에 동원하기 위한 징병을 전제로 한 일본인과 조선인 사이의 내선일체에 초점이 맞추어져 있다. 그로 인해 『그대와 나』는 일본군 수뇌부의 전폭적인 지지를 받았으며, 많은 사람들이 반강제적으로 영화 관람에 동원되기도 했다.

이 영화를 기획하고 연출한 허영은 이후에도 일본군의 새로운 작전의 전개에 협력하는 선전모략영화 『호주를 부르는 소리豪州への呼び声』를 제작했으며 계속해서 일본군정에 협력을 묘사하는 영화를 만들었다. 이러한 허영의 행보와 『그대와 나』의 제작을 둘러싼 사정으로 인해 그는 친일영화인의 한 사람으로 분류되어진다.

이후 허영은 스스로의 인생과 시대적 상황에 회의를 느끼고 인도네시아로 건너가 그곳에서 히나츠 에이타로라는 일본식 이름을, 본명인 '허영'의 인도네시아식 발음인 '흉'으로 바꾸고 인도네시아 독립을 소재로 한 영화를 찍으며 인도네시아 영화계를 이끌어간다. 이와 같은 행적의 변화는 압박된 시대를 살아온 식민지 출신 영화인의 집념과 갈등을 대변하고 있으며, 당시의 친일활동에 참가한 영화인 중 허영이 특히 주목을 끄는 이유도 조선, 일본 인도네시아를 거치며 방향전환을 하며 살아온 그의 인생이 단순한 친일활동을 넘어서는 복잡한 선택의 결과이기 때문이다.

본 연구는 일본에서 침략전쟁의 전의戰意를 고취시키는 국책영화를 찍은 허영(히나츠 에이타로)이라는 한 영화인의 친일 행적을 통하여, 격랑의 시대를 살아온 조선출신 문화인의 정체성에 대한 갈등에 초점을 맞추고자 한다. 즉, 허영의 삶을 통해 드러나는 그의 친일행각을 단죄하기보다 압박된 시대를 살아온 식민지 출신 영화인의 예술적 집념과 상승지향적인 욕망을 조명해 본 것이다.

Ⅱ. 친일 영화인 '허영'의 행적

허영은 일제의 침략전쟁기에 '히나츠 에이타로日夏英太郎'라는 이름으로 일본 국내에서 활동한 조선출신의 영화감독이다. 침략전쟁기에 만주에서 태어난 그는 식민지 출신이라는 사실을 숨긴 채 마키노 영화(일본영화계의 거물인 마키노가 이끄는 영화사)의 조연출 일을 하며 영화감독으로서의 꿈은 키워간 인물이다.

허영 '히나츠 에이타로'의 일대기를 기록한 『シネアスト許泳の「昭和」(시네아스트 허영의 「소화」)1)』에 의하면, 그는 소화昭和초기, 17세 전후의 나이에 일본으로 밀항하여 이름을 히나츠 에이타로라는 일본명으로 바꾼 뒤 철저히 일본인으로 살아간다. 당시 일본에는 조선 영화의 기술적인 분야를 개척한 이필우, 훗날 『임자 없는 나룻배』를 찍은 이규환을 비롯하여 방한준, 박기채 등 많은 조선인이 조선이름으로 일본 영화계에서 일하고 있었지만 허영의 경우 '밀항'하여 일본에 들어왔다는 점 때문에 조선인임을 숨기고 일본 영화계의 거두였던 마키노 쇼산マキノ省三을 스승삼아 영화계에 입문한 것이다.

이후 일본영화계에 뿌리를 내리기위하여 허영은 마키노マキノ영화사, 쇼치쿠松竹영화사, 신흥교토촬영소新興京都撮影所 등으로 옮겨가며 경험을 쌓고 시나리오 집필도 겸하면서 열의와 성의를 다해 노력한다. 그러던 중 1940년 무렵 일본본토에서 조선영화가 주목을 끌기 시작하자 그는 새삼 자신이 조선인임을 밝히기 시작했으며, 1041년에는 영화감독의 꿈을 이루기 위해 시대흐름을 탄 새로운 영화를 만들려고 조선으로 돌아온다.

당시 조선에서 일제는 문화 선전 정책의 일환으로 조선영화령을 제정하는 등 영화 통제 체제를 구축하고 있는 상황이었다. 영화령의 주요

---

1) 內海愛子, 村井吉敬, 『シネアスト許泳の「昭和」』, 凱風社, 1987.

내용은 영화 사업과 종업자從業者의 등록제, 대본 사전 검열, 문화 영화 강제 상영, 외국 영화 수입 제한, 국가에서 인정한 영화 이외의 영화 상영 시에 연소자의 영화관 입장금지 등 이었다. 이러한 영화 통제 체제로의 전환과 동시에 일제는 선전 영화, 국책영화를 제작, 배급하는 통로를 갖추게 되었다. 즉, 영화의 대중화라는 측면을 이용하여 내선일체와 징병제 등의 전쟁 이데올로기를 담은 영화를 조선인의 교화에 적극적으로 활용했던 것이다.

이러한 문화, 예술계의 상황 속에서 허영은 신문에서 조선인 지원병으로 전사한 이인석의 기사를 읽고 조선의 지원병 제도를 조사한 뒤 시나리오 <그대와 나>를 쓰게 된다. '내선일체'라는 시대의 흐름을 간파한 그의 시나리오는 조선군 사령부의 전폭적인지원 속에서 마침내 영화화된다.

1941년 개봉된 이 영화는 조선인의 지원병 응모와 출정 과정을 중심으로 하여, 조선인 지원병과 일본인 여성과의 결혼을 둘러싼 다양한 에피소드가 등장하지만, 궁극적으로는 조선인 청년의 전쟁 동원을 권고하는 내용이다. 일례로 조선인의 전쟁참여와 내선일체의 이념은 영화에서 조선인 지원병의 군대생활과 일본여성과의 '내선결혼'으로 그려져 있다. 허영에 따르면 "きみ君 즉 그대란 일반 내지인의 총칭"이며, "僕즉 나는 일반 조선인의 총칭"으로, 그대와 내가 손을 잡고 대동아공영의 초석이 되어야 한다는 것이다.[2]

일제침략기의 대표적인 국책선전 영화로 꼽히는 이 영화에는 조선은 물론 일본, 중국의 스타가 대규모로 출연했으며 조선과 일본에 대대적으로 동시 개봉되었다. 당시 허영이 무명에 가까웠고 『그대와 나』가 그의 첫 데뷔작이라는 점을 생각하면 이 영화에 대한 일본군과 총독부의 선전과 지원이 각별했음을 짐작할 수 있다. 그러나 대부분의 국책영

화가 그러하듯 작품성에 있어서는 졸작이라는 혹평을 받았다.

한편,『그대와 나』이후 허영은 일본군 선전반에 소속되어 인도네시아로 건너간다. 다음 영화제작의 기회를 노리고 일본군과 함께 활동장소를 남방으로 옮긴 것이다. 인도네시아를 점령한 일본군의 문화정책의 일환으로 허영은 이곳에서『호주를 부르는 소리豪州への呼び声』(1943)를 제작하게 된다. 일제는 진주만 공격의 여세를 몰아 네덜란드의 점령지였던 인도네시아로 진출하여 인도네시아를 손에 넣는다. 당시 일본군 선전반의 일원으로 자카르타에서 생활한 허영은 선전영화『호주를 부르는 소리』의 각본과 연출을 맡았다.

『호주를 부르는 소리』는 일본군에게 수용되어 있는 연합군 포로들이 제네바 협정에 따라 제대로 처우를 받고 자유롭게 생활하고 있다는 사실을 대외적으로 선전하기 위한 영화이며, 일반 극장에서 공개되는 극영화가 아니라 군의 새로운 작전 전개에 협력하는 '모략영화'였다는 점에서 주목을 끈다.

이외에도 허영은 몇 편의 전략영화를 만들지만 일본의 패전과 함께 이러한 친일행보는 멈추게 된다. 그리고 단파방송을 통해 고국에서 친일파를 처형한다는 소식을 들은 그는 결국 귀국을 포기하고 만다. 이후 허영은 고국으로 돌아오지 않고 닥터 '훙'이라는 이름으로 인도네시아에 머물면서 독립한 인도네시아를 네덜란드를 재침공할 무렵 인도네시아 독립을 위한 영화를 만든다.

『하늘과 땅 사이에서天と地のあいだで』를 비롯하여,『레스토랑의 꽃レストランの花』,『스포츠 하는 여자スポーツする女』등이 이 무렵의 작품이다. 그 중『하늘과 땅 사이에서』(1951)는 인도네시아 영화사에서 기념비적인 작품으로 평가되고 있으며, 영화인과 연극인을 육성하기 위해 허영이 인도네시아에서 설립한 <키노드라마 아틀리에>라는 영화연극학교는 인도네시아 영화의 출발점이라는 평가를 받고 있다.[3) 이곳에서 만든『프리에다フリエダ』는 인도네시아의 독립전쟁을 소재로 한 영화로,

그 원작이 바로 『하늘과 땅 사이에서』이다.

네덜란드 식민시대에 반발하는 세력과 일본군정, 그리고 인도네시아의 독립운동을 배경으로 하여 네덜란드와 자바의 혼혈인 프리에다의 사랑과 갈등을 그린 이 영화는, 네덜란드와 자바의 어느 사회에도 속할 수 없었던 한 여인이 인도네시아 민족의 일원으로 자각해 가는 과정에 초점이 맞추어져 있다. 일본인 행세를 하면서 당당하게 일제 협력영화를 만들고 자바에서 군의 모략 영화를 감독한 허영이 인도네시아에서 민족적 자각을 다룬 『하늘과 땅 사이에서』를 제작하면서 작품의 방향전환을 보여준 것이다.

허영의 영화인으로서의 인생은 침략전쟁기라는 압박의 시대에 영화에 대한 열정에 충실한 나머지 선택할 수밖에 없었던 삶이라 하더라도 결코 떳떳하지 못한 그의 행적은 식민지 영화인의 어두운 그림자였다. 누구보다도 허영 자신이 그런 사실을 잘 알고 있었으므로 패전이후 그는 『하늘과 땅 사이에서』와 같은 영화를 만들면서 인도네시아인 닥터 훙으로 살아간 것이다.

인도네시아에서 허영은 <재 자바 조선인 민회>의 활동 중 알게 된 군속출신 김선기에게 다음과 같은 고백을 한다.

> 당신들은 많은 인원으로 여기에 와서 군의 일을 했소. 그것은 군의 명령이었지요. 그러나 나는 개인으로서 조선총독부를 움직이고, 조선군사령부의 후원을 받아 영화를 만들었고, 『그대와 나』는 모두가 알고 있는 영화입니다. 히나쯔 에이타로가 허영이라는 것도 알고 있고, 게다가 나는 조선어가 서투릅니다. 조선인인데 조선 역사도 모릅니다. … 이제 와서 일본에 돌아간다 해도 별 수 없을 것이고, 그렇다고 조선에 돌아가도 친일파라고 규탄을 받을지도 모릅니다. 정말 어떻게 하면 좋습니까?[4]

---

3) 사토 다다오, 유현목 역, 『일본영화이야기』, 다보문화, 194~196쪽.
4) 内海愛子, 村井吉敬, 『シネアスト許泳の「昭和」』, 앞의 책, 191쪽(번역−논

이후 허영은 조선에 돌아가는 것을 단념하고 이국땅에 정착하기로 결심한다. 일제 침략기에 조선과 일본의 틈새에서 영화감독으로서의 성공을 위해 국적을 숨기고 살았던 그는 패전이후에도 영화감독으로서 살아가기 위해(그가 인도네시아에서 만든『하늘과 땅 사이에서』가 상징하듯) 조선과 인도네시아 사이에서 서성이다 삶을 마감한 것이다.

Ⅲ. 친일영화『그대와 나君と僕』

1941년에 개봉된 일제의 군국주의에 협력하는 국책영화『그대와 나』는 조선출신 영화인 허영이 시나리오를 쓰고 감독한 작품이다. 이 영화의 기획과 연출이 일제 주도로 이루어진 것이 아니라 조선인 감독의 제안에서 비롯되었다는 점에서 보면 효과적인 '내선일체'의 실천이었던 셈이다. 실제 내용에 있어서도 조선과 일본의 청년이 하나로 마음을 모아 모든 사심을 버리고 성스러운 전쟁에 참가하여 천황에게 충성을 다한다는 국책영화의 표본과 같은 작품이라 할 수 있다.

예를 들면 영화 속에서 창씨개명을 한 네 명의 조선청년은 "내지의 청년들에게만 이 중대한 시국의 모든 책임을 지게 해서는 안 된다. 우리 조선 청년들이 총을 들고 황국을 위해 일어나야만 한다."며 내선일체를 결의한다. 이들은 솔선수범해서 일본군에 자원입대하고 있으며, 한 일본인이 "내선결혼은 우생학적으로 아주 좋으며, 후생성이나 총력연맹總力聯盟에서도 내선결혼을 특별히 장려한다"는 점을 들어 자신의 친척義妹에게 조선인 지원병과의 결혼을 권유하기도 한다.

이효인이 정리한 친일영화작품에 대한 분류에 따르면『그대와 나』는 조선인들에게 황국신민이 될 것을 강요하는 작품군에 속하는데,5) 이를 참고로 이 작품의 영화사적 의미를 고찰해 보면 이 영화

문저자).
5) 이효인,『한국영화역사강의1』, 이론과 실천, 1992, 286~287쪽.

가 조선인에게 직접 보여주기 위한 선전용의 극영화로 제작되었다
는 사실을 알 수 있다.

우선, 이전에 발표된 '내선일체' 또는 '지원병'을 다룬 영화가 영화로
서의 재미가 없는 문화영화였던 점에 비해, 『그대와 나』는 조직적으로
관객을 동원하기 위한 영화라는 차이가 있다. 이 영화가 일본과 조선에
동시 개봉되었으며, 학생을 비롯한 많은 사람들이 반강제적으로 영화
관람에 동원되었다는 사실이외에도 조선, 만주, 일본의 스타들이 출연
하고 총출동해서 적극적으로·영화를 홍보했다는 점이 이전의 선전영
화와는 다른 의미를 가지는 것이다.

그리고 내용적으로는 이전에 비해 내선일체의 메시지가 다양하게
그려져 있다는 특색이 있다. 당시의 국책선전영화에 흔히 등장하는 조
선인과 일본인 사이의 '내선결혼'이나 지원병 문제뿐만 아니라 생활전
반에 걸친 내선일체의 실천이 두드러진다. 예를 들면 이 영화에서는 주
인공의 부모를 제외한 모든 조선인이 일본어를 사용하고 있으며, 백제
를 매개로 한 내선일체의 역사상의 설명이 첨가되거나, 조선과 일본인
여성이 서로 전통 의복을 바꿔 입는 장면도 등장한다.[6]

이와 더불어 『그대와 나』에는 조선의 지방색과 일본인의 '조선이해'
가 강조되어 있다. 김치를 좋아하는 일본인 박물관장, 조선인 여성의
한복을 입어보고 즐거워하는 일본여성에 대한 묘사 및 중국대륙으로
일본인 병사가 송출되는 통과지점으로 서울역 장면이 그려져 있는 점
을 일본인의 '조선이해'가 강조된 부분이라 할 수 있다. 동포로서 조선
인을 존중하는 일본인의 모습을 부각시키는 역할을 하기 때문이다. 그
러나 '본토'일본인이 '반도의 동포'를 이해해야 한다고 말하는 일본병
사의 대사에는 조선인의 철저한 '본토화'와 그를 위한 '피의 일체'를 요

---

6) 『그대와 나君と僕』의 시나리오는 飯島正, 日夏英太郎의 「シナリオ君と僕」
(『映画評論』 1941.7)를 통해 살펴볼 수 있으며, 內海愛子, 村井吉敬 『シネ
アスト許泳の「昭和」』(앞의 책, 76~81쪽)에는 시나리오 초抄가 실려 있다.

구하는 내선일체의 이념이 전재되어 있다.

이외에 『그대와 나』에 등장하는 인물들이 대부분 이상적이고 모범적인 인간형으로 묘사되어 있다는 특징을 들 수 있다. 즉 일본인과 조선인 모두 책임감이 뛰어나고 애국정신이 투철한 인물로 그려져 있는데 이 점은 같은 시기에 제작, 발표된 선전영화의 유형적 특징으로 일본정신이 내면화 된 바람직한 인간형을 제시하기 위한 것이라 이해된다.

Ⅳ. 침략전쟁기의 일본과 조선의 영화산업의 양상

허영이 영화감독의 꿈을 안고 영화계에 입문한 1930년대의 일본 영화계에서는 무성영화에서 유성(발성)영화로 전환이라는 하나의 변혁이 일어난다. 1935년에는 모든 영화가 발성영화로 바뀌게 되는데, 허영은 무성영화가 발성영화로 넘어오는 변혁기에 직접 시나리오를 쓰면서 영화감독으로서의 성공을 꿈꾼 것이다. 일본 군부 역시 이러한 시기에 영화라는 장르를 대중에 대한 선전과 통제의 수단으로 이용하게 된다. 즉, 영화의 대중성과 그에 따른 사회적 영향력을 간파하고 국가의 이데올로기를 전파하는 수단으로 영화를 활용하는 한편, 중일전쟁 이후의 전시 체제의 유지를 위해 제작된 영화를 간섭하고 통제하게 된 것이다.

당시 무성영화시대에 접어들어 있던 일본에서는 마키노 영화가 흥미 있는 내용으로 유명했으며, 우수한 각본가를 키우고 수많은 스타를 배출하며 1930년 전후로 전성기를 구가하고 있었다. 일본영화계의 거물이었던 마키노산쇼マキノ三省의 이름을 딴 이 영화사는 재능만 있으면 누구라도 각본을 선보일 기회를 주는 곳이었으므로 허영도 신진작가의 한 사람으로 각본을 쓰기 시작했다고 한다. 허영의 말에 의하면, 이곳에서 그는 타이틀에서부터 현상, 카메라, 배

우의 일까지 두루 섭렵했다고 한다.[7]

하지만 이처럼 밝고 활기찬 분위기가 충만했던 마키노 영화사가 빈번한 쟁의 및, 소화昭和의 공황 속에서 붕괴해 버리자 허영은 1933년 마키노 출신 감독의 추천으로 쇼치쿠松竹영화사의 조감독으로 들어간다. 쇼치쿠는 당시 일본영화계에서 시대극의 메카로 불렸던 영화사이다. 쇼치쿠에서 허영은 전통활극인『츠지기리잔게辻斬ざんげ』의 각색자로 참가하게 되며, 당시 최고의 감독인 기누가사데이노스케衣笠貞之助의『오사카 여름의 진大阪夏の陣』의 제작에 참여한다. 조감독 일을 하던 중 국보였던 히메지 성의 석벽을 폭파한 사건으로 인해 허영은 다시 신흥 시네마로 일자리를 옮겨가게 되고 일본의 초기발성영화계의 감독이 되고자 하는 허영의 욕망은 1941년 이후 조선의 영화계로 이어지게 된다.

일제는 침략전쟁이 확대된 1930년대 말 이후 영화법과 영화령을 통해 영화통제체제를 확립한 뒤 영화제작은 물론 배급과 흥행에까지 규제하기 시작했으며, 조선에 대해서는 1940년 조선총독부를 통해 조선영화령을 공포하여 검열과 선전, 국산영화의 보호라는 측면에서 가장 엄격한 영화통제를 실시하고 있었다. 1937년 8월 조선청년의 강제동원을 위해 지원병 제도를 선포하고 영화법을 새로 공포한 일제는 이듬해인 1938년에 조선총독부를 통해 조선의 언어금지법을 제정하여 일본어 사용을 강요하였다. 이로 인해 당시 무성영화에서 유성영화로 전환되기 시작한 조선영화는 직, 간접적인 영향을 받게 되었다.

1935년 10월 4일 최초의 조선어 발성영화『춘향전』이 단성사에서 개봉되어 성황을 이루었으며 제작자를 제외한 각색, 감독, 촬영, 녹음, 조명, 편집, 현상, 음악 등 모든 분야에 조선인이 기술진으로 참여한 이 영화는 흥행에 있어서도 성공적이었다.[8] 이러한 상황 속에

---

7) 허영,「『그대와 나』를 말하는 좌담회에서」『삼천리』 9월호, EBS방송, 1941, 115쪽.

8) 이화진,『조선영화－소리의 도입에서 친일 영화까지』, 책세상, 2005, 27쪽.

서 내려진 여러 재제적인 조치들은 조선영화에 대한 표현의 자유
를 박탈하게 되었으며, 일본영화사와의 합작을 유도하여 군국주의
적인 영화로 제작방향을 전환시키게 되었다. 결국 이러한 식민지
문화에 대한 통제 체제로 인해 발전선상에 있던 당시의 조선영화
는 위축되기 시작했으며, 일제는 '내선일체', '황국신민화' 등을 주
입하기 위해 영화를 적극 활용하게 된 것이다.

V. 맺음말

허영, 아니 조선출신의 영화인 '히나츠 에이타로'는 일본영화계
에 뿌리를 내리기 위하여 스스로 시나리오 집필도 겸하며 열의와
성의를 다해 노력한 결과 영화감독으로 성공하게 되지만, 그가 만
든 영화의 대부분은 국책영화이다. 조선총독부의 학무부장이 "될
수 있는 한 모두가 보도록" 지시를 내렸다는 『그대와 나』를 비롯하
여, 일본군의 새로운 작전의 전개에 협력하는 선전모략영화 『호주
를 부르는 소리』 등을 제작하게 된 것이다. 이와 같은 '히나츠'의 일
련의 국책영화 제작은 영화라는 예술장르에 대한 열성과 예술적
감수성에 식민지출신으로서 현실적인 성공을 갈구하는 인간적인
욕망이 복잡하게 뒤엉킨 결과로 볼 수 있다.

일반적으로 알려진 바와 같이, 친일적 태도를 취한 문화인에 대한
연구는 문필활동을 한 문학인들에 대한 연구에 치중되어 있다. 그 중
대부분은 일본 유학을 경험한 뒤 조선으로 돌아와 일본의 침략전쟁을
고양시키는 문장을 발표한 문예인의 친일 행적을 분석한 것이며, 일본
내에 정착하여 활동을 계속한 여러 분야의 조선출신의 문화인들에 대
한 실태파악 및 조사는 아직 충분히 이루어져 있지 않고 있다.

그런 의미에서 볼 때 조선출신 영화인 허영에 관한 연구는 당시로
서는 새로운 예술장르인 '영화'라는 매체를 통한 친일활동의 양상을 엿

볼 수 있게 한다. 특히 허영의 경우, 무성영화가 지배하던 시절에 일본 영화계에 입문하여 유성영화(발성영화)로 넘어오는 변혁기에 직접 시나리오를 쓰면서 왕성한 작품 활동을 한 인물이다. 그의 영화인으로서의 삶이 일본의 영화산업의 발전과 맞물려 있으며, 친일적 영화작업은 침략전쟁기의 일본 영화산업의 특징을 드러내고 있는 것이다.

침략전쟁의 수단으로 이용되기도 했던 일본영화의 흐름 속에서 전시戰時라는 시대적 상황을 활용하여 감독으로 성공한 허영의 삶을 본 연구에서는, ① 조선출신 영화인 허영의 삶과 친일행적, ② 국책영화『그대와 나』의 분석, ③ 침략전쟁기의 일본의 영화산업의 양상이라는 세 가지 사항으로 정리하여 고찰해 보았다.

그 결과 ①의 연구에서는, 일제시대에 만주에서 조선인으로 태어나서 일본인으로 변신하여 일본의 영화감독으로 성장한 친일 모략영화의 달인 '허영'의 친일행적이, 침략전쟁이라는 시대적인 상황 속에서 영화감독으로 살아가기 위해 선택할 수밖에 없었던 삶이었음을 알 수 있었다.

물론 허영의 행적을 살펴볼 때 식민지 출신이라는 약점과 영화제작이 공동작업의 산물이라는 점, 그리고 시대분위기를 거스를 수 없었던 사정도 고려되어야 할 것이다. 하지만 같은 시기에 조선이름으로 일본 영화계에서 활약한 조선출신 영화인이 다수 있었으며, 그들이 일본인 동료들과의 영화제작에 있어서 특별한 차별을 받지 않았다는 사실은 허영의 '히나츠'로서의 삶이 영화를 향한 열정과 현실적인 성공을 꿈꾸는 식민지 출신의 젊은 예술인의 욕망에 의한 것임을 짐작하게 한다. 종전 후 허영이 고국으로 돌아오지 않고 인도네시아에 이주하여 닥터 홍으로서의 삶을 선택했다는 점에서도 '영화'에 대한 그의 열정과 집착을 엿볼 수 있다.

②의 연구에서는, 허영의 시나리오『그대와 나』를 분석하여 친일영화로서의 특색을 살펴보았다. 허영은 일찍이 일본의 문학자 히나츠 코

노스케日夏耿之助의 작품에 감화를 받은 문학청년이었다고 하지만,[9]
『그대와 나』에 그려진 획일적이고 군국적인 인물상을 통해 허영의 문
학적 자질과 감수성을 가늠하기는 힘들다. 시나리오를 통해 영화인으
로서의 허영이 아닌 시나리오 작가로서의 일면에 접근하기 위해서는 『그
대와 나』라는 작품이 시대적 요구에 의한 국책영화라는 제약을 충분히
고려해야 할 듯하다.

③의 연구에서는, 허영의 영화감독으로서의 측면에 주목하는 한편,
침략전쟁기의 일본의 영화산업의 양상을 고찰해 보았다. 무성영화에서
발성영화로 접어드는 상황은 물론, 허영이 몸을 담게 되는 마키노 영화
와 쇼치쿠 영화, 그리고 국책영화로 흐르게 되는 시대적 상황 등 일본
영화산업의 변혁과 발전의 구조적인 특징을 살펴본 것이다.

이상의 내용에 있어서 국내의 자료와 선행연구는 극히 미비하다.
허영의 주된 활동무대가 일본이었다는 점을 생각하면, 현지에서의 허
영의 행적은 물론 시나리오와 영상 자료에 관한 수집 및 조사가 보다
더 철저하게 선행되어야 할 것이다.

뿐만 아니라 문예인과 비교해 볼 때 상대적으로 알려지지 않은 영화
인의 작품에 대한 다각적인 고찰을 통하여 조선출신 영화인의 활동이
영화사적인 측면에서도 재조명되어야 할 것이다. 일본의 근대문학과 문
화 및 문물이 여명기의 한국 근대문학·문화에 끼친 영향을 인정할 수밖
에 없는 현실 속에서 이들 조선출신 문학·문화인들의 예술적 성공은 중
요한 의미를 띠고 있으며 추후 반드시 연구되어야 할 과제이다.

---

9) 內海愛子, 村井吉敬, 『シネアスト許泳の「昭和」』, 앞의 책.

참고문헌

內海愛子·村井吉敬, 『シネアスト許泳の「昭和」』, 凱風社, 1987

田中純一郎, 『活動寫眞がやつてきた』, 中公文庫, 1985

稻垣浩, 『日本映畫の若き日々』, 中公文庫, 1983

內海愛子, 『朝鮮人BC級戰犯の記錄』, 勁草書房, 1982

內海愛子·村井吉敬, 『赤道下の朝鮮人叛亂』, 勁草書房, 1980

이효인, 『한국영화역사강의1』, 이론과 실천, 1992

이화진, 『조선영화―소리의 도입에서 친일 영화까지』, 책세상, 2005

김경식, 「일제시대 한국인의 정서에 미친 친일영화에 대한 고찰」, 청주대 석
　　　사논문, 1998

제4편

조선인 전범, 그리고 한간

침략전쟁시기 조선인 전범집단에 대한
형사법적 고찰*

김 용 희**

I. 들어가는 말

본 논문은 일제침략기 일본의 전쟁책임을 추궁 받아 전쟁범죄자가 된 조선인 집단에 관한 연구이다.

1945년 7월 26일 미국 영국, 중국의 수뇌들은 독일 포츠담에서 일본의 무조건적인 항복을 요구하며 12개항을 요구하였다. 그 중 10항은 "우리들의 포로를 학대한 자를 포함한 일체의 전범에 대하여 엄중한 처벌을 가한다"는 내용으로서 전쟁범죄자의 처벌에 관하여 요구하고 있다.

일반적으로 전쟁범죄라 함은 전쟁 중 또는 전쟁과 관련한 시기에 군인이나 경찰, 공무원은 물론이고 민간인들에 의하여 교전 당사국 또는 중립국 영역에서 행하여진 전쟁법규에 위반한 폭력적 행위를 말하

* 이 논문은 2003년도 한국학술진흥재단의 지원에 의해 연구되었음(KRF-2003-073-AM1001).

** (前) 경성대학교 연구교수

며, 전범은 A급 전범과 B·C급 전범으로 분류된다. A급 전범이란 침략전쟁에 대한 공동모의, 기습개전에 의한 살인과 잔학행위자 등 평화에 대한 범죄자로서 국제군사재판소에서 연합국 모든 정부의 공동 결정에 따라 재판을 받게 되어 있고, 전쟁법규를 위반하여 이루어진 살해, 학대, 약탈 등의 통상적인 전쟁범죄자인 B급과 민간인에 대한 살해, 학대, 약탈을 한 비인도적인 범죄자인 C급 전범은 범행지에서 개정된 법정에서 범행지의 법에 따라 재판을 받게 되어 있다.

B·C급 전범재판은 일본을 포함한 아시아 49개의 법정에서 열렸으며 5,700명이 전범으로 기소되었다. 이들 중에 조선인 148명(사형 23명 포함)이 포함되어 있다. 이들 중 군인은 3명에 불과하며 나머지 145명은 중국대륙에서 통역으로 징용되었던 16명(사형 8명, 유기형 8명)을 포함한 129명의 포로감시요원이었다. 일제침략기 포로감시요원으로 전쟁에 동원된 조선인 청년은 총 3,000명으로 그 중 129명이 전범으로 처벌되었다.

그동안 일제에 의해 강제 연행된 징용자와 종군위안부(일명 정신대)에 관한 연구는 상당한 진척을 보이고 있으나 전범에 관한 연구는 관심의 대상에서 제외되어 왔다. 이는 이들 집단이 일제의 침략전쟁에 가담한 무리라는 점과 전범이라는 개념 자체가 지니는 반인륜성 내지는 반역사성 때문이 아니었던가 하는 것이 필자의 추론이다.

그러나 조선인 전범이 존재한다는 사실은 역사 속에 묻어 둘 수만은 없는 존재의 문제로서 이에 대한 학문적 접근이 필요하다. 필자는 법학적 관점에서 이들에게 내려졌던 전쟁범죄의 책임이 과연 정당하고 적정했는가에 관하여 객관적으로 고찰해 보고자 한다. 물론 이 주제는 역사적 사실에 관한 평가로서 하나의 사실만을 취해 법학적 잣대로 평가할 수 있는 성질의 것이 아니라는 점을 필자도 알고 있다. 따라서 본 논문은 일본군당국의 포로관리정책을 고찰한 후에 법학적 관점에서 접근해 보고자 한다.

Ⅱ. 일본정부의 포로관리 정책

1. 포로관리 정책

일본정부는 전쟁 개시 후 즉각 포로관리를 위한 정보국을 설치할 것을 규정한 제네바 조약의 의무규정에 따라 1941년 12월 27일 육군대신의 관리하에 포로정보국을 설치하였다. 그러나 이 조직은 포로에 관한 정보교환과 수집을 위한 조직으로 포로취급에 관한 구체적인 업무를 관장하고 있지는 않았다. 그 후 1942년 3월 31일 "포로취급에 관한 규정"을 발령하고 육군성 군무국 내에 포로 및 전투지 내에서의 억류자의 취급에 관한 일체의 사무를 전담할 부서로 포로관리부를 설치하였다.

일본정부는 포로관리를 위한 기구는 정비하였으나 당시 남방작전에 전념하고 있던 일본군으로서는 포로들의 처우에 관해서는 관심이 없었던 것으로 보인다. 田中隆吉(다나카류키츠)의 증언에 의하면,[1] 1942년 4월 26일경 육군내의 각 부국 국장회의에서 上村(우에무라)정보국장은, 일하지 않는 자는 먹어서도 안 된다는 일본국내 정서에 맞게 포로 전원을 강제노동에 복역 시킬 것과 포로수용소를 남방 각 지역 뿐만 아니라 일본국내, 대만, 조선, 만주, 지나 등에 설치하여 백인우월사상에 고취되어 있는 동아시아 각국의 민족에게 일본에 대한 신뢰감을 일으키도록 할 것을 제안하였고, 東條英機(도죠히데키)육군대신은 이를 받아들였다고 한다.

이러한 일본육군의 결정은 명백한 제네바협정 위반이며 연합군포로에 대한 무자비한 강제노동으로 현실화되었다. 또한 이 결정에 따라 조선 내에도 연합국 포로수용소가 설치되었다. 1942년 12월 28일 井原潤次郎(이하라준지로)조선군참모장이 木村兵太郎(키무라헤이타로)육군차관에게 보낸 전문에 의하면 조선인들의 영·미인에 대한 존경심을 없애고 필승

---

1) 極東國際軍事裁判 速記錄 144号.

의 신념을 확립하기 위해서는 영미포로 1,000명을 조선에 수용하여야 하
며, 이를 위해서 경성부의 신학교 2개교와 평양부의 외인학교 및 신학교
를 수용소로 충당할 것을 희망한다고 보고하고 있다. 이 전문에 대해 육
군차관은 백인포로 1,000명을 보낼 것이나 시기와 상세한 내용은 후에
통지하겠다는 전문을 보내며 수용소로 예정하고 있는 장소가 백인들을
우대할 염려가 있는 장소이므로 새로운 장소를 물색할 것을 지시하였
다.[2] 이에 따라 조선군 사령관은 육군대신에게 "조선포로수용계획"을 작
성하여 보고하였다. 결국 일본정부는 연합군 포로를 사상 선전의 도구로
활용하였으며 이 역시 제네바 협약의 정신을 위배하고 있던 것이다.

 이러한 일본의 포로관리 정책에 대해 미국의 루우즈벨트 대통령은
1942년 8월 21일에 "추축국들에 의하여 벌어진 전쟁범죄를 잘 인지하고
있으며, 장차 이루어질 기소에 유럽과 아시아에서의 야만적 범죄에 관
련된 정보와 증거가 적절히 이용될 것"이라고 경고 하였다.[3] 연합국
측에 의한 이러한 경고와 항의는 수없이 제기되었으며 스위스 공사를
통한 포로수용소 방문요청만도 134회에 이르렀다고 한다. 1942년 9월15
일 王崛西(탄니시)스위스 공사가 일본의 총리대신에게 보낸 항의서한에
의하면 <총리대신각하 영국정부로부터 항의서한을 일본정부에 제출하
도록 요청을 받아 각하께 통보할 수 있어 영광입니다. 확실한 소식통에
의하면 蘭貢형무소에 수용되어 있는 포로는 다음과 같은 취급을 받는
다. ① 식사는 하루 2회로 하고, 빵과 소금 약간의 물과 가끔 야채를 배
급함. ② 포로는 거친 삼베 또는 널빤지만을 깔고 수면을 취한다. ③ 담
배는 지급되지 않는다. ④ 포로의 신발은 몰수하고 맨발로 중노동을 시
킨다. 이러한 비인도적 처우로 인해 포로들의 몸 상태가 쇠약해져 요양
을 요할 상태에 있음. 영국정부는 원격 작전지구에서 행해지고 있는 야

---

2) 極東國際軍事裁判 速記錄 146号.
3) United Nations Information Organization, Information Paper, no.1, 1946, pp.
   7~8.

만적 행위에 대해 육군당국이 일본정부가 알지 못하도록 하고 있다고 생각한다. 앞서 언급한 ①, ②, ③에 대하여는 해명이 있을지 몰라도 포로의 신발을 몰수한 것에 대하여는 어떠한 해명도 있을 수 없다. 따라서 영국정부는 이러한 조약위반행위에 대하여 강경하고 항의하고 바로잡을 것을 요구 한다[4]>고 적고 있다.

연합국 측의 이러한 항의서한은 일본군대에 의한 포로학대에 관해 책임을 묻겠다는 강한 의지의 표현이며, 일본정부도 이에 대해 예측하고 있었던 것으로 보인다. 1945년 8월 20일 각 지역의 포로수용소장에게 발신된 긴급전문에 의하면 포로 및 억류자를 학대한 자나 포로로부터 악감정을 품게 만든 직원은 신속·비밀리에 전출시킬 것을 허가한다. 또한 적들이 소지하게 되면 불리한 서류나 비밀서류는 반드시 폐기할 것을 명하고 있다.[5]

이러한 점에 비추어 볼 때 일본정부나 일본군대는 포로의 학대가 전쟁범죄로 책임을 부담하게 된다는 것을 알고 있었던 것으로 보인다. 결국 일본군은 포로수용소의 편성에 있어서 앞으로 발생할지도 모르는 책임을 고려하여 감시요원을 식민지출신을 사용한 것으로 보인다.[6]

2. 포로관리정책의 실태

1) 태면철도 현장

1942년 6월에 결정된 태면철도 건설은 총 414.916Km에 이르는 대공사로서 태국포로수용소에서 45,000명 말레이시아포로수용소에서 10,000을 동원하였으며, 이 공사에는 태국, 미얀마, 인도네시아, 말레이시아에

---

4) 極東國際軍事裁判 速記錄 148號.
5) 極東國際軍事裁判 速記錄 148號.
6) 同旨 ; 內海愛子, 朝鮮人 BC級戰犯の記錄, 勁草書房, 2003, 203~204쪽.

서 동원된 노무자도 7만에서 10만 명에 이르는 것으로 추산된다.

　태면철도는 태국과 미얀마 사이를 잇는 대공사로 오지의 정글을 개척해야하는 난공사로 불리 운다. 이 공사는 보통 5~7년의 장시간이 걸리는 공사임에도 불구하고 대본영의 일본군당국은 1년 4개월의 공기로 작업을 강행했다. 그 결과는 실로 참담했다. 작업 기간 중 1만 3천 명의 포로가 강제노역으로 인한 영양실조와 열대의 풍토병으로 사망하였고, 3만 3천 명이나 되는 노무자도 작업 중 사망한 것으로 보고 되고 있다.

　당시의 상황에 대해 극동국제군사재판 속기록을 살펴보면 다음과 같이 기술되어 있다. 철도건설수용소 생활은 건물에는 지붕도 없고 음식물은 쌀과 야채 또는 쌀과 콩즙이 전부였다. 하루 종일 진흙과 물속에서 공사를 해야 하는 우리들의 의복과 신발은 늘 너덜너덜 해져있었고 갈아입을 옷이나 신발도 없었다. 결국 신발 없는 우리들은 맨발로 철도에 깔아 놓은 돌 위를 가로질러야 했다. 이들의 평균노동시간은 12시간에서 14시간으로 오전 8시에 나가 오후 10시에 돌아오는 것이 일과였다고 기록하고 있다.[7]

　열대정글에 대한 사전준비 없이 시작한 일본군당국의 대공사는 우기에 내리치는 폭우로 보급선이 끊긴 상황하에서도 강행되었으며 그 결과는 1일 100g의 쌀배급으로 1개월 이상을 견디어야하는 혹독한 상황으로 이들을 내몰았다. 이러한 상황은 포로 4명 중 1명이 사망하는 엄청난 재앙을 초래했고 이에 대한 책임은 전적으로 포로들의 식량배급 및 관리를 담당했던 포로감시원과 작업을 지휘했던 철도대의 책임으로 귀결되었다.

　철도대는 포로를 이용하여 노반구축과 레일부설공사를 진행하였으며, 수용소측은 포로를 관리하고 철도대가 요구하는 작업인원을 뽑아 인도하는 역할을 담당했다.

---

7) 極東國際軍事裁判 速記錄 133号.

2) 스마트라석유기지 파렌반 현장

파렌반은 동남아시아 최대의 석유기지로서 일본군에 있어서는 절대방위의 군사적 요충지였다. 이러한 점 때문에 일본군은 1943년 12월 28일 파렌반에 제9비행사단을 신설하였으며, 항공방위를 위하여 석유기지를 중심으로 500km에 걸쳐 방공정보망을, 50km권내에 방공비행장을, 20km권내에 지상방공포진지 구축을 계획하였다. 이러한 계획의 일환으로 파렌반 시가지로부터 75km와 50km 지점에 비행장을 건설하는 대공사를 시작하였다.

이 공사는 포로들을 동원한 강제노동으로 오직 곡괭이와 삽에 의존한 무모한 공사였으며, 이들은 1일 7시간에서 8시간의 중노동에 혹사당하였다. 적도 바로 아래서의 비행장 건설노동은 이들의 체력을 한계상황으로 내몰았고, 부실한 급식은 모든 포로들을 영양실조의 상태로 몰고 갔다.

당시 포로들의 급양상태는 1944년 6월 19일에 제출된 "포로의 미맥 급여 정량에 관한 통지"에서 살펴볼 수 있다. 이 통지문은 포로에 대해서는 노동 및 건강상태를 고려하여 수용소장이 그 지급량을 정할 수 있으며, 또한 중노동에 종사하는 자를 제외한 나머지는 장교와 장교에 준하는 자는 1일 미맥 390g, 준사관·하사관·병사 및 이에 준하는 자는 1일 미맥 570g으로 규정하고 있다.[8]

그러나 말레이시아 포로수용소장이었던 사이토소장은 비행장 건설이 끝나던 1944년 5월 이후 1일 400g, 환자는 1일 180g으로 급식량을 줄여 버렸다. 이러한 감량급식은 중노동에 시달렸던 포로들을 죽음으로 내몰았고 급기야 패전 때인 1945년에는 6월에는 42명, 7월에는 99명, 8월에는 135명이 영양실조와 누적피로로 사망하였다.[9]

---

8) 捕虜情報局 「捕虜ニ關スル諸法規類集」
9) 極東國際軍事裁判 速記錄 137号.

3) 중부스마트라 횡단철도현장

1944년 초 파렌반 비행장건설을 끝낸 일본군은 중부스마트라와 말레이시아를 잇는 220km 횡단철도공사에 포로들을 투입하였다. 이 현장에는 태면철도현장에서 난공사를 이끌었던 철도9연대4대대를 투입하며, 노동력은 파렌반 현장에 동원되었던 1,500명의 네델란드 포로와 자바인 노동자들을 투입했다. 당시의 상황에 대하여 リンガー(린가)소령은 1945년 8월 15일 개통식에 맞추려 걸을 수 있는 포로는 모두 공사에 동원되었고, 그로인해 포로들의 건강상태는 급속히 악화되었지만 의약품은 전혀 지급되지 않았다. 또한 감시병과 철도대의 혹사 속에 포로들은 전원 피곤에 지쳐 심신이 상실됐다.[10] 더욱이 낮에는 습지와 싸우며 작업을 해야 했고 밤에는 호랑이의 공격을 피해 우리 속에 갇혀 잠을 청해야 했던 포로들은 오랜 강제노동과 부실한 급식으로 인한 영양실조로 죽어갔다.

1944년 11월말 무렵에는 1개월에 80명이 사망하는 사태까지 발생하였으나 일본군당국은 이러한 사태에 대하여 방관하였다.[11] 이 현장은 일본의 패망일에 맞추어 개통되었으나 너무나 많은 포로들의 죽음에 대한 책임은 현장에 있었던 조선인 군속과 일본인 장교, 하사관에게 돌려졌다.

4) 하루쿠섬 비행장 건설현장

대본영의 일본군부는 연합군의 반격에 대비하여 1943년 6월에 반다해에 떠있는 하루쿠섬에 비행장 건설을 지시하였다. 하루쿠섬은 동서 15km 남북10km 정도의 작은 산호초섬으로 수전경작은 물론이고 야채

---

10) 極東國際軍事裁判 速記錄 140号.

11) 內海愛子, 朝鮮人 BC級戰犯の記錄, 48쪽.

도 재배할 수 없는 섬이었다.

극동군사재판속기록에 의하면 자바포로수용소에서 하루쿠섬으로 파견 나온 2,000명의 네델란드 포로들은 절대적인 칼로리 부족과 더욱이 비타민과 염분의 부족이라는 최악의 상황 속에서 하루 10시간의 강제노동에 시달렸다. 대다수의 포로들은 각기병, 말라리아, 이질로 고통받았으며, 병원의 환자들은 굶주림과 싸우며 쥐와 고양이·달팽이 등으로 영양을 보충했으며, 의료공급이 없는 상황에서 15개월 사이에 386명이 병과 굶주림으로 사망했다고 한다.[12]

이러한 상황에 대하여 대본영의 일본군당국도 2,000명이나 되는 포로들을 굶겨 죽일 계획은 없었다고 한다. 문제는 일본군의 보급로가 연합군 측의 잠수함 공격과 폭격으로 무너지면서 반다해의 작은 섬들은 고립되었다고 한다. 살아남은 1,600여 명의 포로들도 1944년 8월 자바섬을 출항하여 자바의 스라바야항까지 귀항하는 동안, 장장 75일간의 항해 속에서 폭격과 질병으로 대부분이 사망하여 자바섬으로 돌아온 포로는 600명 남짓이었다고 전한다.[13]

Ⅲ. 조선인 포로감시원과 전범재판

1. 조선인 전범집단의 형성과정

1) 포로감시요원 모집

조선인 전범은 모두에서 언급한 바와 같이 군인으로서가 아니라, 군속(포로감시요원)으로서 전범이 되었다. 군속이란 군에 고용된 민간인을 의미하며, 그 중 포로감시요원은 일본군에 의해 포로가 된 연합국의

---

12) 極東國際軍事裁判 速記錄 143號.
13) 內海愛子, 朝鮮人 BC級戰犯の記錄, 83쪽.

장병을 감시하고 의식주, 의료, 통신물의 관리 등 포로들의 일상생활을 돌보는 일을 수행하는 자를 말한다.

일본군 군속으로서 포로감시요원을 모집하게 된 배경은 1941년 12월 8일 진주만 공격과 말레이 상륙을 필두로 마닐라(1942년 1월)와 싱가포르(1942년 2월), 자바(3월), 필리핀(5월)에서 찾을 수 있다. 이 시기 일본군의 포로가 된 연합군 병사는 261,000여 명으로 추정 된다.[14] 따라서 일본 군부는 포로관리의 필요성에서 1941년 12월 육군성에 포로정보국을 설치하고 1942년 5월 중순부터 대만인과 조선인을 상대로 포로감시원을 모집하게 된다.[15]

조선 청년들이 일본군 군속으로 전쟁에 참가한 것은 형식적으로는 지원의 형태를 띠고 있다. 그러나 이에 대하여는 보다 사실적으로 접근할 필요성이 있다고 보여 진다. 1937년 6월 일본 육군성이 조선군 사령부에 요구한 "조선인 병역문제에 대한 의견 제출"에 대해 조선군사령부가 제출한 의견을 보면 50년간의 의무교육제도를 통해 조선인의 황민화가 완성되고 정신교육이 철저해진 이후에야 조선인의 병역이 가능하다고 건의하고 있다.[16] 이는 당시 일본정부가 조선인들에게 무기를 들리고 군사훈련을 시키는 것에 대해 강한 불안감을 지니고 있었다는 반증이다.[17] 그러나 전쟁의 확대로 인한 병력부족현상은 잠재적 위험성을 지닌 조선인조차 전장에 동원해야 될 상황에 놓이게 된다. 포로감시원 모집당시 조선의 사정은 농촌경제의 몰락으로 많은 조선인들

14) 鄭惠瓊, 「일제 말기 조선인 군노무자의 실태 및 귀환」『한국독립운동사연구』 제20집, 2003, 61쪽.

15) 김도형, 「해방전후 자바지역 한국인의 동향과 귀환활동」『한국근현대사연구』 24, 2003, 155쪽.

16) 舊陸軍海軍文書 NO. 678 別冊二, 朝鮮人志願兵制度ニ關スル意見(日本國會圖書館所藏).

17) 同旨 ; 鄭惠瓊, 「일제말기 조선인 군노무자의 실태 및 귀환」『한국독립운동사연구』 제20집, 2003, 60쪽.

이 징용과 해외이주로 내몰고 있었고, 또한 패색이 짙어진 일본은 조선에서 징병제 실시를 결정한 때이기도 했다.

당시 일본은 포로감시원 모집에 식사제공, 주거제공, 월급 50엔, 계약기간은 2년이며 나이는 20세에 35세라는 조건으로 조선의 청년들을 모집했으며, 강제징병에 따른 압박을 받던 많은 조선인 청년들은 일제의 징병도 피하고 높은 보수를 약속하고 있는 군속 모집에 많은 관심을 보였다. 그 결과 1942년 6월 15일 불과 1개월여 사이에 함경남북도와 평안남·북도를 제외한 조선 전역에서 3,000명을 모집하여 "부산서면임시군속교육대"에 집결시켰다.

일명 노구치부대로 불리던 "부산서면임시군속교육대"에 집결한 조선인 청년들은 포로관리에 필요한 제네바 협약 등은 교육 받지 못하고, 군인칙론[18]과 전진훈[19]을 암송하며 일개월동안 300명이 탈락할 정도의 강도 높은 훈련을 받았다. 이들은 2개월간의 교육을 마치고 1942년 8월 19일 부산항을 출발하여 11일 후인 8월 30일 사이공의 산자크에 정박, 태국포로수용소[20]에 근무할 800명의 포로감시원을 상륙시킴을 필두로, 9월 10일 싱가포르 항구에 810명, 9월 14일 자바의 탄준항구에 1,400명의 조선인 포로감시원을 상륙시켰다.

---

18) 軍人勅諭이란 "자국의 군대는 역대 천황이 통솔한다"로 시작되는 칙론으로 군인이 갖추고 지켜야 할 덕목을 말한다. 1882년 1월 4일 메이지천황의 하사품으로, "-군인은 충절을 다함을 본분으로 하고…, -군인은 예의를 바르게 하고…, -군인은 무용을 갖추어야 하고…, -군인은 신의를 중시하고…, -군인은 검소함을 뜻으로 하고…", 이들 5가지 덕목은 군인이 한시도 소홀히 할 수 없는 덕목으로 반드시 암송하여야 한다.

19) 戰陣訓이란 "최후의 한사람이라도 절대로 포로가 되지 말고, 만일 포로가 될 우려가 있을 때에는 자결"이라는 일본 육해군의 훈령이다.

20) 포로수용소는 본소, 분소, 분견소로 편제가 이루어져 있으며, 11,000명의 포로를 관리하던 4분소의 경우 일본인 하사관 17명과 조선인 포로감시원 130명이 관리했다.

2) 전범용의자의 체포

일본의 패전 후 사이공, 방콕, 싱가포르, 메탄 파렌반, 자카르타 등
어느 지역이든지 조선인 군속들과 조선인들은 한 곳에 모여 자치생활
을 하고 있었다. 이는 조선인, 대만인을 일본인과 분리하여 수용하고
직접 본국으로 송환한다는 연합국 측의 요구로 일본군의 지시에 의해
시행 된 일이다. 이 일은 조선인 군속들의 요구와도 일치하였기 때문에
큰 무리 없이 시행되었다고 한다.[21]

그러나 귀국명령을 기다리며 자치생활을 하던 조선인 군속들에
게 귀국승선명령은 떨어지지 않고 전원 체포되어 싱가포르로 호송
되었다. 연합군측은 포로수용소근무자 전원을 억류하고 목에 이름
과 근무지를 기재한 카드를 달고 사진을 찍은 후 사진 밑에 "이 자
에게 학대 받은 자는 고발 할 것"이라고 기재하여 사람의 통행이
많은 곳에 게시하여 놓았다. 일명 얼굴확인이라는 방식에 의한 고
발로 전범용의자들을 소추했다.

또한 동남아시아연합지상군사령부는 신문에 재판의 진행 및
실시하고자하는 재판의 성격에 대하여 발표했다. 이는 일반인의
관심을 주지시키고 다른 한편으로는 피해자들의 출두를 독려하
고자 취해진 조치였다.

한때 싱가포르의 찬기 형무소에는 7,200명에 달하는 전범용의
자들이 구금되었고, 그 중에 조선인 군속은 600명에 달했다. 포로
수용소의 최말단에서 포로들을 직접 관리했던 조선인 군속들은
대부분 고발당했다.

---

21) 内海愛子, 朝鮮人 BC級戰犯の記錄, 147쪽.

2. 전범재판

1) 전범처리 논의

일본의 전쟁범죄에 대한 최초의 경고는 운츠 킹(Wunz King)이 1942년 1월 영국 런던에서 마련된 "전쟁범죄의 처벌에 대한 연합국 선언(Inter-Allied Declaration on Punishment for War Crimes)"에 옵저버로 참석하여 중국은 전쟁범죄자들에 대하여 반드시 책임을 추궁하겠다는 다짐을 밝히면서 제기되었다.[22]

1942년 8월 미국의 루우즈벨트 대통령은 종전과 더불어 유럽과 아시아에서 침략적 전쟁을 일으킨 야만적 행위에 대하여 조사를 할 것과 조사결과에 따라 전쟁범죄에 대하여는 행위지 국가의 재판기관에서 반드시 소추될 것이라고 선언 하였다. 이 선언에 따라 연합국들은 1942년 12월에 연합국전범위원회(UNWCC : United Nations War Crimes Commission)의 설치를 구체적으로 검토하고 1943년 10월 23일 영국, 미국, 호주, 불란서 등을 위시한 연합국 대표들은 연합국전범위원회를 설치하였다.[23]

1943년 11월에는 4대국(미영불소)이 모스크바에서 전범의 형사처벌에 관한 계획에 합의하였다. 이 회의에서 협의된 주요내용은 가해자들이 그 범죄가 행해진 국가의 법률에 따라 그 국가의 법정에서 재판을 받을 것과, 범행이 특별한 지역적 연고를 가지지 않는 주요전범들의 경우에는 연합국정부의 결정에 의하여 처벌이 이루어질 것이라는 점에 대하여 선언하였다.[24] 전후 위 4대국은 1945년 8월 8일 런던에서 "유럽 추

---

22) Philip R. Piccigallo, The Japanese on Trial: Allied War Crimes Operations in the East, 1945~1951, University of Texas at Austin Press, 1979, p.3.

23) United Nations War Crimes Commission, History of United Nation War Crimes Commission and Development of the Laws of War(1948) 참조.

24) 大沼保昭, 戰爭責任論 序說, 東京大學出版會, 1975, 193쪽.

축국 주요전범의 소추 및 처벌에 관한 협정(Agreement for the prosecution and punishment of Major War Criminals of the Europeans Axis)"을 체결하며 국제군사재판소 규칙(the Charter of the International Military Tribunal)이 부속되었다. 이 협정에는 국제법 위반에 대한 개인의 형사책임이 보다 구체적으로 규정되었으며, 규칙에는 전쟁범죄인을 심리할 재판소, 심리될 범죄, 재판의 절차와 어떤 행위가 전쟁범죄를 구성하는가의 문제 등을 상세히 규정하고 있다.

전쟁이 막바지에 이르렀던 1945년 7월 26일 미국, 영국, 중국 그리고 소련은 독일의 포츠담에서 일본에 항복조건을 제시하며 "일본인이 하나의 민족으로서 노예화되거나 멸종되어야 하는 것은 아니지만 포로에 대해 가해진 학대를 포함하여 모든 전쟁범죄자들에 대하여 엄격한 재판이 이루어져야 한다"고 선언하였다.25) 이 선언에 의한 항복조건은 1945년 8월 1일 및 8월 14일의 선언과 1945년 9월 1일 항복선언서에서 일본에 의해 수락되었다.26)

연합국전범위원회는 같은 해 8월 28일에 "일본의 전범에 관한 권고안"27)을 채택하고, 이에 대한 모든 권한을 갖는 "중앙전담기구(Central

---

25) 포츠담 선언 10항 참조.

26) K.Ipsen, Völkerrecht, 3Aufl., München 1990, S. 537.

27) 이 권고안의 내용은 a) 일본 영토 안에서 계획되거나 지시되거나 범해진 모든 전쟁범죄를 조사하는 일. b) 그 어느 곳에서 범해졌던 간에 일본의 전쟁범죄와 관련하여 모든 증거를 수집하는 일. c) 발견된 전쟁범죄의 증거와 아직 유엔의 전범위원회 또는 소위원회에 등재되지 않은 사람들에 의하여 범해진 전쟁범죄의 증거를 위 유엔의 전범위원회 또는 소위원회로 전달하는 일. d) 유엔의 어느 국가나 국제군사재판소에 의해 확인되거나 수배되거나 재판을 받은 모든 일본 전범의 명단을 확보하고 관리하는 일. e) 어떤 정부나 기관에 의하여 확보된 모든 증거를 보내야 하는 중앙 전범증거센터를 설치하고 관리하는 일. f) 이 기관, 유엔전범위원회 및 소위원회, 또는 유엔가입 어느 정부에 의해서든 발견된 전범의 이름확인과 체포를 준비하는 일. g) 확인된 모든 전범의 이름을 유엔의 전범위원회 또는 소위원회에 통보하는 일. h) 일본 전범을 요청하는

War Crimes Agency)"를 설치할 것을 제의하였으나 미국은 이러한 기구 대신에 연합군최고사령관의 권한으로 넘김으로써 미국 자신의 권한을 강화하고 말았다.

미국 합참본부는 연합군 최고사령부에 1945년 9월 22일 일본전범용의자의 기소와 재판소 설치에 관한 지시를 하달하였으며, 이 지시에 따라 극동 연합군 최고사령부는 1946년 1월 19일 사령부 일반명령으로 재판소규칙을 공포하였으며,28) 이 규칙에 따라 1946년 4월 26일 극동국제군사재판소(IMTFE : the International Military Tribunal for the Far East)가 설치되었다.29)

2) 연합국측의 BC급 전범처리절차

전범용의자들은 고발자의 국적에 따라 재판국이 결정되었다. 영국인이 고발한 경우에는 싱가포르의 영국 법정에서, 네델란드인이 고발한 경우에는 자카르타와 메탄의 네델란드 법정에서 재판을 받았다. 영국인과 네델란드인 양쪽에서 고발된 경우에는 양국이 관할권을 행사하여 재판하였다.

동남아시아연합지상군 전쟁범죄훈령 제1호에 따르면 BC급 전범에 대한 정의를 (a) 정당한 이유 없이 실행된 총살 및 그 밖의 방법에 의

국가에 인도하는 일, 요청국가가 2개국 이상일 때는 이 기관이 인도의 조건을 결정한다. i) 일본 전범문제에 관하여 유엔전범위원회, 소위원회 또는 해당 정부와 협력하는 일. j) 전범에 관한 모든 증거와 정보를 수집하고 각국의 전범위원회의 업무를 조정하기 위하여 전 아시아 태평양지역에 지부를 설치하는 일을 담고 있다.

28) 極東 國際軍事裁判所 規則은 뉘렌베르크 국제군사재판소 규칙을 모델로 하여 작성된 것으로 재판관할, 재판절차 등 대부분의 내용이 일치하나 재판부 구성 등에 약간의 차이를 보이고 있다.

29) Bert V. A. Roling, Tokyo Trial, in Bernhardt(ed), Encyclopedia of Public International Law Instalment, 1981, p.243.

한 살해. (b) 포로가 도주했다고 하는 허위구실에 의한 총살 및 그 밖의 방법에 의한 살해. (c) 폭행에 의한 치사 및 그 밖의 謀殺 또는 故殺. (d) 사격, 총검에 의한 상해 및 고문 또는 정당한 사유가 없는 폭력. (e) 그 밖의 학대로 중대한 육체적 상해를 입히는 것. (f) 금전 및 재물의 절취. (g) 정당한 사유가 없는 구금. (h) 음식물과 음료수 및 의복의 불충분한 지급. (i) 의료적 배려의 결여. (j) 병원에 있어서 부당한 대우. (k) 작전 수행에 직접 관계가 있는 작업 또는 건강하지 못한 포로를 위험한 작업에 사용하는 행위. (l) 연합국 민간인을 전투지역의 포화지역에 억류하는 행위. (m) 포로 또는 일반시민을 포격을 막는 데에 이용하는 행위, 병원 또는 병원선을 공격하고 생존자의 구조조치를 강구하지 않고 상선을 공격하도록 한 행위. (n) 고문 또는 그 밖의 강제적 방법에 의한 심문[30]으로 규정하고 있다.

〈포로수용소/재판국 별 전범자〉

재판국		영국/호주		네델란드		
법정		싱가포르		자카르타	메탄	
태국포로수용소	사건	태면철도				
	유죄자	64명(16)				
	조선인	28명(9)				
말레이시아포로수용소	사건	태면철도	파렌반비행장		쿠워차네군용도로	스마트라 횡단 철도
	유죄자	5명	24명(4) 8		16명	18명
	조선인	5명	16명(1) 7		12명	11명
자바포로수용소	사건	태면철도	안봉/하루쿠섬비행장	자바포로수용소관계	자바억류소관계	
	유죄자	태국포로수용소에 포함	13명(6)	43명(4)	44명(5)	
	조선인		5명	19명(3)	26명(1)	

---

30) 法務大臣官房司法法制調査部(戰爭犯罪裁判資料 第1号 戰爭犯罪裁判關係 法令集第1券).

* 유죄자 : 일본인과 조선인군속을 포함, ( ) 사형판결
* 法務大臣官房司法法制調査部, 『戰爭犯罪裁判槪史要』, 1973, 한국출신전범자
  동진회명부

동남아시아연합지상군에 의한 전쟁범죄에 대한 이러한 정의는 대
본영의 결정에 따라 포로들을 강제노역에 종사케 했던 포로수용소 관
계자들은 누구도 전쟁범죄의 책임을 피할 수 없게 만들었다. 그 결과
조선인 포로감시원 3,000명 중 129명이 전범으로 일본의 전쟁책임을 떠
안게 되었으며, 조선인 군속들은 대부분 건강하지 못한 포로를 위험한
작업에 사용하여 사망케 한 행위, 억류시민 또는 피구금자에 대한 구타
등으로 기소되었다.

3. B·C급 전범재판의 문제점

(1) 연합국측은 사진에 의한 얼굴확인 이라는 고발방식에 의해 소
추를 제기했다. 이러한 경우 법원은 피의자확인절차에서 모든 상황을
고려하여 피의자확인절차가 신뢰성을 갖고 있는지를 판단하여야 하며
신뢰성이 없는 경우에는 적법절차의 법리에 위반하는 것이 된다. 이 경
우 고려되어야 할 사항은 증인의 범인목격 기회, 증인의 범인목격 당시
의 집중도, 증인의 상황설명의 정확도, 증인의 범인지명에 대한 확신도,
범행시점과 범인확인시점간의 시간차이 등으로 기소된 범죄의 모든
성립요건을 합리적인 의문점이 조금도 남지 않도록 입증하여야 한다.
그럼에도 불구하고 대부분의 고발인들이 법정에 출석하지 않았다.

태국포로수용소 제4분소 제3분견소에서 포로감시원으로 근무했던
이학래씨의 경우에도 이씨를 고소한 9명의 호주병사 중 어느 누구도
증인으로 출정하지 않았다고 한다.[31] 이는 명백한 적법절차위반이라고

---

31) 內海愛子, 朝鮮人 BC級戰犯の記錄, 172쪽에서 再引用.

보여 진다.

(2) 법원에 심판을 구하는 공소장에는 피고인의 범죄사실이 구체적
으로 특정되어야 한다.[32] 네델란드 자카르타 법정에서 전범으로 처벌
받은 최선엽씨의 공소장을 살펴보면 "피고인은 전쟁 중인 1944년 6월
16일경부터 1945년 8월 15일까지 스마란에서 적국 일본의 국민으로서
시민억류소에 간수로 근무하는 동안, 시민인 부녀자에 대해 전쟁법규
및 관례를 위반해서 그들을 학대하고 또한 그들에게 조직적인 폭력을
행사함으로써 전쟁범죄를 범하였다. 즉 손, 주먹, 봉, 채찍 등으로 억류
소에 억류 중인 시민을 심하게 구타하기도 하거나, 흙발로 밟거나, 때
론 대나무를 끼워 넣고 무릎을 꿇리거나, 태양아래 하루 종일 세워 놓
는 등 징벌의 통상적인 한계를 넘는 방법으로 학대 또는 학대를 교사
하였다. 이상 열거한 피고인에 의해 행해진 학대행위와 폭행은 억류자
들에게 중대한 육체적 정신적 고통을 초래하였으며, 당해 억류자를 죽
음에 이르게 하였다. 피고인의 이러한 행위는 蘭印官報 1946년 제45호 전
쟁범죄처벌조례 제4조이하의 규정에 해당하므로 처벌되어야 한다.[33]
라고 적고 있다.

공소장의 범죄행위는 구체적으로 언제 어디서 누구에게 얼마만큼
의 학대행위를 행했는지가 명확히 기재되어야 한다. 그리고 이러한 점

---

32) 뉘렌베르크규칙 제16조를 살펴보면 공소장은 범죄사실을 특정할 수 있
도록 구체적으로 기술되어야 하며 피고인이 이해할 수 있는 언어로 작
성되고 방어준비를 위하여 공판전 적절한 시기에 제공되어야 한다. 또한
피고인은 예비조사 또는 재판절차 진행 중에 자신의 혐의사실과 관련된
설명을 할 수 있는 권리가 있으며 예비조사 또는 재판은 피고인이 이해
할 수 있는 언어로 진행되어야 한다. 또한 피고인은 변호인의 조력을 받
을 권리가 있으며 자신의 방어에 필요한 증거를 제출할 수 있고 검찰 측
증인에 대한 반대심문도 할 수 있다고 규정하고 있다.

33) 內海愛子, 朝鮮人 BC級戰犯의 記錄, 193쪽 再引用.

들은 공판과정에서 검사가 객관적 증거에 의하여 증명하여야할 사실이다. 그럼에도 불구하고 사망한 피해자조차 특정되어있지 않고 있다.

(3) 1945년 8월 8일 연합국들은 런던에서 "유럽추축국 주요 전범자들의 추적과 처벌에 관한 합의"를 발표하며 주요 전범들의 재판을 담당할 국제군사재판소헌장을 발표하였다. 일명 런던헌장으로 불리는 이 규범은 재판의 목표를 분명히 하고 합법적인 재판절차의 실행을 담고 있다. 재판법은 "공정한 재판의 원칙"을 확인하고 피고들에게 모국어로 재판을 받을 권리와 변호권을 인정하여 검사 측 증인에게 반대심문을 할 수 있도록 허락했다.

그러나 1946년 1월 2일 싱가포르에서 시작된 영국군 재판을 살펴보면, 형식적으로 영국군장교가 변호인을 맡고 통역은 대부분 일본에서 태어난 영국인 여성 등이 맡았다. 언어면에서 조선인 피고들은 매우 불리한 위치에 있었으며, 그 때문에 그들은 자신을 변호하고 싶어도 변호할 수 없었다. 이는 런던헌장이 밝히고 있는 공정한 재판의 원칙에 반하며 문명국가라면 당연히 보장되는 변호인의 조력을 받을 권리를 침해하는 것이다.

Ⅳ. 맺음말

어느 법정에든 포로수용소의 전범관계에 있어서 조선인 군속이 차지하는 비율이 크다. 그 주요원인은 일본군이 포로수용소편성 과정에서 조선인과 대만인만으로 포로감시원을 편성해 포로학대에 대한 전쟁책임을 회피해 보고자 하는 술책과 명령자와 함께 명령실행자도 처벌하는 연합국측의 재판방식에 기인한다고 하겠다. 물론 연합군 포로 4명 중 1명이 사망할 정도로 가혹했던 포로수용소의 강제노동은 당연히 심판 받아야 한다. 그러나 포로의 강제노동에 관한 정책을 입안하고 강행했던 대본영의 관계자들은 면죄부를 받고 최말단의 포로감시원을 속죄양으로 삼은 B·C급 전범재판은 실패한 전범재판이다.

또한 일본의 침략행위는 아시아 민중 1,800만 명을 죽음으로 몰아넣었다. 따라서 진정한 전쟁범죄에 대한 재판은 과거 일본의 식민지였던 조선·대만뿐만 아니라 일본의 점령지 지역의 민중이 입은 피해에 대한 재판이 되었어야 한다. 그럼에도 불구하고 필리핀을 제외한 아시아의 모든 피해국이 이 재판의 당사자가 되지를 못하고 배제된 것은 이 재판이 갖는 커다란 문제점이라고 할 수 있다.

특히 일본의 식민지였던 조선과 대만 출신의 군인군속을 일본인으로 취급했던 연합군측의 발상은 그들이 제국주의적 사고와 발상으로 식민지 지배를 담당했던 전력과도 무관하지 않다. 더욱이 네델란드군은 전범재판을 행함에 있어서 "정전조건에 위반하여 적대행위를 행하거나 또는 제3자에게 이를 교사하거나 이를 위해 정보·기회·수단을 제공하는 행위"[34] 까지 포함시켜, BC급 전범재판을 인도네시아 독립운동을 탄압하는 수단으로 활용 하였다. 제국주의적 침략근성을 버리지 못하고 인도네시아 재침략을 위해 전범재판을 활용했던 네델란드의 이러한 행위는 비판받아 마땅하다.

---

34) 네델란드령 인도법령공보 44호 제39항(戰爭犯罪裁判關係法令集 弟1券).

참고문헌

鄭惠瓊, 「일제 말기 조선인 군노무자의 실태 및 귀환」 『한국독립운동사연구』
    제20집, 2003

김도형, 「해방전후 자바지역 한국인의 동향과 귀환활동」 『한국근현대사연구』
    24, 2003

大沼保昭, 戰爭責任論 序說, 東京大學出版會, 1975

內海愛子, 朝鮮人 BC級戰犯の記錄, 勁草書房, 2003

茶園義男編·解說, 日本BC級戰犯資料, 不二出版, 1983

東京裁判ハンドブック編集委員会, 東京裁判ハンドブック, 靑木書店, 1989

岩川隆, 孤島の土となるとも－BC級戰犯裁判, 講談社, 1995

小菅信子·永井均解說·訳, GHQ日本占領史 第五卷 BC級戰爭犯罪裁判, 日本
    図書センター, 1996

極東國際軍事裁判 速記錄

捕虜情報局, 捕虜ニ關スル諸法規類集, 1943

舊陸軍海軍文書 NO. 678 別册二, 朝鮮人志願兵制度ニ關スル意見(日本國會
    圖書館所藏)

法務大臣官房司法法制調査部(戰爭犯罪裁判資料 弟1号 戰爭犯罪裁判關係
    法令集弟1券)

Philip R. Piccigallo, The Japanese on Trial: Allied War Crimes Operations in the East,
    1945-1951, University of Texas at Austin Press, 1979

Bert V. A. Roling, Tokyo Trial, in Bernhardt(ed), Encyclopedia of Public International
    Law Instalment, 1981

K.Ipsen, Völkerrecht, 3Aufl., München, 1990

United Nations Information Organization, Information Paper, no.1, 1946

United Nations War Crimes Commission, Histrory of United Nation War Crimes
Commission and Development of the Laws of War(1948)

한국 친일파와 중국 한간에 대한 일고찰
─ 친일파, 한간의 어원을 중심으로 ─

정 혁 진*

Ⅰ. 머리말

하나의 민족은 그 민족을 구성하는 물리적이고 실체적인 여러 조건과 함께 '민족의식'이라는 주관적인 측면이 맞물려 형성된다. 따라서 우리가 근대민족이라고 할 때 그것은 "시기적으로 근대에 일차적으로 언어, 지역, 문화, 정치, 경제, 역사의 공동 및 민족의식과 부차적으로 혈연의 공동을 기초로 하여 형성된 대자적 민족"[1]이라고 말할 수 있다. 한편 민족에 대한 고전적인 정의로는 밀(J. S. Mill)의 견해가 있다. 밀은 "이 모든 것 가운데 가장 강력한 것은 정치적 경험의 동일성과 민족의 역사의 공유이며, 또한 과거의 동일한 사건들과 관련하여 갖게 되는 회상과 집단적인 자부심과 굴욕과 기쁨과 회한의 공유"라고 하였다.

이와 같은 견해를 통해서 우리가 알 수 있는 것은 근대적인 국민국

---

* 명륜중학교(안성) 교장
1) 신용하, 『민족이론』, 문학과지성사, 1988, 46쪽.

가보다는 민족이라는 전통적이고 그 실체가 매우 포괄적이고 주관적인 그리고 경험의 동일성과 역사의 공유에 의해 본질적으로 묶일 수밖에 없는 개념에 매료되고 적응이 되고 있다는 사실이다.

그러나 이러한 민족이라는 단어를 근대와 함께 생각하지 않을 수 없다. 일반적으로 근대라는 것은 새로운 역사의 시작을 뜻하는 것이고, 실제적으로 서구의 근대는 그들을 세계사의 새로운 강자로서 등장하게 만든 결정적인 원동력이 되었다. 하지만 상대적으로 동양 사회에서의 근대는 아직 스스로 내재적인 발전을 이룩하지 못한 상태에서, 서구의 근대가 들어옴으로써 피동적인 형태로 전개되고 말았다. 물론 한국이 조선 후기부터 자생적, 내재적 발전으로 봉건체제가 해체되면서 근대로의 전환의 모습을 보이다가 외세의 침략으로 좌절되었다고 하는 견해도 있다.

그러나 동아시아 삼국의 근대는 각 나라의 사정에 따라서 그 형태를 달리한다. 일본은 한국과 중국과 달리 빨리 서구의 근대를 받아들임으로써 동아시아에서 제일 먼저 근대 국가의 기초를 이룩하였다. 그러나 한국과 중국은 일본과는 달리 서구의 근대를 받아들이는 것이 그렇게 원만하게 전개되지 못하였다. 결국 타의에 의해서 근대를 받아들인 것은 삼국이 똑같은 형태지만, 그것을 능동적으로 소화했는가, 하지 못했는가에 따라서 삼국의 역사적 운명은 상당히 많은 차이점을 보이고 있는 것이다.

결국 스스로 근대를 이룩하지 못한 상황에서 한국과 중국에서는 제국주의와 결탁된 새로운 세력들이 등장하게 되었다. 이러한 세력들은 스스로 그들의 이익을 쫓아서 제국주의와 결탁했는지, 아니면 그들이 가지고 있던 기존의 사고를 바꾸어서 외형적으로 나타나는 서구의 우수함에 매료되어 전향을 했는지에 대해서 아직 알 수가 없다. 왜냐하면 한국과 중국에서 제국주의와 결탁된 세력들을 역사의 심판의 이름으로 한국에서는 친일파, 중국에서는 한간으로 낙인 시켜서 그 구체성보다는 감정적 민족주의로 처리하였기 때문이다.

따라서 본 논문은 한국의 친일파와 중국의 한간에 대해서 다음과 같은 내용으로 분석하고자 한다. 첫째, 친일파와 한간이 등장하게 되는 어원과 발전을 민족과 함께 고찰함으로써 그들이 등장할 수밖에 없었던 역사적 사실을 살펴보고자 한다. 둘째, 친일파와 한간들이 과연 지금까지 일반적으로 알려져 있는 것과 같이 그들의 개인적인 이익을 위해서 민족과 조국을 배신했는지, 아니면 사고의 전향인지에 대해서 정의 범주를 통해서 고찰함으로써, 그들이 역사에서 어떻게 평가를 받아야 하는가에 대해서 제시하고자 한다.

Ⅱ. 한국의 친일파

1. 친일파의 기원과 발전

19세기 중엽 조선은 소수의 권문세족에 의해서 정치가 농단되었고 천주교의 국내전파로 봉건적 지배층은 위기의식을 느끼고 척사위정론을 펴게 되었다. 1860~1870년대에 서구열강이 중국과 일본을 차례로 개항시킴에 따라 쇄국조선은 서구 자본주의국가의 도전에 직면하게 되었다. 이러한 상황에서 대원군 정권은 국가의 기강확립과 천주교도의 탄압 및 쇄국양이정책을 더욱 박차를 가하였다. 이때 쇄국정책은 외세의 침입에 대한 새로운 대응방식으로써 광범한 민중들의 지지와 부합되고 있으나, 척사위정론의 사상적 뒷받침으로 인한 쇄국정책의 계속적 강행은 자주적인 개항2)의 기회를 스스로 차단하는 결과를 초래

---

2) 개항이라는 말은 동아시아의 경우에 쇄국이라는 말과 같은 뜻으로 쓰이고 있다. 근래의 개국은 문호의 개방을 뜻하게 되고 문호의 개방은 즉 항구의 개방, 다시 말해서 '개항'과 같은 것이다. 결국 근대에 들어와서 국가사이의 조약에 의거해서 민간의 무역을 정부가 허가해 주고 이를 규제·보호

하게 되었다.

이후 명성황후정권은 국내적으로 기반이 취약한 상태에서 국제적인 긴장감을 해소하기 위한 정권유지 차원에서 개항정책을 실시하게 되었으나, 개항 주도세력의 개항에 대한 인식의 한계로 인해 일본과 이른바「불평등조약」을 체결하는 결과를 초래하게 되었다. 이때 조선은 개항 당시 강제되어온 불평등조약에 대한 자각으로 개정교섭과 자강책을 실시하나, 권력지배층의 한계로 인해 개항을 조선사회의 내적 모순의 해결과 근대화를 추진할 수 있는 계기를 봉쇄당한 채, 열강의 이권쟁탈의 기지가 되고 말았다. 이러한 시대적인 배경 속에서 근대사회와 자주화를 꾀하는 개화사상이 서서히 모습을 역사의 무대에 등장하게 되었다.3)

개화사상은 한국 역사발전상에 있어서 중세적 봉건적전통사회가 근대시민의식사회로 전환케 작용한 지도이념이며 인식체계였다. 구체적으로는 1853~1860년대부터 형성되어 발전한 자주근대화 및 변혁과 진보의 사상을 말한다. "개화"란 원래『주역』의 '開物成務, 化民成俗'에서 나온 것으로, 그 의미는 모든 사물의 궁극을 밝혀 경영하여 나날이 새롭게 하고, 새로운 것으로 백성을 변화하게 하여 풍속을 이룩한다는 것이다. 그리고 개화라는 의미에 대한 또 다른 해석은 중국 동진의 화가 顧愷之의『定命論』에서 '무릇 極을 세워 開化하며, 聲을 세워 법칙을 만든다'라고 하는 견해도 있다.4)

이러한 의미를 가지고 있는 개화가 우리 역사에 등장하게 되는 것은 조선 말기의 개화사상이 등장함과 함께 개화라는 말이 당시의 민족

하는 일련의 체계를 뜻하는 것이다.
高炳翊,「韓·中·日 東洋三國의 開港비교」『韓國近代史의 再照明』, 서울대학교출판부, 1977, 30~31쪽.
3) 李完宰,『初期開化思想研究』, 民族文化社, 1989.
4) 李完宰, 앞의 책, 제장 참조.

적 위기를 맞아서 나라와 백성을 자주적으로 근대화, 변혁시켜 진보한
다는 뜻으로 쓰였다.

조선의 사회와 민족은 곧 닥쳐올 서양세력의 침입이라는 국가적 대
위기에 직면해 있는데, 조선왕조의 정치는 부패하였고, 사회와 경제는
낙후되어 있으므로 난국을 타개해 나갈 수 없는 현실이었다. 이러한 민
족의 위기를 타개하기 위해서는 일대의 혁신이 필요했는데, 이 혁신의
전제조건은 반드시 자주 독립적으로 해야 하며, 서양제국주의에 의해
침탈당한 중국에 의지하는 사대주의적 방식으로 되어서는 안 된다. 또
한 이러한 혁신을 위해서는 새로운 혁신적 정치세력을 형성해야 하고,
양반신분제도를 폐지하여 유능한 인재를 등용시켜야만 한다. 또 이를
위해서는 서양의 뛰어난 과학기술을 도입하고 공장과 산업을 발전시
켜 부강한 나라로 만드는 한편, 근대적 국방책으로 국가를 자주적으로
방위할 수 있는 힘을 키워야 한다. 따라서 조선은 종래의 쇄국정책에서
벗어나서 자주적인 개국을 단행하여 세계 여러 나라와 통상하고 균형
무역을 통하여 부강한 나라가 되어야만 이러한 혁신을 달성시킬 수 있
다고 개화 사상가들은 주장하였다.

이러한 개화 사상가들이 자기들의 사상을 관철시키기 위해 노력하
고 있던 1876년 일본은 무력을 동원하여 강화도조약과 개항을 요구하
였다. 아직 세력을 완전히 형성하지 못한 이들은 강화도조약에서 어떠
한 활약을 보여주지 못하였다. 1879년 일본의 신사유람단과 유학생을
파견하고, 중국에 영선사를 보냄으로써 이들은 일본과 중국의 서양문
물 도입과 근대화 운동을 관찰하였고 자주근대화 정책을 추진하였다.
이렇게 조선의 자주화를 위해 노력한 개화사사상가들에 의해서 역설
적으로 친일파가 생겨났다.

이때 등장하는 개화사상가들 중에서 일본의 명치유신 이후에 추진
한 자본주의화 과정을 이상적으로 모델로 삼는 집단이 바로 친일개화
파라고 할 수 있다. 그런데 이들을 일본강점기 시기의 친일파와 구별해

서 사용하지 않고 포괄적으로 친일파라고 한다면 그것은 탈역사적인 사고이다.

우리가 무의식적으로 사용하는 친일개화파라는 용어는 사실상 정확한 개념규정이 이루어지지 않은 용어이다. 앞에서도 언급했듯이 '개화파'라는 말이 1860년대의 오경석, 유대치, 박규수 등의 '초기 개화파'에서부터 1880년대의 '개화당'으로 묶이는 급진개화파, 이른바 '경장내각'을 구성하는 1890년대 초의 온건개화파, 그리고 1890년대 말의 독립협회로 대표되는 '후기 개화파' 등에 이르기까지를 광범하게 지칭하는 것과 마찬가지로, 친일개화파 역시 개화파를 구성하는 다양한 인물들 중에서 친일적 경향을 보이는 인물들에 대한 범칭으로 쓰이는 경우가 많기 때문이다. 특히 '친일'이라는 규정이 갖는 협소하고 자극적인 인상 때문에 이 용어를 과학적으로 적용하기가 그리 쉽지 않은 것도 사실이다.5)

한국에서 친일파의 유래는 일반적으로 갑신정변 단계의 개화파에서부터 보고 있다. 즉 갑신정변 주체인 김옥균 등의 변법개화파가 일본의 힘에 의존하여 정변을 일으킨 데다가 이들 중 몇몇이 식민지 시대에 들어 친일적 행위를 했다는 것이다. 1894년 청일전쟁에서 일본의 승리와 함께 친일정권을 수립하게 되자 이들 친일적인 개화세력은 다시 권력의 전면에 등장하였다. 그러나 얼마 안 있어 친러세력이 권력을 장악하게 되면서 친일세력은 일본으로 도피하게 되었다. 이후 일본은 러일전쟁을 도발하여 한국침략을 본격화하여 통감정치를 시행하자 일본 유학생출신, 기득권을 유지하려는 수구세력, 왕조체제 하에서 소외당하거나 탄압 받고 있던 주변적인 세력들은 '보신이나 입신출세'를 할 목적으로 일제의 한국침략에 앞장서거나 협력하였다.

친일파라는 용어를 이처럼 정치적 격동기에 나왔음을 보여주는 예

---

5) 김명인, 「『鬼의 聲』과 한 친일개화파의 세계인식」『한국학연구』 9, 인하대학교 한국학연구소, 1998.

는 1895년 8월 13일에 민빈일파에 의한 친일파 제거하고 친러친미파들로 내각성원 교체·일본공사 미우라 이에 대처할 음모계획이라는 기록에서 찾을 수 있다.6) 또 고종의 조카로서 중추원의관인 李埈鎔이 1895년 5월 金學羽 암살사건에 연루되고, 또 박영효 등 친일파 내각대신의 암살을 음모하였다는 죄목으로 사형판결을 받고 8월에 특사되어 중추원일등의관에 제수되고 일본유학을 명한데 대하여 올린 상소를 통해서도 알 수 있다.7) 조선 말 대유학자인 崔益鉉이 친일파를 규탄하는 상소를 올린 사실과8) 친일파들에 의해서 성균관이 한 때 점거당하는 사실9) 등에서 알 수 있다.

이처럼 조선 말 정치적 격동기 속에서 본격적으로 등장한 친일파들은 1910년 이후에는 초기 친일파들과는 그 성격을 달리하면서 일본제국주의 정책에 적극적으로 동조와 협력을 하면서 역사의 한 축을 차지하였다. 이 시기에 친일파에 대한 민중들의 강한 배타성을 볼 수 있다. 즉 평북 의주군에서 친일파 처단과 주요기관 폭파들을 목적으로 하는 普合團을 조직한 사실과10) 1919년 4월 13일에 김수길 등이 대구에서 친일 성향이 강한 自制會 설립에 격분하여 친일파 박정양 등에게 경고장을 보내기도 하였다.11) 한편 만주에서도 김학수 등이 친일파 척결을 목적으로 忠烈隊를 만들어서 홍범도 부대에 편입되었다.12) 또 3·13운동 이후 화룡현 두도구에서 김상호 등이 친일파를 척결하기 위하여 맹호단을 결성하기도 하였다.13) 또 일본에 유학중인 양근환은 친일파 민원

6) 『일제조선침략일지』, 46쪽 참조.
7) 「李埈鎔 上疏」, 開國504年 9月 4日(1895).
8) 『일제하민족언론사사론』, 620쪽 참조.
9) 김창숙, 『心山遺稿』 卷一, 참조.
10) 『한민족독립운동사』 8, 56쪽.
11) 원호처, 『독립운동사』 3, 358쪽.
12) 『중국조선민족발자취총서』 1-개척, 404쪽, 민족출판사, 1999.
13) 위의 책, 405쪽.

식이 굴욕적인 참정권운동 전개를 청원하러 온 것을 분개하여 동경에
서 저격 사살하는 사건이 일어났다.[14] 1920년 5월에는 홍양천 등 기독
교인들이 평북 귀성에서 군자금을 모집하여 친일파 조사 등을 목적으
로 하는 大韓民族自決國民會를 조직하였다.[15] 이처럼 한국민중들에
친일파에 대한 저항은 대단하였다.

한편 동아일보에서는 친일파의 성명조사를 하는 러시아의 大韓總
合部에 대한 기사를[16] 게재하여 국내에 상당한 충격을 주기도 하였다.
또 동아일보 사설을 통해서 친일파 행동을 비판, 경고하는 기사를 실었
다.[17] 그리고 신한독립당경호부에서는 전국 친일파 7,250명 명단을 발
표하여[18] 전국 각 지역에 있는 친일파들을 파악하여 민중들에게 알리
기도 하였다.

이와 같이 민중들이 친일파에 대한 강한 배타성을 보여주는 것과는
달리 친일을 적극적으로 유도하는 언론사들이 등장하여 친일파와 함
께 친일 활동을 활발하게 전개하였다. 대표적인 친일신문들은 일진회
기관지 『국민신보』인데 이 신문은 통감 정치에 아부하여 구독자도 없
고 강제적으로 각 군 각 면에서 열독을 권장하다가 결국 그 친일성으
로 인하여 정간하였다. 또 『대한신문』은 이인직이 사장이 되어 이완용
계열의 친일에 앞장선 신문이었다. 이때에 일본 정책 수행의 앞잡이로
일본인 경영신문으로 수도 서울에만도 『한성신보』, 『대동신보』, 『대항
일보』 등이 일본어 또는 한국어 신문으로 발행되어 통감정치를 지지하
고 협찬하였다. 그리고 통감 정치의 간책은 애국애족하는 민족의 분열
을 획책하고 한국에 있어서 친일파의 책동을 조장시켰다. 이처럼 일본

---

14) 『일제침략하 36년사』 6, 52쪽.
15) 『한민족독립운동사』 8, 45쪽.
16) 『동아일보』 1921년 3월 19일.
17) 『동아일보』 1924년 3월 30일.
18) 『일제침략하 36년사』 7, 47쪽.

제국주의 주구 역할을 한 친일지와 친일파에 대해서 1907년 8월 30일 『공립신보』은 논설을[19] 통해서 친일파들에게 오늘이라도 늦지 아니하니 생각을 바꾸어 애국하는 정당으로 돌아와 합심하여 일본을 타도하고 한국의 독립을 만회하자고 주장하였다

또 재만 한인단체에서 중국인을 상대로 한 친일파들에게 보낸 경고문에서 "일본인을 추출하고 그 앞잡이를 때려죽이는 것이 근본적인 해결방법이리라, 우리는 언제나 기억하고 있다. 일본의 앞잡이 노릇하는 자는 살육함이 마땅하다는 것. 일본인의 세력에 붙여 동족을 압박하는 자는 大韓民國 천번 만번 죽여 마땅하다는 것. 친일하는 자는 우리의 원수이며 배일하는 자는 우리의 동지라는 것을"라고 하는 것으로 보아 당시 국내와 만주에서 활동한 친일파들이 얼마나 역사의 죄인인지 알

---

19) 『공립신보』 논설, "경고 친일파 동포, 일본에 의지하여 우리나라를 팔며, 일본에 의지하여 우리 황상폐하를 능욕하며, 일본에 의지하여 우리 동포를 학살하며 잔인하고 악독하여 사람의 낯에 짐승의 마음을 가진 소인 당파여, 그대의 수백대 세조의 생장한 땅이 한국 강산이 아니며, 그대의 수백 선조의 백골 안장한 땅이 한국 강산이 아니며, 수백대 자손의 태평 복락을 누릴 땅이 한국 강산이 아닌가. 오늘날 일본을 의지하여 나라를 팔며, 임금을 폐하여 동포를 학살하는 것이 참 국가를 위하는데 정책이 그릇됨인가 참 일신의 부귀를 탐하여 알고도 행함인가. 내가 그대 등의 두 가지 종류 의향을 일일이 해석하노니 곧 줄을 고치고 바퀴를 바꾸어 지난 일을 말할 것 없거니와 오는 일을 잘하기를 바라노라. 만일 일본을 침하여 한국 독립을 유지하기로 생각하였으며 어리석고 몽매함이 무쌍하도다. (중략) 친일하던 정책은 동해수에 훨씬 씻고 상환 시민이 합신 단체하여 강경한 의기로 일본을 배척하고 국중에 교육을 확장하여 국민의 정신을 배양하며 실업을 장려하여 국가의 원기를 소복하여 (중략) 또 만일 일신의 부귀를 탐욕하여 일본을 친하였으면 이는 진실로 불칙 무도한 난신적자로다. 나라를 회복하고 동포를 구하는 것이 참부귀가 아닌가. 중략 바라고 비노니 이제라도 마음을 돌이키고 생각을 바꾸어 안으로 애국당을 연합하여 밖으로 열강의 구원을 얻어 상설 같은 기운으로 일본을 배척하면 한국의 도립을 만회할지니 재삼 생각할지어다. 친일당 동포들이여"

수 있다.

이처럼 초기 개화파들의 친일은 조선의 자주화를 위해 한 것이지만, 1900년대 이후 친일을 한 이들은 일본의 조선침탈의 첨병적인 역할과 자기 자신을 위한 것이라서, 엄밀하게 구분해서 사용해야 한다.

그러나 한국 사회에서 사용하는 찬일파란 용어는 민족적 정서로 도저히 용서할 수 없는 반역사적 행위를 한 매국노, 민족반역자와 같은 개념으로 받아들이고 있다. 친일파의 개념의 역사적 과정은 일제강점기의 식민지 경험을 배경으로 한다. 이 시기의 식민지화의 첨병 역할을 했던 매국노, 식민지 시대 일제에 붙어 식민정책을 미화하거나 동족을 압박하고 일제의 침략전쟁에 목숨을 버리도록 부추겼던 반민족 행위자를 친일파라고 할 수 있다.

2. 친일파의 정의와 처벌규정

한국사회에서 친일파란 단순하게 일본에 우호적이고, 일본문화를 찬양하는 자를 가리키는 말이 아니라, 파행적인 한국근현대사에서 그 파행을 갖게 한 민족내적 추동인자라는 정의와 당대의 최고 엘리트 내지는 경제인이 사리사욕을 위해 양심과 지조를 버리고 민족을 배반한 자라는 대중적인 정의가 있다.[20]

친일파의 개념에 대해서는 일반적으로 포괄적인 정의가 많다. 즉 일본에 협력한 모든 사람들을 친일파라고 할 수 있다. 이러한 포괄적인 정의는 논리적이고 합리적이지 못하다. 따라서 친일파 개념에 대한 정의부터 구체적으로 고찰하고자 한다. 친일파의 정의는 광범위하게 3가지 정도로 이야기할 수 있다. 첫째는 우리가 흔히 무의식적으로 사용하

---

20) 이만열, 「친일파의 개념과 범주에 대하여」『친일인명사전 편찬위원회 제1차 국민공청회 기조발제문』, 2001.12.2.

는 친일파 놈이라고 하는 경우 그것은 매국노라는 의미를 가지고 개인
의 윤리성과 결부시켜서 이야기할 수 있다. 둘째는 일제 강점기체제와
연결시켜서 구조적인 성격으로 분석할 수 있는 부일협력자라는 정의
가 있다. 세 번째는 친일의 문제가 학술적인 차원이 아니라 대중적인
차원에서 언급되기 시작하면서 광범위하게 사용되는 정의가 있다.

친일파 개념에 대한 구체적인 정의를 먼저 시도한 단체는 민주주의
민족전선이다. 이 단체에서는 "일본제국주의에 의식적으로 협력한자의
총칭이다. 민족반역자는 이 친일파 중에서도 극악한 부분을 지칭하는
것이다"라고 친일파 개념을 정의하고 있다.[21] 또 당시 북쪽에서는 "민
족의 발전과 조국의 독립을 위해 싸우는 조선인민은 매국매족의 친일
파들에 대하여 한없는 증오를 느낀다. 일제 침략을 봉조하여 조선을 병
합케 한 것도 저들이며, 일제와 결탁하여 조선인민을 야만적으로 착취
하고 민족해방운동을 파괴한 것도 저들이다. (중략) 저들을 철저하게
박멸하지 않고서는 민주주의 조선의 발전은 불가능하다. 따라서 저들
에 대한 엄격한 처단은 조선민족의 억제할 수 없는 요구이며 公憤인
것이다. 그러므로 민주주의 임시정부는 친일파의 거두와 악질적 범죄
자에 대하여 엄격한 규정과 가차 없는 숙청 대책을 단행하여야 할 것
이다."라고 하였다.[22] 이러한 남북의 친일파 개념에 대한 정의는 민족
과 역사 이름으로 반드시 처벌해야만 하는 실현가능성이 있는 정의라
고 할 수 있다.

친일은 권력욕을 갖고 있고 이기심에 가득 찬 나쁜 품성의 개개인
아니라 지배와 이익을 보장받기 위해 일본 제국주의를 후견인으로 받
아들이지 않을 수 없었던 계급·계층·집단에 의해 선택된 노선이다. 즉
지주·자산가를 주축으로 한 지배세력이 추구했던 종속적 근대화 노선
의 시대적 반영물이 바로 친일이었던 것이다.[23]

---

21) 반민족문제연구소 엮음, 『친일파99인』, 서울: 돌베개, 1993, 36쪽.
22) 반민족문제연구소 엮음, 『친일파99인』, 서울: 돌베개, 1993, 37쪽.

한편 친일파는 러일전쟁시기부터 1910년 한국의 식민지로의 몰락 과정에서부터 등장하였다고 보는 시각이다. 러일전쟁기에 들어서면서 일제는 본격적으로 동양평화론, 문명개화론을 내세우기 시작하였다. 그리고 이러한 자신들의 주장을 앞장서 전파하여 줄 인사들이 필요하였고, 앞서 아시아연대론이나 삼국공영론 등을 주장하였던 인사들 중 일부가 앞장서 일본과 목소리를 같이 하였는데 이들이 바로 친일파라고 할 수 있다. 여기에서는 말하는 친일파의 정의는 부일협력자 내지는 매국노의 개념보다는 일본의 주장을 동조하고 일본의 문명을 동경하는 일부 우호적으로 일본을 좋아하는 사람들을 말한다.

3·1운동 전후 시기까지는 대체로 매국노·왜노·정탐 등 구체적인 대상을 지칭하는 용어가 주로 사용되었으며, 친일이라는 개념어가 포괄적인인 용어로 정착되어 있었던 것은 아니었다. 또 친일이라는 용어가 사용되더라도 대부분 관료나 경찰 등 일제의 지배 기구에 포섭되어 있는 사람들만을 대상으로 하고 있었다.

해방 후에는 매국노·부일협력자·전범·민족반역자 또는 반민족행위자 등의 용어가 친일이라는 용어와 아울러 혼용되었다. 해방 후의 용어 사용에서 특히 두드러지는 점은 '민족 반역' 또는 '반민족'이라는 용어가 널리 사용되었다는 점이다.[24]

친일파에 대한 국가기관에서의 정의는 1947년 3월 과도입법의원에 제출된 초안에서 찾아 볼 수 있다. 여기에서는 '친일파'를 부일협력자·민족반역자·전범 등 3가지로 '협력'자를 세분하여 정의하고 있다.[25]

이러한 친일파의 개념이 최종적으로 '반민족'행위를 한 자로 규정된

---

23) 임대식, 「종속적 근대화론과 민족문제」『역사문제연구』 4, 2000.

24) 윤해동, 「친일과 반일의 폐쇄회로 벗어나기」『당대비평』 통권21호, 도서출판 생각의 나무, 2003.

25) 「부일협력자 민족반역자 전범 간상배에 대한 특별법률조례 초안」(1947년 3월 17일) 『남조선과도입법의원속기록』 제36호, 『남조선과도입법의원속기록2』, 선인문화사, 1999.

것은 1948년 9월 '반민족행위처벌법'이 제정됨으로써 친일 행위를 '반민족' 행위로 규정되면서부터이다. 이전까지는 친일이라는 것은 행위 중심의 개념 보다는 직위와 사회적 위치를 중심으로 파악하는 경향이 있었다. 이렇게 행위보다 직위와 위치를 중심으로 하는 이유는 행위를 중심으로 했을 때 발생할 수 있는 여러 가지 상황 때문이었다. 즉 행위에 대한 정확한 범위를 정하는 것 자체가 그것이 역사적으로 객관성을 가지고 있는지에 대한 명확한 판단을 하기 어려운 점과 그 행위를 뒷받침할 수 있는 증거 제시에 대한 곤란함이 상존하기 때문이다. 결국 지위와 사회적 위치를 중심으로 친일파에 대한 정의는 대한민국이 수립된 이후에도 변함이 없었다.

그러나 제헌국회에서 나온 '반민족행위처벌법'은 행위를 중심으로 친일파에 대한 새로운 사회적 판단을 요구하는 아주 중요한 법이었다. 이 법에 따라 조직된 반민족행위특별조사위원회는 대표적인 친일민족반역자들의 죄상을 낱낱이 조사하여 처단을 위한 준비를 하였다. 이 법에26) 의해서 실시된 재판이 궤도에 올라 처벌이 가까워지자 국민의 관

---

26) 반민족행위자 처벌법(대한민국관보, 제5호, 1948년 9월 22일자)
　　제1장 죄
　　제1조. 일본 정부와 통모하여 한일합병에 적극 협력자, 한국의 주권을 침해하는 조약 또는 문서에 조인한 자와 모의한 자는 사형 또는 무기징역에 처하고 그 재산과 유산의 전부 혹은 2분지 1 이상을 몰 수 한다.
　　제2조. 일본 정부로부터 작위를 받은 자 또는 일본제국 의회의 의원이 되었던 자는 무기 또는 5년 이상의 징역에 처하고 그 재산과 유산의 전부 혹은 2분지 1 이상을 몰수 한다.
　　제3조. 일본 치하 독립 운동자나 그 가족을 악의로 살상 박해한 자 또는 이를 지휘한 자는 사형, 무기 또는 5년 이상의 징역에 처하고 그 재산의 전부 혹은 일부를 몰수한다.
　　제4조. 다음 각 호의 하나에 해당하는 자는 10년 이하의 징역에 처하거나 15년 이하의 공민권을 정지하고 그 재산의 전부 혹은 일부를 몰수 할 수 있다.
　　 1. 습작한 자

심과 기대는 더욱 높아졌다. 아울러 반대세력의 책동도 더욱 거세졌다. 이승만 대통령은 1948년 9월에 민족반역자를 처단하는 일보다 공산당을 타도하는 것이 시급하고, 이를 위해서는 민족반역자도 상관없다는 이유로만으로 반공반민족행위특별조사위원회를 친일분자들로 구성된 경찰로 하여금 강제 해산케 하는 역사적 만행을 저질렀다. 즉 이 법은 시대적인 상황과 맞물려서 결국 민족의 정기를 바로 세울 수 있는 기회를 상실함과 더불어 사장되고 말았다. 즉 이승만 정권의 반공주의, 효율성, 국민총화성, 인재부족성 등을 이유로 좌절되고 말았다.[27] 이런 까닭으로 일제강점기에 민족을 배반하고 자기만의 부귀와 영화를 누

---

2. 중추원 부의장, 고문 또는 참의가 되었던 자
3. 칙임관 이상의 관리가 되었던 자
4. 밀정 행위로 독립운동을 방해한 자
5. 독립을 방해할 목적으로 단체를 조직했거나 그 단체의 수뇌 간부로 활동하였던 자
6. 군, 경찰의 관리로서 악질적인 행위로 민족에게 해를 가한 자
7. 비행기, 병기, 탄약 등 군수 공업을 책임 경영한 자
8. 도, 부의 자문 또는 결의 기관의 의원이 되었던 자로서 일정에 아부하여 그 반민족적 죄적이 현저한 자
9. 관공리가 되었던 자로서 그 직위를 악용하여 민족에게 해를 가한 악질적 죄적이 현저한 자
10. 일본 국책을 추진시킬 목적으로 설립된 각 단체 본부의 수뇌 간부로서 악질적인 지도적 행동을 한 자
11. 종교, 사회, 문화, 경제 기타 각 부분에 있어서 민족적인 정신과 신념을 배반하고 일본침략주의와 그 시책을 수행하는 데 협력하기 위하여 악질적인 반민족적 언론, 저작과 기타 방법으로써 지도한 자
12. 개인으로서 악질적인 행위로 일제에 아부하여 민족에게 해를 가한 자

제5조. 일제 치하에 고등관 3등급 이상, 훈 5등 이상을 받은 관공리 또는 헌병, 헌병보, 고등경찰의 직에 있던 자는 본법의 공소시효 경과 전에는 공무원에 임명될 수 없다. 단 기술은 제외한다.

27) 강정구, 「해방 후 친일파 청산 좌절의 원인과 그 민족사적 교훈」『한국 근현대사와 친일과 준제』, 129~134쪽.

렸던 민족반역자들이 고스란히 역사에서 살아남아 명맥을 유지할 뿐
만 아니라 오히려 이후 한국사회에서 주요한 자리를 독차지하였다. 결
국 해방된 조국의 초석을 다져 새로운 국가 건설을 이우는 데 필수적
전제였던 민족반역자 즉 친일파 처단을 통한 민족 정통성을 확립하는
것은 불가능하였고, 이것이 이후 한국 역사에서 가장 큰 오점으로 남아
있게 되었던 것이다.

최근의 친일파의 개념에 대한 '일본제국주의의 국권 침탈과 식민지
배 및 침략전쟁에 의식적으로 협력한 자와 의식적이든 무의식적이든,
자발적이든 피동적이든 우리 민족 또는 민족 성원에게 신체적·물질적·
정신적으로 직간접적인 상당한 피해를 끼친 행위자'라 정의하고 부일
협력자와 민족 반역자 모두를 총칭하는 용어로 사용하고자하는 견해
가 있다.[28] 부일협력자라는 용어 보다 친일파라는 다소 모호한 용어를
쓰는 것은 이미 '친일', '친일파'란 용어가 한국 사회에서 역사적인 용어
로서 사용되고 역사 속에 살아있는 언어로 자리 잡고 있기 때문이라고
할 수 있다.

이러한 친일파의 정의에 대한 규정은 해방 이후에 여러 기관에서
제시되었는데, 그 제시된 사례를 열거해 보겠다.

1. 조선인민공화국의 전국인인대표대회 소집요강(1946.1.30)
1. 민주주의민족전선의 친일과 규정(1946.2.14)
1. 민주주의민족전선의 지방선거 행동강령 중 친일파 규정(1947.1.22)
1. 경성법조회의 '부일협력자, 민족반역자 규정안'(1947.4.14)
1. 민주주의민족전선의 미소공위 공동결의6호 답신안(1947.6.12)
1. 북조선노동당의 미소공위 공동결의6호 답신안(1947.6.12)
1. 과도입법의원의 '부일협력자·민족반역자·전범·간상배에 대한특별법률

---

28) 이만열, 「친일파의 개념과 범주에 대하여」『친일인명사전 편찬위원회 제
    1차 국민공청회 기조발제문』, 2001.12.2.

조례' 초안(1947.3.17)

1. 과도입법의원의 '민족반역자·부일협력자·간상배에 대한 특별법률조
   례'(1947.7.2)
1. 제헌국회의 반민족행위처벌법(1948.9.22)

이들 사례 중에 가장 구체적이고 광범위하게 친일에 대해서 언급한
민주주의민족전선에서 규정한 민족 반역자와 과도입법의원의 민족반
역자, 부일협력자, 간상배에 대한 특별법에 대한 내용은 다음과 같다.
먼저 민선에서 민족 반역자에 대한 규정이다.[29]

이 규정에서 알 수 있는 것은 친일이라는 개념 보다는 민족반역자
라는 개념을 강조함으로써 일제 강점기 시대에 일본에 적극적으로 참
여했던 사람들을 모두 포함하는 포괄적인 규정을 하고 있다.

이것을 보다 더 세밀하고 광범위하게 규정한 법이 과도입법의회에
서 만든 민족반역자, 부일 협력자, 간상배에 대한 특별법이다. 이 법에
서는 친일을 한 사람들을 3가지로 형태로 명확하게 구분하여 제시하고

---

29) 1. 조선을 일본 제국주의에 매도한 매국노와 그 관계자
    1. 유작자, 중추원 고문, 중추원 참의, 관선 도부 평의원
    1. 일본 제국주의 통치 시대의 고관(총독부 국장, 자사 등)
    1. 경찰, 헌병의 고급 관리(경시, 사관급)
    1. 군사 고등 정치 경찰의 악질분자(경시, 사관급 이하라도 인민의 원한
       의 표적이 된 자)
    1. 군사, 고등 정치 경찰의 비밀 탐정의 책임자
    1. 행정 사법 경찰을 통하여 극히 악질분자로서 인민의 원한의 표적이
       된 자
    1. 황민화 운동, 내한 융화 운동, 지원병, 학병, 징용, 징병, 창씨 등 문제
       에 있어서의 이론적, 정치적 지도자
    1. 군수 산업의 책임 경영자
    1. 전쟁 협조를 목적으로 하는 팟쇼적 성질을 가진 단체(대의당, 일심회,
       녹기연맹, 일진회, 국민협회, 총력연맹, 대화동맹 등)의 주요 책임 간
       부

있다.[30]

이처럼 과도입법의원이 제시한 친일을 한 사람들에 대한 규정은 아주 광범위하고 명확한 규정으로 이후 친일파 연구에 모범적인 사례로 평가할 수 있다. 이는 어느 특정한 사람을 친일파로 몰아가는 것이 아니라, 민족과 역사 앞에서 객관적이고 설득력이 있는 분류이자 정의라고 할 수 있다.

---

30) 첫 번째는 민족 반역자에 대한 것이다.
1. 일본 정부로부터 작을 수한 자
1. 일본 제국의회의 의원이 되었던 자
1. 공사 시설을 파괴하거나 다중 폭동으로 살인, 방화 또는 이를 선동하여 자주 독립을 방해한 자
1. 독립 운동에서 변절하고 부일 협력한 자
1. 일정 시대에 독립운동 및 그 가족을 학대, 살상, 처형한 자 또는 이를 지휘한 자
두 번째는 부일 협력자에 대한 규정이다.
1. 습작한 자
1. 중추원 부의장, 고문 및 참의 되었던 자
1. 밀정 행위로 독립 운동을 저해한 자
1. 독립을 저해할 목적으로 조직한 단체의 주요 간부 되었던 자
1. 일본 군수 공업을 대규모로 경영한 책임자
1. 개인으로 일본군에 10만 원 이상의 현금 또는 동 가치의 군수품을 자진 제공한 자
1. 기타 악질 행위로 부일 협력한 자
1. 부, 도 이상의 자문 또는 결의 기관의 의원이 되었던 자
1. 주임관 이상의 관리되었던 자 또는 군 경부에 판임관 이상 급 고등계에 임직하였던 자
1. 일본 국군을 추진시킬 목적으로 설립한 경제적, 사회적, 문화적 각 단체 및 언론 기관의 지도적 간부 되었던 자
세 번째는 간상배에 대한 규정이다.
1. 일본 또는 일인의 재산을 불법으로 이용하여 모리한 자
1. 관헌 기타 권력을 이용하여 부정하게 모리한 자
1. 배급 물자로 부정하게 모리한 자
1. 밀항으로 부정하게 폭리한 자

한편 해방 이후 친일파에 대한 처벌에 대한 것은 1945년 12월 12일 『국민보』에서 친일파를 필두로 한 전쟁범죄자를 처벌한다고 기사에서 찾을 수 있다.[31] 이 기사에서는 포괄적인 입장에서 친일을 한 사람들을 처벌해야한다고 주장하고 있다. 그리고 1946년 1월 30일에는 中央人 衆에서 친일파 민족반역자 규정의 원칙을 발표함으로써[32] 친일파 처벌에 박자를 가하였다.

1948년 8월 19일에는 국회에서 정부 내 친일파 숙청에 고나한 긴급 동의 가결시켰고, 다음 날 이승만대통령은 기자단 회견 석상에서 친일파 숙청에 동의하였다. 이처럼 정부와 사회에서 친일파 처벌에 대한 강한 목소리들이 연속하여 전개되었다.

이렇게 해방 이후 활발하게 전개된 친일파에 대한 여러 가지 법과 사회적이고 도덕적인 평가와 처벌에 대한 움직임은 이후 역사적 상황과 결부되어서 파행적으로 진행되었다. 즉 해방된 조국이 실행할 시급하고 중대한 과제는 친일분자를 처벌하는 등 일제 유산을 청산하고 한국의 민족사를 올바르게 수립하는 것이다. 왜냐하면 이러한 청산의 수립은 새로운 조국이 올바르게 나가야할 길과 민족의 새로운 정기를 만들 수 있는 시대적 소명이었기 때문이다. 그러나 이 문제는 제대로 정리되지 못하였다. 그 이유는 미군정이 총독부 권력 기구와 인원을 그들의 지배를 위해서 그대로 두었기 때문이고, 따라서 친일파에 대한 처벌

---

31) 조선군정 당국에서는 장차 조선에서도 전쟁범죄자들을 처벌할 터이라 하며, 가까운 시일 중에 곧 그 조사를 시작할 모양 같다고 하는데, 군정당국의 말하는 바에 의하면, 소위 태평양전쟁 중에 있어서 야심을 갖고 일본에 가담하여 일본의 승리를 부르짖어 온 친일파는 물론, 그 외에도 일본군의 협력하였으며 전쟁의 이득에만 눈을 부릅뜨고 활동한 자들을 처벌할 터이라고 한다. 또 현재에 있어서는 전쟁 중에 이득의 돈으로써 군용품 혹은 일본인의 재산을 매수할 수 없는데, 이러한 자들은 일본인의 전쟁범죄자와 동일한 처벌을 받으리라 한다.

32) 국사편찬위원회, 『한국사연표』.

은 처음부터 우리민족의 의지와는 상관없이 전개되었던 것이다.

미군정은 일본제국주의가 한민족을 지배하기 위해서 고용했던 친일 군인, 친일 경찰, 친일 관리들을 정치적 혼란 때문이라고 하는 이유만으로 대부분 그들을 다시 등용했고, 이승만 정부도 비슷한 양상이었다. 이승만 정권은 겉으로는 반일을 내세웠지만 내면으로는 친일 세력을 대거 포용하고 받아들임으로써 정권 유지를 위한 기반으로 삼았다. 결국 가장 친일파에 대한 역사적이고 객관적인 평가와 처벌을 할 수 있는 여건을 가지고 있었으나 도리어 그들을 수용함으로써 역사의 후퇴를 가져오는 결과를 초래하였다.

따라서 해방 이후에 활발하게 전개된 친일파에 대한 평가와 처벌은 한국전쟁을 계기로 인해서 더 이상 한국사회에서는 역사적인 현실 앞에서 언급하지 못하고 일부 학자들에 의해서 연구적 차원에서 다루어졌다. 이는 이승만 정권 이후 성립된 역대 정권들이 가지고 있는 정통성 문제와 결부되어서 역사의 정면으로 나오기가 곤란했기 때문이다.

이렇게 미약하게 전개된 친일에 대한 논의는 1980년대에 들어와서 본격적으로 다시 조명되기 시작하였다. 강동진, 임종국을 중심으로 다시 거론되기 시작한 친일에 대한 논의는 점차 진보적인 소장 연구자들과 이들에게 커다란 감화를 두었던 민중민족주의적 분위기의 선배학자들이 조심스럽게 친일문제의 실상을 하나씩 풀어나갔다. 그러다가 1990년대는 친일파 청산운동이라는 문제를 가지고 전문 연구기관의 설립과 연구의 활성화 그리고 친일청산운동의 대중적 기반이 형성되기 시작하였다. 그러나 친일문제는 학문적 기반 없이 대중운동으로 전개하기에는 한계가 있었다. 따라서 하계의 연구자 일부가 친일청산문제에 대한 학문적 기반을 조성하기 시작하면서 친일파에 대한 정의와 범주도 더욱 발전하게 되었다.

먼저 일부에서는 친일파에 대한 정의를 대일협력 또는 협력이란 개념을 사용하고 있다. 이는 협력이란 개념이 어떤 개인의 전인격적인 도덕적 규탄이라는 차원에서만 친일의 범주를 대상화하지는 않으면, 지배체제 또는 지배전략과 연관 속에서 사고될 수 있는 개념이어서[33] 좀 더 객관적인 평가를 할 수 있다는 것이다.[34]

윤해동은 "한국의 피지배민중들은 끊임없이 동요하면서 협력하고 저항하는 양면적인 모습을 보이고 있다"라고 하였다. 그는 저항과 협력 사이의 '회색지대'가 존재한다고 하면서, 친일도 배일도 아닌 회색지대는 점차 친일파로 변해 가는 존재라고 하였다.[35] 윤해동의 이러한 논지에 따라 김영희는 당시 한국인의 행동방식을 저항, 회색지대, 협력, 친일이라는 4가지로 구별하고 있다고 분석하면서 새로운 '중간지대'라는 개념을 제시하였다.[36] 한편 한상구는 친일행위를 친일반민족자, 부일협력자로 구분하고 다시 목적적 친일행위자, 결과적 친일행위자로 구분하였다. 그리고 자발적 행위자와 수동적 행위자에 대한 구분은 신중하면서도 엄격하게 검토해야 한다고 주장하고 있다.[37]

김민철은 친일 행위를 3가지로 구분하고 있다.[38] 즉 반민족행위, 반인륜행위, 부일협력행위이다.

최근의 친일 또는 친일파에 대한 정의와 범주는 보다 정밀하게 나누어서 분석하고 있지만, 그것을 구분하는 논리적인 면은 기존의 정의와 범주에서 벗어나지 못하고 있는 것이 단점이다. 앞으로는 보다 객관적이고 논리적인 정의와 범주가 필요하다. 즉 시대적 상황에 따라 변질

---

33) 윤해동, 「식민지 인식의 '회색 지대' : 일제하 '공공성'과 규율 권력」『당대비평』 13, 2000 겨울.

34) 김영희, 「국내 친일파의 범주와 유형」『광복 60주년 기념 국제학술세미나』, 경성대학교 부설 한국학연구소, 2005.

35) 윤해동, 앞의 논문.

36) 김영희, 앞의 논문.

37) 김영희, 앞의 논문에서 재인용했음.

38) 김민철, 「친일'문제의 인식」『일제의 민족분열정책과 친일세력의 구조와 논리(2)』, 2004년도 민족문제연구소 학술심포지움 자료집.

하는 개념정의와 범주가 아닌 한국근대에 굴절된 시대적 상황과 결부
시켜서 정확한 정의와 범주를 제시해야만, 친일행위와 친일파에 대한
올바른 역사적 심판을 할 수 있으리라고 생각한다.

Ⅲ. 중국의 한간

1. 한간의 어원과 발전

15세기 말엽에서 16세기 초엽에 걸친 지리상의 발견으로 서구 자본
주의국가들의 동양에 대한 진출이 포르투갈, 스페인에 의해 추진되었
다. 그 후 17세기 네덜란드, 영국, 프랑스 등이 동인도회사를 조직하여
활발한 동양진출 활동을 전개하였다. 또한 절대주의와 중상주의를 배
경으로 식민 활동을 전개하였고, 산업혁명을 거치면서 근대 자본주의
의 발전에 따라 제국주의적 식민 활동이 무력을 앞세워 동양 여러 나
라를 침략하기 시작하였다.

이러한 외부적인 환경이 변하는 가운데 청조는 정치적인 통제력과
사회적인 안정성을 상실하면서 이완되고 있었고, 서양세력의 침입을
맞이하게 되었다. 청조는 1757년 건륭제가 무역제한령을 내려 개항장
을 광동 한 항구만으로 제한하고, 광동에서의 公行을 통한 관허무역만
으로 제한하였다. 이때 상품판매시장을 중국에서 찾으려는 영국에게
이러한 광동무역체제는 하나의 큰 장애요소로서 등장하게 되었다. 청
영무역에서 청조는 차와 견직물을, 영국은 모직물과 인도의 면화를 교
역하였다. 그러나 청조가 出超現狀을 나타내게 되어 영국은 다른 대체
수출품을 찾는 등 여러 방안을 모색하게 되었다. 다시 말해서 18세기까
지 청영무역은 청조의 出超現狀이 현저하였고, 그로 말미암아 은의 대
량 유출이 영국의 경제에 악영향을 미치게 되었다.

결국 영국은 무역의 역조현상을 반전시키기 위해서 청에로의 아편

무역을 강행하게 되었다. 청 왕조는 1792년 아편의 販禁令을 내렸으나, 결국 청국으로부터 막대한 양의 은 유출과 銀價의 앙등을 초래하여 청국은 경제적으로나 사회적으로 큰 타격을 받게 되었다. 청조가 아편중독의 만연과 은의 유출로 정치·사회·경제적 위기에 직면하게 되자, 조정 내부에서는 이를 타개하기 위해 弛禁論과 嚴禁論의 아편대책이 제시되었고, 도광제는 호광총독이었던 임칙서의 아편몰수 방안을 받아들이고 광동에 그를 파견하여 아편문제를 처리토록 하였다. 이때 1839년 임유희 살해사건을 계기로 청 왕조는 영국과의 통상을 단절하였으며, 이를 계기로 두 나라는 무력충돌을 하게 된다.

중국의 전통적 자존 의식인 중화사상을 내포한 채 동아시아의 질서를 주도해 온 청 왕조가 자존적이고 폐쇄적인 상태에서 유럽 제국주의 열강들이 주도하는 냉엄한 국제무대로 끌려 나올 수밖에 없었던 역사적 사건은 바로, 1840년에 발발한 아편전쟁은 동아시아 문명의 중심지였으며 독자적인 문명을 전개한 중국의 역사상 하나의 시대를 가름하는 대사건이었다. 2년여에 걸친 청 왕조는 전제 체제의 모순을 드러내면서 서구 열강의 본격적인 침탈에 의해서 그들의 반식진로 전락되는 계기를 맞이하게 되었으며[39] 더불어 동아시아의 중화주의적 질서의 중심 위치마저 상실하게 되었다. 중국의 역사가들은 이 아편전쟁 시기를 중국근대사의 시기로 규정하고 그로부터 5·4운동까지를 근대사회라 하였다. 중국의 근대사는 태평천국의 혁명, 의화단운동, 신해혁명을 통하여 완성되었다. 중국 구내에 있어서의 이러한 혁명적 정세의 연속은, 아편전쟁을 계기로 침입한 외국 자본주의 중국인민에 대한 노예적 지배와 경제적·정치적 침략, 매판자본가 및 만청정권의 무능과 봉건적 압박 등에 대한 민족적 투쟁이었다.

한간이란 청나라 때 지배민족인 만주인과 내통한 한인을 일컬은 데

---

39) 毛澤東,「中國革命和中國共産黨」『毛澤東選集』, 589쪽.

서 비롯하여, 중국에서는 변절자를 뜻하는 것으로 외국 침략자들에게 의지하여 그들의 수족이 되어 조국과 민족을 팔아먹는 내통한 자를 이르는 말이다. 이를 다시 해석하면 국가와 민족의 이익을 차치하고 오로지 개인의 영리를 추구하고자 하는 매국 행위를 자행하는 매국노를 의미하는 용어로 사용하고 있다.

아편전쟁 이래 중국은 오랫동안 민족존망의 위기에 놓였었다. 따라서 외국침략자의 앞잡이가 되어 솔선하여 민족의 이익을 팔아넘기는 한간은 매국노·스파이·민족의 배반자로서 매도되었다. 특히 만주사변 이후 망국의 위기가 강하게 의식됨에 따라 일본에 협력하는 자에 대한 비난의 소리가 높여졌다. 오늘날 중국에서는 한간의 의미가 다소 바뀌어 중국인에 한하지 않고 일반적으로 민족의 배반자 매국노를 가리키는 말로 쓰이고 있다. 임칙서는 漢奸을 "이에 상관을 거치지 않고 사사로이 야만인과 왕래하면서 개인의 이익을 도모하며, 가지 않는 곳이 없다. 이들은 내지에서 漢奸이라 부른다."[40] 이와 같은 개념으로 볼 때 한간은 청조의 법규를 어기면서 외국 상인과 직접 아편을 교역하는 중국인을 의미한다. 이러한 한간들은 아편무역의 최선봉에 섰던 사람들이었고, 그런 만큼 이들에 대한 단속도 영국의 아편무역상인이나 중국 내의 흡연자 못지않게 큰 비중을 차지하였다.

이처럼 한간에 대한 문제가 중국인의 표피에 심각하게 부딪치기 시작한 시기는 서양인들의 활동이 본격적으로 전개된 청대 중엽에서 찾고 있다. 특히 아편전쟁이 발생한 도광 연간에 한간 문제가 가장 논란이 많았던 시기라고 할 수 있다. 이와 같이 아편전쟁의 영향으로 한간 문제가 보다 심각하게 거론되어진 이유는 전통적인 화이관의 손상 때문이다. 즉 중국 본토 점령 이후에 만주족과 한족의 일체화를 표방했던 청조의 대외적 상대가 중국 주변의 四夷가 아니라, 전혀 이질적인 요

---

40) 林則徐, 「箚澳同知傳諭義律准駁條款」『信及錄』, 學生書局, 1973, 118쪽.

소를 가지고 있는 洋夷였다는 사실이다.

이를 계기로 점점 더 위급한 의식과 민족 감정은 양이와 결탁하여 정보를 탐지하고, 여러 가지 편의를 제공하며, 제국주의 양이의 첨병적인 역할을 한 한간에 대한 악감정은 점점 증가시켰다. 이러한 역사적 배경을 바탕으로 청대에 한간 문제가 더욱 심각하게 거론되었던 것이다.

지금까지 한간에 대한 연구는 한간을 아편 밀무역으로 인한 광동, 복건 등 동남 연해 지방에서의 사회, 경제적 모순의 상징으로 파악하고 있는가 하면, 중국 사회가 안고 있던 내부적 모순이 해결되지 못한 가운데 이뤄진 아편 밀무역과 이로 말미암아 야기된 아편 전쟁의 결과로 표출된 사회적 실체로서 다루었을 뿐이다. 이러한 내용을 바탕으로 한간의 개념과 범주에 대해서 구체적으로 살펴보고자 한다.

2. 한간의 정의와 처벌규정

중국에서 한국처럼 친일파라는 범주 내에서 언급할 수 있는 이들이 바로 한간이다. 한국의 친일파와 중국의 한간은 다소 그 차이점이 있지만, 외세와 결탁하여 민족과 국가를 배신하고 개인의 영달을 쫓아갔던 점에서는 유사한 존재들이었다. 한간에 대한 국내의 연구는 조금밖에 없다. 따라서 여기에서는 국내에서 연구되어진 한간에 대한 연구를 바탕으로 하여 한간에 대해서 정리하는 입장에서 글을 전개하겠다.

사전에서 한간에 대한 개념을 찾아보면, 중국에서 외국침략자와 내통하는 일컫는 말, 청나라 때 지배민족이었던 만주인과 내통한 한인을 가리켰던 데에서 유래한다. 아편전쟁 이래 오랫동안 민족 존망의 갈림길에 있었던 중국은 한간을 매국노, 스파이, 민족의 배반자로 비난했으며, 그 가운데 특히 만주사변 이후 망국의 위기를 몹시 의식하게 됨에 따라 일본과 협력하는 자에 대한 비난이 높아졌다고 되어 있다. 여기에

서 알 수 있는 것은 중국의 한간은 주로 아편전쟁 시기에 민족과 국가
를 배신한 자, 그리고 일본과 협력한 자를 말하고 있음을 알 수 있다.
아편전쟁 시기에 한간은 한국의 초기 개화사상을 가지고 친일을 한 사
람들과 시기는 비슷하지만, 그러나 그들이 추구한 것에서는 상당히 많
은 차이점을 가지고 있다. 그러나 일본과 협력한 자를 한간이라고 한다
면 한국에서 일반적으로 말하는 친일파와 같은 범주 속에서 언급할 수
있다.

한간이라는 용어를 알기 위해서 먼저 개인의 이익만을 탐하는 奸人
에 대해서 알아보겠다. 奸人은 중국 역사에서 사유재산제의 존재가 생
긴 이래 각 시대마다 정치적, 경제적, 사회적 모순 특히 정치권의 타락
과 경제 질서의 와해 그리고 도덕의식의 부패 들을 배경으로 출현하였
다. 이러한 奸人이라는 용어는 첫째, 신분상의 지위 둘째, 폐해의 정도
셋째, 자행한 행위적 성격에 의해서 부르는 것이 달라진다. 즉 첫째에
해당하는 용어는 '奸民', '奸商', '奸吏', '奸臣', '奸君', 둘째에 해당하는
용어는 '小奸', '中奸', '大奸', '巨奸', 셋째에 해당하는 용어는 '朋奸', '情
奸', '權奸', '漢奸'이다.

이와 같은 여러 용어들의 총칭으로서 '奸人'이라고 할 수 있으면 이
'奸人'은 각 계층의 존재하면서 사회와 민족과 왕조에 큰 폐해를 끼쳤
다. 따라서 중국인들은 역사서에 '叛逆', '賊臣', '姦臣' 등의 용어를 사용
하면 열전에 기록하여 경계하고자 노력하였다.

중국에서 처음으로 한간이라는 용어가 생겨난 것은 한대에 한족이
북방의 호족과 대치했을 때에 호족에 대한 대칭으로 한인이 생겨났고,
주정적인 의미를 지닌 한간도 나타났다.[41] 한간에 기원에 대한 또 다
른 기록은 『漢奸辨』에 서술되어 있다.[42] 결국 한인과 한간이라는 용어

---

41) 『漢語大詞典』 6, 49쪽.
42) 俞春根, 「淸 道光時期 漢奸一考」(『中央史論』 7, 1991)에서 재인용. "중국의
   한대 초엽에 변방이 患을 방비하기 시작했을 때 북방의 변경 지방에서

가 중국민족과 이민족 사이의 대립적인 상황에서 발생하였고, 결국 한
간은 이민족 세력과 결탁한 존재로서 역사에 등장한 것이다. 중국 역사
에 또 다시 한간이라는 용어가 보이기 시작한 것은 송대이다. 즉 왕명
청의 저술인『玉照新志』卷3에 다시 한간이라는 용어가 나타난 것이다.
또 원대에는 민족 차별 정책에 의한 한족에 대한 천시에서 비롯되어졌
다고 보는 '漢子'의 '漢'의 뜻과 간교하고 사특하며 질이 나쁜 자란 뜻
을 담고 있는 '奸'과 어우러진 한간의 본래의 개념은 사회적으로 천대
받는 간교하고 사악한, 상식 이하의 처신을 하는 부류를 의미한다.

그런데 중국사에 보이는 한간의 개념이 매국노와의 의미와는 다른
뜻으로 사용되는 경우가 있다. 즉 내지에서 본업을 가지지 못한 한인의
모리배들로서 묘족의 거주지에 잠입하여 온갖 불법 행위를 자행한 상
식 이하의 처신을 하는 부류를 한간으로 지칭하고 있는 것이[43] 바로
그것이다. 이때의 한간은 매국노라는 한간의 개념과는 전혀 다른 '奸
民'으로 해석할 수 있다. 즉 이민족과의 교섭 과정에서 반국가적, 반민
족적 적대적인 행위를 한 자들이 아니고, 단순히 국가 질서의 유지 차
원에서 불법, 탈법, 행위를 자행한 피지배층인 한인의 奸民을 漢奸으로
생각하는 것이다.

청대에 이르러 중국 연해 지역에서 서양인 특히 선교사나 무역에
종사하는 사람들에 의해서 활발하게 활동이 이루어 졌다. 그 결과 서양
인과 결탁하는 한인들이 늘어났고 이들에 의해서 청 왕조에 불법적인
탈법 행위가 빈번하게 발생하였고, 또 중화주의에 의해서 자리 잡고 있
던 질서가 무너지기 시작하였다.[44] 따라서 청 왕조는 廣州를 제외한

는 여러 오랑캐들의 빈번한 침입이 날로 더해 갔다. 오랑캐들과 화친을
하거나 또는 이들과 더불어 交戰을 하였다. 이로 말미암아 漢人이라는
이름과, 漢奸이라는 명칭이 생겨났다. (중략) 한간이란 異種을 도와 同種
에게 害를 끼치는 자를 말한다."

43) 「兵律關津」『湖南省例成案』卷3, 東京: 東洋文化研究所 所藏, 31~31쪽.
44) 俞長根, 「阿片戰爭 時期의 漢奸에 대하여」『경남사학』, 1984.

외국인과 교역하는 3군데 항구를 폐쇄시켰다. 이렇게 廣州 교역체제로의 전환을 이루게 된 이유는 첫째, 광주는 지리적으로 북경과 가장 멀리 떨어져 있고, 해안을 방어하는 군사 시설이 제대로 갖추어져 있었다. 둘째, 광주에는 公行이 조직되어 있어 서양인과의 교역 행위에 청 정부가 개입할 필요가 없을 정도로 중화사상에 도취되어 있었다. 셋째, 서양인들과 한간과 결탁하여 불법 행위를 자행하는 것을 정돈하고자 하는 뜻도 내포되어 있었다.

이와 같은 내용으로 볼 때 한인의 모리배들이 서양 상인들과 결탁하여 청조의 대외무역질서를 문란케 하는 자를 통칭하여 한간이라고 할 수 있다. 다시 말하면 민족적 의식과 결합되어 한간의 '漢'은 '夷'에 대한 자기규정을 명확한 개념으로 청 왕조의 지배하에 일체감을 형성한 한민족과 만주족은 그 범주에 속하고, 한간이 상대한 '夷'는 종래 중국적 세계관에 포함되지 않았던 서양인을 일반적으로 호칭한다. 그러므로 '내지의 奸民'이 서양 상인과 결탁하여 청 왕조의 대외 무역 질서를 문란케 한 행위는 반국가적, 반민족적 이적 행위가 되므로 이들을 한간으로 통칭한 것이라 할 수 있다.

한간은 본래 일정한 직업이 없이 자신들의 이익을 위해서는 수단과 방법을 가리지 않고 그 어느 곳이라도 쫓아가서 이를 챙기려 하는 하층계층을 일반적으로 지칭했던 용어였다. 하지만 이 용어가 역사적인 사건과 결부되면서 그 의미가 달라진다. 즉 청대 중엽 이후에 거세게 밀려오는 서양제국주의 열강에 의해서 기생되어져, 원래 가지고 있던 '奸民'이라는 보편적 개념을 포함하여 대외 무역 질서의 문란과 하게 자연스럽게 반국가적, 반민족적 행위를 하는 자를 지칭하는 개념으로 바뀌게 되었고 또 일반화되었다. 이렇게 변화하게 된 한간들은 청 왕조가 중화주의적 국제질서를 유지하고 서구열강의 진출을 방비하고자 시도한 대외무역정책에 의해서 도리어 더욱 극성을 부리게 되었다. 즉 연해 지역의 간민들로 하여금 다양한 형태로 서양 상인과 결탁하게 만

드는 결과를 초래하였다. 이때부터 본격적으로 奸民이라는 존재들이
漢奸이라는 존재로 발전하게 되었다. 이들 한간들은 서양 상인들과 연
계되어서 불법, 탈법 행위를 하면서 대외 무역 질서의 문란을 초래하였
다. 또 아편 밀무역의 증가를 초래하는 요인을 유발시켰으며, 아편전쟁
시기에 있어서 온갖 형태로 서양인들을 위해 봉사하는 한간들이 대량
양산되었다. 즉 『阿片戰爭史料』에서 "한간이란 어떻게 생겨난 명칭인
가? 즉 漢土의 奸을 이르는 것이다. 영국오랑캐가 아편을 팔기 시작하
면서부터 漢人들은 모두가 阿片을 판매하기도 하고 또한 피우기도 하
였다. 그러나 朝廷에서 禁煙令을 시행하면서부터 아편 판매자 및 흡식
자들은 생계를 유지할 수 없게 되었을 뿐만 아니라 법망에 걸리는 것
을 두려워하여 오랑캐배로 도망을 쳤는데 그들은 반역 행위를 하도록
사주 받았다. 그들은 오랑캐사람의 형상으로 위장하여 오랑캐사람이
기세를 올릴 수 있도록 城을 쳐부수고 재화를 약탈하며, 또한 오랑캐사
람을 위하여 정보를 탐지하는 첩자가 되기도 하였는데 유인하면 할수
록 한간은 더욱 늘어나 한간이 없는 성이 없다."라고 기록되어 있다.[45]
이 기록을 통해서 알 수 있는 것은 한간은 18세기 중엽부터 대량으로
들어오기 시작한 아편과 관련된 아편정책과 밀접한 관계가 있다. 아편
의 嚴禁策과 관련하여 한간들이 더욱 많이 생겨났고 이들의 매국적인
행위로 인하여 중국은 점점 더 빨리 쇠잔해져 간 것이다.

　이 시기의 한간들의 출신성분은 買辦이나 통역원 또는 하급관리,
관속출신들이 많았다. 그리고 상인을 비롯하여 일반 백성들과의 접촉
이 가장 밀접한 계층으로서 이들은 한간으로의 轉化에 따른 파급 효과
또한 간과할 수 없다. 또한 불특정 다수 세력으로서의 조직화된 한간의
존재야말로 당시 한간 문제에 부심하고 있던 조정 및 연해 지역의 疆
吏들에게 많은 부담을 안겨 주었다.

---

45) 劉長華, 淑泉 記, 馮雄, 翰飛 校, 「阿片戰爭史料」『阿片戰爭文獻彙編』, 臺北,
　　鼎文書局, 1973.

한간에 대한 명확하게 정의를 하고 있는 『廣辭苑』에는 '중국에서 적에게 내통하는 자, 매국노'라고 설명하고 있다. 이 책에 등장하는 한간이라는 말의 뜻은 '중국인으로서 대일협력, 대일통모, 본국반항과 같은 반역죄를 범한 매국노'를 지칭하는 것이다. 이것은 법이론적으로는 전쟁범죄인(전범)은 아니다. 전재범죄의 개념은 보통 적국인, 경우에 따라 중립 국인에 대해 적용되며 전투원의 전투법규위반, 비전투원의 적대행위, 간첩 및 전시반역을 말한다. 전시반역죄는 교전자의 권력범위 내에서 일시적으로 교전자에게 대해 권력복종관계에 있는 적국인 또는 중립 국인이 교전자에 대해 유해한 행위를 한 것을 말한다. 따라서 한간의 경우에는 고유의 전쟁범죄와는 분명히 구별하여 개념 지어져야 한다.[46] 다시 말하면 일본제국주의가 중국을 침략하자 기존의 한간과는 다소 차이가 있는 새로운 형태의 한간들이 등장하였다. 이때 등장한 한간이란 '중국인으로 적과 통모하여 반역죄를 범한 매국노'라는 의미로 법이론적인 면에서 전쟁범죄인과는 다르게 평가하고 있다.

중국의 국민참정회에서 결정한 소위 괴뢰인물처벌에 관한 13원칙에서 한간의 범주를 생각해 볼 수 있다.[47] 여기에서는 보이는 한간들은 일본제국주의 침략과 함께 등장한 만주국에 관련된 인물들까지 그 범주 안에 포함시킴으로써, 아편전쟁 전후에 본격적으로 등장한 한간들과 그 성격을 달리하고 있다. 즉 아편전쟁의 전후에 등장한 한간들은

---

46) 마스이 야스이치 지음, 정운현 옮김, 『중국·대만 친일파재판사』, 한울, 1995.

47) 1. 처벌대상인물은 괴뢰관직원, 대학전문학교장 및 그 중요 직원, 금융·산업기관의 이사급, 신문사의 편집장 및 총무주임급, 영화공사 및 광파전대(방송국) 및 기타 선전기관의 이사·중요직원, 국민참정회 조직 내지 유사한 기관에 관계한 중요인물을 포함(劉傑, 『漢奸裁判』)한다.
  1. 이상의 인물은 반역죄에 의해 처단하지만 재직 중 일찍이 抗敵運動을 위해 활동한 것이 증명되는 것은 유리한 해석조건이 된다.
  1. 반역자는 죄과의 정도에 상응하여 일정기간 동안 공민권을 박탈한다.
  1. 일본의 군·정기관, 첩보기관을 위해 복무한 자도 반역자로 한다.

그 대부분이 피지배계층으로서 먹고 살기 위한 생존형의 한간들이라면, 여기에서 보이는 한간들은 자기 개인의 이익을 추구하는 한간들이었다. 따라서 이때 등장한 한간들에 대한 처벌은 단호할 수밖에 없었다. 이러한 단호한 처벌 규정은 입법원에 의해서 '정판한간조례수정안'을[48] 통해서 알 수 있다. 이 조례를 기준으로 한간재판을 하여 민족반역자의 개념에 해당하는 사람들에 대해서 처벌을 하였다.

　1930년대에서 40년대 중국의 한간은 '通謀敵國'하고 '反抗本國'한 친일 부역자이만 보다 근본적으로는 국민국가 건설과 강한 중국으로의 복귀라는 근대 이래 추구했던 최고의 가치에 대립되는 행위를 한 사람들을 의미한다.[49] 하지만 이 시기의 한간을 이렇게 규정했을 때 정치적, 사회적으로 판단 기준에 의해 한간의 구체적인 대상이 결정될 가능성이 농후하기 때문에 다소 논란이 될 수 있다. 그러나 한간이라는 용어가 가지고 있는 역사적 의미는 거의 변하지 않고 특히 이 시기에는 더욱 그 의미가 드러나고 있는 것이다.

　이 시기의 중국에서는 한간과 전범은 전혀 다른 개념으로 생각하였다. 즉 한간은 왕정위 정권에 참여한 엘리트의 정치적 선택과 관련하여 파악하여야 한다. 그리고 전범은 태평양전쟁 종전 이후 연합국의 전범 처리 방침에 따라 만주국의 전범은 소련군이, 중국 본토에 있던 전범은 중국군이 재판권을 행사하였다. 일본군 관계자들이 이에 해당하며, 이와는 별도로 만주국의 한간은 소련으로 압송되었고, 왕정위 국민정부

---

48) 정판한간조례수정안의 규정 내용
　　1. 한간에 대해서는 죄의 경중에 따라서 사형, 종신형 또는 금고에 처한다.
　　1. 국가의 평화요란에 대한 공모는 사형 또는 종신형에 처한다.
　　1. 한간처벌에 있어서는 긴급치죄조례, 전시군형법, 중국형법 또는 한간의 심리에 관한 법령을 적용한다.
49) 전인갑, 「불철저한 淸算, 화석화된 遺産-1945~47년 중국의 肅奸運動-」 『대구사학』 69, 2002, 2쪽.

의 군대를 비롯하여 왕의 국민정부에 참여했거나 친일 혐의가 있는 중
국인들은 장개석 정부의 한간처리 지침과 제도에 의해 처리되었다.[50]
국민당 정부의 한간에 대한 처벌은 우선 다음과 같은 방침에 기초하여
시작되었다. "만주국과 몽고자치정부에 관련된 한간에 대해서는 특별
한 시대적 배경을 참작하여 원칙적으로 그것을 추궁하지 않는다. 남경
정부군을 지휘했던 군인은 종전 후 중경정부에서 치안유지의 임무를
맡겼으므로 한간에서 제외한다. 기타 남경정부 관계자에 대해 주범은
엄벌하지만 종범은 관대히 처분한다."[51] 이러한 국민당 정부의 한간
처리는 행위보다는 직책을 중심으로 재판이 진행되다 보니 엄형을 선
고 받은 사람들은 주로 군정인물이나 왕정권의 관료를 역임한 사람들
이었다. 그리고 사회, 경제적 영향력이 큰 사회지도층 친일 청산 역시
이들에 대한 객관적 죄행의 정도와 무관하게 이루어졌음을 의미한다.

　1945년 11월에 공포된 「處理漢奸案件條例」에[52] 의하면 한간의 범위
를 역임한 직무를 중심으로 정하였다. 그러나 행위를 기준으로 하여 한
간의 정의를 한 것은 1945년 12월 공포된 「懲治漢奸條例」[53]에서 한간
은 적국과 통모하고, 아래에서 제시하는 행위를 하나라도 한 자, 그리
고 僞組織 혹은 그 소속 기관에서 복무하면서 敵僞세력을 빙자하여 敵
僞에게 유리하게 하거나 본국 혹은 인민에게 불리한 행위를 한 자라고
하였다.

---

50) 전인갑, 위의 논문 참조.
51) 劉傑, 『漢奸裁判』, 179쪽.
52) 南京市檔案館 編 『審訊汪僞漢奸筆錄』(下) 참조.
53) 「懲治漢奸條例」 제2조 通謀敵國하고 좌례 행위중의 하나가 있는 자를 한
　　간으로 하고 사형 혹은 무기징역에 처한다. 여기에서는 중요한 조항만
　　기재한다.
　　1. 본국에 반항을 도모한 자. 2. 치안 소란을 도모한 자. 3. 군대 혹은 기타
　　軍用人工役夫를 招募한 자. (중략) 13. 군인, 공무원 혹은 인민을 선동하
　　여 逃叛 通敵한 자. 14. 前款의 범인에게 선동되거나 그 선동에 복종한 자.

중국에서 1940년 이후 한간 문제는 僞組織의 여부와 밀접한 관계가
있다. 왜냐하면 1920년 이후의 중국에서는 괴뢰정권에 참여한 인사들
이 한간으로 활동하였고, 특히 1940년 이후에는 더욱 그랬다. 그 중에서
대표적인 한간 정부라고 할 수 있는 것은 왕정위의 국민정부이다. 왕정
위의 국민 정부에 참여한 대부분의 사람들이 한간으로서 행동을 하였
고, 장개석의 국민정부나 모택동의 공산당에 이해서 철저하게 한간으
로 처벌받았던 사실에서 알 수 있다. 그런데 초기에 한간들에 대한 인
식은 도덕주의적, 애국주의적 관점에서 이루어졌다.[54] 이러한 기준은
인간의 선악으로 판단하는 것으로써 한간들이 자행한 행위에 대해서
그 객관적인 판단을 흐리게 하는 원인을 제공하는 것이다.

한간 협의자에 대해 일본의 패전 직후부터 군사위원회 조가통계국
(일명 군통국)의 戴笠을 중심으로 조사와 체포 작업이 이루어졌다. 군통
국은 중앙에 숙간위원회, 지방에는 25개 숙간위원회 분회를 설립하여
전국에 걸쳐 통일적인 한간 조사 및 처리업무를 진행시켰다. 한간 처리
를 위한 숙간운동은 국민당 정권이 1945년 9월에 시작하여 1947년 10월
에 일단락된 것을 말한다. 이 운동은 1945년 9월에 한간 체포가 본격화
되면서 시작되었다.[55] 이 운동은 앞에서 설명한 「懲治漢奸條例」를 제
정하여 법적 근거를 마련하고 체포, 재판의 과정을 거치면서 한간들을
처리하였다. 1945년 9월 하순부터 한간 체포 공작을 시작하여 1946년 3
월까지 약 5,450여 명에 달하는 왕정위 정권 관련자들을 체포하는 신속
함을 보였다.[56]

친일한간 문제가 45년~47년 숙간운동의 격류 속에서 활발하게 전

54) 文明基, 「비판의 무기와 무기의 비판-왕정위정권과 아시아주의에 관
    한 대화」『중국현대사연구』 11, 2001, 112쪽.
55) 전인갑, 「불철저한 清算, 화석화된 遺産-1945~47년 중국의 肅奸運動-」
    『대구사학』 69, 2002, 12쪽.
56) 張玉法, 『中國現代史』, 662쪽 참조.

개되었지만, 이후에는 정치적, 사회적 이슈가 되지 못하였다. 이렇게
된 이유는 친일한간 문제를 중국 공산당이 정치적으로 이용하려고 했
던 기도가 해소되었기 때문이라고 생각한다.

한편 중국공산당의 한간에 대한 방침을 '항일구국 10대 강령'을 통
해서 언급하고 있다. 이 강령 중에 중요한 두 가지는 "한간의 재산을
몰수해 항일 경비로 한다. 한간, 매국노, 친일파를 숙청해 후방을 강화
한다."이다. 중국공산당은 한간에 대해서 단호한 처단[57]을 시행하였다.

중국공산당의 한간 처리에 대한 기본적인 본질은 일본제국주의를
타도하는 것에 목적만 있는 것이 아니다. 중국공산당에 입장에서 보면
한간은 인민의 적이다. 중국공산당이 보는 한간은 일본의 봉건주의적
침략전쟁의 앞잡이였고, 또한 앞잡이임을 이용해 인민을 착취하고 학
살한 사람이었다. 따라서 중국공산당의 한간재판의 목적은 봉건주의세
력의 제거와 혁명의 기반굳히기와 더불어 중국을 분열시키고 근대적
민주화를 매장하는 자들에 대한 처단이었다.

---

57) 한간에 대한 단호한 조치에 대한 대표적적인 것이 '진찰기변구목전시정
강령'이고 그 내용 중에 제17조는 다음과 같다.
"왕파, 트로츠키스트, 한간을 엄중하게 진압한다. 중죄를 지은 한간의 토
지재산에 대해서 전서 이상 각급 정부는 그 지방 민중의 요구가 있으면
법에 비추어서 그것을 몰수할 수 있다. 반공파, 완고파 및 가짜군(왕 정
부군)관병의 재산, 토지는 몰수를 선포할 수 없다.
전 가족이 적지구로 도망해 한간의혹이 잇는 자의 토지재산은 임시로 정
부 관리로 돌리고 변구로 돌아와 항일에 몸담을 때를 기다려 이것을 반
환한다.
이들로부터 몰수해 정부 관리로 돌린 토지는 저가로 일반농민과 일본원
수에 의해 유린당한 농민에게 할양하던가. 항일종사들을 위해 공전으로
한다.
한간에 대한 심판은 확실한 증거에 의해 이를 집행하고, 아직 한간적인
활동에 참가하지 않은 그 가족에까지 화를 미쳐서는 안 된다. 또한 그 가
족의 재산은 법에 의해 보장받는다. 한간이 초심에 불복할 경우는 변구
최고심문기관에 상소할 수 있다."

IV. 맺음말

역사적 청산이라는 이름 하에서 친일파와 한간에 대한 한국과 중국이 보여준 처리과정은 다르다. 그것이 왜 그렇게 되었는지에 대한 의견은 분분하지만, 객관성을 지니고 판단하기에는 명확하게 설명되지 못하고 있는 것이 현실이다. 간단하게 언급하면 한국의 친일파 처리는 실패였고, 중국의 한간 처리는 그들 나름의 역사적 상황을 통한 성공이다.

일본제국주의에 무력 앞에 무기력하게 대응한 결과 각각 기회주의적이고 자기 이익을 추구하는 친일파와 한간들이 역사의 정면에 등장하였다. 역사적 존재로서 등장한 이들을 역사의 이름 아래에서 단죄해야함은 당연한 역사적 귀결이었으나, 그 귀결은 한국과 중국은 실패와 성공으로 이야기할 수 있을 정도로 차이가 있었다. 이 차이는 결국 현재의 시점에서 중요한 역사적 소명과 관련되어져 표출되었다.

한국에서 친일파의 역사적 청산이라는 관점에서 친일파 문제를 접근할 때 새로운 과제가 부가된다. 즉 해방 직후처럼 친일파를 법적으로 청산하는 것을 목적으로 하는 것이 아니라, 역사적 청산에 초점을 맞출 경우라면 자의든 타의든 간에 일제의 식민 지배를 이데올로기적으로 뒷받침했던 교육계, 문화계, 종교계의 친일 문제가 매우 중요한 문제로 부각될 수밖에 없다. 이것은 어떤 세력이 다른 어떤 세력을 물리적 힘으로 제압했을 때 그 물리적 힘을 동원한 세력에 기생하여 나타나는 인간형들이 있는데 이들을 식민지적 인간형이라고 할 수 있다. 식민지형 인간형들에 의해서 일본제국주의의 전체주의적 이념과 제도가 식민기의 교육이념으로서 자리 잡았고, 이러한 교육이념은 해방 이후 소멸되지 않고 분단과 독재체제에서 확대 재생산되는 결과를 초래하였다.

다시 말하면 친일파들은 반민특위가 해체되고 한국전쟁이 발발하면서 그들의 문제가 흐지부지 됨에 따라, 친일파들은 반공애국투사로 변신함으로써 한국사회에서 또 다른 형태로 자리 잡게 되었다. 이렇게 반공애국투사로 변신한 이들은 대부분 경찰과 친일군인들이다. 이들은 친일행위를 감추고 한국전쟁에 참여함으로써 그들을 기득권을 유지할 수 기회를 잡았고, 스스로 반공애국투사라고 하였다. 결국 이들은 민족과 국가보다는 반공을 생존수단으로 여기고 그것을 활용한 것이다. 다시 말하면 반공주의는 한국 사회가 추구해야 할 일체의 가치 위에 군림하면서 친일행위마저 면죄부를 주었던 것이다.

해방 이후 한국사회를 주도적으로 이끈 대부분의 인물들은 친일파들이었고 이들 친일파의 거물들은 대부분 전문적인 지식인 출신들이나 관료 또는 부호들이 많았다. 이들은 해방 이후 정계, 법조계, 재계, 관료집단, 문화, 언론, 학술, 교육계 등 거의 모든 분야에서 실력자 내지는 원로로 자리 잡았다.이들은 금력과 권력 또는 언론 및 교육 분야를 장악해 자신의 친위세력이나 방어조직을 구축하고 기득권의 재생산 기반을 마련하기도 하였다. 더 나아가 이들은 이를 이용하여 친일문제를 거론조차 못하게 하였다.

친일세력은 기득권의 재생산에 머물지 않고 자신들의 지위만 유지한 것만 아니라 해방 후에 우리 사회의 반드시 청산해야 할 식민지적 정치, 경제, 사회, 문화구조를 그대로 유지시킴으로써 우리 사회의 건강한 발전을 가로막았다.

중국의 한간들은 한국의 친일파보다 그 발생의 시작이 오래되었다. 역사에서 한간에 대한 부정적인 인식을 가지게 되는 것은 아편전쟁을 통해서이다. 아편전쟁 시기에 나타난 한간들은 어떠한 목적을 가지고 매국적인 행위를 한 것이 아니라, 인간의 기본적인 욕구인 먹고살기 위한 생존권의 문제와 결부되어져 있었다. 따라서 아편전쟁시기의 나타난 한간들은 비록 영국을 위해서 청나라를 배신하였으나 어느 정도 면죄부를 부여 받을 수 있었다. 또한 의도적으로 반만활동을 위해서 영국에 협조하는 한간들도 생겨났기 때문에 이들은 역사에서 부정적인 평가를 받는 동시에 긍정적인 평가도 받고 있다. 그러나 일본제국주의의 침략에 뇌화부동한 한간들은 중국 역사에서 아주 부정적으로 평가받았다.

그러나 친일 행위를 한 한간들은 중국국민당정부와 중국공산당에 의해서 역사적인 심판을 받음으로 그들이 역사와 민족 앞에 지은 죄를 달게 받았다. 중국의 한간들은 재판을 통해서 역사에서 두 번 다시 조국과 민족을 배신하는 행위에 대한 올바른 평가하였다. 따라서 한간들은 그 행위의 경중에 따라서 사형과 사회에서 정상적으로 활동을 할 수 없게 함으로써 새로운 국가건설에 올바른 가치기준을 만들었다. 한간 문제를 둘러싼 중국의 경험은 과거의 유산이 현재와 끊임없이 제약하는 한국의 상황과는 현저히 다름을 보여준다. 한국과 중국의 친일 행위를 한 이들에 대한 평가와 처단에 있어서 이와 같은 차이점을 보임으로써 이후 한국과 중국이 걸어가는 역사의 길도 역시 차이가 났다.

참고문헌

漢語人詞典, 香港, 三聯書店, 1991

張玉法, 『中國現代史』

劉傑, 『漢奸裁判』

南京市檔案館 編, 『審訊汪僞漢奸筆錄』(下)

劉長華, 淑泉 記, 馮雄, 翰飛 校, 「阿片戰爭史料」 『阿片戰爭文獻彙編』, 臺北,
        鼎文書局, 1973

「兵律關津」 『湖南省例成案』 卷3, 東京: 東洋文化硏究所 所藏

林則徐, 「箚澳同知傳諭義律准駁條款」 『信及錄』, 學生書局, 1973

毛澤東, 「中國革命和中國共産黨」 『毛澤東選集』

마스이 야스이치 지음, 정운현 옮김, 『중국·대만 친일파재판사』, 한울, 1995

반민족문제연구소 엮음, 『친일파99인』, 서울: 돌베개, 1993

신용하, 『민족이론』, 문학과지성사, 1988

俞春根, 「淸 道光時期 漢奸一考」 『中央史論』 7, 1991

俞長根, 「阿片戰爭 時期의 漢奸에 대하여」 『경남사학』, 1984

전인갑, 「불철저한 淸算, 화석화된 遺産-1945~47년 중국의 肅奸運動-」 『대
        구사학』 69, 2002

文明基, 「비판의 무기와 무기의 비판-왕정위정권과 아시아주의에 관한
        대화」 『중국현대사연구』 11, 2001

김민철, 「'친일' 문제의 인식」 『일제의 민족분열정책과 친일세력의 구조와
        논리(2)』, 2004년도 민족문제연구소 학술심포지움 자료집

김영희, 「국내 친일파의 범주와 유형」 『광복 60주년 기념 국제학술세미나』,
        경성대학교 부설 한국학연구소, 2005

윤해동, 「식민지 인식의 '회색 지대': 일제하 '공공성'과 규율 권력」 『
        당대비평』 13, 2000 겨울

_____, 「친일과 반일의 폐쇄회로 벗어나기」 『당대비평』 통권21호, 도서출판

생각의 나무, 2003

이만열, 「친일파의 개념과 범주에 대하여」 『친일인명사전 편찬위원회 제1차
      국민공청회기조발제문』, 2001.12.2

강정구, 「해방 후 친일파 청산 좌절의 원인과 그 민족사적 교훈」 『한국 근현
      대사와 친일과 준제』

임대식, 「종속적 근대화론과 민족문제」 『역사문제연구』 4, 2000

김명인, 「『鬼의 聲』과 한 친일개화파의 세계인식」 『한국학연구』 9, 인하대학
      교 한국학연구소, 1998

高炳翊, 「韓·中·日 東洋三國의 開港比較」 『韓國近代史의 再照明』, 서울대학
      교출판부, 1977

필자소개 (집필순)

강 대 민　경성대학교 사학과 교수
김 인 호　한양사이버대학교 교양학부 한국사전공 부교수
김 명 구　(前) 경성대학교 연구교수
崔 峰 龍　중국 대련대학 교수
민 경 준　(前) 경성대학교 연구교수
황 묘 희　한국체육대학교 강사
미쓰이 다카시 (三ツ井 崇) 同志社大學 言語文化敎育硏究센터 전임강사
정 영 진　경성대학교 연구교수
나 승 회　부산대학교 강사
김 용 희　(前) 경성대학교 연구교수
정 혁 진　명륜중학교(안성) 교장

침략전쟁기 친일 조선인의 해외활동 Ⅰ　값 30,000원

2013년 4월 20일　발행

저　　자 : 강대민, 김인호, 김명구, 崔峰龍, 민경준, 황묘희,
　　　　　미쓰이 다카시, 정영진, 나승회, 김용희, 정혁진
발 행 인 : 한 정 희
발 행 처 : 경인문화사
편　　집 : 신학태 김지선 문영주 송인선 조연경 강하은
　　　　　서울특별시 마포구 마포동 324-3
　　　　　전화 : 718-4831~2, 팩스 : 703-9711
　　　　　이메일 : kyunginp@chol.com
　　　　　홈페이지 : http://www.kyunginp.co.kr
　　　　　　　　　 : 한국학서적.kr
등록번호 : 제10-18호(1973. 11. 8)

ISBN : 978-89-499-0511-2　94910
ⓒ 2013, Kyung-in Publishing Co, Printed in Korea
* 파본 및 훼손된 책은 교환해 드립니다.